W0089511

„ ●●● "

Sprache

Sprache

Ein Lesebuch von A – Z
Perspektiven aus Literatur, Forschung
und Gesellschaft

Herausgegeben für das
Deutsche Hygiene-Museum Dresden und
die Deutsche Akademie für Sprache und Dichtung
von Colleen M. Schmitz und
Judith Elisabeth Weiss

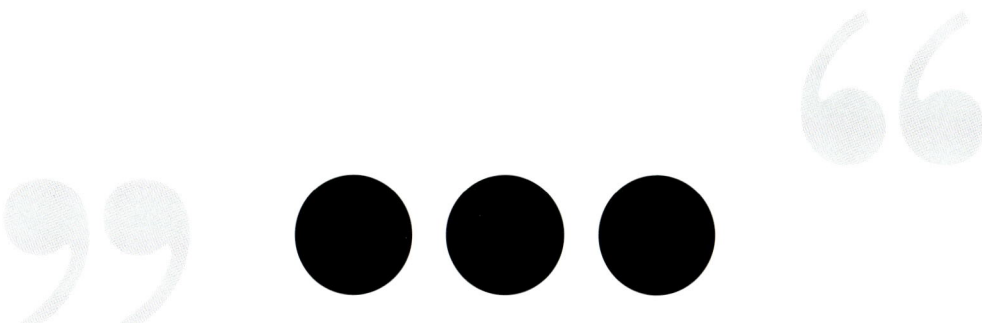

Ellipse

Drei Auslassungspunkte weisen auf eine Ellipse. Als rhetorisches Stilmittel steht diese zwar für eine Leerstelle, nicht aber für eine Wissenslücke. Was ausgespart ist, muss sich erschließen, so ihr Gesetz. *Sie sind ein A…! Wir sind Papst!* Das Weniger in der Sprache dient dem Mehr der Aussage. Und so reden auch die Wortlosigkeit, die Pause, das Schweigen, eben die Fehlstellen, beständig in unserem Sprechen mit.

Drei

3 oder  oder schlicht drei Punkte auf einem Domino-Stein, allesamt Zeichen, die bestimmten Logiken folgen. Sprache will Gültigkeit schaffen mit ihrem Inventar: dem Zeichensystem (Semiotik), den grammatikalischen Regeln (Syntax) und den Bedeutungen, die mit den Zeichen verknüpft sind (Semantik). Ihr Spiel entfaltet die Sprache als lustvolle Regelbrecherin, die von Zeit zu Zeit auch heiteren Unsinn stiftet.

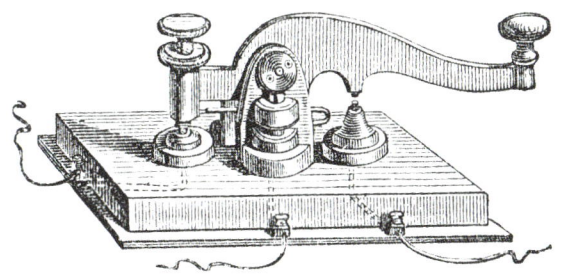

S = ● ● ●

O =

S =

SOS

Der Morsecode drei kurz, drei lang, drei kurz (*dididit dahdahdah dididit*) wurde 1904 als Not-
zeichen bei der deutschen Kaiserlichen Marine eingeführt. Das gemeinsame Zeichenrepertoire
von Sender und Empfänger war dabei das Fundament einer gelingenden Verständigung.
Und zugleich lebt Sprache von der Übertragung, wie hier vom Laut in ein Zeichen, vom Zeichen
in eine Botschaft, von der Botschaft in ein Handeln.

Mi vida loca

Auf dem winzigen Zeichen des punctum nimmt eine Welt voller Bedeutungen Platz: ‚Mein verrücktes Leben', ‚Tod den Bullen', ‚Ich bin Latino', ‚Ich gehöre zur Gang', …. Zwischen Life Style und Kriminalität ist Identität mit drei schmucklosen Punkten im Körper eingeschrieben. Das Wunder der Sprache ist ihr Vermögen, Brücken zu schlagen zwischen simplen Zeichen und komplexen Sinngebungen.

Freistadt Christiania

Die drei i-Punkte im Namen sind das Wahrzeichen der alternativen Wohnsiedlung in Kopenhagen. Zugleich stehen sie wahlweise für ‚Freiheit, Gleichheit, Brüderlichkeit‘, ‚Frieden, Liebe, Harmonie‘ oder ‚Freiheit, Anarchie, Kollektivismus‘. Nicht nur Häuser, auch Wörter werden besetzt. Sprache ist die innigste Begleiterin der Politik – und avanciert dabei selbst zum Gegenstand politischer Debatten.

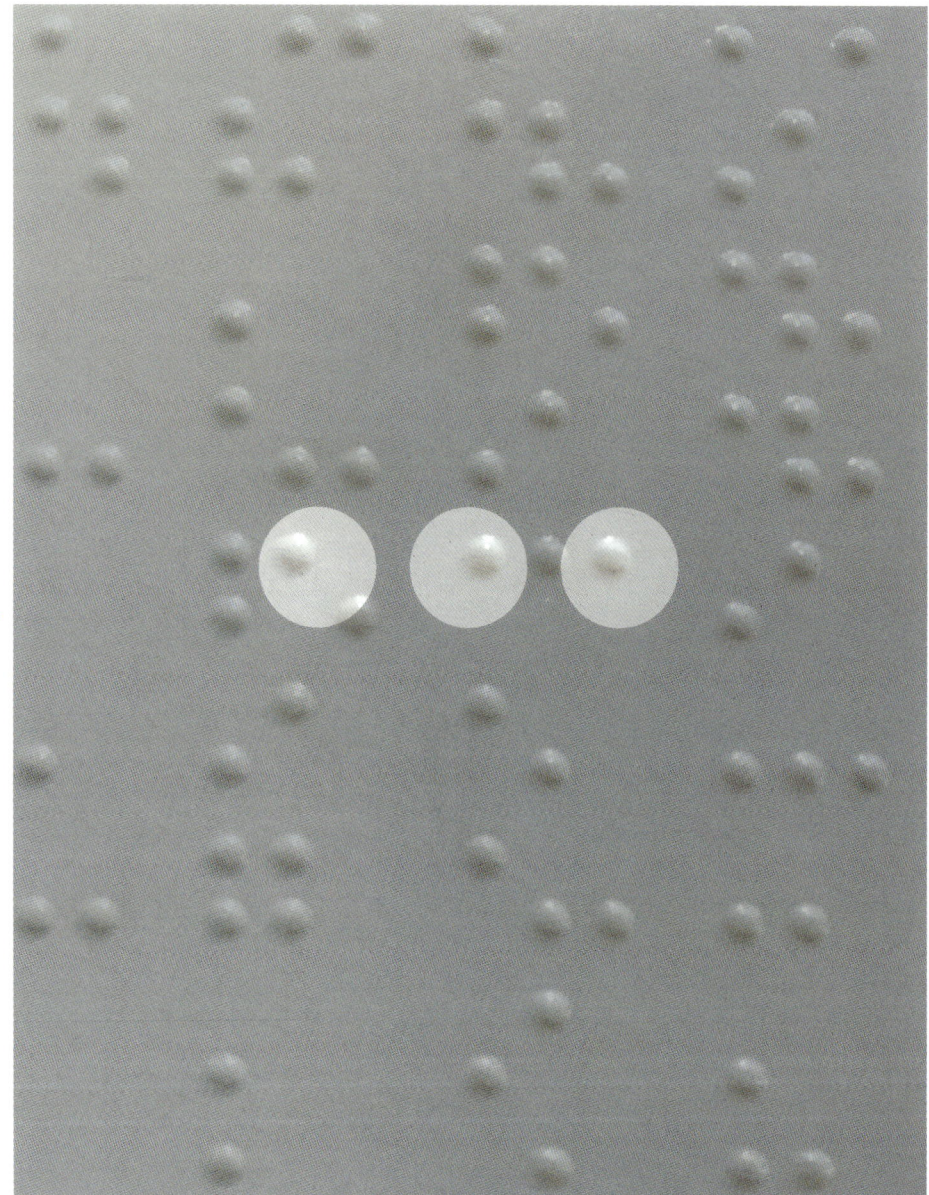

Brailleschrift

„Die Sprache tastet wie die Liebe im Dunkel der Welt einem verlorenen Urbild nach", schreibt Karl Kraus. Im Dunkel der Welt wird die Sprache selbst behutsam berührt und mit empfindsamen Fingerspitzen ertastet. Mit ihrer Schrift ist Sprache eine Mittlerin zwischen abstrakter Form und sinnlicher Erfahrbarkeit, ganz wesentlich dann, wenn sie, wie in der Blindenschrift, leibhaftig gefühlt werden will.

Ugaritisches Alphabet

Fremd schauen uns jene Keilschriftzeichen an, die einem der ältesten Alphabete der Welt aus dem zweiten Jahrtausend v. Chr. angehören. Ihre Entzifferung und die Deutung in ihr verfasster Mythologien gehört mit zu den wichtigsten literarischen Errungenschaften aus der Antike. Sprache ist ein Gefäß für Lebenswelten, ein Reservoir für kulturelle Heimaten – ein Archiv der Menschheitsgeschichte.

Inhaltsverzeichnis

Auf dem Weg von A bis Z in diesem Lesebuch begegnet ein breites Spektrum an Perspektiven. Alleine wie *mit* Sprache *über* Sprache nachgedacht wird, verleiht den Texten je unterschiedliche Färbungen. Die drei Punkte ließen sich auch hinter das Z setzen – als Zeichen des Unabgeschlossenen und der steten Fortsetzung, die die Reflexion von Sprache mit sich bringt.

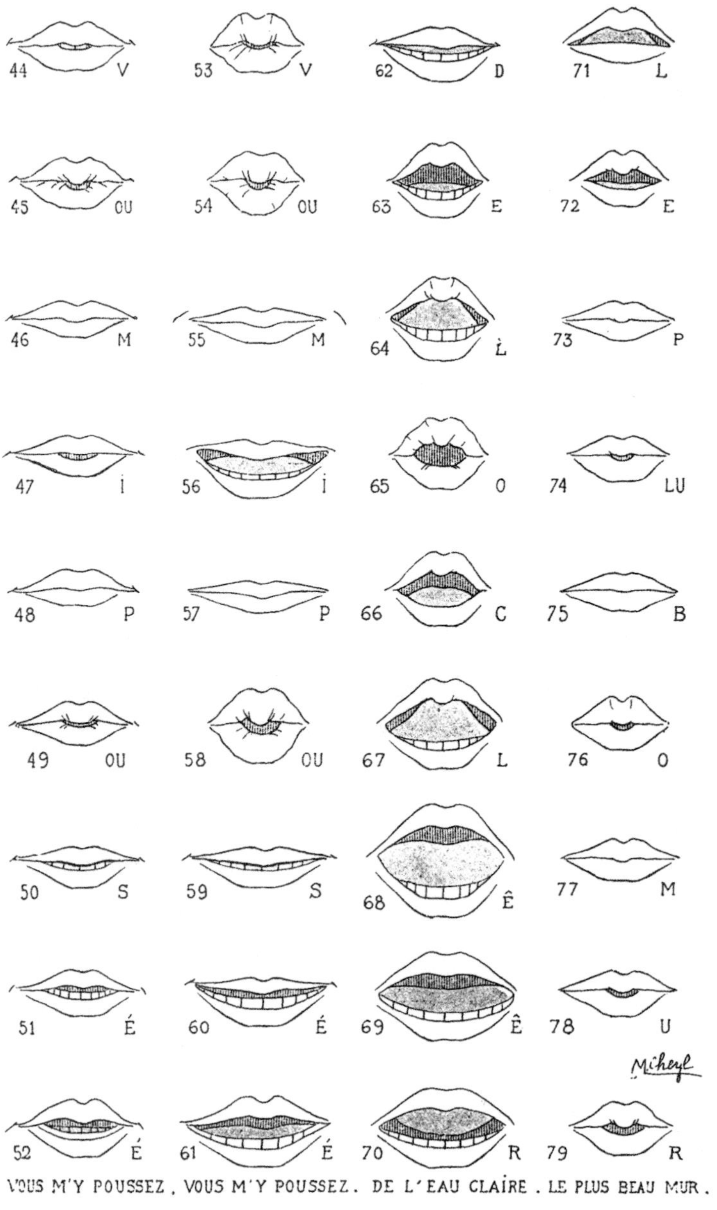

44 V	53 V	62 D	71 L
45 OU	54 OU	63 E	72 E
46 M	55 M	64 L̇	73 P
47 ı̇	56 ı̇	65 O	74 LU
48 P	57 P	66 C	75 B
49 OU	58 OU	67 L	76 O
50 S	59 S	68 Ê	77 M
51 É	60 É	69 Ê	78 U
52 É	61 É	70 R	79 R

VOUS M'Y POUSSEZ . VOUS M'Y POUSSEZ . DE L'EAU CLAIRE . LE PLUS BEAU MUR .

Hector Marichelle, Zeichnungen nach den Filmen von Georges Demenÿ
Abbildung aus *La chronophotographie de la parole*, 1902, Privatsammlung
...
Die Geschichte der Erforschung von Sprache ist auch eine Geschichte der bildgebenden
Verfahren. Die Untersuchungen des Phonetikers Hector Marichelle zielten darauf ab, Stimme
und Sprache in visuelle und messbare Daten zu übersetzen. Die Chronofotografie erlaubte
das Festhalten schneller Lippenbewegungen bei der Artikulation von Lauten, die sich dann
zeichnerisch systematisieren ließen.

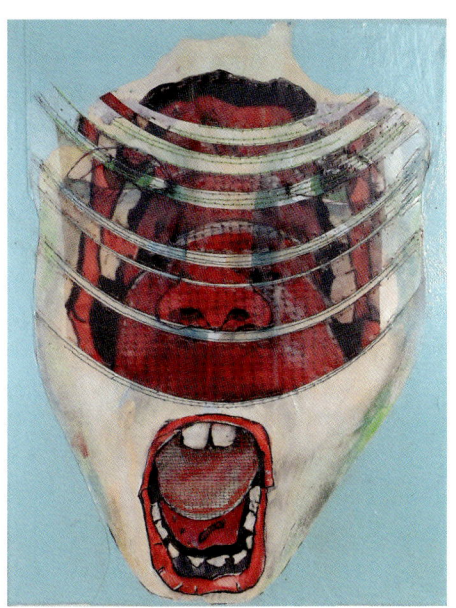

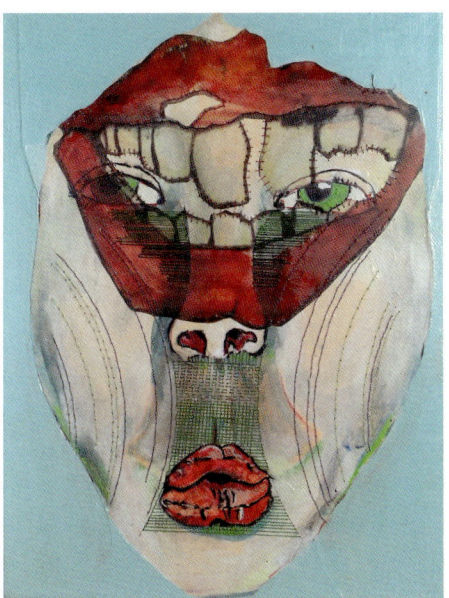
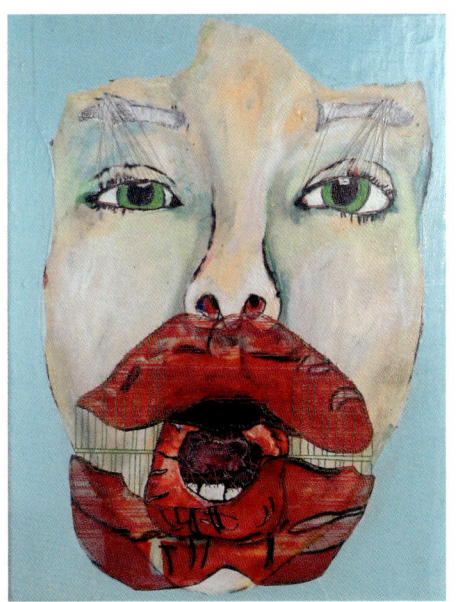

Friederike Altmann, *Sprechhemmung – Vokale ausgebremst*, 2015
...

Verfremdete Selbstporträts sezieren jenen Moment beim Sprechen, wenn sich Vokale zwar mimisch und mental formen, es jedoch nicht über die Lippen schaffen. Der Laut wird zur Last. Das kommunizierende Ich zerfällt kurzzeitig in Stücke. Man könnte derlei Artikulationsbrüche auch mit Worten beschreiben. Die malerische Übersetzung jedoch spiegelt nicht nur Kampf, sondern auch die Überwindung des Dilemmas.

Sprache ist elementar für unsere Museumsarbeit. Exponate werden von Texten begleitet, Führungen finden in verschiedenen Sprachen statt, und im Sprechen über das Ausgestellte vermitteln wir das Gezeigte. Dass wir nun als das Museum vom Menschen *über* Sprache nachdenken und ihre verschiedenen Dimensionen anschaulich machen, hat eine besondere Relevanz, denn Sprache geht alle Menschen an. Fortwährend reden, lesen, schreiben, gestikulieren wir, und in der täglichen Kommunikation zeigt sich, wie sehr wir uns in unseren Redegewohnheiten häuslich niederlassen.

Die Idee, Sprache auszustellen, hat uns einige Kopfnüsse gegeben: Sprache ist nur schwer präsentierbar, insbesondere dann, wenn man sie als gelebtes und damit als wandelbares Phänomen begreift. Und: Sprache ist ein Fass ohne Boden. Sie durchwirkt alle Lebensbereiche; sie ist Grundlage und Spiegel sozialer Prozesse und Werte, die jeder Einzelne mitzugestalten vermag. „Der Mensch ist nur Mensch durch Sprache", formulierte Wilhelm von Humboldt und stellte damit die Sprachfähigkeit als anthropologische Konstante heraus. Die Annahme, dass der Mensch sein Denken vis-à-vis zum Anderen mittels Sprache zum Ausdruck bringt, haben wir aufgegriffen. Wie in sämtlichen unserer Projekte interessierte uns dabei das Zusammenspiel von Geist und Körper, von Natur und Kultur. In der Beschäftigung mit Sprache ist uns deutlich geworden, dass es aber auch ihre biologischen und kulturellen ‚Fehlleistungen' sind, die gleichsam mitsprechen: das Schweigen, die Sprachlosigkeit, Momente der Störung.

...
18

In guter Tradition des Hauses haben wir den Blick gerade auch auf gegenwärtige Symptome des Sprechens in unserer Gesellschaft gerichtet. Noch nie haben Jugendliche so viel geschrieben wie heute – in Foren, Chatrooms und Blogs. Die Modi unserer Sprache, so scheint es, sind nicht zu lösen von unseren technischen Errungenschaften. Neben der unbesorgten Kultivierung neuer Sprachformen wie Cyberslang, Emoji und Kauderwebsch schürt Sprachwandel aber auch Ängste. In Zeiten von Migration und der Konfrontation mit fremden Worten inmitten unseres vertrauten Vokabulars schafft Sprache nicht zuletzt auch Differenzen. Unser Kooperationspartner, die Deutsche Akademie für Sprache und Dichtung, begleitet die Sprachentwicklungen in unserer Gesellschaft aufmerksam und trägt zu einer differenzierten Debattenkultur bei. Ihr und allen Beteiligten, die zum Gelingen des Projektes beigetragen haben, sind wir zu Dank verpflichtet, allen voran der Kuratorin Colleen M. Schmitz und ihrem Team. Für die sorgfältige Arbeit am Begleitbuch danken wir Judith Elisabeth Weiss. Besonderer Dank gebührt der Beauftragten der Bundesregierung für Kultur und Medien, der Kulturstiftung der Länder, der Kulturstiftung des Freistaates Sachsen und dem Freistaat Sachsen im Rahmen des Aktionsplans zur Umsetzung der UN-Behindertenrechtskonventionen für ihre großzügige finanzielle Unterstützung. Unser kollegialer Dank gilt überdies den Leihgebern, ohne deren Exponate die Ausstellung nicht hätte realisiert werden können. Besonders bedanken möchten wir uns nicht zuletzt bei den Autorinnen und Autoren dieses Bandes, die mit ihrem Nachdenken über Sprache die Buchdeckel reich gefüllt haben.

Klaus Vogel, DIREKTOR, DEUTSCHES HYGIENE-MUSEUM DRESDEN

Gisela Staupe, STELLVERTRETENDE DIREKTORIN, DEUTSCHES HYGIENE-MUSEUM DRESDEN

Grußwort

„Die wahre Heimat ist eigentlich die Sprache", schrieb Wilhelm von Humboldt an seine Brieffreundin Charlotte Diede. Heute, unter dem Eindruck der politischen und kulturellen Herausforderungen der Migration, treten vor allem die dunklen Seiten dieses Gedankens hervor: die Sprachlosigkeit in einer fremden Umgebung, der ebenso nahe-liegende wie riskante Kurzschluss von Integration und Spracherwerb und die Angst vor dem Eindringen des Fremden in die Heimat, auch in diejenige der eigenen Sprache. Die Sorge über vermeintlich zerstörerische äußere Einflüsse und den immerfort zunehmenden Verfall der deutschen Sprache hat eine lange Geschichte, sie hat die Sprachentwicklung bis heute begleitet. Wie in früheren Zeiten über das Lateinische und das Französische, so wird heute über den Einfluss des Englischen und die schwindende internationale Geltung des Deutschen in den Wissenschaften oder der Wirtschaft diskutiert, über die vorgeblich verarmte Sprache der Jugend oder die Folgen des technologischen Fort-schritts für unsere Sprache. Schnellfertige Urteile und Therapievorschläge kursieren in der Öffentlichkeit, Aufklärung durch fundierte Informationen fehlt jedoch weitgehend.

Damit der Stand des Wissens zu wichtigen Themen der öffentlichen Sprachdebatten nicht auf den wissenschaftlichen Diskurs beschränkt bleibt, hat die Deutsche Akademie für Sprache und Dichtung gemeinsam mit der Union der deutschen Akademien der Wissenschaften vor einigen Jahren einen regelmäßig erscheinenden *Bericht zur Lage der deutschen Sprache* ins Leben gerufen. Die im Gespräch mit dem Deutschen Hygiene-Museum Dresden entstandene Idee, eine Ausstellung zum Thema Sprache zu realisieren, ergab sich folgerichtig daraus: der Wunsch, das linguistisch fundierte Wissen über unsere Sprache auf dem Stand der gegenwärtigen Forschungen in attraktiver und verständlicher Form einer interessierten Öffentlichkeit zugänglich zu machen.

Mit dem Deutschen Hygiene-Museum Dresden hat die Akademie für diesen Plan den idealen Partner gefunden. In den vergangenen drei Jahren wurde hier das Projekt konzipiert und Schritt für Schritt verwirklicht. Die Weite und Komplexität des Themas ebenso wie die Forderung, mit der Ausstellung sowohl der Neugier von Schülergruppen als auch dem kritischen Blick der Fachwelt ein überzeugendes Angebot machen zu können, bedeutete eine besondere Herausforderung. Den Ausstellungsmacherinnen ist es gelungen, einen uns allen vermeintlich vertrauten Gegenstand wieder neu und überraschend sicht- und hörbar werden zu lassen. Das Begleitbuch unterstützt diese Entdeckungsreise unterhaltsam und lehrreich.

Ich danke dem Direktor des Museums Klaus Vogel und der Ausstellungsdirektorin Gisela Staupe für ihre umsichtige Leitung des Vorhabens, der Kuratorin Colleen Schmitz sowie Judith Elisabeth Weiss, die sich um das Begleitbuch gekümmert hat. Zu danken ist auch dem engagierten Museumsteam, ohne dessen einträchtige Anstrengung diese Ausstellung nicht hätte zustande kommen können, und den vielen Ratgebern und Förderern des Projekts, deren Anteil am nun vorliegenden Ergebnis ein beglückender Ausdruck dessen ist, was uns alle verbindet: der Liebe zur Sprache.

Heinrich Detering
PRÄSIDENT DER DEUTSCHEN AKADEMIE FÜR SPRACHE UND DICHTUNG

Sprache
['ʃpraːxə]

Colleen M. Schmitz, Judith Elisabeth Weiss

Sprache ausstellen

Sprache ist flüchtig. Gesagtes verklingt, kurz nachdem es ausgesprochen wurde. Die Gebärde verschwindet nach der Ausführung. Und selbst die materielle Spur des Schriftlichen wandert zunehmend in den virtuellen Raum. Das Museum in seiner allgemeinsten Bestimmung als Bewahrer des kulturellen Erbes kann als eine Antwort auf das Ephemere verstanden werden. Sprache ausstellen, dies bedeutet, den bleibenden Rest der Sprache, der als sinnhafter Überschuss existent ist, zu präsentieren. Das Ausstellen eines solch komplexen Reflexionsgegenstands wie die Sprache stellte das Kuratorenteam vor eine Reihe von Herausforderungen: Die Annäherung an das Thema und dessen Vermittlung erfolgt über den zu untersuchenden Gegenstand selbst. Die sprachliche Rahmung des Ausgestellten ist Erklärung und Thema zugleich. Sie ist selbst ein sprachliches Zeugnis – des Versuchs, die Ausstellung in ein inklusives Konzept einzubetten und verschiedenen Besuchergruppen zugänglich zu machen: Gehörlosen, Blinden und Menschen, denen Leichte Sprache und Englisch hilfreich ist.

Die Ausstellung rückt Sprache als physische Spur in den Mittelpunkt. An den Schnittstellen sinnlich erfahrbarer Medien – also innerhalb des gestisch-mimischen, stimmlich-klanglichen und schrift(bild)lichen Repertoires – inszeniert sie Sprache in vier Denk- und Erfahrungsfeldern und entfaltet dabei eine polyphone Erzählstruktur.

HOMO LOQUENS. Zur Sprache kommen

Die erste Abteilung nimmt den sprechenden Menschen aus der Perspektive der Wissenschaft ins Visier. Der Terminus des *homo loquens* schien uns der passende Einstieg für die Frage, wie wir als Einzelner wie auch als Spezies zur Sprache kommen, reiht er sich doch in die zahlreichen Homo-Epitheta, die die conditio humana zu benennen suchen. Der Begriff begegnet in Ausführungen über den Menschen als „sprechendes Tier" wie auch in Diskursen vom Menschen als vernunftbegabtes Wesen, das sich gerade durch die Sprache vom Tier unterscheidet. Die Suche nach wissenschaftlichen Erklärungen, die Licht in das Geheimnis der Sprache zu bringen trachten, gerät auf einer symbolischen Ebene in den Fokus der Inszenierung: Ein dunkler Raum mit Schlaglichtern präsentiert die Erforschung der Sprachfähigkeit als eine punktuelle Einblendung von aktuellen und historischen Erkenntnissen. Was in den Mythen zum Ursprung der Sprache in vielen Kulturen als gottgegeben erscheint, nämlich unsere Fähigkeit zu sprechen, wird seit dem Aufkommen der modernen Wissenschaften systematisch unter die Lupe genommen. Die Abteilung eröffnet einen transdisziplinären Denkraum, der die biologischen wie sozio-kulturellen Geflechte im Prozess der Sprachaneignung in den Blick nimmt.

DENKBEWEGUNGEN. Sinn und Sinnlichkeit der Sprache

In einem hybriden Raum, der als Sprachwerkstatt und zugleich als Galerie und Reading Room fungiert, offenbart sich Sprache als fundamentales Element unseres Denkens und unserer Kreativität. Die Metapher der Denkbewegung weist auf das Prozesshafte von Sprache, das nicht linearen und genealogischen Gesetzen unterliegt, sondern den verzweigten Pfaden des verkörperten Denkens selbst folgt. Von Bedeutung ist die Schrift, die dem Denken nicht nur eine materielle Form schenkt, sondern auch neue Möglichkeiten der Überlieferung eröffnet. Die simplen Worte „ich", „hier" oder „jetzt" offenbaren dabei komplexe raum-zeitliche Konzepte. Mit Metrik, Takt und Rhythmus setzen Lyriker und Poetry-Slammer die Zeitlichkeit von Sprache wiederum als künstlerisches Mittel ein. Dem Spiel mit der Sprache und der Möglichkeit, sie zu formen, so zeigt der Parcours, sind keine Grenzen gesetzt.

REDEHANDWERK. Macht und Magie der Sprache

Mit seiner Fähigkeit zur Kommunikation drückt der Mensch sich aus und kann dabei auf ein umfassendes Rüstzeug zurückgreifen. Sprachrhythmen, Gesten, Redefiguren, die semantischen Schichten der Sprache, eine Vielzahl von Typografien – der Mensch vermag sie als Machtinstrument einzusetzen, um Einfluss zu nehmen, und dies im Großen wie im Kleinen, in der Politik wie auch im Privaten. In welchen Worten, Schriften oder Symbolen wir unsere Auffassungen kleiden, verrät viel über unsere Intentionen. In diesem Ausstellungsteil, der wie ein öffentlicher Platz gestaltet ist, exponieren wir Sprachhandeln als gestaltende Kraft zwischen Einzelnem und Gesellschaft. Meister der Rhetorik führen auf einer Großleinwandprojektion die Kunst der wirkungsvollen Rede beispielhaft vor: die unzähligen Strategien zu überreden, zu verführen, zu manipulieren oder zu begeistern. Plakate und Fotos mit politischen Parolen, Werbeslogans, Schimpfwörter und Kampfbegriffe veranschaulichen das Ringen um die Hoheit der Worte. Ein Schattentheater führt Rituale vor, die die Bausteine von Konventionen und gesellschaftlichen Ordnungen bilden. Und ein Schaufenster präsentiert die Entwicklung der Kommunikationstechnologie und reflektiert deren Einwirkung auf unseren Sprachgebrauch. Gelegentlich stößt die Rede an die Grenzen des Sagbaren – dann bleibt nur das Schweigen, dem ebenfalls sein Platz in der Ausstellung zukommt.

SPRACHHEIMAT(EN). Zugehörigkeit und Selbstbestimmung

Was ist Heimat? Der Zufallsort der Geburt oder ein ferner Platz unserer Wahl? Ein Land mit Bleiberecht? Eine Stube in unserem Kopf? Sprachheimat konstituiert zweierlei: Sprache als eine Grundlage des persönlichen Selbstverständnisses einerseits und als soziales, kulturelles und politisches Instrumentarium andererseits. Die Ausstellungsarchitektur dehnt diese Aspekte ins Räumliche aus. Mit den Höhen und Tiefen, Weiten und Einengungen und den topografischen Konturen einer Landschaft lässt sich eine zur Form gewordene Stimme assoziieren, eine Stimme, die einschließt, abgrenzt und

Übergänge schafft. In dem wir Sprachheimat im Plural denken, verdeutlichen wir die verschiedenen Sprachräume, in denen wir uns im Laufe des Lebens bewegen. Mit uns bewegen sich auch die Worte. Die Dynamik von kulturellen Begegnungen und technischen Neuerungen, die auf die Sprache einwirkt, verändert nicht zuletzt auch unsere Vorstellungen von Sprachheimat.

Über Sprache schreiben

Nicht immer sagt ein Bild mehr als tausend Worte, denn die Sprache selbst spricht Bände. So viele Menschen, so viele Sprechweisen – so könnte man die schier unerschöpflichen Gepflogenheiten unserer alltäglichen Kommunikation, die zahllosen wissenschaftlichen Zugriffe auf das Phänomen Sprache und die reichen literarischen und philosophischen Sprachbetrachtungen auf eine einfache Formel bringen. Und genau dies ist der Ausgangspunkt des vorliegenden Lesebuchs: Im Zwiegespräch mit der Sprache selbst wollen Themen von A bis Z den Blick für den kulturellen, kognitiven und lebensweltlichen Reichtum unterschiedlicher Sprachformen öffnen. Die Lektüre eines jeden der hier versammelten Essays ist für sich ein Gewinn, vermögen sie doch – und dies war die größte Herausforderung für ihre Verfasserinnen und Verfasser – in kürzester Form frappierende Beobachtungen, pointierte Thesen und fundierte Forschungsergebnisse auf den Punkt zu bringen. Die Leserinnen und Leser dieses Bandes finden alleine durch die je spezifische Schreibweise der Autorinnen und Autoren bereits ein breites Spektrum im Umgang mit Sprache vor. Die Anwendung respektive Vernachlässigung einer geschlechtergerechten Sprache innerhalb der Beiträge haben wir bewusst den Autorinnen und Autoren überlassen, da das Arbeiten *mit* Sprache stets mit einer Haltung *zur* Sprache einhergeht.

Die Kombination aus Texten zur Sprache und ‚sprechenden‘ Bildern in diesem Band zeugt von der analytischen, diskursiven wie sinnlichen Dimension von Sprache und füllt, ganz im Kantschen Sinne, Begriffe mit Anschauung und blinde Anschauung mit Begriffen. Dass Sprache zur *res publica* gehört, eben eine öffentliche Angelegenheit ist und dabei zu den zentralen Orientierungsgrößen in unserem sozialen Miteinander zählt, dies wird besonders deutlich in der Auseinandersetzung mit aktuellen Debatten über Migration, technischen Wandel, political correctness und die Anforderungen in einer pluralistischen Gesellschaft. Sprache ist in einem hohen Maße politisch, und als solche in ihrem Gebrauch regulierend, normativ – und konfliktträchtig. Das vorliegende Lesebuch plädiert auch für ein Verständnis von Sprache, das unsere gesellschaftliche Verantwortung mit einbezieht – indem wir uns darauf besinnen, dass wir mit, in und durch Sprache unsere soziokulturelle Umgebung mitformen, sie tradieren und verändern. Innerhalb der glossarähnlichen Anordnung der Essays, die der thematischen Auffächerung dient, entfalten sich mit den vergnüglichen und eindringlichen, den störenden und verstörenden Interventionen aus Poesie und Literatur die schöpferischen Dimensionen von Sprache.

Gipsbildhauerwerkstatt des Deutschen Hygiene-Museums
Muskelkopf, 1920–1930, Deutsches Hygiene-Museum Dresden

Die Muskeln des Gesichts erlauben eine Vielzahl von Ausdrücken, die unser Sprechen begleiten. Auf etwa das 2,5-fache vergrößert, präsentiert das Modell die Gesichtsmuskulatur des Menschen in einer Synthese von Kunst und Wissenschaft. Vom Expressionismus beeinflusst, der dem leidenden Menschen eine Gestalt voller Anklage und Pathos verlieh, heißt dieser Muskelkopf auch *Der Schreiende*.

Hoppla…! Anmerkungen zu Interjektionen

Joachim Kalka

Interjektionen sind die an den Rändern der geordneten Sprachkonstruktion laut werdenden Ausrufe, meist sehr knapp, ihrer Gestalt nach unveränderlich, trotz starker emotionaler Aufladung syntaktisch fast unsichtbar – *Au! Nu! Oha! Na, na! Uii! Ähh …* Ein winziges Beispiel: *Upps!* Diese Interjektion, als Titel einer Show mittlerweile Teil der Fernseh-Spaßmaschinerie, ist dabei, in der deutschen Gegenwartssprache das bereits etwas altmodisch anmutende *Hoppla* zu verdrängen. Es ist ein Echo des angloamerikanischen *Oops*, das einen etwas weiteren Bedeutungsbereich hat als *Hoppla*: Es gibt *Oops – I dropped it*, aber auch *Oops – almost forgot to post this letter*. Während *Oops* – eher amerikanisch als englisch – eine Sprachgeste ist, die auf rätselhafte und überzeugende Weise aus dem Volk hervorgegangen ist, ist *Upps*, gelegentlich auch *Ups* geschrieben, ein kulturindustrieller, plakativ witziger Import. Man kann bei dieser Gelegenheit konstatieren, dass *Hoppla* ebenfalls aus der Unterhaltungswelt kommt, wenn auch natürlich in historisch völlig anderem Kontext (vielleicht Anfang, Mitte des 19. Jahrhunderts?). Es ist erstaunlich, dass die gängigen Erklärungen der großen Wörterbücher, zieht man diese aus dem Regal, völlig unsinnig sind: Wahrig schreibt, „Hoppla" sei „Imperativ zu hoppeln mit schallendem -a"; der Duden ebenso: „durch -a verstärkter Imperativ von hoppeln". *Hoppla* stammt jedoch aus der Varièté- und Zirkussprache, es ist in den dort zelebrierten Nummern eine rituelle Präsentationsgeste. In einem bekannten deutschen Schlager werden die Bestandteile dieser Interjektionspraxis aufgezeigt: „Eh la hopp, eh la hopp, eh la hopp!" Das ist der alte Operettensong *O mein Papa*, gesungen unter anderen von Lys Assia, Caterina Valente und Lilli Palmer. *Hop là* ist leicht in französischen Wörterbüchern zu finden. Dieser Imperativ, Aufforderung zum Sprung oder ein allgemeines ‚Los jetzt! Auf geht's!' verselbständigt sich im Zirkus (mit dessen international gebrochenem Französisch oder Pseudo-Französisch, wie man es bereits in der Jahrmarktsbudenszene in Büchners *Woyzeck* hört). Von daher gerät er in die deutsche Alltagswelt als Begleitruf eines überraschenden Vorgangs (vielleicht zuerst in Berlin?). Der Witz, sozusagen, des kollektiven sprachlichen Unbewussten zeigte sich noch vor einem halben Jahrhundert – heute ist die Usance verschollen – in der reflexhaften Koppelung von *Hoppla* mit einem halbreimenden, als affektiert empfundenen Frauennamen (dessen Bekanntheit und zeitweise Beliebtheit wohl hauptsächlich auf Schillers *Wallenstein* zurückgeht): Als rituelle Ergänzung pflegte ein anderer Sprecher auf ein *Hoppla!* anzufügen: *Thekla!* Diese am geheimnisvoll-albernen Rand der Sprachpraxis stattfindenden Ergänzungsspielchen, bei Kindern als Reimmechanik von Eigennamen beliebt (*Gut!* – *Knut*), sind kaum dokumentiert.

Man könnte solche Interjektionen auch „sprachliche Minima" nennen – es sind Formulierungen, die auf knappem Raum eher eine gleichzeitig allbekannte und kryptische Sprachgeste bilden als eigentlich etwas Diskursives auszudrücken. *Na!, Eh what?, Bof, So?, Hmm, Ecco, Uff, Eh bien, Say!* Eine Interjektion ist ein Ausruf, eine – wie das Englische suggestiv sagt – Ejakulation: *Aua! Oho! Juhu!* Natürlich können auch Substantive oder Adjektive als Interjektionen verwendet werden: *Scheiße! Genau!* Daneben stehen Fragewörter: *Hä? Bitte?* Schwer klassifizierbare Füllwörter kommen hinzu. Das süddeutsche *Eh* wäre ein gutes Beispiel – *Weißt eh, Nützt eh nix, Jetzt komm i eh z'spät.* Die Übersetzung in die Hochsprache durch *ohnehin, ohnedies, so oder so* kann zwar dem, der nicht weiß, was *Eh* bedeutet, einen Anhaltspunkt geben, aber sie zeigt natürlich auch die Distanz zwischen den jeweiligen Formulierungen auf. Und das ständig unser Sprachleben begleitende Füllwort *Äääh*, das ein Zögern, eine Unsicherheit, den Versuch einer Präzisierung markiert, kennen wir alle. Auch diese kleinen Wörter sind Veränderungen und Moden unterworfen. Es ist auffallend, dass augenblicklich eine Verwandlung des deutschen *Okay* stattfindet, vom zustimmenden *Okay* (im Sinne von: ,Ich bin einverstanden') zu einem gedehnten *O-kay*, das lediglich zum Weiterreden ermuntert und in etwa besagt ,Ich habe verstanden'.

Was heißt denn *Wow* auf Deutsch? Gelegentlich, aber nur gelegentlich kann es *Ui* heißen. Eine Hilfslösung wie *Toll!* verlöre bereits die eigentliche Expressivität des knappen und fast Unartikulierten, des Urlautes, und das gälte auch für alle situativ denkbaren Lösungen wie *Donnerwetter, Menschenskind, Scharf, Geil.* Von höherer Präzision, aber im Druckbild bekanntlich schwer wiederzugeben wären Schnalzlaute oder Pfiffe. Nun hat sich ja die deutsche Sprache, ihrer Unzulänglichkeit in diesem Punkte bewusst, schon längst angewöhnt, für *Wow* nichts anderes zu sagen als *Wow*. Was übrigens das *Ui* betrifft, so möchte ich darauf aufmerksam machen, dass es an einer unerwarteten Stelle der deutschen Philosophie auftaucht: zu Beginn eines Essays von Adorno. In der Festschrift für Ernst Bloch 1965 steht Adornos Aufsatz *Henkel, Krug und frühe Erfahrung*, der von Blochs *Geist der Utopie* handelt. In souveräner Weise drückt der Autor mit einem vorangestellten Zitat seine Bewunderung aus und färbt diese gleichzeitig mit zärtlicher Bosheit. Das Zitat von dem Frankfurter Lokaldichter Friedrich Stoltze, das Adorno als Chiffre für sein Verhältnis zu Bloch dient, lautet: „Ui, haww' ich gesacht." Was hier mit einem einzigen Doppelvokal festgehalten wird, ist der starke Eindruck, den Blochs expressionistische Philosophie macht, und das Bedürfnis, den etwas auftrumpfenden Gestus dieses Philosophierens ein wenig zu ironisieren.

Es gibt zwei Interjektionen im Deutschen, die schon seit langem nur noch im Inventar der Parodie existieren, früher einmal aber ganz ernsthafte Formen waren, eine dramatisch-pathetische, eine auf ihrem Höhepunkt kindhaft-liebevolle. Ich spreche vom *Ha* und vom *Ei*. Wann und warum hat hier der Verfall der Ernsthaftigkeit eingesetzt? Beim *Ha* lässt sich der Zeitpunkt des Untergangs recht exakt bestimmen. Dieser Laut, der in der Lyrik und auf der Bühne des 16. bis 18. Jahrhunderts eine so große

Rolle spielte, wurde dann rasch zum Inbegriff des falschen Pathos, zur Chiffre der Lächerlichkeit. Es gibt faszinierende Tilgungen des *Ha!* in den Manuskripten Hölderlins. Einen letzten Höhepunkt erreicht diese Sprachgebärde noch einmal im Sturm und Drang, wenn etwa Bürgers Ballade *Der Bauer an seinen durchlauchtigen Tyrannen* mit den Zeilen schließt: „Ha! Du wärst Obrigkeit von Gott? / Gott spendet Segen aus; du raubst! / Du nicht von Gott, Tyrann!" Hier ist das *Ha!* noch gedeckt durch ein genuines Pathos des Zornes und der Auflehnung.

Das *Ei* konnte noch im selbstverfassten Text eines Liedes von Gustav Mahler offenbar ganz ohne das Bewusstsein des Koketten verwendet werden. Hören wir dieses Lied – *Lieder eines fahrenden Gesellen* aus den Jahren 1883–85, No. 2 – so können wir trotz der großen musikalischen Schönheit den Eindruck des Neckischen nur mühsam unterdrücken. „Ging heut morgen übers Feld, / Tau noch auf den Gräsern hing; / Sprach zu mir der lust'ge Fink: / Ei du! Gelt? Guten Morgen! Ei gelt? / Du! Wird's nicht eine schöne Welt? (...)" Das ist höchst prekär. Das *Ei* ist eigentlich schon zu Mahlers Zeiten die Chiffre entweder für neckisches Augenzwinkern oder für Betulichkeit – so, wie es einige Jahrzehnte später der philiströse Professor in *Das Haus in Montevideo* von Curt Goetz gebraucht, einem der seltenen geglückten Boulevardstücke des deutschen Theaters. Dieser Professor pflegt beim Mittagessen seine Kinderschar zu examinieren, und ruft, als der älteste Sohn auf den Befehl „Nenne mir die Nebenflüsse des Mississippi" erwidert „Haben wir noch nicht gehabt!" sofort: „Ei, so nenne mir die des Po! ... Flugs!"

Die Frage nach den Minima führt weit; man nähert sich mit ihr rasch den averbalen Sprachgeräuschen wie *Mhm* oder dem bedauernden Zungenschnalzen, für das sich noch nicht einmal eine allgemein akzeptierte schriftliche Wiedergabe eingebürgert hat (*dz, dz; te! te!; t, t, t* usw.). Und schließlich führt der Weg zu der ganz sprachlosen Gebärdentypik, derer wir uns ständig in unseren Gesprächen bedienen, was wohl als erster Raymond Queneau in Romandialogen lakonisch in Klammern notiert hat: „‚Ça' (geste)" oder „‚Vous avez entendu ça à la tévé' (grimace)" und was oft eine große Bedeutung für das Erzählen hat, in rituell wiederholten Formulierungen wie bei Guareschi: „Don Camillo allargò le braccia ...." Das stumme Ausbreiten der Arme ist eine Interjektion in sich.

Der bedeutende Gräzist Franz Dornseiff hat in dem kaum drei Seiten langen Aufsatz *Wortgeographisches* von 1927 Anmerkungen zu vier winzigen deutschen Dialektwörtchen gemacht: zum Berlinischen *Man* („Jehn Se man da lank"), zum hessischen *Gell*, zum bayerischen *Fei*, zum österreichischen *Halt*. „In solchen Wörtern sind", wie er ironisch, aber nicht ohne Ernst schreibt, „Gebärden der Seele gegen das All laut geworden." Der Versuch einer solchen Physiognomik der sprachlichen Minima steht natürlich unter dem Misstrauen – und folgt der Hoffnung –, die Nietzsche in der *Fröhlichen Wissenschaft* ausdrückt: „Alle Dinge tief finden – das ist eine unbequeme Eigenschaft: sie macht, dass man beständig seine Augen anstrengt und am Ende immer mehr findet, als man gewünscht hat."

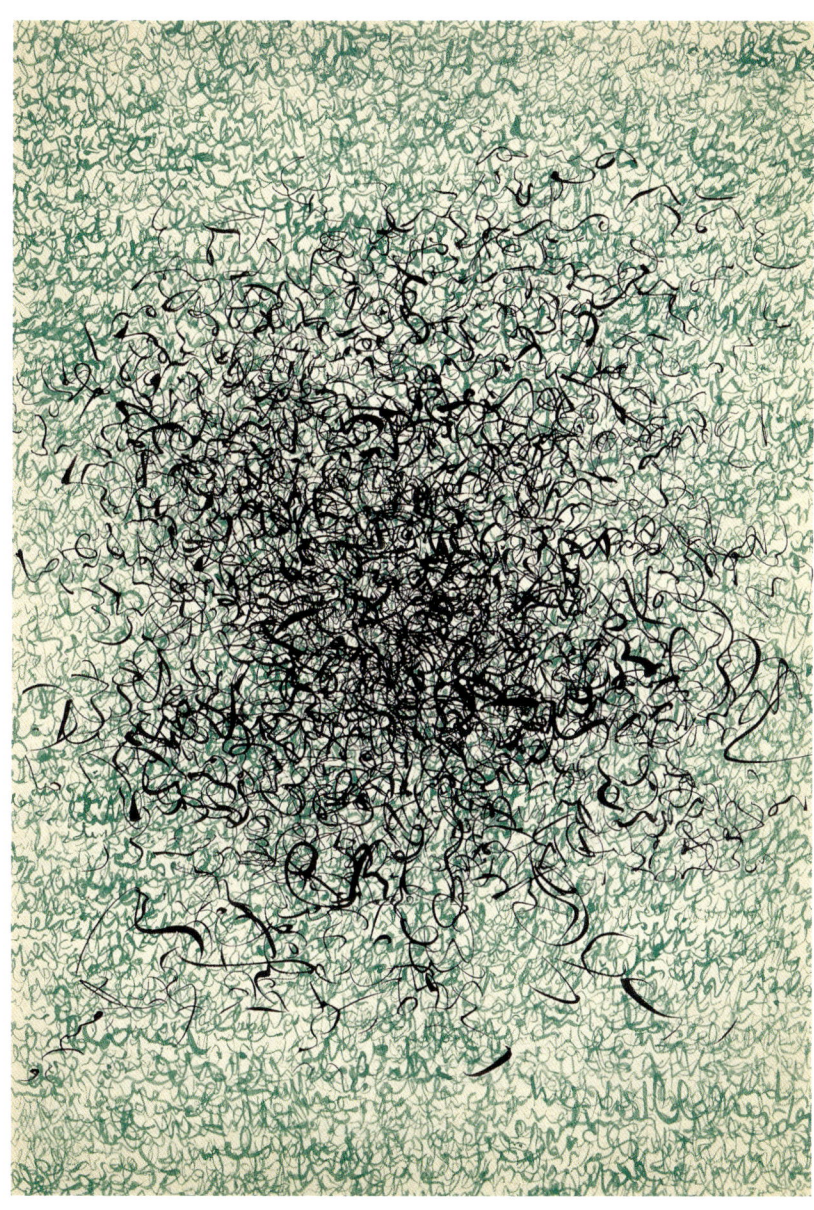

Carlfriedrich Claus, *Poetische Syntax in Relation zu Prosa*, 1959
Kunstsammlungen Chemnitz, Stiftung Carlfriedrich Claus-Archiv
...

In seinen „Sprechexerzitien" und „Schriftwucherungen" versammelt Carlfriedrich Claus
seine theoretischen und politischen Überlegungen zu den elementaren Bedingungen von
Sprache. Von der Schreibbewegung getragen, greifen in diesem Blatt Skripturales und
Bildhaft-Assoziatives ineinander. Diese Methodik der Spracherweiterung ist grundlegend
für die lebenslange Beschäftigung des Künstlers mit Zeichen und Zeichnung.

Das Blog, das Bloggen und Herrndorfs *Arbeit und Struktur*

Peer Trilcke

Was das Blog ist, weiß ich nicht. Wolfgang Herrndorf wusste es. ‚Das Blog‘: das war *sein* Blog, *Arbeit und Struktur*, an dem er etwa dreieinhalb Jahre bis zu seinem Freitod im August 2013 schrieb und das mittlerweile auch ein gedrucktes Buch ist, ein Bestseller. Und weiterhin ein Blog.[1]

Ich weiß nicht, was das Blog ist. Womöglich war das einmal anders, Ende der Neunziger, als erst der Begriff „weblog" (1997), dann die Kurzform „blog" (1999) aufkamen. Als es so aussah, als würde mit dem Blog eine distinkte Form des digitalen Self-Publishing entstehen: eine Art Online-Tagebuch, in dem sich eine spezifische Software-Architektur und eine journalartige, subjektiv getönte Schreibpraxis gekoppelt hatten. Wobei diese Art Tagebuch öffentlich war. Und sich einer damals eigenartigen, heute allgegenwärtigen Konvention bediente: der rückläufigen Chronologie, bei der nicht der früheste, sondern stets der jüngste Eintrag als erstes präsentiert wurde. So als würde man ein Tagebuch von hinten lesen.

Für eine Form, die in der medialen Umwelt des Web mit seiner Logik der permanenten Aktualisierung zuhause war, schien diese Prädominanz der Gegenwart genau richtig. Dass man dabei – kurz vor dem Platzen der dotcom-Blase und dem Einsturz der Twin Towers – auf dem Kamm einer hohen und wunderschönen Welle namens „Erlebnisgesellschaft" ritt, machte das Blog Ende der Neunziger als digitale Form noch überzeugender. Und eindeutiger. Was lag in einer solchen Gesellschaft näher, als eine dem Jetzt verschriebene Ausdrucksform, in der das Subjekt seine Wahrnehmung der Welt gestalten, performen, teilen und publizieren konnte? Ohne Einschränkung, ohne Kontrolle, ohne redaktionelle Filterung oder Korrektur. Einfach so.

Medientechnologie – Genre

Das alles ist lange her – und womöglich niemals so gewesen. Geändert hat sich inzwischen einerseits nichts, andererseits alles.

Blogs, die als sogenannte persönliche Blogs subjektive Sichten auf sich und die Welt präsentieren, gibt es jedenfalls weiterhin, sogar in weiterhin wachsender Hülle und Fülle. Daran hat sich nichts geändert. Auf der anderen Seite ist die Kopplung von Software-Architektur und subjektiver Schreibpraxis aufgebrochen. Blog-Software (zum Beispiel *Wordpress* oder Googles *Blogger*) wird mittlerweile für alles Mögliche verwendet: für journalistische Magazine und wissenschaftliche Projektseiten, für virale Marketing- oder Politikkampagnen, im grauen Bereich der Filesharing-Communities oder zur Verbreitung von Malware. Und mehr. Begreift man das Blog lediglich als Software, dann ist das Phänomen seit einiger Zeit diffus geworden.

Das Online-Tagebuch, oder allgemeiner das persönliche Blog ist nur ein Nutzungs-szenario, das subjektive Bloggen nur eine Schreibpraxis, die sich der Software bedient. Es ist also sinnvoll, eine Unterscheidung zu treffen: Zum einen bestehen verschieden-artige Medientechnologien, Blog-Software ist eine davon. Mittels dieser Techno-logien können dabei, zum anderen, diverse digitale Genres umgesetzt werden. Das persönliche Blog ist demnach eines von zahlreichen Genres, das mit Blog-Software realisiert werden kann.

Klarheit über das Blog verschafft auch diese Unterscheidung nicht. Denn nicht nur hat sich die Technologie von der Schreibpraxis, auch hat sich die Schreibpraxis des persönlichen Bloggens von der Blog-Software entkoppelt. Wer sich heute entscheidet, zu bloggen, braucht kein Blog mehr. Ein Facebook- oder Twitter-Account oder Ähnliches reichen bereits aus. Die Sozialen Medien haben Mechanismen und damit Ausdruckspotenziale der Blog-Software integriert. Das Bloggen als Schreibpraxis hat gestreut in alle möglichen Bereiche des Web.

Die Ökonomie des Sozialen

Auf diesem Weg sind einige der Ideen des Blogs wie die des User Generated Content oder die der Publizität des Privaten zu tragenden Prinzipien des Web avanciert: als kommunikative Infrastruktur, die man seit 2003 als „Web 2.0" (später auch als „Soziale Medien") bezeichnet. Gebloggt wird heute überall. Das heißt zugleich, dass die Praxis des Bloggens schon strukturell verstrickt ist in die Ökonomie des Web. Die Produktion von Inhalten durch den User ist zum Geschäftsmodell geworden – nur im Einzelfall für professionelle Blogger, stets für Konzerne wie Google, Facebook et al., die ohne das permanente Suchen, Clicken, Surfen, Schreiben, Posten, Teilen und Bloggen der User unerheblich wären. Man kann das „kommunikativen Kapital-ismus" (Jodi Dean) nennen: Indem der User auf Blogs, auf Social Network Sites, in Messengern etc. kommuniziert, arbeitet er. Mal für Big Player, mal für Start-Ups, nahezu immer umsonst.

Neben jene Utopie, nach der das persönliche Bloggen zum basisdemokratischen Empowerment, zur Ermächtigung der Vielen führt, tritt so eine dystopische Erzäh-lung, in der die Kommunikation und die Daten, die sie produziert, als Ware – und die Kommunizierenden als unbezahlte Arbeiter erscheinen. Das Web und die digitale Kommunikation sind heute auch eine Arena des Turbokapitalismus. Diese Transfor-mationen der medialen Umwelt müssen das persönliche Blog keineswegs unmittelbar betreffen, etwa in seiner Textualität oder seinem Design. Noch immer lässt sich einfach so ein Online-Tagebuch schreiben.

Zerstreutheit

Zugleich hat sich alles geändert. Etwa jener Mechanismus, den man die „Zerstreut-heit des Blogs" nennen könnte: Er ist in den Sozialen Medien eskaliert. Implementiert ist dieser Mechanismus bereits in der Architektur der Blog-Software. Zu deren Besonderheit gehört es, dass jeder Eintrag, jeder Blog-Post eine eigene Seite erhält, eine eigene Adresse. Man muss also keineswegs die Startseite des Blogs aufrufen, die die einzelnen Einträge in ihrer Chronologie auflistet. Man kann direkt einen einzelnen Post ansteuern.

Das Blog ist eine prekäre Einheit. Zwar mag der Blogger *sein* Blog als ein integratives Projekt begreifen; eher aber verbreitet sich der einzelne Blog-Post in den Netzwerken. Er wird kommentiert, geteilt, verlinkt auf anderen Blogs, in den Sozialen Medien, wo er als autonomes Bruchstück zirkuliert. Zerlegt in seine einzelnen Posts, zerstreut sich das Blog in die Weiten des Web.

‚Lücke‘ und ‚Gänze‘

Entkopplung von Software und Schreibpraxis, Heterogenisierung, Ökonomisierung, Zerstreutheit: Von all dem weiß Wolfgang Herrndorfs Blog auf den ersten Blick nichts. Das macht es zu einer Ausnahme. Repräsentativ für das Phänomen Blog ist *Arbeit und Struktur* ebenso wenig wie Werthers Briefe – die Herrendorf während der Arbeit am Blog liest – für die postalische Kommunikation im späten 18. Jahrhundert. Wobei Repräsentativität noch nie der Sinn von Literatur war. Literatur ist nur da bei sich selbst, wo sie mit dem Anspruch auftritt, eine individuelle Form gefunden zu haben.

Ich weiß nicht, ob Herrndorfs *Arbeit und Struktur* ein Blog ist; Literatur mit Sicherheit. Das zeigt sich schon an der Werkhaftigkeit des Projekts, an seinem Zug zur Geschlossenheit. Wenn Herrndorf am 24. Oktober 2010 in sein Blog schreibt: „Die letzten Tage krampfhaft versucht, die Lücke in meinem Blog zu schließen", dann bricht sich darin ein ästhetischer Formwille Bahn. Es geht um das Projekt als Einheit, als Werk. Und das klassische Werk erträgt keine Lücken.

Der Formwille, der Wille zur Komposition, zu dieser „Struktur" mit ihren Leitmotiven, ihren Haupt- und Nebensträngen, ihren „wiederholten Spiegelungen" (Goethe), ist es, was dazu führt, dass sich *Arbeit und Struktur* mit aller Vehemenz gegen die Zerstreutheit stemmt, auf die das Blog und seine mediale Umwelt hinwirken. Herrndorfs Blog tritt immer wieder in Konfrontation mit der Technologie. Was im Blog technisch möglich ist, erfährt man nicht: Verlinkt wurde in der Webversion des Projekts selten. Eine Kommentarfunktion gab es und gibt es nicht. Auch andere Interaktionen mit den unbekannten Lesern waren unerwünscht, wie Herrendorf wiederholt betont. Vernetzung wurde vermieden.

In den Hintergrund gedrängt wurde mittlerweile auch die rückläufig chronologische Anordnung der Einträge. Wer heute das Blog besucht, wird zunächst in einem Einführungstext darauf hingewiesen, wie er „das Blog in Gänze" lesen kann – nämlich indem er am Anfang beginnt, beim Prolog, und dann mit dem frühesten Eintrag fortsetzt. Das gedruckte Buch, zu dem das Blog geworden ist, trägt schließlich keinen Hinweis auf die Lektürefolge mehr: Wie bei einem gedruckten Tagebuch nicht anders zu erwarten, liest man fortlaufend chronologisch.

Eine Form für das Subjekt

Ich bezweifle, dass *Arbeit und Struktur* ein Blog ist. Andererseits hat Herrndorf das Bloggen gewählt. Er wusste, dass *Arbeit und Struktur* sein Blog ist. Diese Software, dieses Genre schienen an einem Punkt seiner Tumorerkrankung – von der er sich schließlich durch einen präzisen Kopfschuss befreite – notwendig. Herrndorfs Blog war eine Entscheidung. Für eine Schreibpraxis. Für deren Logik der Selbstbeobachtung. Für deren Publizität.

Dass er das Bloggen dabei als ästhetische Aufgabe begriff, macht sein Blog zu einer Ausnahme, die mehr über die Potenziale sagt, die in der Literarisierung populärer Formen stecken, als über das Bloggen heute. Am meisten sagt sie ohnehin über die Autopoetik Herrndorfs, der permanent daran „arbeitet", dem Subjekt eine Form, eine „Struktur" zu geben, in der es sich behaupten könnte. Mit dem Genre gegen das Genre. Mit dem Krebs gegen den Krebs. Und, gerade in den letzten Aufzeichnungen aus dem Sommer 2013, immer wieder auch: mit der Sprache gegen den Sprachverlust.

Wer wissen will, was das Blog heute ist, der surfe im Web. Wer hingegen eine radikale Möglichkeit gegenwärtiger Literatur entdecken will, der lese *Arbeit und Struktur*. Als Buch oder als Blog, das ist einerlei.

• • •

1 Herrndorf, Wolfgang: *Arbeit und Struktur*, Berlin 2013, http://www.wolfgang-herrndorf.de/, Aufruf am 18. März 2016.

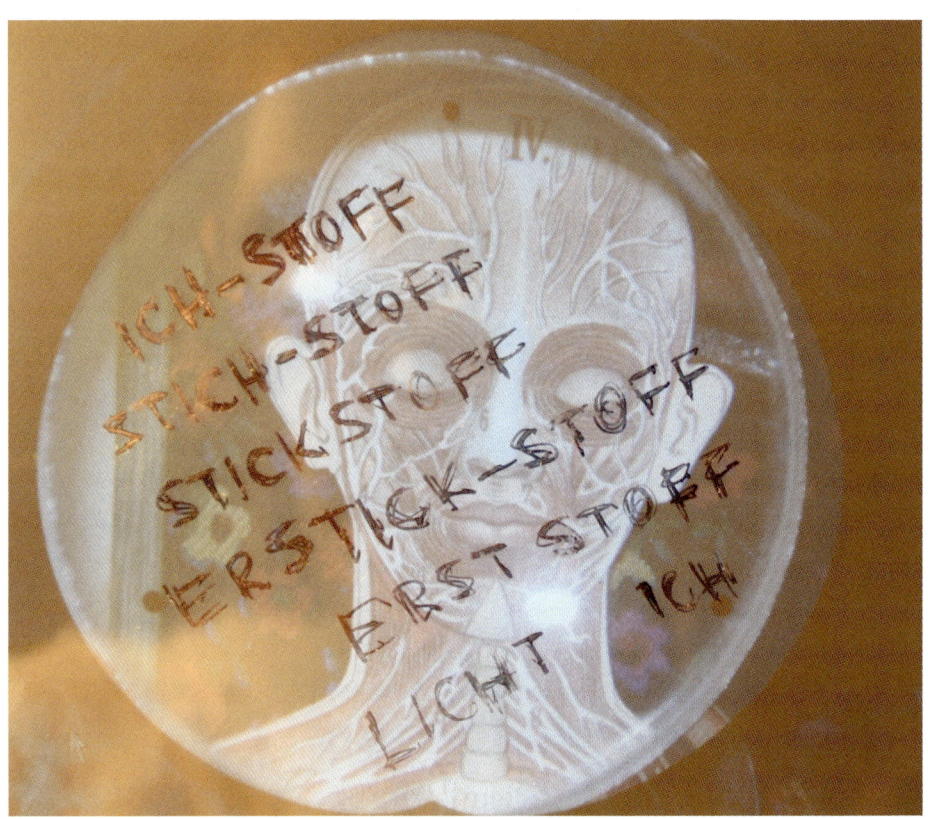

Tzveta Sofronieva, *My Cyborg Identity*, 2012
...
Die sprachliche Übersetzbarkeit von Bedeutungen, Erfahrungen und Gefühlen gehört zu den zentralen Themen der Dichterin Tzveta Sofronieva. Der Cyborg als Mischwesen zwischen Maschine und Organismus ist eine Metapher für die rationalen Anteile von Sprache und ihre emotionale und moralische Substanz. Sprache lässt sich nie restlos beherrschen und ist zugleich die Grundlage unserer Selbstvergewisserung und Verantwortung.

Arbeit und Struktur (2013)

Wolfgang Herrndorf

EINUNDVIERZIG

20.6. 2013 21:45

Tagelang Hitzewelle. Nach der Infusion am Mittag nur geschlafen, bis Sturm mich weckt, Gewitter. Mit Pfefferminz aus eigenem Anbau lange nackt im kalten Regen auf der Terrasse, die Blitze aus der Richtung Plötzensee.

Erinnerung an meinen Urgroßvater, von dem ich nichts mehr weiß, bis auf das, was man mir erzählte. Daß er mir angeblich ähnlich war und auch bei Gewitter aus dem Fenster starrte und den eigenen Pfefferminz trank.

Das Pfefferminzgebüsch in seinem Garten habe ich als Kind noch gesehen. Ich war sechs. Eine Familie aus Preetzer Bauern und Messerschleifern.

24.6. 2013 20:40

Ich habe eine woher auch immer recht genaue Vorstellung von meiner verbleibenden Zeit, die sich von Zeit zu Zeit ändert.

Gerade ist es dieses Jahr. Es kann aber auch zwei, drei oder fünf Jahren sein, das ist möglich, sage ich zu C., um sie zu belügen, als hätte ich noch Hoffnung.

Zum ersten Mal gemerkt, daß auch C. sich eine Vorstellung macht.

Ich denke, zwei Jahre, sagt sie, hoffe ich. Zwei Jahre, das wäre schön.

27.6. 2013 17:02

Seit Tagen extreme Sprachstörungen. Vielleicht noch Folge des Avastins, möglicherweise auch Panikstörung (Vermutung des Neurologen schon seit Monaten).

Nun Selbstversuch mit Tavor, um die Panikhypothese zu verifizieren. Wirkung: null. Auch keine andere Wirkung. (Fürs Protokoll: Drittes Tavor seit der Klapse vor drei Jahren).

Forum zerschossen, keinen Supermarkt gefunden, Spaziergang ohne Plan, rede mit mir allein ohne Worte. Vielleicht, daß ich ein Gegenüber bräuchte.

Nummer von Friederike und Rudi gefunden. Ewig lange nicht gesehen.

Ich überlege, mich für mein voraussichtliches komplettes Sprachversagen vorab zu entschuldigen. Sie merken es erst kaum.

Meine Sprache besser als die letzten Tage. Im Deichgraf sprechen wir von früher, ich erzähle von Daniel L. Everett und den Piraha.

Rudi und Fredericke bringen mich nach Hause.

Don't Sleep, There Are Snakes.

30.6. 2013 02:17
Kann mich mit C. kaum sinnvoll unterhalten. Sie versucht meine Sätze
zu erraten und zu ergänzen. Ich bin traurig.

1.7. 2013 15:21
Beim Schreiben fehlen mir die passenden Verben. Und wenn ich sie habe,
fehlt mir Konjugation. Das kann ich nicht für das Lektorat aufsparen,
weil ich gar nicht weiß, was ich eigentlich sagen will.
Das kann ich nicht noch mal lernen, ich hab nicht noch mal sechs Jahre.

3.7. 2013 09:38
Mit Caroline, Susann und 13 oder 14 anderen im Deichgraf. Ich sitze allein
an einem Tisch. Die Sprache seit Tagen kaputt. Ab und zu kommen einzelne
und sprechen mit dem Stammelnden. Für sie ist es kein Abschied. Es ist ein
schönes Gespräch, sagen alle, man merkt überhaupt nichts, ich rede wie
gewohnt, so schön, mich zu sehen, und ich will das nicht hören, ich kann
nicht mal das Wort finden, das meinen Zustand beschreibt.
Ich bin nicht der Mann, der ich einmal war. Meine Freunde reden mit einem
Zombie, es kränkt mich, ich bin traurig, ich will weg. Ich will niemanden
mehr sehen.

6.7. 2013 18:45
In einem riesigen, unbekannten Supermarkt am Ende der Putlitzbrücke.
Während C. zurück muß, um die Johannnisbeeren zu wiegen, versuche ich
im Gespräch mit der Kassierin die Einkäufe als meine zu identifizieren und
in meiner Tüte zu verstauen. Das gelingt nicht auf Anhieb, ich fürchte, den
Ablauf zu stören.
Ich kann mich der Kassierin nicht verständlich machen, der Streß läßt kein ein
einzelnes Wort übrig, ich weine. Ich will nicht weinen, es purzeln immer mehr
Einkäufe auf mich zu. Ich fühle mich weniger wie ein verwirrter Greis an der
Kasse als wie ein Vierjähriger, der zum ersten Mal allein einkauft.
Ich schlinge die Arme um meinen Kopf, ich berge den Körper, sinke so tief wie
möglich mit Kopf und Oberkörper auf den Auffangtisch hinter dem Laufband
in der Hoffnung, daß niemand mich anspricht.
Diese Position verspricht mir Sicherheit, der Körper erinnert sich klar an das
Verhalten des Vierjährigen.
Ich übertreibe mein Drama weiter, das ist ein gutes Gefühl, und alle
Dämme brechen.
Als C. zurückkommt, liege ich laut schluchzend tief verborgen hinter der Kasse
auf dem Boden.

11.7. 2013 18:53
MRT. Seit Tagen kann ich nichts lesen, schon lange nichts, Bücher nicht, Mails mit Mühe, längere Sätze eine Qual, Hypotaxen meiner eigenen Bücher und Blogsätze nur, wenn ich sie laut lese. Allein kann ich nicht oft laut lesen. Manchmal bei Tagesform.

13.7. 2013 21:30
Mit C. die Dokumention über die Selbstmörder auf der Golden Gate Bridge geguckt. Wie unterschiedlich sie über das Geländer springen.
Interview mit Kevin Hines, einer der wenigen von Zweihundert, die sprangen und überlebten. Vier Sekunden bis zum Einschlag und eine Ewigkeit mit dem Gedanken, einen Fehler gemacht zu haben, wahnsinniger Schmerz, diverse gebrochene Halswirbel, eintauchen und sinken ins Schwarze, dann Licht, ein Seelöwe, der Hines über die Wasserfläche stupste, bis die Küstenwache kam.

15.7. 2013 14:26
Beim Aufstehen am Morgen drei oder vier Meter rückwärts durchs Zimmer getaumelt und mit Kopf und Nacken gegen die Tischkante geknallt.
Mit Rückenschmerzen zum Westhafen, S-Bahn zu Dr. Vier. Befund schlecht wie erwartet. Avastin ohne Wirkung, Glioblastom beiderseits progressiv. Ende der Chemo. OP sinnlos.
Ich weiß, was das bedeutet. Wie lange habe ich noch, zwei oder drei Wochen? Noch weniger, ein paar Tage?
Nein. So wenig erwarte ich nicht, sagt Dr. Vier, eher mehr. Mehr. Zwei, drei Monate. Kann auch sein, vier. Kann sein, fünf. Mit Glück auch sechs.
Viele Taschentücher habe ich in dieser Praxis nicht gebraucht.
Heute brauche ich eins.

15.7. 2013 23:12
Niemand kommt an mich heran
bis an die Stunde meines Todes.
Und auch dann wird niemand kommen.
Nichts wird kommen, und es ist in meiner Hand.

16.7. 2013 4:52
Gut geschlafen. Oranges Morgenlicht.

16.7. 2013 5:11
Gehe zum See baden.
Nachdem ich ein Posting im Forum abgesetzt habe, ob einer wach ist und mit will.

Klar niemand wach. Wobei, ich gehe auch lieber ohne Begleitung, der Morgen gehört mir allein. Von der Steinstufe in den See, quer durchs Wasser, scheiß auf Epilepsie. Zurück, mühsam die Steinstufe hoch. Unfreiwillig rücklings wieder reingefallen. Nochmal und nochmal. Mußte mir niemand helfen. War auch keiner da. Körperlich gleich besser ohne Chemo.
Durch den Waldweg aus Holz und Harz: Ein langvergessener Geruch.
Das sind die seit 40 Jahren abgehackten Lärchen im Garten meiner Großmutter.
Ampel Seestraße. Zwei Läufer strahle ich breit an, kurz davor, ihnen mitzuteilen, wie groß mein Glück heute ist.

16.7. 2013 20:15
Mit C. im Deichgraf.
Nächster Versuch, meinen Nihilismus in der Öffentlichkeit zu beweisen und festzumachen.
Es gibt uns nicht. Wir sind schon vergangen.

17.7. 2013 18:11
Ulrike, die ich eine Ewigkeit nicht sah, entdeckt in meinem Regal die taiwanische Ausgabe von Tschick und liest mir den ersten Satz vor.
Als erstes ist da der Geruch von Blut und Kaffee.

19.7. 2013 8:12
Am liebsten das Grab in dem kleinen Friedhof im Grunewald, wo auch Nico liegt. Und, wenn es nicht vermessen ist, vielleicht ein ganz kleines aus zwei T-Schienen stümperhaft zusammengeschweißtes Metallkreuz mit Blick aufs Wasser, dort, wo ich starb.

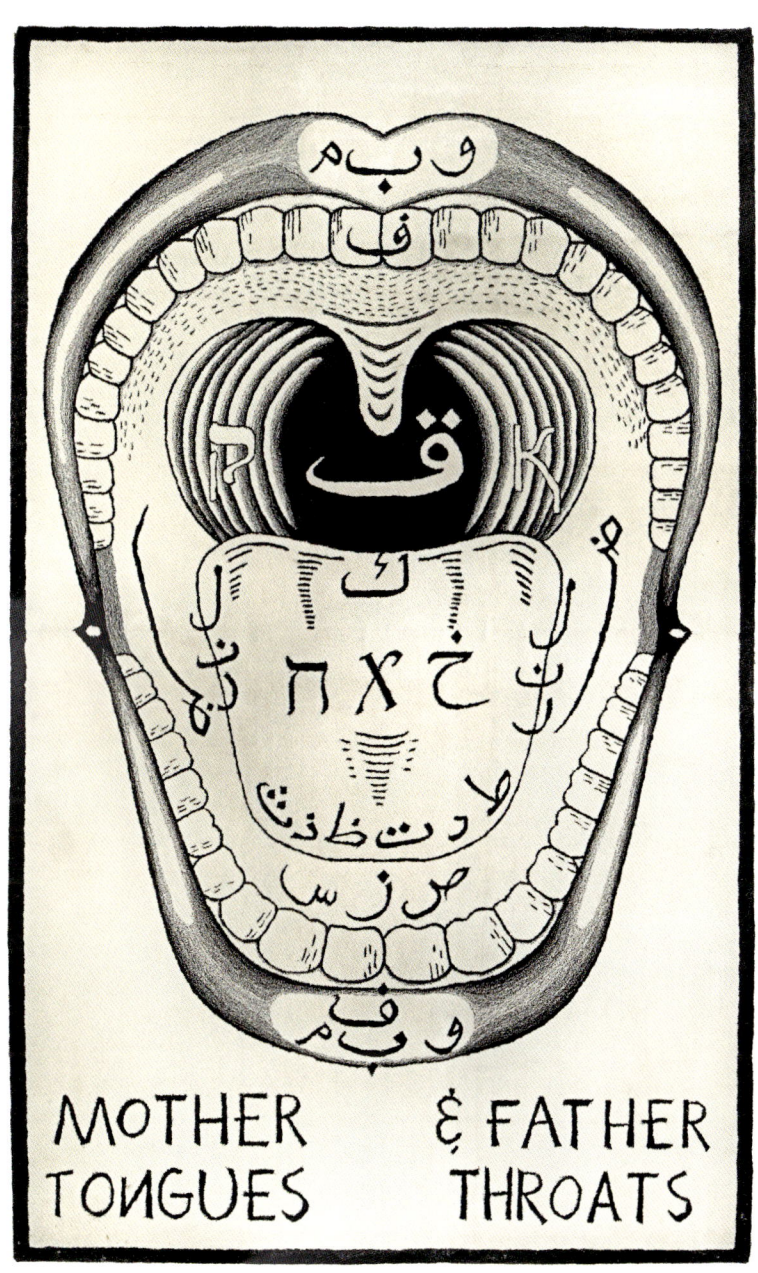

Slavs and Tatars, *Mother Tongues and Father Throats*, 2012
Muzeum Sztuki Nowoczesnej w Warszawie
...
Dieser monumentale Teppich entstand während der Arbeit an dem Buch *Khhhhh*, das einzig den Kehllauten *kh* und *gh* gewidmet ist. In westlichen Sprachen existieren diese so nicht und wirken exotisch. Auf einer anatomischen Zeichnung lokalisieren Slavs and Tatars die Laute als Schriftzeichen. Dabei fungiert der Teppich selbst als kulturelle Metapher von Identität.

Mit 26 Buchstaben Welten bauen

Nanna Fuhrhop

Jeden Tag werden unzählige Texte geschrieben und vermutlich noch mehr gelesen – sie können sogar 300 Jahre alt sein und werden trotzdem gelesen. Die meisten sind neu erdacht; weder Diktate noch Abschriften fallen heute mengenmäßig ins Gewicht. Und alle diese Texte bestehen – sofern sie mit dem lateinischen Alphabet geschrieben werden – letztendlich aus 26 Buchstaben. Natürlich kann man auf vier weiteren für das Deutsche (*ß, ä, ö, ü*) bestehen und außerdem noch den Unterschied zwischen Klein- und Großbuchstaben (Minuskeln und Majuskeln) dazu rechnen und käme auf 59 (zu allen gibt es zwei Varianten, außer *ß*). Die Zahl ist immer noch erstaunlich gering, wenn man bedenkt, wie viel damit entsteht. Dass die Schrift so funktioniert, ist wesentlich der Kombinatorik geschuldet – endliche Mittel werden unendlich kombiniert, wie schon Wilhelm von Humboldt das Grundprinzip der Sprache formulierte: „Denn sie [die Sprache] steht ganz eigentlich einem unendlichen und wahrhaft gränzenlosen Gebiete, dem Inbegriff alles Denkbaren gegenüber. Sie muß daher von endlichen Mitteln einen unendlichen Gebrauch machen." [1]

Das ist schon faszinierend genug, aber bei genauerer Betrachtung entstehen alle Texte aus noch weniger Material: Die Buchstaben sind selbst zusammengesetzt, und zwar erstaunlich einfach. Im Folgenden zeigen wir, wie in der modernen Sprachwissenschaft die Buchstaben – insbesondere die Minuskeln – analysiert werden. Die meisten Minuskeln bestehen aus zwei Bestandteilen, einige wenige aus mehr (*m, w, s, z*) und vermutlich ausschließlich *c* aus einem einzigen, weswegen es in vielen Schriftsprachen alleine gar nicht mehr vorkommt. Die Grundkombinatorik sind also zwei Bestandteile, im Einklang mit der modernen Sprachwissenschaft nennen wir sie „Kopf" und „Koda". So setzt sich beispielsweise das *d* aus einem gebogenen Bestandteil c und einem Strich l zusammen. Dabei lassen sich einige Regeln formulieren, welcher der beiden Bestandteil Kopf und welcher Koda ist: Alle Buchstaben füllen den mittleren Bereich aus (das Mittelband), einige auch den oberen (das Oberband) wie zum Beispiel *d* mit seiner Oberlänge, entsprechend füllt *p* mit seiner Unterlänge neben dem Mittelband auch das Unterband aus. Köpfe stehen immer auch im Mittelband, sie füllen es sogar aus, und zwar auf dem kürzesten Weg. Damit ist zum Beispiel bei *t* klar, dass nur die vertikale Linie der Kopf sein kann. Bei Buchstaben wie *p, d* hilft die zusätzliche Bestimmung, dass nur Köpfe lang sein können, also mehr als ein Band berühren können. Weder *c* noch *y* stehen in der Tabelle – beide Buchstaben verhalten sich in den meisten Sprachen sehr auffällig. Lediglich über *l* kann man streiten – er sieht aus wie ein einteiliger Buchstabe. Wenn man sich die Kombinatorik aber genauer ansieht, stellt man fest, dass er eine logische Lücke füllt, weswegen er wohl doch zweiteilig ist, eben zwei kurze

Striche übereinander. Außerdem verhält er sich auch an anderen Stellen so – wenn man weiter in die Kombinatorik einsteigt. Als Kopfformen werden heute angenommen:

– der lange Kopf, der beim f oder g auch gebogen sein kann
– der schräge Kopf
– der kurze gerade Kopf
– der im Mittelband gebogene Kopf – der entweder komplett gebogen ist oder nur halb

Als Kodas werden angenommen:

– die gerundete Koda
– der Spazierstock
– der kurze, horizontale Strich
– der Punkt
– die Verdopplung – also in dem die Koda den Kopf wiederholt

Wir kommen auf vier Köpfe, vier Kodas und ein Verfahren Verdopplung. In der folgenden Tabelle wird die Kombinatorik gezeigt. Hier ist auch zu erkennen, dass das l genau die Lücke der Verdopplung ausfüllt, die es sonst bei kurzem geradem Kopf gäbe.

KODA	gerundet	Verdopplung (Koda wie Kopf)	Spazierstock	kurzer, horizontaler Strich	Punkt
KOPF					
lang	b p d q k g		h	t f	j
schräg		v x w		z s	
kurzer gerader Kopf	a	l	n m, u	r	i
im Mittelband gebogener Kopf	a	o		e	

Die Lücken sind durchaus erklärbar – zum Beispiel kann Länge nicht verdoppelt werden, wenn nur Köpfe lang sein können. Sogenannte Verschlusslaute werden mit einer Länge verschriftet (b, d, g; p, t, k); alle schrägen Buchstaben korrespondieren mit Reibelauten (s, v, w), zumindest sind Reibelaute beteiligt (z, x). Außerdem stehen in den oberen beiden Zeilen ausschließlich Konsonantenbuchstaben, in der unteren ausschließlich Vokalbuchstaben. In dieser Tabelle ist bisher lediglich die dritte Zeile gemischt. Damit ist schon zu ahnen, dass man grafematische Silben identifizieren kann – die langen Buchstaben finden sich eher am Silbenrand, die auf das Mittelband beschränkten eher im Silbenkern: Das Schriftsystem des Deutschen hat sich zunehmend hierzu entwickelt – indem es zum Beispiel das y in den Fremdwortbereich und das c in die Kombinatorik mit h und k gedrängt hat. Auch in anderen Sprachen verhalten sich c und y nicht ohne Weiteres wie die anderen Buchstaben – so haben die nordgermanischen Sprachen wie Dänisch, Schwedisch usw. ebenfalls das c verdrängt, im Englischen ist das y ein typischer Wortendebuchstabe (Wechsel von *lady* zu *ladies*), im Französischen heißt es sogar noch *i grec* (‚griechisches i‘).

Das Erkennen von Buchstaben

Die Schrift nutzt die Richtung: *b* und *d* sowie auch *b* und *p* sind verschiedene Buchstaben; bei ihnen ist neben den Bestandteilen auch wichtig, ob die Länge nach oben oder unten geht, und ob sie links oder rechts steht. Auch bei den anderen Buchstaben können wir davon ausgehen, dass diese Dinge nicht unwesentlich sind, aber es gibt die entsprechenden Gegenstücke nicht, wie zum Beispiel ein *f* oder ein *v*, das jeweils auf dem Kopf steht. Wäre ein *v* auf dem Kopf noch ein *v*? Ein *b* auf dem Kopf in jedem Fall nicht – es wäre ein *p*. Das ist insofern überraschend als es ein solches Prinzip ja kognitiv sonst praktisch nicht gibt: Normalerweise nehmen wir den Gegenstand als den gleichen wahr, ganz gleichgültig, ob er kopfüber an der Decke hängt oder auf dem Boden steht.

Die Grundidee ist, dass die Buchstaben nicht von Anfang an so gebaut sein müssen, dass sie aber im Laufe der Zeit so analysiert wurden. Die Buchstabenformen haben sich verändert und auch vertauscht – besonders augenscheinlich ist der Wechsel von *u* und *v* in vielen Sprachen (*vnd* versus *und*), das Nebeneinander zweier *a*-Buchstaben, die Entstehung eines Buchstaben *ß* im Deutschen usw.

Nun haben wir bisher nur Druckschriften angesehen, und bei ihnen werden wir hier auch bleiben. Schließlich sind die Bibliotheken eher mit gedruckten Texten gefüllt als mit handgeschriebenen. Und wir lesen gedruckte Texte häufiger und schneller. Im Folgenden werden einige veränderte Schriftbilder präsentiert, die wir im Prinzip auch aus der Geschichte der Schrift kennen. Im ersten Schritt lassen wir die Leerzeichen weg und nennen auch jeweils nur ein Alphabet, zunächst nur die Majuskeln, anschließend nur die Minuskeln. Fortlaufend wird dies an *Die Verwandlung* von Franz Kafka gezeigt.

ALSGREGORSAMSAEINESMORGENSAUSUNRUHIGENTRÄUMENERWACH
TEFANDERSICHINSEINEMBETTZUEINEMUNGEHEURENUNGEZIEFER
VERWANDELTERLAGAUFSEINEMPANZERARTIGHARTENRÜCKENUNDSAH

Diese Art der Schreibung ist typisch für Inschriften im Römischen Reich. Sie eignet sich kaum für längere Texte. Später finden sich Punkte als Kennzeichen der Wortabstände. Beim Wechsel auf Minuskeln, die um 800 n. Chr. entwickelt wurden (sogenannte karolingische Minuskeln), wird das Lesen schon einfacher.

wennerdenkopfeinwenighobseinengewölbtenbraunenvonbogenförmigenversteifung
engeteiltenbauchaufdessenhöhesichdiebettdeckezumgänzlichenniedergleitenbereit
kaumnocherhaltenkonnteseinevielenimvergleichzuseinemsonstigenumfangkläglich

Dies liegt wesentlich an der Variation der Unter- und Oberlängen, die gute Hinweise auf Segmentierungen geben; man erkennt sogenannte Schreibsilben und damit indirekt Hinweise auf Wortgrenzen: *g* in *gewölbten*, *b* in *braunen*, *b* in *bogenförmigen* usw. Mit dem Einführen der karolingischen Minuskel wurde wesentlich mit Wortgrenzen gearbeitet – nur das Deutsche hat Grund, solche Segmentierungen deutlich zu zeigen: erstens mit seinem ausgeprägten Hang zur Bildung langer Wörter und zweitens mit der Regularität, dass Wörter ohne interne Leerzeichen geschrieben werden (als Wörter in der Schrift also deutlich gekennzeichnet werden) – wie zum Beispiel bei *bogenförmigen*, *Bettdecke*, *Niedergleiten*.

Es finden sich auch einige Inschriften im sogenannten Bustrophedon – der ochsenwendigen Schrift: Der Ochse wendet am Zeilenende.

»Was ist mit mir geschehen?«, dachte er. Es war kein Traum. Sein Zimmer, ein richtiges nur etwas zu kleines Menschenzimmer, lag ruhig zwischen den vier wohlbekannten Wänden. Über dem Tisch, auf dem eine auseinandergepackte Musterkollektion von Tuchwaren ausgebreitet war – Samsa war Reisender – hing das Bild, das er vor kurzem

Diese Art der Schreibung hat sich nicht durchsetzen können – eigentlich überraschend. Man spart ja quasi den Zeilensprung, die Spiegelverkehrtheit macht die Leserichtung eindeutig, da die Minuskeln nicht symmetrisch sind und die Majuskeln nur am Anfang des Wortes stehen. Sehr populär ist ein angebliches Experiment, in dem die Reihenfolge der Buchstaben innerhalb des Wortes keine Rolle spielt, wenn nur der erste und letzte Buchstabe richtig sind. So können wir einen Text wie den folgenden lesen:

das er vor kruezm aus einer iulltsrreiten Zietsrfrihct ausgesttienhcchn und in eenim hceüsbn, vergtdloteen Rhaemn utnregrbhcaet hatte. Es stltlee enie Dmae dar, die mit eniem Pezluht und enier Pzleboa vresheen, afuherct daasß und eeinn sceehrn Pzelfumf

Faktisch sind die Buchstaben noch relativ nah an der Ausgangsordnung. Im nächsten Text sind die Zwischenbuchstaben alphabetisch geordnet:

Gegrros Bcilk rcehitte sich dann zum Feenstr, und das tbrüe Weettr – man hörte Reeefgnoprtn auf das Fbceeeehlnrst aacfghlesun – machte ihn ganz maccehillnosh. »Wie wäre es, wenn ich ncoh ein weing wceeehiilrste und alle Naeehirrtn väegrße«, dachte er,

Spätestens bei langen Wörtern wie *Reeefgnoprtn*, *Fbceeeehlnrst* ist das Lesen jetzt schwierig (,Regentropfen‘, ,Fensterblech‘).

Im Übrigen: Leises Lesen ist die schnellste Sprachverarbeitung, die wir normalerweise betreiben – beim Hören gesprochener Sprache verarbeiten wir ca. 120 Wörter pro Minute, beim Lesen ohne weiteres drei bis fünf Mal so viel.

∙∙∙

LITERATUR

Fuhrhop, Nanna/Jörg Peters: *Einführung in die Phonologie und Graphematik*, Stuttgart 2013.
von Humboldt, Wilhelm: *Schriften zur Sprachphilosophie*, in: ders.: *Werke in 5 Bänden*, Bd. 3, Darmstadt 1973.
Primus, Beatrice: „Buchstabenkomponenten und ihre Grammatik", in: Bredel, Ursula/Günther, Hartmut (Hg.): *Orthographietheorie und Rechtschreibunterricht*, Tübingen 2006, S. 5–43.
Saenger, Paul: *Space between Words. The Origins of Silent Reading*, Stanford 1997.

∙∙∙

1   von Humboldt, Wilhelm: *Schriften zur Sprachphilosophie*, in: ders.: *Werke in 5 Bänden*, Bd. 3, Darmstadt 1973.

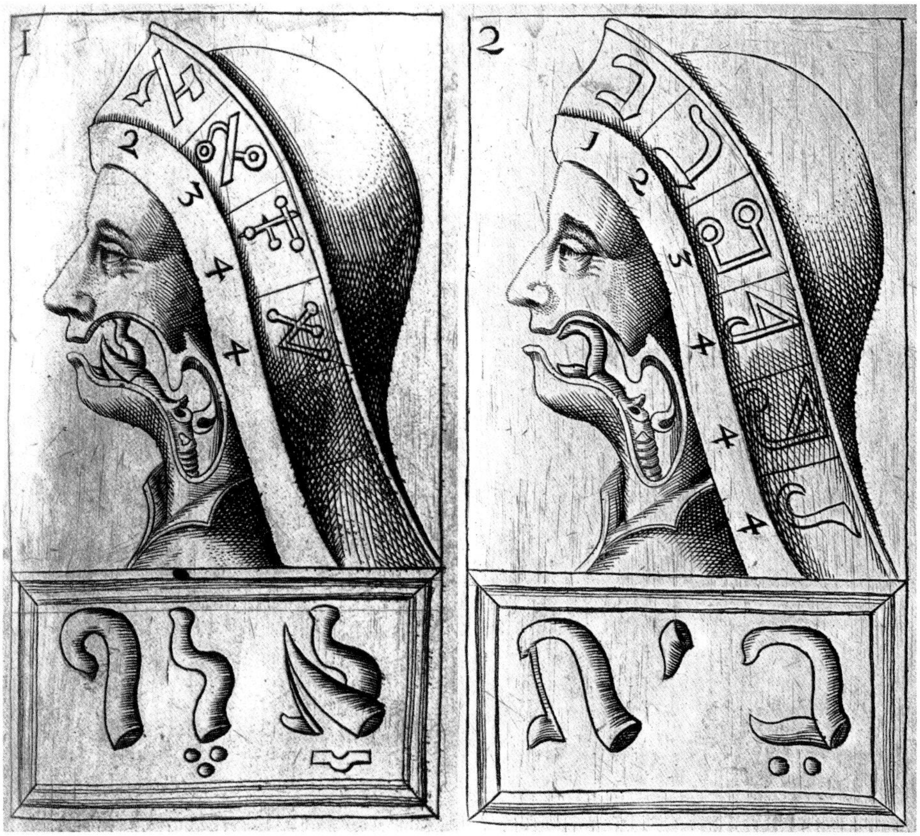

Franciscus Mercurius van Helmont, *Alphabeti vere Naturalis Hebraici*
Kurtzer Entwurff des eigentlichen Natur-Allphabets der Heiligen Sprache..., 1667
...
Der belgische Naturforscher und Philosoph Helmont sah in den hebräischen Schriftzeichen
die direkte und natürliche Abbildung von Sprachlauten: Die Krümmung der Zunge entspreche
gleichsam den geformten Buchstaben des hebräischen Alphabets. Daraus folgerte er, dass das
Hebräische die erste, naturgegebene Sprache des Menschen sei und sich somit auch am besten
zur Spracherziehung von gehörlosen Menschen eigne.

Schulwandbild „Deutsche Schrift", um 1950
Historische Bildmedien, Universität Würzburg

...

1941 wurde die Deutsche Sütterlin-Ausgangsschrift gemeinsam mit der älteren Kurrentschrift als „undeutsch" verboten. Die neue, von den Nationalsozialisten für den Schulunterricht vorgesehene Normschrift, hatte lateinische Buchstaben. Nach dem Zweiten Weltkrieg wurde die Deutsche Sütterlinschrift an einigen Schulen wieder ergänzend unterrichtet. Sie konnte sich aber weder in der BRD noch in der DDR erneut durchsetzen.

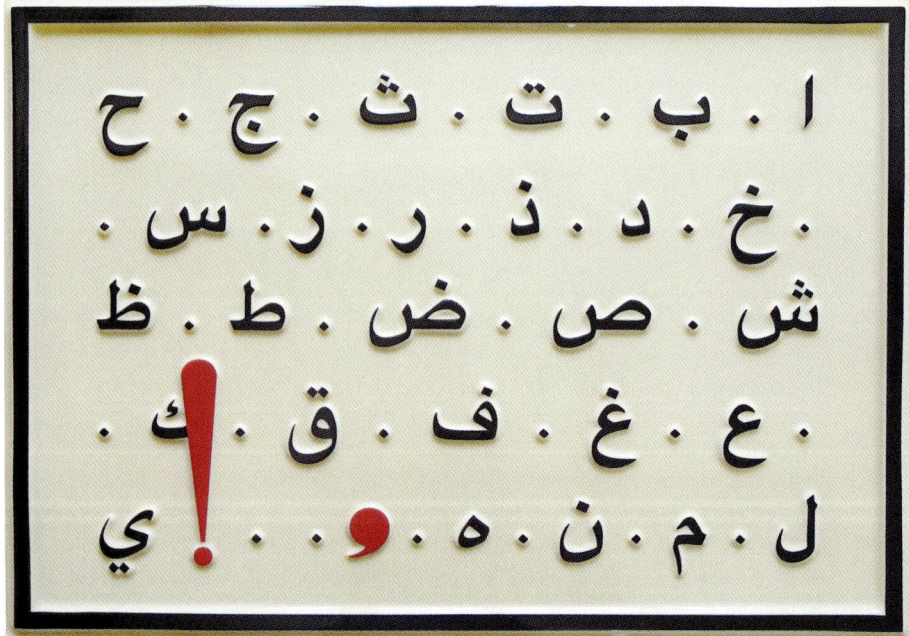

Slavs and Tatars, *öööps!*, 2013, Privatsammlung Berlin
Slavs and Tatars, *The Alphabet*, 2015, Privatsammlung Wien

...

Hier geht es um die Zeichenübertragung zwischen Alphabeten – nicht um Übersetzung. Derartige Transliterationen führen zu absurden Momenten: etwa wenn lateinische Buchstaben durch arabische ersetzt werden, das Ausrufezeichen jedoch unangetastet bleibt. *öööps!* ist ein Spiel mit dem türkischen Wort für ‚Kuss' (öp). Es verweist darauf, dass lateinische Schriftzeichen die arabischen ablösten, um die Umlaute besser darzustellen.

Ursprungsalphabet

(2006)

Nora Gomringer

Ich bin
*A*riadne, die dem Faden, dem roten, wollenen folgt
*B*riseis, die Achilles diente
Bin
*C*alypso und singe für Odysseus und wünsche, dass er
mich nicht verlässt
*D*iana, Göttin mit dem Silberbogen, Silberpfeil, die
Mondzicke
Ich bin *e*in guter Maler und heiße Hitler
I am
*F*erlinghetti crying over Allen
*G*uanin, der DNA-Bauer, der Knecht
*H*adrian und baue eine Mauer mir zu Ehren, dem
Reich zur Wehr
*I*ch auf Freuds Couch
*J*onas im Walbauch mit unendlichem Vertrauen
Bin
*K*assandra, die ständig spricht, doch keiner hört
*L*angsamkeit, mit der ich vergesse und an die ich
anschließe
*M*edea, die deiner Geliebten ein Kleid näht, den
Kindern die Köpfe verdreht
Ich bin
*N*ora, der du ein Puppenhaus baust
*O*chsenfrosch, denn das ist die Liebe zwischen Frida
und Diego
*P*roteus, denn ich will allen gefallen und hüte die
Robben am Strand
Ich war die *Q*ual des Laokoon ebendort, wo die Wellen
brachen
Ich bin *R*ilkes Panther-Tierpfleger
*S*ybille, *S*ybilla, Cybil – who cares – I speak in riddles
Ich bin *T*on aus Erde aus Sediment aus dem Adam
entstand
D-*u* bist der Hauch und unsinkbar
Ich bin *V*erlorenes am Wegrand, ein Stein, den einer
lange mitgetragen hat
*W*arten auf den Läufer aus Marathon, dem Fenchelfeld
X-Men, die Weltretter, die Ahnen der Tafelrunde
Ich bin z*y*nisch, Baby, zynisch
Ich bin*z*

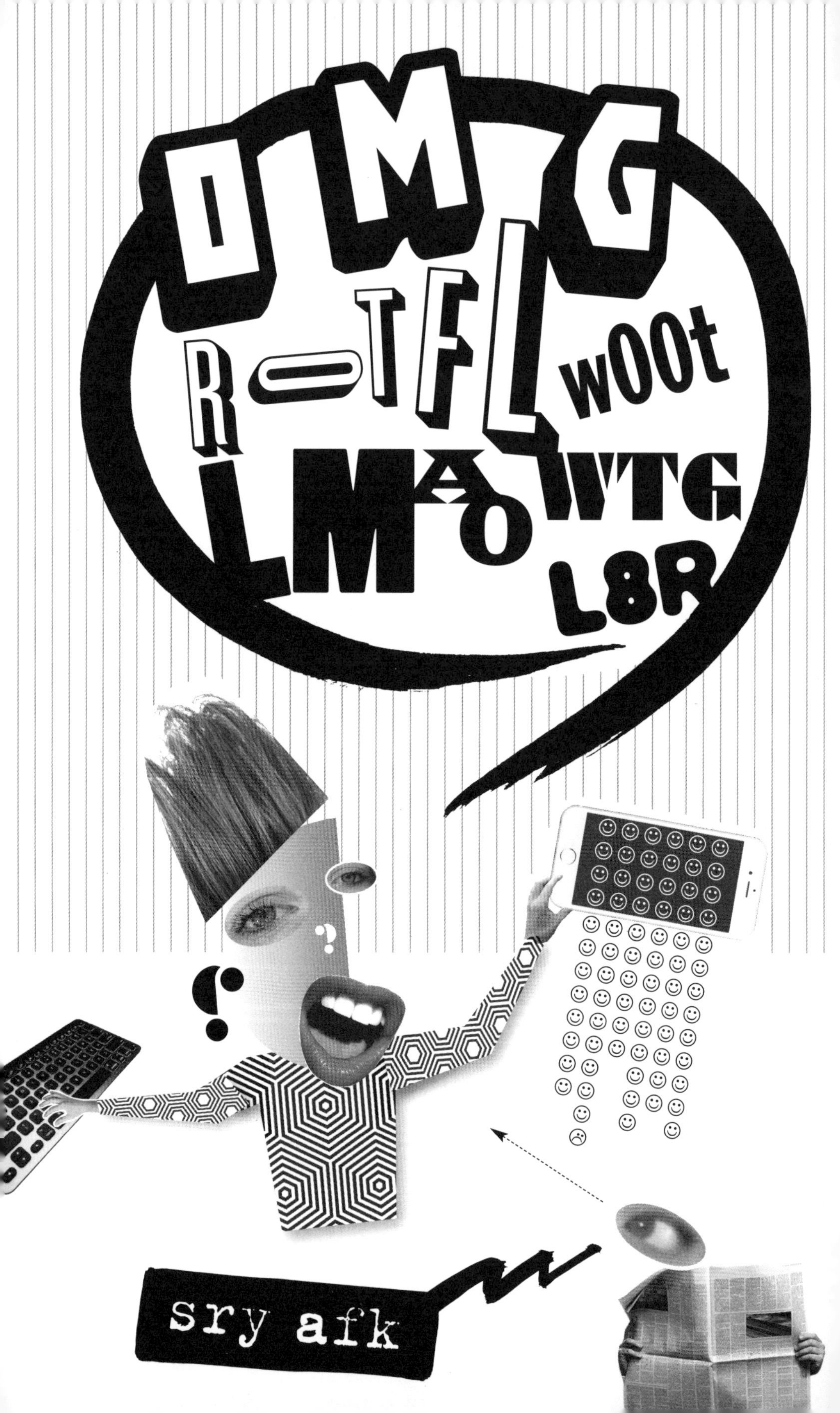
OMG
ROTFL
w00t
LMAO
WTG
L8R
sry afk

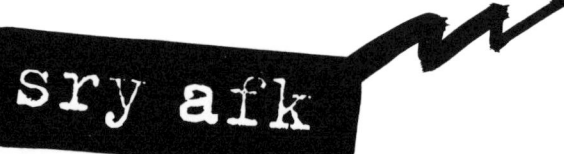

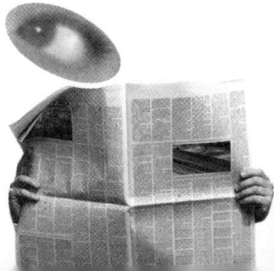

SPRECHEN SIE NETZ?

1 In den USA 2007 zum Wort des Jahres gewählt wurde der Ausdruck „w00t". Was könnte das wohl heißen?

A: Das heißt auf Deutsch soviel wie „Freu! Überraschung!" Das Wort stammt aus der Gaming-Community, es gibt mehrere Herleitungen, beispielsweise das Akronym zu „We owned the other team" und die Abkürzung zu „Wow, loot!"

B: Ganz klar: Wut. Damit drückte die US-Bevölkerung ihre Unzufriedenheit mit der Bush-Administration aus.

C: Zwei Nullen in der Mitte? Das heißt: „Ich muss kurz mal weg."

2 Sie möchten sich in einem Internetforum für eine flegelhafte Äußerung entschuldigen. Was tippen Sie ein?

A: „XXX" für ‚Excuse'.

B: „Sry" für ‚Sorry'.

C: „Tsch" für ‚Entschuldige, bitte'.

3 „Was machst du denn im ‚RL'?", will ein Chatter von Ihnen wissen. Was antworten Sie korrekterweise?

A: Im richtigen Leben bin ich Sysadmin.

B: Da fehlt wohl ein „T" in der Mitte. Er will wissen, ob ich auch im RTL-Forum unterwegs bin.

C: Ich stehe nicht auf der Roten Liste!

4 Ein User bezeichnet Sie in einem Forum als „DAU". Was meint er wohl damit?

A: Er hält nicht viel von meinen Fähigkeiten. Für ihn bin ich der „Dümmste anzunehmende User".

B: Der User imitiert die Kleinkindsprache. Er will „Tschau" sagen.

C: Er mag mich, das ist ein digitales Kosewort.

5 Sie bekommen eine E-Mail. Vor der Betreffzeile steht „FYI". Warum?

A: Der Absender hat mir etwas weitergeleitet, das mich interessiert. „FYI" heißt ‚For your information'.

B: „FYI" ist die Abkürzung für ‚Funny'. Ich bekomme also eine E-Mail mit lustigen Witzbildchen.

C: Die E-Mail ist vier Jahre alt.

6 Während einer Diskussion in einem Forum kommt plötzlich von einem Mitdiskutanten der Hinweis „OT". Was meint er wohl damit?

A: „OT" bedeutet ‚Over Time' – die Zeit ist 'rum, das Forum schließt.

B: „OT" bedeutet: ‚Only Trolls' – in diesem Forum sind nur absurde Kommentare erlaubt.

C: „OT" bedeutet: ‚Off Topic – Thema verfehlt. Sechs, setzen!'

7   Sie bekommen von Ihrer Vorgesetzten eine E-Mail mit der
    Aufforderung, eine Powerpoint-Präsentation zu erstellen,
    aber bitte „ASAP". Was nun?
A: Sie machen sich sofort an die Arbeit. „ASAP" steht für
    ‚As soon as possible'.
B: Das ist eine Aufforderung, die Folien vom Azubi erstellen
    zu lassen. Sie hat sich in der Hektik einfach vertippt.
C: Ich reagiere grundsätzlich nicht auf E-Mails von Vorgesetzten.

8   Sie flirten im Chat, doch das virtuelle Gegenüber antwortet
    plötzlich nicht mehr. Kurz zuvor hat es aber noch „AFK"
    getippt. Was nun?
A: Oh Gott, das war's dann wohl. „AFK" heißt:
    ‚Alles für die Katz'.
B: Das ist nicht schlimm, der andere kommt gleich wieder,
    ist nur kurze Zeit weg – ‚Away from keyboard'.
C: Die „AFK" ist das allgemeine und freiwillige Kontrollorgan
    des Internets. Die Unterhaltung ist ab jetzt erst ab
    18 Jahren freigegeben.

9   Sie möchten sich für einen netten Hinweis bedanken.
    Was antworten Sie netzadäquat Ihrem virtuellen Gegenüber?
A: Ich habe in einem Forum noch nie nette Hinweise bekommen.
B: „Thx" für ‚Thanks'.
C: „Dnk" für ‚Danke'.

10 Sie erhalten auf eine Frage eine denkbar knappe Anwort:
    „NC". Das heißt?
A: ‚No comment' – der Andere will einfach nicht antworten.
B: Er will nicht mehr weiterreden, er will nur noch chillen.
C: Er weist mich auf den Numerus Clausus im Internet hin.
    Ich muss noch ein paar Wartesemester einlegen, bis er
    mir antwortet.

Auflösung: 1A, 2B, 3A, 4A, 5A, 6C, 7A, 8B, 9B, 10A

Cyberslang? Oder: Warum die schriftliche Kommunikation per Chat, SMS, WhatsApp & Co. weniger kryptisch ist als es scheint

Michael Beißwenger

Schreiben hat Konjunktur, Schreiben ist *in*, Schreiben ist sexy: Noch nie zuvor wurde von so vielen Menschen – vor allem auch von Kindern und Jugendlichen – tagtäglich so viel geschrieben wie heute. Die schriftlichen Nachrichten bei der Kommunikation im Internet und mit dem Handy/Smartphone weichen aber zum Teil erheblich von den schriftsprachlichen Normen ab, die im Deutschunterricht vermittelt werden. Dies liegt an den besonderen kommunikativen Rahmenbedingungen, unter denen private Chat-, WhatsApp- und SMS-Nachrichten verfasst werden: Den Schreiberinnen und Schreibern geht es nicht darum, Texte zu verfassen, die für eine kontextentbundene Rezeption konzipiert sind; stattdessen wollen sie mit vertretbarem Aufwand und möglichst spontan Mitteilungen produzieren, die auf die Anforderungen informeller, dialogischer Kommunikation zugeschnitten sind. Entsprechend weisen die ausgetauschten Nachrichten häufig Spuren beschleunigter Produktion, einen liberalen Umgang mit den Normen der Standardorthografie und eine auffällige Nähe zur gesprochenen Umgangssprache auf. Auch die Verwendung sogenannter Emoticons und Emojis lässt sich aus den informellen, dialogischen Rahmenbedingungen erklären.

Um die Normabweichungen bei der schriftlichen Kommunikation im Netz zu bewerten, ist es wenig zielführend, die Sprachverwendung in Chats, WhatsApp, SMS & Co. jener außerhalb des Netzes gegenüberzustellen. Die Annahme eines *Cyberslangs*, einer *Netz-* oder *Chatsprache*, die ausschließlich in der digitalen Kommunikation verwendet würde, ist unter sprachwissenschaftlicher Perspektive nicht zu halten. Einerseits wird in unterschiedlichen Nutzungskontexten digitaler Kommunikationstechnologien die geschriebene Sprache von den Schreiberinnen und Schreibern flexibel an variierende Kommunikationsbedingungen angepasst.[1] Andererseits handelt es sich bei vielen der Auffälligkeiten, die beim Chatten, Simsen, in WhatsApp-Dialogen und beim schriftlichen Geplauder in sozialen Netzwerken begegnen, gar nicht um exklusive Elemente der Netzkommunikation; viele davon kennen wir aus anderen Kontexten: den Gebrauch umgangssprachlicher Wörter und Wendungen aus der gesprochenen Sprache und Phänomene der beschleunigten Schriftproduktion aus Vorlesungsmitschriften oder privaten Notizen. Dass Redeteile, die sich vor dem Hintergrund der unmittelbar vorangegangenen Partnerbeiträge erschließen lassen, unter bestimmten Bedingungen eingespart werden können (Ellipse), ist in mündlichen Gesprächen nichts Außergewöhnliches. Und die Tatsache, dass in der dialogischen Kommunikation zwischen vertrauten Personen ein emotionaler Bezug zum verhandelten Thema und Mittel zum Ausdruck emotionaler Involviertheit eine wichtige Rolle spielen können, ist uns aus Gesprächen im familialen Kontext ebenfalls geläufig.

Es ist daher nicht zielführend, die Sprachverwendung in der geschriebenen Standardsprache und jene in der digitalen Kommunikation gegeneinander auszuspielen und in einen Bereich des „guten" und einen Bereich des „schlechten" geschriebenen Deutsch einzuteilen. Sprachlich angemessen ist, was im jeweiligen Bereich funktioniert – und dies kann bei der privaten Kommunikation per Chat, WhatsApp und SMS etwas ganz anderes sein als beim sprachlichen Handeln mit (monologischen) Texten. Mit Blick auf die Bandbreite sprachlicher Variationsmöglichkeiten, von denen kompetente Verwender einer Sprache tagtäglich, mündlich wie schriftlich, Gebrauch machen, wird die Annahme nur *einer* kontextunabhängig gültigen Norm für die sprachliche Gestaltung von Äußerungen der Kommunikationsrealität nicht gerecht. Texte laufen nicht Gefahr, durch die Allgegenwart digitaler Kommunikation aus der Mode zu geraten. Im Gegenteil: Begünstigt durch die digitalen Medien werden heute weit mehr Texte verfasst als jemals zuvor. Verändert hat sich durch digitale Kommunikationsmöglichkeiten wie Chat, WhatsApp und SMS, dass die Schrift eine Ausweitung ihres Einsatzbereichs erfahren hat und neben ihrer gewohnten Funktion als Realisierungsmedium für monologische Texte nun auch Aufgaben im Bereich der dialogischen Interaktion übernimmt – und zwar in massenhafter Verwendung. Damit hat sie in Domänen Einzug gehalten, die früher zwar nicht ausschließlich (zum Beispiel Zettelkommunikation), aber doch weitgehend der Mündlichkeit vorbehalten waren. Dies kann als ein wesentlicher Aspekt des Sprachwandels durch digitale Kommunikation aufgefasst werden.[2]

Dass die Sprachverwendung in privaten Chats, SMS- oder WhatsApp-Dialogen bisweilen dennoch wie eine eigene, für Außenstehende hermetisch anmutende Sprachvarietät – eben ein Cyberslang – erscheint, hat Gründe. Wer sich noch nie selbst aktiv an einem Chat beteiligt hat, dem werden die getippten Dialoge erklärungsbedürftig erscheinen. Zu schnell werden die zahlreichen vermeintlichen Normverstöße dann als Ausdruck defizitär entwickelter sprachlicher Kompetenzen (miss)deutet.
Doch Vorsicht:

(1) Was durch die Brille der Normen für die sprachliche Gestaltung monologischer Texte als defizitär erscheinen mag, kann unter den Bedingungen der Interaktion, insbesondere in Kontexten zeitlicher und sozialer Nähe, ohne Weiteres seine Berechtigung haben, für die schnelle und spontane Weiterentwicklung des Dialogs mitunter sogar praktischer und zielführender sein.

(2) Dass einzelne Äußerungen im Rahmen privater Chat-, SMS- oder WhatsApp-Kommunikation Außenstehenden als schwer nachvollziehbar oder sogar unverständlich erscheinen, schließt nicht aus, dass sie von den Interaktionsbeteiligten selbst als sinnvoll und relevant interpretiert werden können. Wer nicht zur Adressatengruppe gehört, hat oft Probleme, den Interaktionsverlauf nachzuvollziehen. Erstens fehlt möglicherweise der Wissenshintergrund zum verhandelten Thema; zweitens setzt der betrachtete Interaktionsausschnitt womöglich die Kenntnis einer (mündlich oder schriftlich) geführten Vorkommunikation voraus.

Der nachfolgende Ausschnitt aus einer WhatsApp-Kommunikation von fünf elfjährigen Schülern veranschaulicht, weshalb schriftliche Interaktionsverläufe in privater digitaler Kommunikation auf den ersten Blick als hermetisch und schwer verständlich anmuten können – es bei näherer Betrachtung aber nicht sind. Das Beispiel ist einem Gruppenchat entnommen, in dem sich die Teilnehmer über den Start eines gemeinsamen Spieleservers im Online-Computerspiel *Minecraft* austauschen.**³**

17:07[i] Elias:[ii] Also ich sage mal die regeln... 1.jedes team brauch einen teamnamen zum beispiel #kacke   2. alle teams starten gemeinsam

17:07 Elias: 3.5Min friedenszeit[iii]

17:08 Elias: 4.Es gibt in der nähe des spawns[iv] ein nether portal[v] alle dürfen dies verwenden man darf dies aber nicht abbauen

17:09 Elias: 5.Schreibt ein team mit einem schild auf eine truhe ihren team namen so darf nur das team selbst die Truhe öffnen

17:10 Elias: 6.Jedes team darf einmal pro tag auf varo[vi] joinen[vii]

17:11 Elias: Bitte schreibt jeder in die gruppe das er die regeln gelesen hat

17:15 Elias: ....wahrscheinlich geht #varo 1 am 23.11.15 los ... die server ip werde ich bald sagen ...wer fragen meldet sich bitte bei mir im privat chat die bisherigen teamas sind: jonas,elias(#McIron). fynn, david (#team joonge benno). leon, jacob(.........)leon und jacob bitte teamnamen bald möglichst sagen .... und viel spaß beim projekt

17:16 Elias: Teams sry

17:59 Leon: Ok?

18:21 Jonas: Elias kann ich vllt. Doch mit Leon machen weil du verstehst dich am besten mit Jacob von uns

18:22 Jonas: Ja deswegen passt das besser bitte

20:13 Elias: Wer stirbt kann spectaten[viii] das werden wir noch einrichten

20:39 Fynn: Spectatan?

20:53 Leon: Beobachten

21:04 Fynn: Ok. Auf welcher Stufe spielen wir?

21:10 Jonas: Sprachnachricht[ix] (Abschrift): *Wir spieln auf hardcore[x] natürlich.*

21:11 David: Naaaaaain

21:12 Jonas: Hehehe

21:12 David: Wann wird es beginnen ?

21:13 Jonas: ....wahrscheinlich geht #varo 1 am

i Zeitstempel (auch „Timestamps" genannt) geben im Format <Stunde:Minute> die Uhrzeit an, zu welcher eine WhatsApp-Nachricht verschickt wurde. Der hier dokumentierte Interaktionsausschnitt spielte sich im Zeitraum von ca. dreieinhalb Stunden am 4. November 2015 ab.

ii Sämtliche Akteure haben als Nutzernamen ihre realen Vornamen verwendet. In der hier wiedergegebenen Fassung des Mitschnitts wurden die Namen durch willkürlich zugeordnete Namen aus der Liste der beliebtesten Vornamen ersetzt.

iii „Friedenszeit": Zu Beginn einer Spielrunde haben die Spieler-Teams Gelegenheit, sich für den Kampf gegeneinander zu rüsten und sich eine strategisch günstige Ausgangsposition in der Spielwelt zu suchen. Während dieser Zeit können sie sich nicht gegenseitig angreifen.

iv „Spawn": Wenn ein Spiel-Charakter stirbt, erhält der Spieler die Möglichkeit, seinen Charakter wiederzubeleben. Der Charakter taucht dann an einem bestimmten Punkt in der Spiel-Landschaft wieder auf. Im Gamer-Jargon wird diese Form der „virtuellen Wiedergeburt" als „Spawnen" oder „Re-Spawnen" bezeichnet.

v „Nether-Portal": Durchgang zu einer anderen Sphäre der Spielwelt mit anderer Ausstattung und anderen Gegnern.

vi Elias, der den Spieleserver eröffnen möchte, hat für den Server den Servernamen „varo" ausgewählt (ein reiner Fantasiename); dem WhatsApp-Gruppenchat hat er den Titel „Varo #1" gegeben.

vii „joinen": (engl. ‚to join') bezeichnet das Einloggen auf einem Spieleserver. Der Administrator des Spieleservers kann festlegen, welchen Spielern er Zutritt zu seinem Server gewähren möchte.

23.11.15 los ... die server ip werde ich bald sagen ...wer fragen meldet sich bitte bei mir im privat chat die bisherigen teamas sind: jonas,elias(#McIron). fynn, david (#team joonge benno). leon, jacob(.........)leon und jacob bitte teamnamen bald möglichst sagen .... und viel spaß beim projekt

21:14 David: Ah ok

21:23 [Systemmeldung] *Jonas hat den Betreff zu „#Varo" geändert*

21:23 Jonas: Sprachnachricht (Abschrift):
Falls ihr euch jetzt fragt, wieso ich das getan habe, ich habe es getan, weil wir nich nur ein varo spielen, sondern wir spieln ja mehrere varos: varo1, varo2, varo3, varo4, wahrscheinlich bis zu hundert wahrscheinlich, wenn ihr alle dazu lust habt, es is mir eigentlich auch egal, aber ich finde diesen namen für diese gruppe irgendwie etwas sinniger.

21:23 Jonas: Yay ☺

21:24 David: Das

21:24 David: Ist

21:24 David: Geil

viii „spectaten": (engl. ‚to spectate') bezeichnet die Möglichkeit, nach dem virtuellen Tod des eigenen Spielercharakters das weitere Spielgeschehen im Zuschauermodus zu verfolgen.

ix „Sprachnachrichten" sind mündliche Äußerungen, die in Form von Audiodateien in den Chat integriert werden.

x „Hardcore": bezeichnet einen der von den Spielern einstellbaren, vordefinierten Schwierigkeitsgrade im Spiel (peaceful | easy | hard | hardcore).

Der Ausschnitt enthält eine ganze Reihe von sprachlichen Ausdrücken, die im Kontext des verhandelten Themas mit klar umrissenen Konzepten verbunden sind. Verfügt man über das erforderliche Konzeptwissen, gelingt der Nachvollzug der dokumentierten schriftlichen Interaktion schon leichter (siehe die hinzugefügten Erklärungen). Die sprachlichen Auffälligkeiten lassen sich mit Blick auf das dialogische Interaktionsgeschehen erklären: Es finden sich Schnellschreibphänomene, die der beschleunigten Schriftproduktion geschuldet sind (zum Beispiel Tippfehler), die Verwendung zweckmäßiger Akronyme („sry", „vllt") sowie die liberale Auslegung bestimmter Ausschnitte aus der orthografischen Norm (satzinterne Großschreibung, Interpunktion). Darüber hinaus ist die sprachliche Gestaltung an Bedingungen der zeitlichen und sozialen Nähe sowie des Dialogs ausgerichtet. Dies zeigt sich unter anderem in der Verwendung umgangssprachlicher Elemente („Hehe", „Ah", „Yay"), in Formen der deiktischen und anaphorischen Anknüpfung an Themen und Redegegenstände aus der Vorkommunikation („das", „deswegen", „es") und in der Verwendung von „weil" mit Verbzweit-Stellung. Als nähesprachlich können auch grafische Mittel zur Markierung von Emotionalität gelten. Dazu zählt die Verwendung eines Emojis als Mittel zur emotionalen Kommentierung ebenso wie die Iteration von Grafemen („Naaaaaain") und Silben („Hehehe") zur grafostilistischen Nachbildung von Emphase.[4]

Auch in der digitalen Kommunikation geht es den Schreiberinnen und Schreibern darum, mit ihren Beiträgen relevant, kooperativ und kohärent zu sein. Wer kommuniziert, möchte verstanden werden und stimmt die Wahl seiner sprachlichen Mittel auf die situativen Rahmenbedingungen und auf die Bedürfnisse seiner Adressaten ab. Dies gilt beim Kommunizieren mit digitalen Technologien in gleicher Weise wie in mündlichen Gesprächen und beim sprachlichen Handeln mit Texten.

...

1 Dies lässt sich am Datenbestand des *Dortmunder Chat-Korpus* nachvollziehen, das Chat-Mitschnitte aus unterschiedlichen Handlungsfeldern (Freizeitkommunikation, Lehren und Lernen, institutionelle Beratung, Medien) enthält (online: http://www.chatkorpus.tu-dortmund.de, Aufruf am 16. Juni 2016). Die sprachliche Gestaltung der Chatter-Beiträge unterscheidet sich je nach Handlungskontext zum Teil erheblich.

2 Ein überzeugendes Plädoyer, die sprachlichen Besonderheiten bei der Kommunikation im Netz als Indizien eines sich gegenwärtig vollziehenden sprachlichen Wandels aufzufassen, gibt Angelika Storrer in ihrem Beitrag „Sprachwandel durch internetbasierte Kommunikation? Linguistische Erklärungsansätze – empirische Befunde", in: Plewina, Albrecht/Andreas Witt (Hg.): *Sprachverfall? Dynamik – Wandel – Variation*, Jahrbuch des Instituts für Deutsche Sprache 2013, Berlin, Boston 2014, S. 171–196.

3 *Minecraft* gehört zur Familie der Open-World-Spiele und stellt seinen Nutzern eine dreidimensionale Spielwelt bereit, die über Konstruktionen aus virtuellen Bausteinen ausgebaut und erweitert werden kann (siehe die Kurzbeschreibung unter: https://de.wikipedia.org/wiki/Minecraft, Aufruf am 16. Juni 2016). *Minecraft* rangiert in der Altersgruppe der Sechs- bis Dreizehnjährigen derzeit auf Platz fünf der beliebtesten Computer-, Konsolen- und Online-Spiele (vgl. KIM-Studie 2014, S. 55–56, http://www.mpfs.de/fileadmin/KIM-pdf14/KIM14.pdf, Aufruf am 16. Juni 2016). Jeder Spieler, der über die Software zum Computerspiel *Minecraft* verfügt, kann unter bestimmten Bedingungen einen eigenen Gameserver erstellen. Ein Gameserver erlaubt es seinem Besitzer, den Modus, in dem gespielt wird, sowie Eigenschaften der Spielwelt selbst festzulegen und zu entscheiden, wer zu dieser Spielwelt Zugang haben soll. Als technische Voraussetzung muss der Spieler bei einem Gameserver-Hosting-Dienst einen virtuellen Server mieten (was zum Taschengeldpreis möglich ist) und diesen ohne besondere technische Vorkenntnisse direkt via Browser konfigurieren.

4 Eine ausführliche Analyse des Beispiels und eine Diskussion des Themas in seiner Bedeutung für die Sprachvermittlung im Deutschunterricht findet sich in Beißwenger, Michael: „Schriftliche Kommunikation im Netz", in: Abraham, Ulf/Julia Knopf (Hg.): *Deutsch digital*, Band 2: Praxis, Schriftenreihe Deutschdidaktik in der Primarstufe. Klassen 1–6, Baltmannsweiler 2016, S. 60–69 (im Druck).

DDB Berlin, Fotograf: Murat Aslan

Elyas M'Barek,
Schauspieler

**RAUS MIT DER SPRACHE.
REIN INS LEBEN.**

ich-spreche-deutsch.de

Eine Initiative des Verbandes Deutscher Zeitschriftenverleger (VDZ)
für Integration und das Erlernen der deutschen Sprache.

DEUTSCHLANDSTIFTUNG
INTEGRATION

Raus mit der Sprache. Rein ins Leben
Poster der Deutschlandstiftung Integration, 2009–2011
...
Das Erlernen der deutschen Sprache gilt als wichtigste Voraussetzung, sich in Deutschland zu integrieren. Für die Posterserie *Ich spreche Deutsch* konnte die Deutschlandstiftung Integration zahlreiche Prominente mit Migrationshintergrund gewinnen. Die Kampagne wurde mit Preisen ausgezeichnet. Kritiker sehen jedoch die gelebte Mehrsprachigkeit in unserer Gesellschaft nicht genügend gewürdigt.

Europäischer Tag der Sprachen am 26. September
Plakat des Europarats Straßburg, 2015

...

Seit 2001 wird durch die Initiative des Europarats in Straßburg jährlich am 26. September der Europäische Tag der Sprachen gefeiert. Die Sprachenvielfalt Europas wird als kultureller Reichtum verstanden, den es zu nutzen und zu fördern gilt. Neben der Muttersprache zwei Fremdsprachen zu beherrschen, gilt als Lernideal. So soll sprachliche Vielfalt zu einem besseren Verständnis zwischen den Kulturen beitragen.

Burning German Materials in Galesville, 1918, Wisconsin Historical Society (WHS)
Burning of German Textbooks, Foto: Madison Ephraim Burt Trimpey, 1918, WHS
...

Zur Zeit des Ersten Weltkriegs richtete sich die Stimmung in den USA massiv gegen die seit langem dort ansässigen Deutsch-Amerikaner. Unter der Flagge des Patriotismus wurde die deutsche Kultur zunehmend feindselig betrachtet. Eine besonders drastische Maßnahme, um das Deutsche von der Bildfläche zu verbannen, war das öffentliche Verbrennen deutscher Bücher und Unterrichtsmaterialien.

Sprachleib und Volkskörper

Heinrich Detering

Gerade an diesem besonderen Ausstellungsort (und mit Blick auf eine so körper-
betonte Sprach-Ausstellung) wird es nicht ganz unnütz sein, an die eigentümliche und
oft unheilvolle Verschränkung von Sprachkritik und Körpermetaphern zu erinnern,
die seit der beginnenden Nationalromantik so vieles von dem gestört, ja zerstört hat,
worum es in dieser Ausstellung geht. Die empfindliche Sorge vor einer vermeintlichen
Überfremdung des Deutschen durch fremdes, feindliches Sprachmaterial, das sich
ihm aufzwingt, in es eindringt, es sich zu eigen macht – diese Sorge ist so alt wie der
Nationalgedanke selbst. Sie bereitet sich vor in der Sprachkritik des 17. und vor
allem des 18. Jahrhunderts, von Kaspar von Stieler bis zu Gotthold Ephraim Lessing.
Und sie trägt auch noch immer Züge der keineswegs nationalen – und schon gar nicht
nationalistischen –, sondern vielmehr sozialen Impulse, die sich aus dem Beharren auf
der einheimischen Volkssprache gegenüber dem Latein der gelehrten oder dem Französisch der politischen Eliten ergaben und deren Dynamik ganz demokratisch ist:
Volksherrschaft durch Volkssprache, durch die Möglichkeit zur verstehenden und
mitredenden Teilhabe.

    Der Kampf der Aufklärer für eine deutsche, also volkssprachige Öffentlichkeit
und seine Fortsetzung durch die (zumindest in dieser Hinsicht) ihre Anregungen
aufnehmenden und weiter vorantreibenden Stürmer und Dränger gelten nicht der
Herabsetzung des Anderen, sondern der Ermöglichung des Eigenen. Nicht weil er leider
bloß ein Franzose ist und kein Deutscher, wird der alberne Riccaut de la Marlinière in
Lessings *Minna von Barnhelm* verspottet, sondern weil sein Französisch die Sprache
eines exklusiven, eines ausschließenden Herrschaftsdiskurses ist. Nicht weil der
starke deutsche Mann sich vom französischen Weichling durch sein beherztes Fluchen
unterscheidet, lässt der junge Goethe seinen Götz vom „Arsch" reden, sondern weil
dieser Götz als ein auf seiner Freiheit bestehendes Individuum gegen eine Bildungs-
kultur protestiert, die hier auf Unterwerfung zielt.

    In beiden Fällen, wie in so vielen traurigen anderen, zeigt die Rezeptionsgeschichte,
wie sich im Laufe des 19. und frühen 20. Jahrhunderts die Kategorien verschieben.
Von der Aufführungspraxis über die Literaturkritik bis in die Germanistik hinein
werden beide, Lessing und der junge Goethe, mit ebendiesen Texten zu Verkündern
eines Deutschtums erklärt, das sich gegen den dekadenten Erbfeind im Westen wendet.
Die Bedeutung der Sprachbezeichnung *Deutsch* verschiebt sich von der soziologischen
Perspektive der Volkssprache zur nationalistischen, schließlich völkischen Perspektive
eines *Deutschtums*, das biologisch aufgefasst wird. (Es ist eine ähnlich schauerliche
Verschiebung, wie sie in jüngster Zeit der Kampfruf „Wir sind das Volk!" erfahren hat.)

Die Weise, in der dabei von Sprache und Sprachen geredet wird, lässt erkennen, wie biologische Vorstellungen in die linguistischen Strukturen eindringen: Das Deutsche erscheint nun als der Sprach-Leib, dessen Reinheit so verteidigt werden muss wie der physische Leib gegen physische Enteignung oder Vergewaltigung; die Verteidigung der „Reinheit" und die Polemik gegen „Vermischung" sind hier wie dort, in der Sprachkritik wie in den biologischen und sexuellen Normen und Metaphern, dieselben. (Und nebenbei ist es eigenartig zu sehen, wie dabei untergründig sexuelle Machtfantasien und Entmächtigungsängste mitwirken.)

Im Laufe des 19. und des frühen 20. Jahrhunderts sind es nicht mehr nur die Herrschenden, deren Sprache so abgelehnt wird wie das Französierende in Lessings *Minna*. Nun sind es, im Gegenteil, oft die politisch und wirtschaftlich Unterlegenen und Schwachen, denen gegenüber die eigene Stärke sich abgrenzen und machtvoll behaupten soll (und denen eine Subversionsdrohung zugeschrieben wird, die jedes Abwehrmittel rechtfertigt): die Juden zuerst, die seit den frommen Sprachpuristen der Romantik wie Achim von Arnim oder Ernst Moritz Arndt und germanischen Mitstreitern wie dem Turnvater Jahn zum Inbegriff des nicht nur religiös oder kulturell, sondern auch rassisch und sprachlich Anderen und Auszuschließenden werden; dann die Polen, die in einem so dezidiert nationalen Werk wie dem des Gustav Freytag das eigentlich bedrohliche Feindbild abgeben müssen; dann die Slawen überhaupt, und schließlich alle, die gegenüber dem eigenen Anspruch auf „rein" verwirklichte Menschlichkeit als die Untermenschen erscheinen.

Gewiss, auch der Widerstand gegen dasjenige Französisch, das sich zu Beginn des 19. Jahrhunderts mit der Überwältigung durch die napoleonische Expansion verbindet, gilt noch immer der Behauptung einer eigenen, auf demokratische Selbstverständigung zielenden Emanzipation. Auch der Sprachpatriotismus von (mit Grass' schönem Buchtitel zu sprechen) Grimms Wörtern bis zu Freytags *Ahnen* wird mitgetragen von der Hoffnung auf eine Republik der Freien und Gleichen, deren Idealbild, selbst in der nationalstaatlichen Ausprägung, noch nichts hochmütig Ausschließendes haben muss. Doch mit einer im Laufe des Jahrhunderts zunehmenden Intensität sind es die Fremdwörter und die fremdartigen – im 20. Jahrhundert wird es dann heißen: „fremdrassigen" – Sprechweisen, sind es die Übergangszonen zwischen Dialekten und Soziolekten, in denen die Spuren des Fremden, das in den eigenen kollektiven Sprachleib bedrohlich eindringt, gesucht und bekämpft werden: das „Jiddeln" und „Mauscheln" der Juden, das immer unbeholfene, die slawische Abkunft peinlich verratende Deutsch der Polen, die Anglizismen, in denen sich das „perfide Albion" selbst dann noch als imperial verrät, wenn es deutsch spricht; und so fort.

Es ist lehrreich, für einen Augenblick diese allzu vertraute deutsche Geschichte zu verlassen und auf eine weniger bekannte Parallelentwicklung dort zu schauen, wo die Deutschen sich von vornherein in der starken Position befinden: auf das benachbarte kleine Dänemark. Abgekürzt gesagt: Was für die deutschsprachigen Intellektuellen des 18. und 19. Jahrhunderts die Franzosen, das sind für die dänischen ihre deutschen Nachbarn – die sich ja nicht nur südlich der Landesgrenze bedrohlich breitmachen, sondern auch mitten in der eigenen Hauptstadt, in den bis ins Königshaus hinein dominierenden aristokratischen Dynastien und in den aufsteigenden bürgerlichen Kaufmannsfamilien. Die Abwehr des politisch, sozial, kulturell übermächtigen, ja zeitweise hegemonialen Deutschen artikuliert sich auch hier zuerst als Kampf um Sprachreinheit. Die produktive Umdeutung des Stigmas einer quantitativ kleinen und qualitativ schwachen Bevölkerung (mit seinesgleichen rede man Deutsch, mit seinen Dienstboten Dänisch, lautete ein beliebtes Aperçu) ins Zeichen einer besonderen Erwählung – sie äußert sich auch hier zuerst als Um- und Aufwertung der eigenen Sprache. Nicht mehr das plumpe Verständigungsmittel der Bauern, der Mägde und Knechte soll sie nun sein, sondern nichts Geringeres als die vom Himmel auf die Erde herabgestiegene Sprache der Engel selber.

Der Pastor, Dichter und Sozialreformator Nikolai F. S. Grundtvig entwickelt in hochromantischem Enthusiasmus solche Vorstellungen, mit ungeheurer Resonanz im dänischen Volk. Aber auch bei ihm, der für die dänische Gesellschaft und Kultur bald so etwas wird wie eine Mischung aus Luther, Jefferson und Nietzsche, gleitet der soziale Protest der Volks-Mehrheit gegen die Herrschaftsschicht allzu leicht über in völkische Reinheitswünsche. Dann wird das Deutsche zur Sprache des Anderen, des schlechthin Bösen und Bedrohlichen; dann soll mit der Sprachreinigung, die das Hoch- und Niederdeutsche aus dem politischen Sprachgebrauch ebenso ausschließt wie aus den Kirchengesangbüchern und womöglich den schulischen Leseplänen, auch die biologische Integrität des Volkskörpers gesichert werden. Vergebens spotten Zeitgenossen wie Hans Christian Andersen, Grundtvig und Arndt sollten sich doch ersatzweise auf einer kleinen Insel zwischen Seeland und Fünen duellieren, einer Insel, die den bezeichnenden Namen *Sprogø* trägt, ,Sprachinsel'.

Wenn zu Beginn des 20. Jahrhunderts Andersens literarischer Nachfahre Herman Bang den weltläufigen Helden seines letzten Romans in einer fidelen dänischen Abendgesellschaft zeigt, dann demonstriert er mit trauriger Polemik die Konsequenzen dieses Nationalpurismus: Wenn der fremdländisch aussehende, weil von einer dänischen Mutter und einem ungarischen Vater abstammende Romanheld im Gespräch das richtige Wort sucht, unterbricht ihn ein Einheimischer und sagt, indem er triumphierend in die Runde blickt: „Sprechen Sie doch Deutsch, das geht besser." Bang gibt seinem Roman den Titel *Die Vaterlandslosen* – und kommentiert dieses Wort mit der Bemerkung, er habe damit gerade nicht die Mischlinge, die Ausländer, die von der nationalen Sprachgemeinschaft ausgeschlossenen Fremden gemeint, sondern die ausschließenden Patrioten selber.

Das alles ist Geschichte, längst vergangen. Aber wer die Debatten verfolgt, die hierzulande nicht nur im Umkreis der AfD und in Dänemark im weiten Einflussbereich der Dänischen Volkspartei geführt werden – oder an so unterschiedlichen Orten wie in Viktor Orbáns Ungarn und Jarosław Kaczynskis Polen, in den Niederlanden des Geert Wilders, im Österreich des Heinz-Christian Strache oder in Donald Trumps Republikanischer Partei: Wer diese Debatten verfolgt, sieht nicht bloß Ähnlichkeiten, sondern Kontinuitäten. Selbst in der allgegenwärtigen Forderung, die zu uns gekommenen Fremden sollten ihre Integrationsfähigkeit durch das Erlernen des Deutschen und das Abstreifen der Herkunftssprachen unter Beweis stellen, werden neben der grundvernünftigen Pragmatik einer gemeinsamen Umgangssprache zuweilen auch Untertöne vernehmbar, die nach einem bedenklichen Sprachreinheitsverlangen klingen und nach der Angst vor einer Durchdringung des Eigenen. Die Frage, wie oft eigentlich in politischen Kommentaren das Insistieren auf dem Deutschen und die Warnung vor der sexuellen Aktivität der fremdländischen jungen Männer in Kombination auftauchen – diese Frage wäre eine empirische Untersuchung wert.

Maurizio Nannucci, *Same words different thoughts / same thoughts different words*, 2012
Privatsammlung Bad Saulgau
...
Aus der modernen Leuchtreklame, ihren grellen und plakativen Anmutungen, bezieht Maurizio
Nannucci seine Impulse. Allgemeinsätze und Tautologien, aber auch direkte Appelle erscheinen
in der stofflichen Form der Neonröhre. Und dabei ist die Materialität der Sprache in Nicht-
Stofflichkeit aufgehoben, sie wird vom Licht transzendiert. Sprache öffnet Assoziations- und
Denkräume in der Überschreitung ihrer Form.

Wandteller mit Spruch, Sachsen, wohl Bautzen, 1742
Museum für Sächsische Volkskunst, Dresden
...
Auch Alltagsgegenstände können zum Träger von Sprache werden. In Handarbeit und als
Massenware hergestellt, liefern Wandteller dieser Art eine Form der Konservierung deutscher
Mundart. Selbst leseunkundige Kunsthandwerker übertrugen die frommen Sprüche, Segens-
wünsche und Alltagsreime von Teller zu Teller. Daher fehlen bei etlichen Zierinschriften
einzelne Buchstaben oder auch ganze Worte.

Nordwestblatt der Karte Nr. 436 „sprechen", Georg Wenker, 1909
Staatsbibliothek zu Berlin

Ziel des kartografischen Mammutprojekts von Georg Wenker war es, den genauen Verlauf
von Dialektgrenzen im deutschen Sprachgebiet zu erfassen. Nach Abschluss der ersten Daten-
erhebungen lagen ihm und seinen Mitarbeitern ausgefüllte Fragebögen aus 40.736 Orten vor.
In der Auswertung entstanden 1.653 Karten. Wenkers Unternehmen zeigte, dass die Grenzen
der Mundartgebiete fließend sind und breite Übergangszonen existieren.

Holztäfelchen „BRETON", Frankreich, 1930er-Jahre
Musée de l'école de Bothoa, Saint-Nicolas-du-Pélem
...
An der Schule in Saint-Nicolas-du-Pélem nutzte man dieses und ähnliche Objekte zur
Demütigung von Kindern, die bretonischen Dialekt sprachen. Es wurde nach dem Prinzip der
Eselsmütze an den jeweils ‚schuldigen' Schüler weitergegeben. Ähnliche Methoden gab es
frankreichweit bis in die 1950er-Jahre. Mit der Einführung der öffentlichen Schule (1882)
sollte Hochfranzösisch als einzige Sprache durchgesetzt werden.

Sprache, Zunge, Psyche

(2007)

Durs Grünbein

———

Über die Sprache und mein Verhältnis zu ihr Auskunft zu geben, scheint mir die schwierigste Sache der Welt. Wie kann ich, ein Wesen, das überhaupt nur durch Sprache und in sprachlicher Form existiert, darüber reden, als handelte es sich hierbei um etwas Äußerliches, Exogenes, etwas, das dem Körper zustößt wie eine ansteckende Krankheit, um einen Erreger, der das Gehirn in früher Kindheit befällt und als eine Art raffinierter Schluckauf die Stimmbänder zum Schwingen bringt? Sprache sei ein Virus aus dem Weltraum, hat ein Beatnik-Dichter einmal orakelt. So reizvoll die Idee ist, so verlockend das Gerede von Programmierung durch Sprache, Kontrolle des Geistes mittels Alphabetisierung, ich kann so nicht denken. Mir haben jene Theorien nie eingeleuchtet, die in den Sprachen, ihrer Entstehung, ihren grandios verzweigten Stammbäumen aus Lexik und Grammatik immer nur das Arbiträre erkennen wollen. Mag ja sein, daß Klang und Bedeutung, Zeichen und Inhalt, Signifikant und Signifikat bloße Zufallsbekannte sind, ungleiche Paare in einer Zwangsgemeinschaft, es ändert nichts an der Tatsache, daß es sich dabei um eins der größten Evolutionswunder handelt. Sprache ist ein Geschenk des Himmels an eine Kreatur, die ohne sie immer noch grunzend und keuleschwingend in der afrikanischen Savanne umherirren würde. Was von außen nach Willkür und Wildwuchs aussieht, erweist sich im Inneren, wo der Sprecher ein Leben lang zu Hause ist, von größter Notwendigkeit und naturwüchsiger Schönheit.

Sprache ist alles, was mich ausmacht. Dank ihrer habe ich überhaupt ein Bewußtsein von mir und den anderen. Jenseits von ihr beginnt Niemandsland, eine namenlose, amorphe Welt, Chaos. Das Gegenteil von Sprache aber ist nicht Schweigen (dies ist ein Teil von ihr), sondern das Nichts oder eine Nummer kleiner: Gedächtnislosigkeit. Was Sprache ist, zeigt sich erst vor diesem Abgrund des Unbenannten und Unbenennbaren, Pflanzen und Tiere, Steine und Wolken, die ganze Kette der Wesen und Dinge hat in der

Sprache ein zweites, platonisches Dasein. Erst in ihr finden sie eine Heimstatt, die Phänomene. Das Wort aber ist nicht der Leichnam aus dem Wörterbuch, totes Artefakt oder bloßer Konversationsmüll: Es ist ein Echo im Spielraum von Körper und Psyche. Daher die Rede von der Muttersprache. Subjekte sind jene scheuen Wesen, die Sprache als Strickleiter benötigen, um aus dem eigenen Unbewußten heraufzuklettern ans Tageslicht. Zur allgemeinen Verunsicherung (die wiederum konstitutiv ist für jede Sprache) trägt bei, daß sie etwas Gegenseitiges ist, das Ich im Du und umgekehrt, das Eigene im Fremden, Geistesgegenwart, die allenfalls flüchtig aus dem Wortschatz aufblitzt und funkelt. Sprache ist, was ich allen anderen wie mir selbst verdanke, ein Geschenk von Kultur und Gesellschaft, Tradition und Intuition, sie muß zuerst erworben, erlernt werden, der Sprachunterricht aber währt ein Leben lang (Glossa continua). Frei sein, Dichter sein, Weltbürger sein – in dieser Reihenfolge erhält das Leben für mich seinen Sinn. Gebunden bin ich, wenn ich es mir recht überlege, nur an eines, die deutsche Sprache. Nur in dieser Hinsicht bin ich nicht frei oder doch wenigstens stark abhängig, so wie jeder Muttersprachler. Man kann mit den Sprachen spielen, sich an ihnen erfreuen wie an den farbigen Stempeln im Reisepaß. Ausgestellt aber wird dieser zuerst in der Landessprache.

Und nun die Pointe: Das beste, was sich aus Sprache machen läßt, ist Dichtung.

Wespe, komm

(2005)

Marcel Beyer

Wespe, komm in meinen Mund,
mach mir Sprache, innen,
und außen mach mir was am
Hals, zeig's dem Gaumen, zeig es

uns. So ging das. So gingen die
achtziger Jahre. Als wir jung
und im Westen waren. Sprache,
mach die Zunge heiß, mach

den ganzen Rachen wund, gib mir
Farbe, kriech da rein. Zeig mir
Wort- und Wespenfleiß, mach's
dem Deutsch am Zungengrund,

innen muß die Sprache sein. Immer
auf Nesquik, immer auf Kante.
Das waren die Neunziger. Waren
die Nuller. Jahre. Und: So geht das

auf dem Land. Halt die Außensprache
kalt, innen sei Insektendunst, mach
es mir, mach mich gesund,
Wespe, komm in meinen Mund.

Kaugummi kauen mit geschlossenem Mund.
Sächsisch und Hochdeutsch
(2011)

Ingo Schulze

In gewisser Weise bin ich zweisprachig aufgewachsen, zu Hause hochdeutsch, auf dem Hof und in der Schule sprach ich, wie alle sprachen: sächsisch. Von Hochdeutsch zu reden ist sicher nicht ganz richtig, denn meine Großmutter stammte aus Siebenbürgen, mein Großvater aus dem Badischen. Seit Mitte der Dreißiger lebten sie in Mitteldeutschland. Meine Mutter empfand Halle an der Saale als ihre Heimatstadt. Mir fiel es nicht nur nicht schwer, von dem einen Deutsch zum anderen zu wechseln, ich merkte es gar nicht.

Die verschiedenen Sprachorte hatten zur Folge, dass Themen wie Fußball, Popmusik, Filme oder Mädchen eher auf Sächsisch besprochen wurden, ob ich die Hausaufgaben gemacht und Flöte geübt hatte, wurde auf Hochdeutsch gefragt. Auf Hochdeutsch wurde über die Dinge diskutiert, die außerhalb der eigenen vier Wände nicht oder nur mit Zurückhaltung Erwähnung fanden. Ich könnte auch sagen, das Politische fand auf Hochdeutsch statt, denn letztlich war fast alles politisch lesbar. Und auch die Koseworte waren keine sächsischen. An ihnen bemerkte ich zuerst, wie unübersetzbar sie waren. Wurde ein Klassenkamerad von seiner Großmutter „mei Schneggl" genannt, ließ sich das weder mit „mein Schneckchen" übersetzen noch mit „mein Süßerchen", wie es meine Großmutter formuliert hätte.

Meine Mutter war ratlos, als ich ihr auf die Frage, warum ein Freund von mir jetzt kaum noch komme, antwortete: Der hat eine Kirsche. Ich merkte selbst, dass es auf Hochdeutsch falsch klang, denn eigentlich hieß es: Der had ne Girsche, also eine Freundin. Hochdeutsch fühlte sich dann oft an, als würde ich mit geschlossenem Mund Kaugummi kauen müssen. Völlig unübersetzbar ist der Ausdruck „das budscht", den man verwendete, wenn etwas gefiel, wenn etwas als sehr gut und interessant bezeichnet werden sollte. Unübersetzbar ist auch das Sächsische „nu", das man für alles nehmen kann, als „ja" oder als Auftakt für eine Frage: Nu sahche mahl ... (Nun sage mal ...) Es ist das Sächsische „gelt" oder „ja mei", auch wenn sich die Bedeutungen nicht gleichen.

Manchmal ließ sich der Unterschied zwischen Sächsisch und Hochdeutsch kaum in der Schriftsprache ausdrücken. „Bärisch" – ebenfalls ein Ausdruck für Bewunderung, klingt im korrekten Deutsch nach nichts, auf Sächsisch, ganz weich und langgezogen als bährisch, versteht man sofort, auch wenn man nicht weiß, was dieses Wort eigentlich soll.

Ganz schlimm wurde es, wenn meine Mutter versuchte, sich mit meiner sächsischen Welt gemein zu machen. „Isch geh ma bäbbeln" ließ sich nicht so einfach mit „Ich gehe Fußball spielen" übersetzen. Das meinte: „Ich gehe mal auf den Hof oder auf den Sportplatz. Vielleicht findet sich dort jemand, mit dem ich herumbolzen kann." Ich hätte jede Umschreibung akzeptiert, aber nicht das unsächsisch ausgesprochene: Gehst du päppeln? Oder noch schlimmer, nämlich vor anderen: Geht ihr päppeln?

Andererseits wäre es mir schwergefallen, unsere Familiengespräche ins Sächsische zu übertragen. Damit meine ich nicht nur die Diskussion „kritikwürdiger Zustände", sondern eine bestimmte Art der Unterhaltung, der Umgangsformen. Nicht dass das Hochdeutsche eher erhaben und das Sächsische eher profan wäre. Aber auf Sächsisch war und bin ich ein anderer als auf Hochdeutsch. Es ist nicht nur die Stimme, die anders klingt, es ist nicht nur eine andere Tonfärbung, ein anderes Tempo, eine andere Mimik und Gestik. Man fühlt im Dialekt anders, man ist letztlich ein anderer Mensch.

Deshalb wundere ich mich, dass wir uns offenbar damit abgefunden haben, den Dialekt nicht in unserer Schriftsprache zu verwenden. Was geben wir preis, indem wir darauf verzichten! Es sind mehr als nur Nuancen. Es sind ganze Welten, die wir durch die Hochsprache verdunkeln.

Ist dieser Zustand noch eine Folge der deutschen Stiltrennungsregel, die das Komische und Profane dem Unten zuwies und damit dem Dialekt der Straße, das Tragische und Erhabene aber allein dem Latein oder Hochdeutsch des Gebildeten zugestand? Merkwürdig, dass es der deutschen Literatur bis heute nicht gelungen ist, sich davon zu emanzipieren. Heute assoziiert „Mundartdichtung" ein genauso schales Gefühl wie der Ausdruck „christliche Kunst". Das eine ist keine Dichtung, das andere keine Kunst.

Mehrfach habe ich versucht, den sächsischen Dialekt im Dialog einer Geschichte oder eines Romans zu verwenden, weil ich glaubte, die Figur so besser charakterisieren zu können. Doch noch bevor ich das Manuskript aus der Hand gab, hatte ich von mir aus den Dialekt getilgt. So ging es nicht, obwohl ich zuerst gedacht hatte: Nur so geht es.

Sobald eine Figur sächsisch spricht, wirkt es, als gäbe ich sie dem Gelächter preis, als würde ich sie nicht ernst nehmen. Das trifft im Deutschen im Grunde auf fast alle Dialekte zu. Sie sind der Sphäre des Kabaretts zugeordnet, nicht der der Literatur. Es gibt Ausnahmen, von denen das Plattdeutsch in den Romanen von Uwe Johnson oder der Berliner Slang bei Alfred Döblin wohl die überzeugendsten sind. Auf dem Sächsischen liegt aber noch eine besondere Hypothek. Ein deutscher Diplomat, aufgewachsen in Rheinland-Pfalz, erzählte mir von seinem ersten Besuch in Ostdeutschland Anfang der neunziger Jahre. Er fuhr nach Wismar an der Ostsee. Der erste Mensch, mit dem er dort ins Gespräch kam, war ein Kellner. Der Rheinland-Pfälzer fragte überrascht, ob er, der Kellner, auch aus dem Westen sei. „Wieso denn?", fragte jener verblüfft zurück. „Na ja", sagte der Diplomat, „Sie sprechen gar kein Sächsisch."

Das ist so eine Geschichte, die man eigentlich gar nicht für möglich hält, zumal bei einem halbwegs gebildeten Menschen. Für die Literatur wäre sie unbrauchbar – zu dick aufgetragen, würde meine Lektorin sagen. Aber die Übertreibung liegt ja meistens in der Realität.

Frappierend ist, in wie kurzer Zeit das Sächsische zum sprachlichen Äquivalent eines politischen Systems gemacht wurde. Eine Figur, die sächselt, wird nicht nur zum Hanswurst, sondern wirkt unterschwellig auch noch politisch fragwürdig. Man könnte sich als Schriftsteller aus Sachsen mit dem Verweis auf die deutschsprachigen Schweizer trösten, die – so stelle ich es mir jedenfalls vor – bei jedem Wort, das sie benutzen, die Kluft zwischen dem gesprochenen und dem geschriebenen spüren. Man könnte auch sagen, dass man als einzelner Schreiber nicht dagegen ankommt, man kann nicht eine politisch kulturelle Entwicklung ungeschehen machen. Trotzdem treibt mich die Frage um: Wie müsste eine literarische Figur beschaffen sein, die sich auch im Dialekt behauptet?

Mia san mia! „Dialekt" als (sprachlicher) Normalfall

Roland Kehrein

Woran denken Sie spontan, wenn Sie an „Deutsch als Sprache" denken?
– Vielleicht denken Sie daran, wie unsicher Sie sich bei der Groß- und Kleinschreibung sind (zumindest seit der etwas mehr als eineinhalb Dekaden zurückliegenden Rechtschreibreform).
– Vielleicht denken Sie an gar nichts Bestimmtes, ist doch die deutsche Sprache etwas, das die meisten von Ihnen täglich einfach so verwenden, ohne darüber nachzudenken.
– Möglicherweise denken Sie aber auch spontan daran, dass *die* deutsche Sprache Ihnen im Alltag in einer großen Vielfalt und Variabilität begegnet, beispielsweise als der neue Nachbar oder als die neue Kollegin, die aus einem anderen Teil Deutschlands kommen und die „so einen komischen Dialekt" sprechen.

Vor dem Hintergrund des zuletzt genannten Gedankens fragen Sie sich vielleicht, ob es überhaupt gerechtfertigt ist, von „der deutschen Sprache" zu reden. Als Antwort möchte ich Ihnen ein entschiedenes „JA!" zurufen. Ja, es gibt *die* deutsche Sprache, und Variabilität und Vielfalt (zum Beispiel in Form von Dialekten) gehören genauso zu ihr wie verbindliche Orthografieregeln und die Sanktionierung von Rechtschreibfehlern in Bildungseinrichtungen. Beides lässt sich jeweils, aber auch gemeinsam als Komplex mit dem Adjektiv „deutsch" belegen. Wissenschaftlich sprechen wir von einem Gesamtsprachsystem Deutsch, das verschiedene Subsysteme, die sogenannten Varietäten, enthält. Dialekte sind solche Varietäten, die in bestimmten Regionen des Sprachgebiets verwendet werden. Das Nebeneinander regionaler Varietäten innerhalb *der* deutschen Sprache ergibt sich aus ihrer Geschichte.

Warum und seit wann gibt es die deutschen Dialekte?
Kurz gesagt: Vom Anfang des Deutschen an!
Historisch wurde die Bezeichnung „deutsch" als Bezeichnung für die Sprache des Volkes (lateinisch *lingua theodisca*; belegt bereits im 8. Jahrhundert) im Gegensatz zum Lateinischen sowie als Bezeichnung für die jeweils eigene (germanisch-deutsche) Volkssprache gegenüber fremden (zum Beispiel romanischen) Volkssprachen verwendet. Erst nach und nach erfuhr „deutsch" (als althochdeutsch *diutisk*) eine Begriffserweiterung und wurde als Oberbegriff für verschiedene Volkssprachen sowie in der Folge auch als Volksbezeichnung, als geografischer Begriff und schließlich auch als Sittenbezeichnung verwendet.[1] Das bedeutet, dass „deutsch" die verschiedenen Sprachen verschiedener Völker, die in einem bestimmten geografischen Raum gesiedelt haben, zusammengefasst und somit von Beginn an sprachliche Vielfalt und Variabilität

eingeschlossen hat. Eine frühe Aufzählung solcher deutscher „lantsprâchen" findet sich in Hugo von Trimbergs *Der Renner* (um 1300). Hier wird auf die Sprache der Schwaben, Franken, Bayern, Thüringer, Sachsen, Rheinländer, Wetterauer, Meißener, Egerländer, Österreicher, Steirer, Kärntner und Aachener verwiesen. Außer durch die Sprache, die Vorläufer unserer heutigen Dialekte, unterschieden sich diese Volksgruppen nach Hugo von Trimberg auch durch die Art und Weise zu leben sowie durch ihre Kleidung.[2] Hier deuten sich bereits auf einer breiteren, nämlich der kulturellen Basis Unterschiede zwischen den Volksgruppen an, von denen Sprache lediglich einen Teil ausmacht. Weitere Aspekte der sozio-kulturellen Identität waren etwa Trachten, Brauchtümer, Arbeitsgeräte sowie Volkslieder und -tänze.

Warum und seit wann gibt es die deutsche Standardsprache?
Kurz gesagt: Warum? Weil sie benötigt wurde! Seit wann? Nicht einmal halb so lang wie die Dialekte!
Nicht zuletzt für schriftliche Texte, die überregional verbreitet werden sollten, brachte die dialektale Vielfalt erhebliche Probleme mit sich. Lassen wir mit Peter von Zittau (1275–1339) erneut einen mittelalterlichen Zeitzeugen zu Wort kommen: „Der Sachse hat eine schnelle Zunge, der Bayer brüllt wie ein Ochse (...) und versteht den Sachsen nicht, so wenig wie die Nachteule die Elster; und doch werden beide mit Recht Deutsche genannt."[3] Hinsichtlich der Dialekte im wissenschaftlichen Verständnis hat sich an dieser Situation bis heute nichts geändert. Dies wird Ihnen unmittelbar klar, wenn Sie Dialekt-Sendungen in lokalen, regionalen oder auch in österreichischen oder Schweizer Fernsehprogrammen anschauen. Ohne Untertitel dürften Sie sich dabei wie die oben genannte Nachteule fühlen, die die Elster zu verstehen versucht. Solche Untertitel sind in der deutschen Standardsprache abgefasst. Eine vereinheitlichte, dialektale Verständigungsschwierigkeiten überbrückende deutsche Sprache entwickelte sich als Schriftsprache ab etwa dem 15. Jahrhundert. Diese löste nach und nach die existierenden Schreibdialekte ab, die jeweils nur regional verbreitet und verständlich waren. Mit der neuen vereinheitlichten Schriftsprache sollte es möglich werden, Texte der gesamten Bevölkerung zugänglich zu machen – ein wichtiger dieser Texte war Martin Luthers Bibelübersetzung. Bis hin zu einer amtlich verbindlichen Orthografie dauerte es allerdings noch. Diese wurde erst in den ersten Jahren des 20. Jahrhunderts eingeführt. Seit den 1930er-Jahren wird außerdem (massen)medial eine normierte Aussprache der Standardsprache verbreitet, wobei für die drei (D-A-CH-)Staaten, in denen Deutsch Amtssprache ist, drei unterschiedliche Aussprachenormierungen gelten.

Wie sieht die regionale Sprachvariation heute aus?
Kurz gesagt: Neben Dialekten und Standardsprache hat sich etwas Neues entwickelt: die Regiolekte!

Neuere Spracherhebungen zeigen, dass die alten, für Auswärtige unverständlichen Dialekte in fast allen Regionen noch heute zu finden sind. Die Zahl der Sprecher und damit die Bedeutung der Dialekte im sprachlichen Alltag haben aber insgesamt abgenommen. Dennoch verwendet die überwiegende Mehrheit der Sprecher heute Sprechweisen, die Rückschlüsse auf ihre regionale Herkunft zulassen. Diese Sprechweisen sind historisch (ab spätestens dem 17. Jahrhundert) dadurch entstanden, dass die damals grundsätzlich noch im Dialekt aufgewachsenen Menschen in bestimmten Situationen die vereinheitlichte Schriftsprache als mündliches Kommunikationsmittel verwendet haben. Viele Schreibungen konnten dabei relativ buchstabengetreu umgesetzt werden, für andere haben die Sprecher auf Laute ihres jeweiligen Dialekts zurückgegriffen. Bei den im „gesprochenen Schriftdeutsch" enthaltenen dialektalen Merkmalen handelt es sich also um solche, die in Regionen ähnlicher Dialekte systematisch erhalten bleiben. Daraus ergibt sich, dass sich neben den Dialekten und der Standardsprache neue regionale Sprachformen als Varietäten ausgebildet haben. Diese bezeichnen wir wissenschaftlich als Regiolekte. Sie sind in der Regel auch für Auswärtige verständlich, können also in der überregionalen Kommunikation verwendet werden, verweisen aber dennoch auf die Herkunft des Sprechers. Genau weil dieser regionale Bezug bei den Regiolekten hergestellt werden kann, werden sie von vielen (außerhalb der Sprachwissenschaft) als „Dialekte" bezeichnet (die Anführungszeichen werden hier, wie auch in der Überschrift dieses Artikels, bewusst verwendet, um den Unterschied zu den wissenschaftlich definierten Dialekten deutlich zu machen). So gesehen, bildet „Dialekt" im deutschsprachigen Raum durchaus den sprachlichen Normalfall.

Warum ist der „Dialekt" (= Dialekt und/oder Regiolekt) so stabil?
Kurz gesagt: Weil er wichtige soziale Funktionen erfüllt!
Zunächst einmal kann Folgendes festgehalten werden: Während wir die amtlich verbindliche Rechtschreibung in der Schule lernen und Fehler sanktioniert werden, gilt Gleiches für die Aussprache nicht. In der Aussprache halten sich dialektale Merkmale, sofern sie von den Lehrern nicht als grammatische Fehler interpretiert werden. Dies ist aber nur *ein* Teil der Geschichte. Ein anderer wirkt auf einer viel subtileren Ebene. Wie oben im Zusammenhang mit den Volkssprachen als den Vorläufern unserer Dialekte ausgeführt wurde, bildeten diese Teil eines ganzen Komplexes an Aspekten, die Volksgruppen verbunden haben, die den Mitgliedern die Möglichkeit zur soziokulturellen Identifikation geboten haben. Außer der Sprache, in Form regionaler sprachlicher Merkmale, sind die anderen Gemeinsamkeiten allerdings im Alltag nicht mehr oder nur sehr sporadisch zu finden: Trachten werden nur noch zu bestimmten Anlässen getragen, zu denen dann möglicherweise auch Volkstänze aufgeführt werden, Fastnacht verbinden viele nicht mehr mit einem älteren Brauch und nicht

bundeseinheitliche Feiertage geben lediglich noch einen Hinweis auf die relativen Anteile von Katholiken und Protestanten. Die Sprache dagegen wird täglich verwendet, und sie enthält als Dialekt und als Regiolekt Merkmale, die Sprecher einander ähnlich machen. Wie jüngst gezeigt werden konnte, stellen regionalsprachliche Räume auch heute noch wichtige Identifikationsräume für die Sprecher dar und beeinflussen deren Handlungsweisen auch in anderen Bereichen. Sowohl das Umzugsverhalten der Menschen innerhalb Deutschlands (2000–2006) als auch der Binnenhandel (1995–2004) stehen in einem statistisch hoch signifikanten Zusammenhang zu den Dialektregionen (Ende des 19. Jahrhunderts).[4] Das bedeutet Folgendes: Aufgrund der Ähnlichkeit der Dialekte Ende des 19. Jahrhunderts (für diesen Zeitraum liegt mit Georg Wenkers *Sprachatlas des Deutschen Reichs* die bis heute einzige vollständige Erhebung der deutschen Dialekte vor) lassen sich Regionen abgrenzen, beispielsweise das Westfälische oder das Bairische. Die genannten Studien zeigen nun, dass Menschen, wenn sie umziehen (müssen), ihren neuen Wohnort vor allem innerhalb solcher Dialektregionen wählen, oder eben, dass Handel vorwiegend innerhalb dieser Regionen betrieben wird. Der Faktor Dialektähnlichkeit wiegt hier signifikant höher als alle möglichen anderen Faktoren. Eine mögliche Erklärung für solche Zusammenhänge ist, dass „Dialekte", die regionalsprachlichen Varietäten also, Verständigung nicht nur auf der Sachebene ermöglichen. Was viel wichtiger ist: Sie schaffen auch ein gegenseitiges Verständnis auf der zwischenmenschlich-emotionalen Ebene. Sprecher signalisieren einander: „Wir sprechen dieselbe Sprache!"

...

1 Vgl. Sonderegger, Stefan: *Grundzüge deutscher Sprachgeschichte. Diachronie des Sprachsystems*, Bd. 1, Berlin, New York 1979, S. 37–48.

2 Vgl. Ehrismann, Gustav (Hg.): *Der Renner von Hugo von Trimberg*, mit einem Nachwort und Ergänzungen von Günther Schweikle, Bd. III, Berlin 1970, S. 220.

3 Zit. n. Borst, Arno: *Der Turmbau von Babel*, Bd. II: Ausbau Teil 2, Stuttgart 1959, S. 916.

4 Vgl. Falck, Oliver/Stephan Heblich/Alfred Lameli/Jens Südekum: „Dialects, Cultural Identity, and Economic Exchange", in: *Journal of Urban Economics* 72 (2012), S. 225–239; Lameli, Alfred/Volker Nitsch/Jens Südekum/Nikolaus Wolf: „Same Same But Different: Dialects and Trade", in: *IZA Discussion Paper Series* No. 7397 (2013), http://ftp.iza.org/dp7397.pdf, Aufruf am 31. März 2016.

Der :-) war gestern

Haluka Maier-Borst

Man hatte sich ja an vieles gewöhnt. An die orthografisch falschen Zeichenknäuel in Kurznachrichten und E-Mails. Die Klammern, Punkte und Kommas, die sich am Satzende zusammenballten, sodass sie aussahen wie auf die Seite gelegte Gesichter.

Aber dann.

Dann tauchte Anfang des Jahrzehnts plötzlich ein Haufen mit Gesicht (💩) auf deutschen Handys und Computern auf. Und dazu 🐌, 💰💰, 🍔🍔🍔, ein 🥛. Auf einigen Displays wurden gar blühende Landschaften Wirklichkeit, allerdings dank Kirsche und Hibiskus (🌸 🌺) mit einem leicht asiatischen Touch.

Emojis heißen sie und gehören für viele längst zur Alltagskommunikation – sei es in SMS-Nachrichten oder Schnipseldialogen bei Diensten wie WhatsApp. Gerade Anfang Mai hat das Soziale Netzwerk Instagram die Möglichkeit eingeführt, Emojis in Hashtags zu benutzen. Anstelle von Wörtern kann man dort nun auch Symbole mit einem # versehen, sozusagen verschlagworten. Im April erweiterte Apple das Emoji-Repertoire auf seinen Geräten: Viele Gesichter und Figuren gibt es jetzt in unterschiedlichen Hautfarben. Offenbar will man sich gegen den Vorwurf des Piktogramm-Rassismus immunisieren – für die digitalen Hieroglyphen ein Ausweis von Relevanz.

In drei von fünf Texten finnischer Nutzer tauchen Emojis auf, hat Instagram ausgezählt. In Deutschland immerhin in knapp jedem zweiten. Zugegeben, die Nutzer des Fototeildienstes sind weit jünger als der Bevölkerungsdurchschnitt. Aber im Frühjahr hat selbst der Mainstream-Möbelhändler Ikea eine eigene Emoji-Tastatur für das iPhone entwickelt – als Teil einer zeitgeistigen Werbekampagne.

Buchstabierst du noch, oder symbolisierst du schon? Inzwischen sind auch Sprachforscher aufmerksam geworden – und fühlen sich hin- und hergerissen. Die einen sprechen den Emojis das Potenzial zur Weltsprache zu, die anderen befürchten das Ende der kultivierten Schriftsprache 📖.

Wer als Erster auf die Idee kam, Bildchen ins Schriftbild einzufügen, ist nicht einfach zu sagen. Schon die alten Ägypter verbanden Bild und Schrift in ihren Hieroglyphen miteinander. Auf einer bescheideneren Zeitskala sind es wohl zwei Informatiker, die den Schriftzeichen das Zwinkern und das Malen beibrachten: der US-Amerikaner Scott Fahlman und der Japaner Shigetaka Kurita.

Fahlman leistete seinen Beitrag dafür bereits im Jahr 1982 und eher aus der Not heraus. Er und seine Kollegen schrieben einander auf einem Bulletin-Board, einer Vorgängerversion von heutigen Chatrooms. Eines Tages begann dort die abstruse Diskussion darüber, wie sich wohl ein Quecksilbertropfen in einem abstürzenden Aufzug bewegen würde. Kurz darauf witzelte einer der Beteiligten, ein Aufzug des Instituts sei aufgrund eines Quecksilberunfalls gesperrt. Doch nicht jeder erkannte den Witz als solchen. Einige Stunden lang herrschte Verwirrung in der digitalen und analogen Welt des Instituts. Danach war klar: Ein Zeichen muss her, um Ironie zu kennzeichnen.

Nachdem Lösungen mit % und * wenig Anklang fanden, hatte Fahlman den entscheidenden Einfall. „Ich schlage folgende Zeichenfolge als Witzmarkierung vor: :-) Lest es seitlich." Punkte, Klammer, Bindestrich – fertig war das Schriftgesicht, das sogenannte Emoticon.

Gut 15 Jahre später folgten auf die Emoticons die ersten Emojis. Sie waren kein Zufallsprodukt, sondern das Resultat wirtschaftlichen Kalküls. NTT Docomo, einer der führenden Mobilfunkanbieter Japans, suchte 1998 nach einer Möglichkeit, seinen Pager-Service bei Jugendlichen besser zu vermarkten. Der Entwickler Shigetaka Kurita kam auf die Idee, „Bilderbuchstaben" einzuführen. Nichts anderes bedeutet Emoji auf Japanisch. Inspiriert von der fernöstlichen Manga-Welt und vielleicht auch ein wenig von der Kunst der Kalligrafie, entwickelten Kurita und seine Kollegen einen ersten Satz von 176 Pixelsymbolen. Sie beinhalteten unter anderem einen 🖊 und eine 🍶.

Über die Jahre folgten ✈ ☺ 🐦 und andere Objekte des Alltags. Aber während die Emoticons beinahe mühelos weltweite Verbreitung fanden, da jede Tastatur über Satzzeichen verfügt, hatten es die Emojis schwerer. Lange blieben sie ein weitgehend fernöstliches Phänomen, auch weil die Vielfalt der Bildchen keine Ordnung kannte und jedes Gerät, jedes Chatprogramm eine andere Bildsprache beherrschte. Erst 2010 sorgte das sogenannte Unicode-Consortium, eine Art Internet-Schriftkommission, für eine erste Enzyklopädie der Emojis und nahm 722 der Symbole in ihren Zeichensatz (eben den „Unicode") auf – und so begann ihr Siegeszug. Seit 2011 verfügen iPhones über eine Emoji-Tastatur, seit 2013 auch Android-Smartphones.

„Heute sind diese Zeichen gewissermaßen die Lingua franca von amerikanischen Teenagern", sagt Lisa Lebduska, Professorin für englische Linguistik am amerikanischen Wheaton College in Norton. Die Forscherin hat sich mit den kleinen Pixelhaufen beschäftigt und festgestellt, dass sie kaum das tun, wofür sie eigentlich erfunden wurden. „Emojis waren so designt, dass sie möglichst wenige Daten verbrauchen. Sie wären damit eigentlich ideal, um die Kommunikation zu vereinfachen", sagt sie. Nur: Genau das tun sie nicht.

Anatol Stefanowitsch von der Freien Universität Berlin hat untersucht, wie Emojis in Sozialen Netzwerken eingesetzt werden, und stellte fest: Die Symbole ersetzen selten ganze Worte, ✈ wird also selten anstatt des Wortes „Flugzeug" platziert. Die Überschrift dieses Artikels, ein paar Wörter darin oder auch die Übersetzung des Literaturklassikers *Moby Dick* in Emoji-Code, die mit dem ersten Satz beginnt 📞 🙍 ⚓ 🐡 🐋 (‚Call me Ishmael'.), sind die Ausnahmen.

Während Emoticons noch ein Problem gelöst hätten, weil sie beispielsweise Ironie als solche kennzeichneten, seien die Pixelhaufen aus Japan eine linguistische Besonderheit, erklärt Stefanowitsch. „Emojis erfüllen erst mal keinen Zweck, sie ersetzen nichts, sie machen nichts verständlicher", sagt der Berliner Forscher. Stattdessen bereicherten sie die geschriebene Sprache um etwas, was weder die schriftliche noch die gesprochene Sprache bislang kannte. Emojis, so sehen es sowohl Stefanowitsch als auch Lebduska, vermitteln einen Eindruck von der Situation, in der eine Nachricht geschrieben wurde (,Kann gerade nicht'. 🤸). Auch Assoziationen des Verfassers können sich in den Bildern widerspiegeln. Mitunter könne ein Tweet mit Emojis darum geradezu poetisch werden und Dinge ausdrücken, die sich sonst weder in Gestik noch in Mimik und Betonung fassen lassen. Emojis geben der Schriftsprache eine neue Ebene und erlauben ihr sogar, das gesprochene Wort in manchen Momenten zu übertrumpfen.

Vor allem verraten Emojis und Emoticons jedoch eine Menge über den, der sie verwendet. „Es gibt einen jungen Mann, den ich bei einer ersten Studie auf Facebook mitverfolgt habe, der ständig 🐟 benutzt und damit ausdrückt, dass er sich für einen harten Typen hält", erzählt Stefanowitsch. Ein Doktorand der University of Stanford untersuchte für seine Dissertation gar, inwiefern sich Nutzer von Emoticons mit Nase von jenen unterscheiden, die die Nase beim Smiley immer weglassen. (Wer die Nase weglässt, nutzt offenbar öfter Ausrufe wie „heyyyy!" und „yayyyy!". Nasen-Schreiber legen mehr Wert auf die korrekte Rechtschreibung und verfassen längere Tweets.).

Ob der Unterschied zwischen :-) und :) einer wissenschaftlichen Betrachtung bedarf, darüber lässt sich sicher streiten. Über die Relevanz von Emoji-Studien sind sich Kulturwissenschaftler aber weitestgehend einig. Denn die Zeichen verraten nicht nur eine Menge über den Einzelnen, sondern geben auch Hinweise auf die Lebenswelt einer ganzen Generation – und zeigen an, wie diese Welt sich ändert: So fiel Stefanowitsch auf, dass am Ende von Tweets häufig ein Faxgerät-Bildchen auftauchte. Ein ziemliches Kuriosum, bedenkt man, dass wohl die wenigsten der jungen Nutzer tatsächlich dem anderen etwas faxen wollten. „Erst nach einiger Zeit habe ich verstanden, dass es – in Anlehnung an das ähnlich klingende englische Wort *facts* (,Tatsachen') – ausdrückte, dass jemand einer Sache zustimmte", sagt Stefanowitsch.

Auch kulturelle Differenzen lassen die Bildchen erkennen. Im Deutschen benutzen viele Schreiber beispielsweise ein rotes Smiley (😡), um Wut auszudrücken. Im Japanischen zeigt das gleiche Smiley hingegen, dass der Verfasser schmollt. Ähnliches gilt auch für das Feuerwerk-Emoji (🎆). Während es in Fernost vor allem die Assoziation mit Sommerfeuerwerken und festlicher Stimmung weckt, wird es in Deutschland als bissiger Kommentar genutzt. „Ich sehe es vor allem als Zeichen für sarkastischen Jubel", sagt die Computerlinguistin Tatjana Scheffler, die an der Universität Potsdam politische Diskussionen auf Twitter erforscht. Dass Emojis also eine neue Weltsprache sein könnten, halten sie und andere Forscher für ausgeschlossen.

Die Firma SwiftKey stellt eine Tastatursoftware her und hat analysiert, wo welche der digitalen Hieroglyphen beliebter sind als andernorts. Eine Auswahl (nicht repräsentativ):

- ❤ – Spitzenreiter im Verschicken des Herz-Symbols sind die **Franzosen**.
- 💋 – **Russen** schicken sich die meisten Romantik-Emojis, etwa Kussmünder.
- 🔫 – US-Amerikaner? Nein, **Kanadier** sind Spitzenreiter bei Pistolen-Emojis.
- 💨 – Dieses schwul-lesbische Symbol senden am häufigsten **Amerikaner**.
- zzz – Dieses Emoji steht fürs Schnarchen. In Malaysia wird es sehr geschätzt.
- 🙏 – Emojis mit religiöser Symbolik wie dieses sind bei den **Brasilianern** besonders populär.
- 🍺 – Nein, nicht die Deutschen, die **Australier** liegen bei der Nutzung des Bier-Emojis vorn.
- 🎉 – Manche Klischees werden bestätigt: Beim Einsatz von Party-Symbolen liegen **Italiener und Spanier** vorne.
- 🐫 – Hätte man sich denken können: Das Kamel-Emoji wird vor allem von Nutzern in den Ländern **Arabiens** verschickt.
- 🐭 – Na, und die **Deutschen**? Sie senden häufiger als andere das Maus-Emoji. Echt jetzt.

...

LITERATUR

Danesi, Marcel: *The Semiotics of Emoji*, London 2016.
Lebduska, Lisa: „Emoji, Emoji, What for Art Thou?",
http://harlotofthearts.org/index.php/harlot/article/view/186/157, Aufruf am 25. Juli 2016.
Lucas, Gavin: *The Story of Emoji*, New York, London 2016.
Szurawitzki, Michael: „Zur Kulturspezifik von Emojis", in: *Der Sprachdienst* (2) 2016, S. 64–66.

[Gegenüberliegende Seite]
Fred Benenson, *Emoji Dick*, 2010, Auszug
...

Der in Bildschriftzeichen übertragene Klassiker *Moby Dick* (1851) von Herman Melville ist das erste Buch in Emoji, das die Library of Congress in Washington für ihre Bestände erwarb. Als Gemeinschaftsprojekt von 800 ‚Übersetzern', die über das Internet rekrutiert wurden, realisierte es der Netz-Experte Fred Benenson. Sein Interesse gilt den Auswirkungen digitaler Technologien auf Sprache, Kommunikation und Kultur.

CHAPTER 1

Loomings

Call me Ishmael.

Some years ago--never mind how long precisely--having little or no money in my purse, and nothing particular to interest me on shore, I thought I would sail about a little and see the watery part of the world.

It is a way I have of driving off the spleen and regulating the circulation.

Whenever I find myself growing grim about the mouth; whenever it is a damp, drizzly November in my soul; whenever I find myself involuntarily pausing before coffin warehouses, and bringing up the rear of every funeral I meet; and especially whenever my hypos get such an upper hand of me, that it requires a strong moral principle to prevent me from deliberately stepping into the street, and methodically knocking people's hats off--then, I account it high time to get to sea as soon as I can.

This is my substitute for pistol and ball.

With a philosophical flourish Cato throws himself upon his sword; I quietly take to the ship.

There is nothing surprising in this.

If they but knew it, almost all men in their degree, some time or other, cherish very nearly the same feelings towards the ocean with me.

There now is your insular city of the Manhattoes, belted round by wharves as Indian isles by coral reefs--commerce surrounds it with her surf.

Right and left, the streets take you waterward.

Its extreme downtown is the battery, where that noble mole is washed by waves, and cooled by breezes, which a few hours previous were out of sight of land.

Sumerische Keilschrifttafel, 1. Jahrtausend v. Chr.
Vorderasiatisches Museum, Berlin
...
Sumerisch ist eine der ältesten Schriftsprachen der Welt. Um 2.700 v. Chr. revolutionierten die
Sumerer ihre Schreibtechnik. Statt mit einem spitzen Griffel die Zeichen aus dem Ton zu
kratzen, drückten sie ein Schreibwerkzeug mit stumpfem Ende in den noch weichen Schreib-
träger. In Keilschrift angefertigte Texte überliefern das Gilgamesch-Epos, aber auch Psalmen,
Mythen, Klagelieder und profane Ausführungen.

helfen vn vns felbes hulfe. ab fi dar czu gela
den werden mir gerufte. Wo man dinget lxr
in kunges banne da ne fal noch fchephen
noch richter kappen ane habe. hut. hut. vel m
huben. noch hanczchen. mentele fullen fi uf
den fchulderen habe. ane wapen fullen fi fin.
O rteil fullen fi vinden vaftende vß idiche ma
he fi dupfch. ab wendifch. ab eigen. ab vri. da
ne fal nimant orteil vinden ane fi. S uczente
fullen fi orteil vinden. fchilt ir orteil en ir ge
noz. he fal d banc bitten en ander czu vin
dene. fo fal ich uf ften d daz orteil vant vn dur
re fal fich feczen an fine ftat. vn vmbe daz im
recht dunket. vn czie is da hes durch recht czu
fal. vn halde iz. ab laze iz czu rechte alfe hie
vor geredet is. S wa man nicht en dinget lxx
vnd kunges banne da muz idich man wol
orteil vinde vß den andere den man rechtelos
nicht befchelten en mar. ane d went uf den
fachfen. vn d fachfe uf den went. W ur ab
d fachfe. ab d went mir vngerichte genanzge
in mir hanthaften tat. vn mir gerufte bracht
vor gerichte. d fachfe geczuget uf den went
vn der went uf den fachfen. vn muz ir idicher
des anderen orteil liden. d alfo gevangen
wirt. I dich man den man befchuldeget lxx
mar wol weigern czu antwerten. man
en fchuldege in an der fprache da im an
geborn is. ab he dupfch nicht en kan.
vnde fin recht dar czu nit. fchuldeget man

...

83

Heidelberger Sachsenspiegel, Bilderhandschrift, Anfang 14. Jahrhundert
Universitätsbibliothek Heidelberg

...

Im *Spegel der Sassen* schrieb Eike von Repkow zwischen 1220 und 1235 mündlich überliefertes
Gewohnheitsrecht nieder. Die viel kopierte Pergament-Handschrift zählt zu den bedeutendsten
Rechtsbüchern des deutschen Mittelalters und ist das älteste Prosawerk in mittelnieder-
deutscher Sprache. Die Bilder der Heidelberger Abschrift sind mehr als nur Illustrationen:
Sie dienten auch Leseunkundigen dazu, sich Recht zu vergegenwärtigen.

Max Ernst, Vorarbeit zu *Maximiliana ou l'exercice illégal de l'Astronomie*, 1964
Museum für Kunst und Gewerbe, Hamburg

...

Der Held des Künstlerbuchs *Maximiliana oder die widerrechtliche Ausübung der Astronomie* heißt Ernst Wilhelm Leberecht Tempel (1821–1889), ein vergessener Amateur-Astronom. Fasziniert widmete ihm Max Ernst ein ganzes Werk. Es besteht aus kosmisch anmutenden Radierungen und einer verspielten Geheimschrift, die Lesbarkeit nur vortäuscht. Hier klingen wissenschaftliche Formeln, aber auch prähistorische Zeichen an.

Fremdwörter – Wörter in der Fremde

Peter Eisenberg

Unter den Sprachen der Erde gibt es nur wenige, die nicht in ständigem Kontakt zu anderen Sprachen stehen. Sprachkontakt besteht in der Regel darin, dass es Sprecher gibt, die mehrere Sprachen kennen oder können. Mehrsprachigkeit in diesem Sinn ist Voraussetzung für die Verwendung von Wörtern einer Sprache (der Gebersprache) in einer anderen (der Nehmersprache). Ein entlehntes Wort hat allerdings oft nicht genau dieselbe Form und Bedeutung wie in der Gebersprache. Es wird der Nehmersprache angepasst, meist aber so, dass man mindestens zu Beginn noch seine Fremdheit, oft sogar seine Herkunft erkennt. Ein Fremdwort kann in der Nehmersprache erforderlich, nützlich oder überflüssig sein. Unabhängig davon bleibt es zunächst fremd und damit auffällig. So fördern fremde Wörter die Sprachbewusstheit. Entlehnungsvorgänge können sich stark voneinander unterscheiden, etwa was Umfang und Art des entlehnten Wortschatzes oder die Wirkung in der Nehmersprache betrifft. Das soll an Entlehnungen zwischen dem Polnischen und Hebräischen einerseits und dem Deutschen andererseits gezeigt werden. Das Deutsche stand und steht mit vielen Sprachen in Kontakt. Ein Blick auf das wenig behandelte Polnische und Hebräische zeigt besonders schön, wie unterschiedlich Kontakte ausgestaltet sein können.

Wichtige Stichwörter zum Deutschen als Gebersprache sind: Die ökonomische und kulturelle Bedeutung der Hanse in Mittel- wie Nordeuropa und im Ostseeraum, die Auswanderung von Deutschen in alle Welt im 19. und frühen 20. Jahrhundert, das Deutsche als bedeutende Wissenschaftssprache von der Mitte des 19. Jahrhunderts bis zum Ende des Ersten Weltkriegs und schließlich die jahrelange Besetzung großer Teile Europas während des Zweiten Weltkriegs.

Der Kontakt zum Polnischen ist einmal vom alltäglichen Austausch zwischen den Nachbarsprachen geprägt, wurde aber in einigen historischen Phasen deutlich intensiver. Dazu gehören die sogenannten Ostkolonisation ab dem 13. sowie die jüdische Migration nach Osteuropa seit dem 11. und verstärkt dem 14. Jahrhundert. Zahlreiche Germanismen gelangten über das Jiddische ins Polnische. Seit dem späten 18. Jahrhundert wurde Deutsch als Sprache der Teilungsmächte Preußen und Österreich wichtig, nicht zuletzt durch die deutschsprachige Bevölkerung in den Preußen zugeschlagenen Gebieten. Weitere Entlehnungsschübe sind mit der Industrialisierung zur Gründerzeit und mit der Öffnung nach 1990 verbunden. Den Germanismen im Polnischen werden eine erhebliche sachliche Breite, ein hoher Integrationsgrad und eine teilweise gute Verankerung in der Alltagssprache zugeschrieben. Ihre Gesamtzahl gibt man meist mit 2.000 bis 4.000 Wörtern an, aber auch höhere Zahlen finden sich.[1]

Beispiele:

(1) Entlehnungen ins Polnische

banknot, bruderszaft, fach, flaga, flancovac (‚Pflanzholz‘), *frajda* (‚Vergnügen‘), *hochsztapler, interes, kajzerka* (‚Kaisersemmel‘), *kibic, kindersztuba, platfus, szmugiel, szrot, szwindel, wrak*

Einen anderen Aspekt der Transferenz erhellen Wortfolgen aus einem empirisch gut fundierten Kontaktwörterbuch:[2]

(2) Entlehnungen ins Polnische

abcug, abdruk, abfal, abgang, ablegier, abrys, abszlag, abszlus, absznit, abszyt, anlaga, anlaufrad, anszlag, anszlus, anzac

Das Werk weist bis zur Mitte des 20. Jahrhunderts ungefähr 2.400 Wörter aus, von denen etwa die Hälfte nach 1780 ins Polnische kam. Die Beispielwörter aus einer engen Alphabetstrecke zeigen, welche Bedeutung einzelne morphologische Bestandteile für die dichte Abfolge bei alphabetischer Ordnung haben. Anders gesagt: Es wird nicht mal hier oder dort entlehnt, sondern morphologische Muster spielen als solche eine Rolle.

Unerwartet hoch ist die Zahl der Entlehnungen ins moderne Hebräisch (Iwrit). Eine von Uriel Adiv zusammengestellte und am Institut für Deutsche Sprache lexikografisch aufbereitete Liste von Germanismen umfasst etwa 1.500 Einträge.[3] Beispiele in der dort verwendeten aussprachenahen Transliteration:

(3) Entlehnungen ins Hebräische

Abzats, alte Zakhen (‚was der Althändler aufkauft‘), *Bauhaus, Benzin, Bir, Daiksel, Dakel, epes* (‚etwas‘), *Failer* (‚Fehler‘), *Gedikht, Gemut, Gelerter, Herts* (‚Hertz‘), *Ibermentsh, Kail, Kamerton, Lager, Laistung, Maister, Nikel, Nirosta, Oberkant, Pantser, Rampa, Rentgen, Salat, Sugar, Shafner, Shlagbaum, Tifdruck, Tsaitgaist, Tsilinder, Umlaut, Yudensau, Zauerkraut*

Ein Teil der Wörter ist über das (Ost-)Jiddische ins Hebräische gelangt, das nicht nur in den jüdischen Siedlungsgebieten Osteuropas, sondern auch als Sprache von Einwanderern nach Palästina im Kontakt zum Hebräischen stand. Aus dem Deutschen direkt wurde im späten 19. Jahrhundert von den aus Württemberg eingewanderten Templern entlehnt, die in Erwartung des Weltendes nach Palästina kamen. Zum Einfallstor wurde auch das von deutschen Juden ins Leben gerufene Technion in Haifa (Beginn 1912/13), und natürlich brachten die während der Nazizeit geflohenen Juden ihre Sprache mit. Zwar sagt man den Jeckes nach, sie seien zunächst eher isoliert und wenig bereit zum Erwerb des Iwrit gewesen. Andererseits hatten viele von ihnen einflussreiche berufliche Stellungen. In der jungen Generation Israels ist Deutschlernen populär, so dass erneut aus dem Deutschen entlehnt wird.

Nun zu Deutsch als Nehmersprache. Soweit man Konkretes über unsere Sprache und ihre Vorläufer weiß, hatten sie immer Kontakt zu anderen Sprachen. Schon das

Gemeingermanische um die Zeit von Christi Geburt wies über 50 Prozent nicht-indoeuropäische Wörter auf, unter ihnen häufig Entlehnungen aus semitischen Sprachen. Es folgten das Lateinische und Griechische als bedeutende Gebersprachen, seit der Renaissance auch das Italienische wie das Französische, schließlich das Englische. Die größte Zahl von Fremdwörtern machen heute noch immer die Latinismen und Gräzismen aus, gefolgt von den Anglizismen und Gallizismen. In diesen drei Gruppen gibt es auch eine bedeutende Fremdwortbildung, das heißt es werden aus entlehnten Bestandteilen Wörter gebildet, die es in den Gebersprachen gar nicht gibt. Bei den Latinismen gehören dazu Wörter wie *multifunktional*, *Cäsarismus*, bei den Anglizismen *Twen*, *Showmaster*, bei den Gallizismen *Friseur*, *Blamage*.

Für das Polnische als Gebersprache wird häufig unterstellt, es sei wegen der polnischen Einwanderung etwa im Ruhrgebietsdeutsch wirksam geworden. Zwar findet man dort eine große Zahl von polnischen Familiennamen, aber nur ganz wenige Entlehnungen wie *Mottek* und *Matka*. Übernahme polnischer Wörter hat es in den Nachbarschaftsregionen zum Deutschen gegeben. Allerdings weiß man nicht immer, ob ein Wort aus dem Polnischen, dem Sorbischen oder dem Tschechischen gekommen ist. Einen seltenen Fall stellt offenbar *Schmock* dar, das aus dem Altpolnischen über das Jiddische ins Deutsche gelangt sein soll. Die am häufigsten genannten Polonismen:

(4) Polonismen im Deutschen

> *Mottek* (‚Hammer‘), *Matka* (‚alte Frau‘), *Schmock* (‚eingebildeter Trottel‘, von polnisch *smok* ‚Ringelnatter‘), *Kalesche*, *Penunze*, *Stieglitz*, *Grenze*, *Säbel*, *Gurke*, *dalli* (von polnisch *dalei* ‚vorwärts, weiter‘), *Quark*, *Peitsche*, *Plauze*, *Nerz*, *Droschke*, *Graupel*, *Hamster*, *Jauche*, *Knute*

Kontakte des Deutschen zum Hebräischen sind von spezieller Art. Es gab zunächst Entlehnungen über das Lateinische und Griechische der frühen christlichen Kirche (*Amen*, *Messias*, *Rabbi*). Viel später und umfangreicher nahm das Deutsche Hebraismen über das Jiddische auf. Aber auch Jiddismen kamen häufig nicht direkt, sondern waren über das Rotwelsch vermittelt. Fahrendes Volk, Gauner und Rechtlose bedienten sich eines Vokabulars, das nicht jeder verstand. Einige Hebraismen des Gegenwartsdeutschen, die zum Teil auch Jiddismen sind, in (5).[4] Obwohl gerade sie oft vollständig in den Kernwortschatz integriert sind, waren sie während der Nazizeit verboten.

(5) Hebraismen im Gegenwartsdeutschen

> *Amen*, *Bammel*, *Chuzpe*, *Jubel*, *Kaff*, *koscher*, *kotzen*, *Maloche*, *meschugge*, *Messias*, *Mischpoke*, *Nepp*, *Ramsch*, *Schibboleth*, *Schickse*, *Schlamassel*, *Schmonzes*, *schofel*, *Tacheles*, *Tinnef*, *Tohuwabohu*, *Zoff*

Der öffentliche Fremdwortdiskurs hat überwiegend das Deutsche als Nehmersprache im Blick. Worauf sich das Interesse richtet, wird schon an verwendeten Bezeichnungen deutlich, neben ‚Fremdwort‘ sind das beispielsweise ‚fremdes Wort‘, ‚Lehnwort‘, ‚die unserer Sprache aufgedrungenen fremden Ausdrücke‘, ‚undeutsches Wort‘, ‚Sprachkontaktwort‘ und ‚eingewandertes Wort‘.

Erspart geblieben ist uns, so weit ich sehe, bisher das ‚Wort mit Migrationshintergrund', aber wer weiß. Was Migration betrifft, scheinen Parallelen auf der Hand zu liegen. „Jede Abwehr des Fremden beginnt mit der Isolierung: sei es im Wohnheim der Gastarbeiter oder im Ghetto der Fremdwörterbücher. Schon die Benennung ist ein Akt der Ausgrenzung: *Fremdwort*, ein Kampfbegriff des Purismus, ein Zwillingsbruder des aufkommenden patriotischen Nationalismus während der Napoleonischen Kriege."[5] Solche Aussagen haben durchaus auch ihre Kehrseite in der Überzeugung, dass derjenige, der nichts gegen Fremde hat, auch nichts gegen Fremdwörter haben dürfe. Insgesamt bleibt die Analogie problematisch, und sei es nur, weil sie einem Ersatzdiskurs politischer Korrektheit dienstbar ist, der von den eigentlichen Problemen der Migration ablenkt.

Was die Wörter selbst betrifft, setzt sich in der neueren Sprachwissenschaft ein differenziertes Verständnis von sprachlicher Integration durch. In Peter von Polenz' wegweisender Arbeit steht ein sprachsoziologischer Begriff im Vordergrund. Entscheidend sei, ob Wörter „mindestens in einer größeren Gruppe von Sprachteilhabern zum üblichen Wortschatz gehören".[6] Solche Wörter sind sozial integriert, unabhängig von ihrer Form, Bedeutung und Herkunft. Das betrifft etwa *Onkel*, *Tante* ebenso wie *Atlas*, *Lexikon* und *Frisur*, die alle entlehnt sind. Dem gegenüber steht ein Begriff von formaler Integration.[7] Auch er ist unabhängig von der Herkunft des jeweiligen Wortes. *Fenster* und *Schule* stammen aus dem Lateinischen, *Toner* und *Boss* aus dem Englischen, *Soße* und *Bluse* aus dem Französischen, aber sie sind, was Aussprache, Schreibung und Morphologie betrifft, voll integriert. Dagegen hören sich *Bovist*, *Efeu* und *Hermelin* fremd an, obwohl sie nicht entlehnt sind.

Klarheit über Status und Wirkung der Fremdwörter innerhalb des Gesamtwortschatzes gewinnt man durch Berücksichtigung beider Seiten von Integration. Und beide zeigen, wie gut das Deutsche auch heute mit seinen Fremdwörtern zurechtkommt. Eine Fremdwortkritik hat sich, wie Sprachkritik überhaupt, immer auf den Sprachgebrauch, niemals aber auf die Sprache selbst zu richten.

...

1 Die folgenden Wörterlisten beruhen zum Teil auf denen in Eisenberg, Peter: *Das Fremdwort im Deutschen*, Berlin 2012.

2 Hentschel, Gerd/Andrzej de Vincenz: *Wörterbuch der deutschen Lehnwörter in der polnischen Schrift- und Standardsprache. Von den Anfängen des polnischen Schrifttums bis in die Mitte des 20. Jahrhunderts*, www.bkge.de/46701.html, Aufruf am 3. Februar 2010.

3 lwp.ids.mannheim.de/dict/heb, Aufruf am 2. März 2016.

4 Zum Beispiel Rosten, Leo: *Jiddisch. Eine kleine Enzyklopädie*, München 1977; Althaus, Peter: *Deutsche Wörter jiddischer Herkunft. Ein Lexikon*, München 2009.

5 Munske, Horst Haider: „Fremdwörter in deutscher Sprachgeschichte: Integration oder Stigmatisierung?", in: Stickel, Gerhard (Hg.): *Neues und Fremdes im deutschen Wortschatz*, Berlin, New York 2001, S. 7–29, hier S. 7-8.

6 Polenz, Peter von: „Fremdwort und Lehnwort sprachwissenschaftlich betrachtet", in: Braun, Peter (Hg.): *Fremdwortdiskussion*, München 1979, S. 9–31.

7 Wurzel, Wolfgang Ulrich: „Phonologie: Segmentale Struktur", in: Karl-Erich Heidolph u.a.: *Grundzüge einer deutschen Grammatik*, Berlin 1981, S. 898–990, hier S. 909.

– sicher auch eins. Apropos, die anglos nennen fremdwörta „loan words", also leihwört. Aba die geben die wörta nie wida zurük. Warum man im deutshen wört aus dem lateinishen fremd nennt, versteh ich nicht. Shließlich waren die röma vor den germanen in a guden teil Deutshlands, so könnte man genauso sagen, dass in Süd- o Westdeutshland alle germanishen wörta fremd sin. Wenn a person alle vokabeln in a großen deutshen diktionar lernte, könnte sie mit dem parlirer eina romanishen lingua quasi problemlos konversieren, ohne die lingua zu wexeln. Er müsste sich nur bewusst sein, dass die vokabeln in den original-linguas oft ein „expandiertes" signifikat haben. Oft sin es dort alltaglishe vokabeln, die auch ein abstraktes signifikat haben, un im deutshen hat die vokabel dann nur noh das abstrakte signifikat. Ich supponiere, also geh ich davon aus, dass das in fielen linguas so is, aber im deutshen is dise tendenz sehr forte. „Porte" kann man in diesa sprache normalaweise nur in der musik utilisieren, in den romanishen linguas steht die vokabel pro „stark", egal ob bei der musik o beim boxen. „Studenten" sin in andren linguas personen, die zur shule gehn, egal ob niedrig- o hohshul. Im deutshen muss man shon zur universität gehn, um als student zu gelten. Un a mensh hab es in a romanishen land nicht difizil, um „professor" zu werden, weil dort jeda lehrer a professor is, während in Deutshland er sich lange dafür abraka muss. Da werden die vokabeln aufgewertet, aba nicht immer is das der kasus: „Appartement" zum exempel hab im deutshen das signifikat einer ein-zimma-wohnung, während es in andren linguas simpel „wohnung" heisst. Da is die bedeutung im deutshen „kleina" geworden. „Residenz" widerum is in den romanishen linguas dort wo man wohnt, im deutshen is das shon a feine chose. Solche signifikats transformationen passieren in den romanishen linguas un im englishen auch, zum exempel steht „metafer" überall pro den transport einer abstrakten idee mit ein eha simplen story, im griechishen is „metafora" der transport: von produkten, personen un eben auch abstrakten ideen. Einmal erzählte mir ein amigo, er war in a kurs der von fielen auslanda visitiert wurde. Der professor utilisierte Eil ungermanishe expressionen. Irgendwann wurd er sich dessen bewusst, bat deshalb um pardon un begann, gudes „einfaches" germanishes deutsh zu sprechen, un alle die ihn bis dahin gud kapierten, hatten plötzlich keine ahnung mehr wovon er redet. „Glaukom" versteht eben jeda chilene o fransais, unta „grüna star" werd man höchstens an Joschka Fischer denken. So is disa text in Deutshland fast nur noh pro akademika kapirbar, aber andre westeuropeer kannen ihn fiel bessa kapiren denn anormalen deutshen text. Das wort „abandonieren" kennt übrigens kaum a deutsher als deutshe form, auch wenn es im diktionar steht. Es bedeutet „verlassen", für den fall das man das englishe wort „abandon" o das romanishe „abandonar/er" nicht kennt. Zum exempel „wenn du mir nicht immediat a karaffe grappa servierst, abandonier ich dich in deina misere!"

Deaf Slam (2013)
Dawei Ni

Deaf Slam (2015)
Anja Burghardt

Deaf Talk: Dorfgebärdensprachen und die menschliche Sprachfähigkeit

Ulrike Zeshan

Wenn man die Dorfstraße in Alipur im Bundesstaat Karnataka entlang geht, sieht es auf den ersten Blick aus wie in jedem anderen beliebigen Dorf in Südindien. Der Verkehr teilt sich die Straße mit Kühen, Ziegen und Fußgängern, ein mobiler Stand verkauft Kokosnüsse, und am Straßenrand sind Geschäfte aufgereiht. Aber plötzlich bemerkt man etwas Ungewöhnliches: Einer der Verkäufer hebt beide Hände hoch, öffnet und schließt zweimal alle Finger, gefolgt von zwei aufrechten Fingern, die sich gegenläufig hin- und herbewegen. Afzal verhandelt mit einem Lieferanten: „Ich brauche 20. Was, nur zwei?! Bring sie jetzt sofort!" Afzal[1] ist einer von etwa 150 Gehörlosen in Alipur. Statistisch gesehen würde man in Alipur nur höchstens zehn Fälle von Gehörlosigkeit erwarten, aber Alipur ist ein Gehörlosendorf, wo erblich bedingte Gehörlosigkeit um ein Vielfaches häufiger ist als anderswo.[2] Die Forschung kennt über ein Dutzend solcher Orte, und meistens liegt die genetische Ursache der Gehörlosigkeit bereits Generationen zurück, sodass auch die Ältesten im Dorf schon als Kinder die Gebärdensprache erlernt haben.

...

Zur Soziolinguistik von Dorfgebärdensprachen

Jedes Gehörlosendorf hat seine eigene Dorfgebärdensprache, die sich von der Sprache der umliegenden urbanen Gehörlosengemeinschaften unterscheidet. Für die Sprachwissenschaft sind die Dorfgebärdensprachen aus mehreren Gründen faszinierend. Zum einen ist die soziolinguistische Situation einzigartig, denn im Unterschied zur urbanen Situation gehören die Dorfgebärdensprachen nicht primär den Gehörlosen. Es gibt weder Gehörlosenvereine, noch spezielle Schulen oder Gebärdendolmetscher. Vielmehr werden Dorfgebärdensprachen mehr oder weniger von der gesamten Dorfgemeinschaft entwickelt und verwendet. Sie sind die natürliche Antwort des Gemeinwesens auf auftretende Gehörlosigkeit, wenn eine größere Anzahl von Menschen über mehrere Generationen hinweg betroffen ist. Afzals hörende Kunden, Lieferanten und Familienmitglieder haben also keine Schwierigkeiten, mit ihm gebärdensprachlich zu kommunizieren, und er ist auch nicht sozial isoliert. Auch wenn er, wie alle gehörlosen Erwachsenen in Alipur, Analphabet ist und nie eine Schule besucht hat – als Geschäftsmann ist er erfolgreich.

Ein paar Meter weiter sitzen einige alte Männer am Straßenrand und trinken Tee. Auch der Teeladenbesitzer ist gehörlos: Hier treffen sich die gehörlosen Männer regelmäßig zum sozialen Austausch. Einer von ihnen, mit über 70 Jahren einer der ältesten Gehörlosen im Dorf, erzählt vom Machtwechsel in den letzten Wahlen, bei denen die

Kongresspartei von der Indischen Nationalpartei abgelöst wurde. Auch über solche politischen Ereignisse kann man hier problemlos in Gebärdensprache diskutieren.

Ein natürliches Laboratorium des menschlichen Sprachgenies

Ein weiterer Grund des Forschungsinteresses an Dorfgebärdensprachen berührt Grundfragen der Sprachwissenschaft. Auf der Ebene gehörloser Individuen ist zunächst die hohe Plastizität und Anpassungsbereitschaft der menschlichen Sprachfähigkeit zu beobachten. Wenn der Lautsprachkanal aufgrund von Gehörlosigkeit blockiert ist, steht die Gebärdensprache als Alternative bereit. Die Situation in Gehörlosendörfern beweist wie in einem natürlichen Laboratorium, dass die Gebärdensprache unmittelbar ohne jegliche Unterweisung oder Intervention auftaucht. Probleme oder Verzögerungen beim Erstspracherwerb gehörloser Kinder sind in diesen Gemeinschaften so gut wie unbekannt. Umso erstaunlicher ist es, dass in vielen Ländern der Welt Kinder immer noch gezielt am Gebärdenspracherwerb in Gehörlosenschulen gehindert werden. Damit das geniale Erfindungsreichtum von Sprache nicht unnötigerweise untergraben wird, muss also noch viel Aufklärungsarbeit geleistet werden.

Eine andere Frage ist soziolinguistischer Natur: Was sind die Minimalvoraussetzungen für eine lebens- und entwicklungsfähige Sprache? An Lautsprachen lässt sich dies nicht empirisch überprüfen, denn alle bekannten Lautsprachen sind aus Sprechergemeinschaften entstanden, die viel größer und älter sind, als dies bei Dorfgebärdensprachen der Fall ist. Was also, wenn es im Dorf nur ein Dutzend Gehörlose gibt? Oder nur fünf? Oder zwei? Was, wenn die zeitliche Dimension sich nicht über mehrere Generationen erstreckt, sondern nur über einige Jahre? Die bisherige Forschung lässt vermuten, dass etwa ein Dutzend Gehörlose über mindestens drei Generationen eine Größenordnung darstellt, die zu einer eigenen Gebärdensprache führt. Isoliert lebende Gehörlose müssen sich hingegen ad hoc mit improvisierter gestischer Kommunikation behelfen, die viel weniger konventionalisiert ist, weil es an Zeittiefe und Kommunikationsteilnehmern fehlt. Man spricht dann von Hausgebärden statt von Gebärdensprache.

Am interessantesten sind aber Situationen, die irgendwo dazwischen liegen, Situationen, in denen eine beginnende Sprachgemeinschaft an einer immer komplexer werdenden Gebärdensprache baut. Die Hausgebärden in einzelnen Haushalten entwickeln sich dann zu voll ausgebildeten Gebärdensprachen der ganzen Dorfgemeinschaft. Zu solchen Entwicklungen gibt es kaum linguistische Forschungen, und die Lautsprachforschung kennt keine Parallelen, die dem Übergang von Hausgebärden zu Gebärdensprachen entsprechen würden. Denn Sprecher verschiedener Lautsprachen, die eine neue Kontaktsprache, ein sogenanntes Pidgin, als Zweitsprache entwickeln, sind bereits im Besitz einer Erstsprache. Für Gehörlose, die durch regelmäßigen Kontakt aus Hausgebärden eine Gebärdensprache entwickeln, ist die entstehende Gebärdensprache hingegen die einzige Kommunikationsmöglichkeit.

Bedrohte Einzigartigkeit

Dorfgebärdensprachen sind vor allem auf der Südhalbkugel bekannt geworden. Also Szenenwechsel nach Bengkala im Norden Balis: 47 Gehörlose leben hier unter einer Gesamtbevölkerung von über 2.000 Menschen, ein ähnlicher Prozentsatz wie in Alipur. Auf Balinesisch wird das Dorf auch *Desa Kolok* genannt, ‚Dorf der Gehörlosen‘, und die Gebärdensprache heißt hier *Kata Kolok* (‚Deaf Talk‘). Hier hat die soziokulturelle Anpassung an Gehörlosigkeit eine besonders hohe Stufe erreicht. Denn Gehörlosigkeit wird nicht als Behinderung wahrgenommen. Ganz im Gegenteil haben die Gehörlosen, insbesondere gehörlose Männer, spezifische soziale Rollen. Sie sind beispielsweise für alle Beerdigungen zuständig, und sie formieren seit jeher die informelle Dorfpolizei. Gehörlose Geister und Götter gehören ebenfalls zum sozialen und spirituellen Leben von Bengkala.[3] Auch wenn nicht in allen betroffenen Dorfgemeinschaften Gehörlosigkeit so positiv besetzt ist wie in Bengkala, regen die Forschungsergebnisse zum Nachdenken an. Denn an diesen Gemeinschaften zeigt sich deutlich, wie sehr es vom Auge des Betrachters und vom sozialen Umfeld abhängt, ob eine bestimmte Gegebenheit als Behinderung eingestuft wird oder innerhalb der erwarteten Variationsbreite liegt, wie etwa der Unterschied zwischen Rechts- und Linkshändern.

Die Dokumentation von Dorfgebärdensprachen, die vielfach durch den Kontakt mit den großen nationalen Gebärdensprachen vom Aussterben bedroht sind, ist sowohl bedeutsam als auch dringlich. Dokumentiert sind etwa Fälle in Ghana, Indien, Israel, Algerien, Thailand, Mexiko, Indonesien, Jamaika und in der Türkei – überall sind die Dorfgebärdensprachen im Rückgang.[4] Was diese Gebärdensprachen zusätzlich so interessant macht, ist die Art und Weise, in der sich ihre Strukturen oft von allgemein bekannten gebärdensprachlichen Strukturen unterscheiden. Alle bekannten urbanen Gebärdensprachen nutzen beispielsweise den dreidimensionalen Raum, der zum Gebärden verwendet wird, in grammatischer Weise für abstrakte, nicht-räumliche Konzepte. Hierzu gehört zum Beispiel die sogenannte Zeitlinie, eine imaginäre Linie, die die Vergangenheit hinter dem Sprecher und die Zukunft vor dem Sprecher verortet. Auf dieser Zeitlinie können dann verschiedene Gebärden platziert werden. Die Dorfgebärdensprache *Kata Kolok* verwendet hingegen keine derartigen Konzepte in der Grammatik und hat damit die Annahme einer gebärdensprachlichen Universalie widerlegt.[5] Inzwischen sind einige Ansichten, die in der Gebärdensprachforschung bis vor kurzem universell gültig zu sein schienen, aufgrund aktueller Forschungen zu Dorfgebärdensprachen überholt. Die zukünftige Forschung lässt noch eine Vielzahl weiterer wichtiger Anregungen für die Sprach- und Kulturwissenschaft erwarten.

···

1 Namen und persönliche Angaben sind zwecks Wahrung der Anonymität geändert.

2 Panda, Sibaji: „Alipur Sign Language: A sociolinguistic and cultural profile", in: Zeshan, Ulrike/Connie de Vos (Hg.): *Sign Languages in Village Communities: Anthropological and linguistic insights. Sign Language Typology Series No. 4*, Berlin, Nijmegen 2012, S. 353–360; siehe auch: http://www.ahrc.ac.uk/documents/project-reports-and-reviews/the-impact-of-ahrc-research/2014-2015/, S. 27, Aufruf am 12. April 2016.

3 Marsaja, I Gede: *Desa Kolok – A deaf village and its sign language in Bali (Indonesia)*, Nijmegen 2008.

4 Zeshan, Ulrike/Connie de Vos (Hg.): *Sign Languages in Village Communities: Anthropological and linguistic insights. Sign Language Typology Series No. 4*, Berlin, Nijmegen 2012.
Eine interaktive Weltkarte mit vom Aussterben bedrohten Gebärdensprachen findet sich hier: http://www.uclan.ac.uk/research/explore/projects/sign_languages_in_unesco_atlas_of_world_languages_in_danger.php, Aufruf am 12. April 2016.

5 http://pubman.mpdl.mpg.de/pubman/item/escidoc:1580633:7/component/escidoc:1899656/sign-spatiality-in-kata-kolok.pdf, Aufruf am 12. April 2016.

Zeigegesten und Gebärdenspiel

Michael Tomasello

Bislang hat sich ein Großteil der Erforschung menschlicher Gesten auf die konventionalisierten Zeichensprachen von Taubstummen konzentriert.[1] Da jedoch solche Sprachen praktisch alle Komplexitäten moderner, stimmlicher Sprachen aufweisen, stellen sie vermutlich nicht die frühesten evolutionären Stadien der nur beim Menschen vorkommenden gestischen Kommunikation dar. Andere Forschungen haben sich ausgiebig mit jenen Gesten beschäftigt, die die stimmliche Sprache begleiten und eine Reihe sehr spezieller Eigenschaften haben, die auf ihre nur unterstützende Rolle im Kommunikationsprozess zurückgehen.[2] Wenn aber Gesten in der Evolution des Menschen zuerst auftraten, dann sind wohl die frühesten Gesten der Menschen ohne Begleitung durch irgendwelche konventionalisierte Sprachen, gleichgültig ob in stimmlicher oder in Zeichenform, verwendet worden. Unser Interesse richtet sich hier nicht auf menschliche Gesten, die als Ersatz oder Ergänzung für die stimmliche Sprache verwendet werden, sondern vielmehr auf Gesten, die selbst als vollständige Kommunikationsakte eingesetzt werden – weil wir hier am deutlichsten die verschiedenen Bestandteile der menschlichen kooperativen Kommunikation in ihrem Zusammenspiel erkennen können, so wie sie bei vorsprachlichen Kleinkindern zusammenwirken und wie sie es vermutlich auch bei den frühen Menschen vor dem Entstehen der Sprache taten. Menschen gestikulieren, um

– die Aufmerksamkeit eines Empfängers räumlich auf etwas in der unmittelbaren Wahrnehmungsumgebung zu lenken (deiktisch);
– die Einbildungskraft eines Empfängers auf etwas zu lenken, das sich normalerweise nicht in der unmittelbaren Wahrnehmungsumgebung befindet, indem eine Handlung, eine Beziehung oder ein Gegenstand durch ein bestimmtes Verhalten simuliert wird (ikonisch).

Indem die Aufmerksamkeit oder die Einbildungskraft des Empfängers auf etwas gelenkt wird, sollen diese referentiellen Akte ihn veranlassen, die soziale Intention des Kommunizierenden zu erschließen – dasjenige, was der Empfänger nach dem Willen des Kommunizierenden tun, wissen oder empfinden soll.

Gesten der Lenkung der Aufmerksamkeit oder deiktische Gesten, wie wir sie nennen können, deren Prototyp das menschliche Zeigen ist, sind die grundlegendste Form menschlicher Gesten, die als vollständige Kommunikationsakte verwendet werden. Obwohl es beträchtliche Variationen dieser Form gibt (in manchen Kulturen ist beispielsweise Zeigen mit den Lippen oder mit dem Kinn anstatt mit dem Zeigefinger die Norm), ist die grundlegende zwischenmenschliche Funktion der Lenkung von jemandes Aufmerksamkeit durch Gesten in allen bekannten menschlichen Gesellschaften vorhanden.[3] Aufmerksamkeitslenkende Gesten (zu denen auch das Hochhalten von Gegenständen gehört, um sie anderen zu zeigen) steuern die Aufmerksamkeit des Empfängers räumlich auf einen bestimmten Ort in der unmittelbaren Wahrnehmungsumgebung. Dann muss zusätzliche kognitive Arbeit geleistet werden, um die soziale Intention zu erschließen: warum diese bezugnehmende Handlung vollzogen wurde, was der Kommunizierende vom Empfänger will.

In den letzten Jahren habe ich öfters nach Beispielen von Menschen gesucht, die in natürlichen Kontexten Zeigegesten zum Großteil ohne Sprache gebrauchen. Diese kommen in Situationen vor, in denen Sprache aus dem einen oder anderen Grund unpraktisch oder ungeeignet ist. Einige dieser Gesten sind ganz einfach, während andere an kleine Seifenopern erinnern, in deren Hintergrund ganze Romane stehen. Jede Geste kann in Begriffen der referentiellen Intention (die Aufmerksamkeit auf etwas richten) und der sozialen Intention kommentiert werden. Einige Beispiele dafür sind folgende:

Beispiel 1: Ein Mann in einer Bar will noch etwas trinken; er wartet, bis der Barkeeper ihn anschaut, und zeigt dann auf sein leeres Schnapsglas. Soll heißen: ‚Richte deine Aufmerksamkeit auf das leere Glas; fülle es bitte mit Schnaps.'

Beispiel 2: Wir klettern ein steiles Flussufer empor. Ich bin schon oben, und die Person, die mir folgt, reicht mir ein Buch hoch, um ihre Hände zum Klettern frei zu haben, und zeigt auf das hervorstehende Ende eines Füllers. Soll heißen: ‚Richte deine Aufmerksamkeit auf die Empfindlichkeit des Füllers; bitte sei vorsichtig und lass ihn nicht herausfallen.'

Beispiel 3: Menschen in einer Warteschlange: Die Warteschlange hat sich vorwärts bewegt, aber ein Mann hat das nicht bemerkt, weil er sich umgedreht hat, um mit der Person hinter ihm zu sprechen. Jemand von noch weiter hinten weist ihn auf die eben entstandene Lücke hin. Soll heißen: ‚Richte deine Aufmerksamkeit auf den leeren Raum; bitte bewege dich nach vorne.'

Beispiel 4: Ein bekannter Profisportler steht am Flughafen in einer Warteschlange. In einiger Entfernung weist ein Mann seinen Begleiter auf ihn hin, indem er auf den Sportler zeigt. Soll heißen: ‚Richte deine Aufmerksamkeit auf Charles Barkley; ist doch toll, dass wir ihn sehen, nicht wahr?'

Beispiel 5: Ich stehe im hinteren Teil des Flugzeugs, in der Nähe der Toilette, um mich ein bisschen auszustrecken. Eine Frau nähert sich, und als sie mich sieht, zeigt sie mit fragendem Blick auf die Toilettentür. Soll heißen: ‚Richte deine Aufmerksamkeit auf die Toilette; wartest du, dass sie frei wird?'

Wichtig an diesen ziemlich alltäglichen Beobachtungen sind einfach die Verschiedenheit und die Komplexität der Weisen, wie Zeigegesten in die verschiedenen Lebensformen integriert werden können, in denen wir im Alltag agieren. In allen diesen Beobachtungen kommt es zu einer Aufspaltung zwischen der referentiellen und der sozialen Intention, insofern der Kommunizierende versucht, die Aufmerksamkeit des Empfängers aus einem bestimmten Grund auf etwas zu lenken, während der Empfänger versucht, dieser Lenkung der Aufmerksamkeit zu folgen und den Grund für sie zu erschließen, wobei manchmal eine große inferentielle ‚Distanz' zu überbrücken ist. Indem meine Freundin auf einen Füller in einem Notizbuch zeigt, soll ich beispielsweise erschließen, dass sie will, dass ich dafür sorge, dass er heil bleibt; indem jemand auf eine Stelle auf dem Boden zeigt, wird von dem Empfänger erwartet zu wissen, dass er dazu aufgefordert wird, sich zu dieser Stelle hinzubewegen; indem die Frau auf die Flugzeugtoilette zeigt, soll ich sagen, ob ich davor warte. Jede dieser Zeigegesten hängt von allen möglichen Arten von Hintergrundwissen ab, um sinnvoll zu sein. Damit ich zum Beispiel die soziale Intention der Frau verstehe, die sich nach der Toilette erkundigt – was mir natürlich sofort klar war –, ist eine große Menge gemeinsamen begrifflichen Hintergrunds im Hinblick auf Flugzeuge, Flugzeugtoiletten, die Biologie des Menschen, Abfallentsorgung, Schlangestehen, Höflichkeitskonventionen usw. zwischen uns erforderlich. Selbst das sehr einfache erste Beispiel funktioniert nur, weil wir alle wissen, dass Menschen an der Bar stehen, weil sie etwas trinken wollen, dass ein leeres Glas keine Möglichkeit zum Trinken bietet, dass der Barkeeper Getränke ausschenkt, wenn der Gast zahlen kann, dass ein Schnapsglas gewöhnlich Schnaps enthält und nicht Bier oder Wein usw. Man könnte meinen, nur jemand, der schon über eine Sprache verfügt, könne eine Zeigegeste verwenden, um auf so komplexe Weisen zu kommunizieren – dass die Fähigkeit, mit einer einfachen Zeigegeste so differenziert zu kommunizieren, irgendwie von sprachlichen Fertigkeiten abhängt. Doch können Kleinkinder schon Zeigegesten verwenden, um andere auf die verschiedensten Bezugsgegenstände hinzuweisen, um dadurch alle möglichen Arten komplexer sozialer Intentionen zu kommunizieren – und dies, bevor sie in großem Umfang oder überhaupt über eine Sprache verfügen.

…

1 Beispielsweise Armstrong, David F./William C. Stokoe/Sherman E. Wilcox: *Gesture and the Nature of Language*, Cambridge 1995; Lidell, Scott K.: *Grammar, Gesture, and Meaning in American Sign Language*, Cambridge 2003.

2 McNeill, David: *Hand and Mind: What Gestures Reveal about Thought*, Chicago 1992; Goldin-Meadow, Susan: *Hearing Gesture: How Our Hands Help Us Think*, Cambridge 2003.

3 Kita, Sotaro: *Pointing: Where Language, Culture, and Cognition Meet*, New Jersey, London 2003.

H: Hand(schrift)

Vom Handabdruck zur Tastatur. Schreibpraktiken im Wandel

Thomas Macho

Im zweiten Kapitel seiner berühmten Untersuchung über *Hand und Wort* zitiert der Paläontologe André Leroi-Gourhan aus den *Sermones de creatione hominis* des Kirchenlehrers Gregor von Nyssa, die Hände haben „den Mund befreit, damit er sich in den Dienst der Sprache stelle"; so habe die „Natur vor allem um der Sprache willen unserem Körper Hände beigegeben".[1] Die Geschichte der sprechenden Hände beginnt früh. Schon auf den Wänden paläolithischer Kulthöhlen in Südfrankreich und Nordspanien wurden – neben den großartig realistischen Darstellungen zahlloser Tiere – auch Handabdrücke entdeckt. Diese Handabdrücke, wie sie etwa in den Höhlen von Pech-Merle, Gargas, El Castillo, Tibiran, Bayol, La Baume-Latrone, Rocamadour, Bernifal, Font-de-Gaume, Le Portel und zuletzt auch in der 1994 entdeckten Grotte Chauvet erscheinen, sind entweder ‚Positive', bei denen eine gefärbte Hand auf den Felsen gedrückt wurde, oder ‚Negative': Dabei wurde die gespreizte Hand auf die Wand gelegt, die Farbe um die Finger herum getupft oder mit einem Blasröhrchen verteilt. Manchmal tauchen diese Handabdrücke vereinzelt auf, manchmal in Gruppen. So hat man beispielsweise in Gargas 150 rote und schwarze Hände klassifiziert, in El Castillo 50, in Tibiran und Pech-Merle 12.

Die Bedeutung dieser Handabdrücke ist unklar. Standen sie in Zusammenhang mit jenen abstrakten Symbolen, Strichen oder Spiralen, die André Leroi-Gourhan als Geschlechterzeichen klassifizieren wollte? Wurden sie angefertigt im Zuge von magischen Ritualen? Oder waren diese Handabdrücke erste Zeichen einer Art von Urheberschaft, frühe Signaturen, wie Martin Schaub anzunehmen scheint, wenn er resümiert: „Die Künstler der vorgeschichtlichen Grotten haben sich selber aus ihren Bildnereien fast gänzlich ausgespart. Aber ihre Hand ist überall: als Gruß, als Erinnerung, als Signatur? (…) Jägerschrift, ‚Priesterschrift'? Erinnerung an den Besuch, Botschaft an die Verstorbenen und die Kommenden, Gedenkzeichen, Spuren von Ritualen, magische Kraftzeichen, Grabzeichen? Vieles ist vorgebracht worden, und nichts lässt sich entziffern als die stolze Geste, die ‚ich' und ‚hier' sagt. Ich, meine Hand, und hier das Zeugnis."[2] Aber sprechen diese Hände überhaupt, und sprechen sie gar in erster Person? Wollten sie tatsächlich gelesen und gedeutet werden, womöglich sogar als Spuren einer frühen Autorschaft? Die Geschichte der Zeichen, die in erster Person zu sprechen scheinen, kann auf vielgestaltige Praktiken der Verkörperung bezogen werden. In technischer Hinsicht kann sie als eine Geschichte des Abdrucks, der jedem Ausdruck vorausgesetzt bleibt, kommentiert werden; denn entweder werden Teile des Körpers (wie Hände und Finger) oder Instrumente auf einen Zeichenträger (Steine, Knochen,

Metalle, Gips, Ton, Wachs) gedrückt. Die Technik des Abdrucks differenziert nicht zwischen Praktiken der Verkörperung und der Verwendung von Objekten, die der Hand sekundieren. Die Geschichte der Bilder und Schriften kann folgerichtig auch als Geschichte der Instrumente erzählt werden, die benötigt wurden: Keile, Stifte, Pinsel, Gänsefedern. Schriftzeichen und Signaturen wurden bereits ab dem vierten vorchristlichen Jahrtausend mit Hilfe von Siegeln und Stempeln auf Tontafeln oder Gefäße geprägt. Zunächst waren es geschnitzte Knochen oder Steine, deren Abdrücke im Ton spezifische Muster, Verzierungen oder Markierungen hinterließen, später Metalle oder Edelsteine. Die Siegel konnten ganz individuelle Spuren erzeugen; sofern sie als Zeichen für eine Person fungierten, wurden sie oft wie Schmuckstücke am Körper getragen. Im alten Orient fungierten Rollsiegel – kleine Zylinderwalzen mit Bildern oder keilschriftlichen Zeichen – als Armreife; in der griechisch-römischen Antike verbreiteten sich Siegelringe: Prothesen der Eigenhändigkeit.

Mit Hilfe eines Siegels oder Stempels wird ein Sprechakt auf einen anderen Gegenstand übertragen; das jeweilige Artefakt sagt dann – neben den eigentlichen Themen, die es als Bild, Text oder Gegenstand artikuliert – wer es beispielsweise in Auftrag gegeben, produziert und genehmigt hat, oder wem es gehört. Seit den paläolithischen Handabdrücken verhalten sich Siegel oder Signaturen im Grunde wie selbstbezügliche Sprechakte zu einem geschriebenen Text oder gemalten Bild; Siegel und Stempel repräsentieren gleichsam die externe Stimme der Autorität oder des Autors. Darum wurde das Amt des Siegelbewahrers in den alten Hochkulturen nur den ranghöchsten Beamten anvertraut; denn der Siegelbewahrer verfügte in gewisser Hinsicht über die Stimme, den „zweiten Körper" des Königs. Aus dem Lordsiegelbewahrer entwickelte sich in England der Lordkanzler, der Vorsitzende des Oberhauses und Justizminister; auch in Frankreich und Italien wurde dieser Titel für den Justizminister beibehalten, und noch heute werden übrigens Stempel mit dem sogenannten Amtssiegel in der Bürokratie sorgfältig aufbewahrt und verwendet.

Zugleich verweist der Abdruck, der Händedruck, auch auf sich selbst. Hände können gelesen werden: als Systeme von Zeichen, die den Charakter oder die Zukunft ihrer Träger ausdrücken und anzeigen. Hände können schreiben, zählen und zeichnen; aber sie können auch ihrerseits als Zeichnungen, Bilder, Zahlen und Schriftspuren gelesen werden. Die Handfläche ist gleichsam die erste Rechentafel, eine primäre Schreibfläche; sie ist also selbst eine Art von Abdruck. Vermutlich ist die Kunst der Lektüre von Händen – die Chiromantie – im alten Indien entstanden. Die vedischen Schriften aus der Zeit um 1.500 v. Chr. erörtern jedenfalls bereits die Relevanz der Handfläche als Bedeutungsträger; erwähnt wird etwa, dass die Götter besondere Zeichen auf ihren Handflächen tragen. So soll Buddhas künftige Bedeutung bei seiner Geburt an Zeichen auf seinen Handflächen erkannt worden sein. Eng war die Verbindung zwischen Chiromantie und Astrologie, die auch zur Systematisierung und Verbreitung in der Antike beitrug. In der Deutungspraxis „wurden die verschiedenen Teile der Hand mit dem griechischen bzw. römischen Pantheon in Verbindung gebracht: Aphrodite (Venus) mit dem Daumen und dem Daumenballen, Zeus (Jupiter) mit dem Zeigefinger, Saturn mit dem langen Mittelfinger, Apollo mit dem Ringfinger, Hermes (Merkur) mit dem kleinen Finger. Diese Verknüpfungen haben sich bis heute behaupten können".[3]

Zwar wurden zahlreiche Werke zur antiken Chiromantie als spätmittelalterliche Fälschungen entlarvt; doch zumindest Aristoteles hatte nachweislich in *De historia animalium* geschrieben: „Das Innere der Hand ist die Handfläche, fleischig und von Linien durchzogen, bei den Langlebigen von einer oder zwei durchgehenden, bei den Kurzlebigen von zweien, die nicht ganz durchgehen."[4] Auf solche Hinweise konnten sich die neueren Werke zur Chiromantie berufen, die ab dem frühen 16. Jahrhundert gedruckt, übersetzt und verbreitet wurden. Sie operierten einerseits mit den traditionellen astrologischen Zuordnungen, andererseits mit einem System von Linien, das physiognomisch-charakterkundlich gedeutet wurde. Der Aufschwung der Chiromantie im 16. Jahrhundert verdankte sich übrigens schlicht der Erfindung Gutenbergs. Der Erfolg des Buchdrucks führte nämlich einerseits zur langsamen Verdrängung kalligrafischer Künste, die in den Kopierstuben der Klöster und Universitäten gepflegt wurde, andererseits zu einer Neubewertung der Handschrift als Ausdruck der Persönlichkeit. Der Siegel- und Stempelabdruck wurde allmählich ersetzt durch das neue Institut der eigenhändigen Unterschrift. Noch wenige Jahrhunderte zuvor wurde ja noch kaum unterschrieben. In der römischen Antike – mit ihrem differenzierten Vertragsrecht – genügten häufig Daumenabdrücke; im Mittelalter wurden eigenhändig drei Kreuze gezeichnet.

Handflächen können als Zeichenschrift gelesen werden; und umgekehrt können Hände auch eine Schrift produzieren, die ihrerseits als Spuren eines Individuums, Zeichen einer Person, entziffert werden können. Von der Chiromantie zur Grafologie: 1622 publizierte der italienische Arzt Camillo Baldi, der an der Universität Bologna lehrte, einen Traktat über die Deutung von Handschriften, unter dem Titel *Come da una lettera missiva si conoscano la natura e qualità dello scrittore*. Diese ersten Anfänge wurden freilich erst später weiterentwickelt; zunächst wurde die Charakterkunde im physiognomischen Studium der Gesichter praktiziert. Zwar kommentierte Johann Caspar Lavater im dritten Band seiner *Physiognomischen Fragmente* fünf Tafeln mit Handschriftenproben; doch blieb er skeptisch hinsichtlich der Deutungsmöglichkeiten von Handschriften. Erst mussten die europäischen Bevölkerungen alphabetisiert werden, bevor die Handschriften mit Personen assoziiert werden konnten; danach gaben sich auch Analphabeten alle Mühe, um ihre Kreuze möglichst unverwechselbar und individuell zu zeichnen.[5] In seiner *Phänomenologie des Geistes* verglich Hegel die Handschrift mit der Stimme: „Die *einfachen Züge der Hand* also, ebenso *Klang* und *Umfang der Stimme* als die individuelle Bestimmtheit der *Sprache*, – auch dieselbe wieder, wie sie durch die Hand eine festere Existenz als durch die

Stimme bekommt, die *Schrift*, und zwar in ihrer Besonderheit als *Handschrift* – alles dies ist Ausdruck des Innern."[6]

Zu einer *Big Science* ist die Grafologie dennoch nie aufgestiegen. Als Hilfswissenschaft der Psychologie besetzt sie gegenwärtig eine kleine Nische in der Ratgeberliteratur; selbst Personalberatungsbüros in der Privatwirtschaft verzichten heute weitgehend auf handschriftliche Lebensläufe (und deren grafologische Beurteilung). Vor Gericht spielt die Grafologie nur insofern eine Rolle, als sie die Frage nach der Authentizität handschriftlicher Texte im Schriftenvergleich beurteilen kann. Die technischen Revolutionen des Computer-Zeitalters haben ohnehin dazu geführt, dass kaum jemand mehr seine persönliche Handschrift übt und kultiviert – womit sich realisiert hat, was Georg Simmel in seiner *Philosophie des Geldes* zur Schreibmaschine bemerkte: Das „Schreiben, ein äußerlich-sachliches Tun, das doch in jedem Fall eine charakteristisch-individuelle Form trägt",[7] werde von den Schreibmaschinen mechanisch homogenisiert. Die Durchsetzung des elektronischen Schriftverkehrs hat das Handschriftliche inzwischen radikaler verdrängt, als Simmel ahnen konnte; eben darum wurden die kostbaren Spuren des „Persönlichsten" auch zu Antiquitäten aufgewertet, die von Sammlern – bei Auktionen von Autografen – ersteigert, und von Fans oft hysterisch begehrt werden: Die Autogramme der Stars können durch keine E-Mails oder Computerdateien aufgewogen werden.

...

1 Zit. n. Leroi-Gourhan, André: *Hand und Wort. Die Evolution von Technik, Sprache und Kunst*, Frankfurt/Main 1984, S. 42, 54.

2 Schaub, Martin: „Hand und Kopf", in: *Du. Die Zeitschrift der Kultur* 8 (1996), S. 84 f.

3 Lyons, Albert S.: *Der Blick in die Zukunft. Das große Buch vom Wahrsagen*, Köln 2004, S. 248.

4 Aristoteles: *Tierkunde I, 15*, hg. v. Paul Gohlke, Paderborn 1957, S. 68.

5 Vgl. Staudacher, Anna: „Von Kreuzeln, X-erln, Nockerln und anderen Handzeichen", in: *Österreich in Geschichte und Literatur* 6 (2003), S. 322–341.

6 Hegel, Georg Wilhelm Friedrich: *Phänomenologie des Geistes*, Theorie-Werkausgabe Bd. III, hg. v. Moldenhauer, Eva/Karl M. Michel, Frankfurt/Main 1970, S. 238.

7 Simmel, Georg: *Philosophie des Geldes*, Gesamtausgabe Bd. VI, hg. v. Frisby, David P./Klaus C. Köhnke, Frankfurt/Main 1989, S. 652.

Little Moving Pictures, *Can You Read My Lips?*, Filmstills, 2015

...

Wie ist es, mit den Augen zu sehen, was eigentlich für die Ohren bestimmt ist? Die gehörlose Rachel Kolb hat das Lippenlesen perfektioniert, um Teil der hörenden Welt zu sein. Anhand der sichtbaren und körperlichen Fragmente gesprochener Sprache hat sie gelernt, Worte zu erkennen und auszusprechen. Der Kurzfilm versetzt die hörenden Zuschauer in eine vergleichbare Lage, indem er nach und nach den Ton verfremdet und abdreht.

Ich spreche, also bin ich. Sprache ist Identität

Andreas Gardt

Man ist immer jemand, wenn man spricht. Italienerin oder Deutscher, Sachse oder Hamburgerin. Man ist Mann oder Frau, jung oder alt, ist gebildet, naiv, freundlich oder vulgär. Schon wenige Worte reichen, um einen Eindruck davon entstehen zu lassen, wer und was wir sind. Nicht nur die Sprache trägt zu diesem Urteil bei, aber sie hat einen großen Anteil daran. Es ist fast unmöglich, dem zu entgehen, und auch Schweigen hilft nur, wenn es nicht als beredtes Schweigen gedeutet wird. Der identitätsschaffenden Wirkung unserer Sprache sind wir nicht passiv ausgesetzt, sondern können „acts of identity" (Robert Le Page) vollziehen, können gezielt versuchen, die Wahrnehmung unserer Identität durch unser Sprechen zu beeinflussen. Das tun etwa Jugendliche, wenn sie sich der Sprache ihrer Altersgruppe anpassen, aber auch Erwachsene, die über die Jahre den Dialekt der Gegend annehmen, in die sie neu gezogen sind. Die Beziehung von Sprache und Identität ist Thema der Sprachwissenschaft, speziell der Spracherwerbsforschung, der es um die Herausbildung individueller Identität geht, und einer an der gesellschaftlichen Dimension von Sprache interessierten Sprachwissenschaft bzw. Linguistik, die sich mit den Bezügen von Sprache und kollektiver Identität befasst. In einem allgemeinen Sinne spielt das Thema Identität eine Rolle auch in der Psychologie, der Philosophie und in den Sozialwissenschaften.

Der Psychoanalytiker Erik H. Erikson, der einige Klassiker der Identitätsforschung verfasst hat, beschreibt individuelle Identität so: „Das bewußte Gefühl, eine persönliche Identität zu besitzen, beruht auf zwei gleichzeitigen Beobachtungen: der unmittelbaren Wahrnehmung der eigenen Gleichheit und Kontinuität in der Zeit, und der damit verbundenen Wahrnehmung, daß auch andere diese Gleichheit und Kontinuität erkennen."[1] Zentral ist zweierlei: die Kontinuität in der Zeit und die Reaktion der anderen. Tatsächlich kann etwas, das permanentem Wandel ausgesetzt ist, kein bestimmtes So-Sein, keine Identität entwickeln. Und immer gehört zur Identität auch die Alterität, zum Eigenen das Andere. Erst im Blick der anderen und in unserem Bewusstsein von der Existenz dieses Blicks werden wir zu dem, der wir sind. Dabei unterscheidet sich der Blick derjenigen, die die Existenz einer bestimmten Identität behaupten, oft ganz erheblich vom Urteil der wissenschaftlich Analysierenden. Das gilt vor allem für kollektive Identitäten. Beruft sich zum Beispiel ein Politiker in einer Rede auf *unsere nationale Identität*, dann wird diese Identität häufig als nahezu selbstverständlich, bisweilen geradezu als natürlich gegeben vorausgesetzt. Nationen gelten dann als historisch *verwurzelt*, auf der Teilhabe an einem umfassenden Traditionsbestand und auf gemeinsamer Abstammung der Bürger beruhend. Nicht selten erscheint Identität dann als etwas Festes, in sich Ruhendes, nahezu Monolithisches, dem historischen Wandel und wechselvollen menschlichen Zugriff in ihrem *Kern* Enthobenes. Die aktuelle Forschung dagegen betrachtet Identität grundsätzlich als Resultat gesellschaftlicher Konstruktionen, als eine dynamische Größe, die im Diskurs ausgehandelt wird. Mit den Interessen der Diskursteilnehmer verändern sich auch die Identitäten, die ganz und gar der historischen Entwicklung anheimgestellt sind. Das bedeutet nicht, dass sie beliebig sind: Nicht aus jeder historischen Konstellation kann sich jede Identität entwickeln. Und hat sich einmal eine Identitätskonstruktion durchgesetzt, dann besitzt sie ontische Qualität, dann sind die Dinge, wie sie sind – bis sie sich erneut verändern.

Vieles von dem, was sich über Identität sagen lässt, gilt auch für die Sprache, vor allem dann, wenn Sprache und Identität miteinander verbunden werden. In zahlreichen Definitionen von Größen wie *Nation* oder *Volk* begegnet die Sprache als zentraler Faktor. Umgekehrt wird eine Sprache oft eng mit politischen, kulturellen und ethnischen Aspekten verknüpft. Charakteristisch sind die Zeilen, mit denen Jacob Grimm das Vorwort zum *Deutschen Wörterbuch* beendet: „Deutsche geliebte landsleute, welches reichs, welches glaubens ihr seiet, tretet ein in die euch allen aufgethane halle eurer angestammten, uralten sprache, lernet und heiliget sie und haltet an ihr, eure volkskraft und dauer hängt in ihr." [2] Letztlich ist die häufige Bezugsetzung von Sprache und kollektiver Identität darin begründet, dass der Mensch als zoon politikon auf Gemeinschaft angewiesen, eine Gemeinschaftsbildung ohne Sprache aber undenkbar ist. In der abendländischen Tradition, aber nicht nur dort, wird seit der Antike die Bedeutung der Sprache für die Konstitution der Gesellschaft und damit einer bestimmten Identität betont. In vielen der einschlägigen Texte findet sich etwas, das auch die Äußerung von Jacob Grimm kennzeichnet: Eine Überblendung der Größen Sprache, Sprecher und politischer/ kultureller Körper (*Nation, Volk* usw.). Die drei Größen bedingen und stützen sich gegenseitig. Eine *Nationalsprache* gilt danach nicht einfach als Folge einer bereits bestehenden Nation, sondern trägt entscheidend zu ihrer Bildung und Aufrechterhaltung, zur Schaffung ihrer Identität bei.

Die enge Beziehung zwischen Sprache, Sprechern und politischem/kulturellem Körper bedeutet auch, dass die Gefährdung der einen Größe auch als Gefährdung der anderen betrachtet wurde und wird. Vor allem die Verwendung von Fremdwörtern steht in Geschichte und Gegenwart immer wieder im Zentrum einer Kritik, die diese Wörter als *Eindringlinge* in die eigene Sprache betrachten, als Gefahr für den Bestand der Sprache und zugleich als Gefahr für die Identität der Sprach- und Kulturgemeinschaft. In früheren Jahrhunderten galten oft französische Wörter und Wendungen als *Seelengift* für Deutsche, in jüngster Zeit richtet sich die Kritik gegen englische. Der gegen Anglizismen gerichtete Fremdwortpurismus ist allerdings in seiner Aggressivität und nationalistischen Zuspitzung nicht annähernd mit dem

Purismus früherer Zeiten vergleichbar. Dabei ist die Sorge, dass die zunehmende Präsenz des Englischen in allen Lebensbereichen die eigene kulturelle Identität bedroht, nicht auf den deutschsprachigen Raum beschränkt, sondern findet sich in vielen Sprachgemeinschaften und Staaten, häufig getragen von einer unspezifischen Furcht vor den Folgen der Globalisierung. Was die Forschung betrifft, so sieht sie für die deutsche Sprache keine Gefahren durch fremdsprachige Einflüsse. Auch gelten ihr Nationalsprachen nicht als Größen, die fixiert werden könnten oder sollten, um der Aufgabe gerecht zu werden, die Identität einer Sprachgemeinschaft zu sichern. Vielmehr werden sie als historische Phänomene verstanden, für die Wandel und Variation geradezu konstitutiv sind. Dabei leugnet die Sprachwissenschaft keineswegs die bedeutende Rolle der Sprache bei der Konstitution von Identität. Spätestens seit dem Rationalismus der Aufklärungszeit finden sich Auffassungen, die der Sprache einen ganz entscheidenden Einfluss auf die Art und Weise zusprechen, wie wir unsere Welt erkennen und kognitiv ordnen. Am offensichtlichsten ist die sprachliche Gliederung der Welt im Wortschatz, sodass etwa August Wilhelm Schlegel zu Beginn des 19. Jahrhunderts feststellt: „Mit der Muttersprache zugleich saugen wir die Vorstellungen und Ansichten der Dinge (...).“[3] Der amerikanische Philosoph Richard Rorty spricht von einem bestimmten „Vokabular“, in dem sich die Sprecher einer Sprache intellektuell bewegen und das ihr Bild von der Welt wesentlich beeinflusst.[4]

Zugleich stehen unterschiedliche sprachliche Perspektiven auf die Wirklichkeit in Konkurrenz zueinander. Die Diskussion um Political Correctness in der Sprache belegt es: Mit einem bestimmten Wort wird eine bestimmte Identität verknüpft. Ob ein und dieselbe Person als *Flüchtling*, als *Migrant* oder als *Eindringling* bezeichnet wird, macht einen ganz erheblichen Unterschied. An der identitätsbildenden Kraft der Sprache und des Sprechens führt kein Weg vorbei, auch unterhalb der Ebene einer Sprachgemeinschaft als ganzer. In George Bernard Shaws Schauspiel *Pygmalion* ist es Eliza Doolittle, die diese Erfahrung macht, als versucht wird, sie durch eine „bessere“ Sprache zu einem Mitglied der „besseren“ britischen Gesellschaft zu machen. Die Menschen aus den beiden Teilen Deutschlands haben es erlebt, als sie in den ersten Jahren nach der Wiedervereinigung den *typisch Westdeutschen* oder den *typisch Ostdeutschen* an seiner Sprache erkannten (oder zu erkennen glaubten). Und sprechen wir einen Dialekt, dann versuchen wir vielleicht, ihn bei offiziellen Anlässen zu vermeiden. Oder aber umgekehrt: Wenn wir aus der Stadt, in der wir leben, unser Heimatdorf besuchen, wählen wir wieder den Dialekt, um nicht durch unsere Sprache den Eindruck zu erwecken, wir seien ein ganz Anderer geworden. „Sprich, damit ich Dich sehe“: Sokrates' oft zitierte Äußerung handelt genau davon.

...

---

1 Erikson, Erik H.: *Identität und Lebenszyklus. Drei Aufsätze*, Frankfurt/Main 1966, 1973, S. 20.

2 Grimm, Jacob: „Vorrede“, in: ders./Wilhelm Grimm: *Deutsches Wörterbuch*, Bd. 1, Berlin 1854, Sp. LXVII.

3 Schlegel, August Wilhelm: „Vorlesungen über schöne Literatur und Kunst, 1. Teil: Die Kunstlehre“, in: ders.: *Kritische Ausgabe der Vorlesungen*, hg. v. Ernst Behler in Zusammenarbeit mit Frank Jolles, Bd. 1, Paderborn 1989, S. 181–472, hier S. 417.

4 Rorty, Richard: *Kontingenz, Ironie und Solidarität*, Frankfurt/Main 1989, S. 26–27.

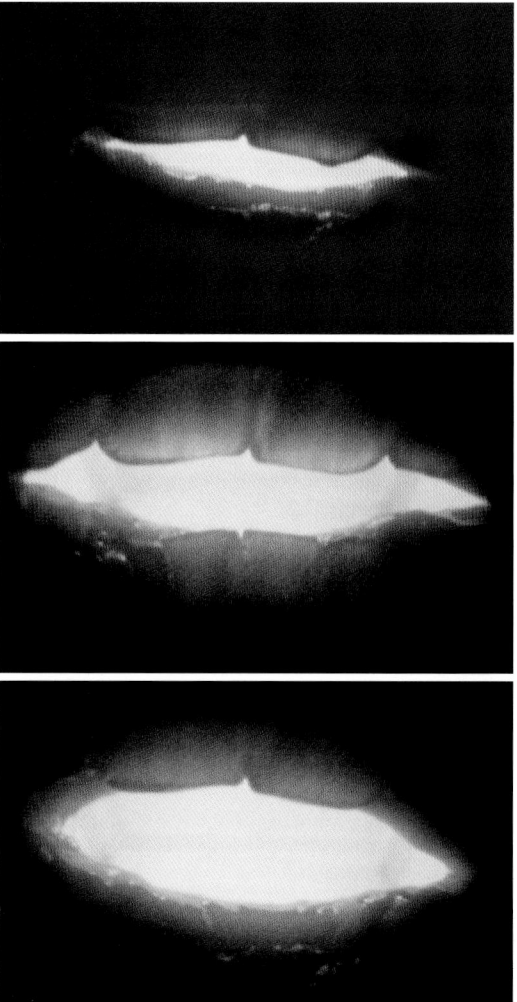

Smith/Stewart, *In camera*, 1999
...
Wie intim sieht Sprache im Inneren des Mundes aus? Diese Aufnahmen aus dem Mundraum präsentieren das Sprechen *in camera* (‚unter Ausschluss der Öffentlichkeit‘). Das Zusammenwirken von Hell und Dunkel zielt auf die Frage, was das Sprechen ans Tageslicht zu bringen vermag. Die Kamera im Mund nimmt dabei das Verhältnis von bloßem Laut und sinnvoller Rede ins Visier: ein Blick auf das, was sich sagen und nicht sagen lässt.

In Zungen reden

(2009)

Zadie Smith

Das Folgende basiert auf einem Vortrag, den ich im Dezember 2008 in der New York Public Library gehalten habe.

Hallo. Die Stimme, mit der ich heute zu Ihnen spreche, diese englische Stimme mit den runden Vokalen und allen Konsonanten mehr oder minder am richtigen Platz – das ist nicht die Stimme meiner Kindheit. Ich habe sie mir, nebst einer ungekürzten Ausgabe von *Clarissa* und einer Vorliebe für Portwein, an der Universität zugelegt. Vielleicht ist an dieser Tatsache ja ansonsten nicht viel mehr dran – ein schlichter Fall sozialen Aufstiegs –, aber damals dachte ich wirklich, diese Stimme wäre die der Gebildeten, und wenn ich mir nicht ihre Stimme zulegte, könnte ich niemals wahrhaft gebildet sein. Ein beherzterer Mensch wäre vielleicht standhaft geblieben und hätte den anderen durch das eigene Beispiel eine Lektion erteilt: Nicht alle Gebildeten stammen aus derselben sozialen Schicht, und sie müssen auch nicht alle gleich reden. Ich wählte den anderen Weg. Teilweise aus Feigheit und dem angeborenen Drang, es allen recht zu machen, aber auch, weil ich es gar nicht unbedingt als direkten Tausch ansah, eine Stimme gegen die andere. Schließlich war die Geschichte meiner Kindheit eine, in der sich das eine mit dem anderen verband, eine Synthese disparater Teile. Ich kam gar nicht auf den Gedanken, dass ich Willesden für Cambridge verließ. Ich dachte, ich würde Cambridge zu Willesden hinzufügen, die neue Art zu sprechen zu der alten. Ein neues Wissen zu dem anderen, das ich bereits besaß. Und eine Zeit lang war das auch so: Daheim, in den Ferien, sprach ich wieder mit meiner alten Stimme und konnte mit ihrer Hilfe etliches empfinden und ausdrücken, was mir an der Uni nicht gelang. Und umgekehrt. Ich wunderte mich ein wenig darüber, wie beweglich ich war. Als würde ich zweimal leben.

Doch Beweglichkeit erfordert Training, wenn man sie sich erhalten will. In letzter Zeit hat mich meine Zweistimmigkeit zugunsten dieser einen verlassen, Spiegel der kleineren Welt, in die mich meine Arbeit geführt hat. Willesden war ein großes, buntes Meer der Arbeiterschicht, Cambridge ein kleinerer, edlerer, fast einstimmiger Teich; die Literaturbranche ist ein Tümpel. Und diese Stimme, die ich mir unterwegs zugelegt habe, ist kein exotisches Gewand mehr, das ich an- und ablegen kann, wann ich will, wie einen Uni-Talar – sie ist jetzt meine einzige Stimme, ob mir das nun passt oder nicht. Ich bedauere das; eigentlich hätte ich beide Stimmen in mir am Leben halten sollen. Sie gehörten schließlich beide zu mir. Aber wenn einen die Kultur doch so eindringlich davor warnt! George Bernard Shaw formuliert das sehr behutsam im Vorwort zu seinem Stück *Pygmalion*: „Viele tausend Briten, Männer wie Frauen (...), haben ihren angeborenen Dialekt abgestreift und sich eine neue Sprache zugelegt." Allerdings geben das nur wenige zu. Sich einen anderen Dialekt anzueignen gilt nach wie vor als *die* britische Erbsünde. Es ist ein Nationalsport, entsprechende Individuen ausfindig zu machen und bloßzustellen, fast so beliebt wie Sexskandale und Verleumdungsaffären. Nähert man sich der Atlantikküste, indem man am Ende jedes Satzes die Stimme hebt, ist man ein Überläufer; spricht man

Lehnwörter aus anderen europäischen Sprachen wie in der Originalsprache aus – und sei es nur etwas so Unschuldiges wie *parmigiano* statt *Parmesan* –, gilt man als Hochstapler. Bewegt man sich, metaphorisch gesprochen, auf der Leiter des britischen Klassensystems nach unten, spricht man *mockney* statt Cockney und muss damit rechnen, öffentlich geteert und gefedert zu werden; bewegt man sich in die Gegenrichtung, begeht man unverzeihlichen Klassenverrat. Die eigene Stimme hat unverändert und einzigartig zu bleiben. Will man einen nach London ausgewanderten Schotten beleidigen, erreicht man das am schnellsten, indem man ihm sagt, er habe seinen Akzent verloren. Unsere Stimmen sind uns Ausdruck dessen, was wir sind, und wenn man mehr als eine hat oder gar verschiedene Varianten für verschiedene Gelegenheiten einsetzt, dann wird das bestenfalls als janusköpfige Doppelzüngigkeit empfunden und schlimmstenfalls als Verlust der Seele. Wer seine Stimme ändert, legt sich damit, zumindest in Großbritannien, eine seltsam tragische Seite zu. Er verletzt damit jene verwirrende Maxime, „Sei dir selber treu", die so oft lobend zitiert wird, als handelte es sich dabei um die Weisheit Shakespeares und nicht um eine der leeren Worthülsen von Polonius. „Was soll aus mir werden? Was soll aus mir werden?", jammert Eliza Doolittle, als ihr Dilemma des „Dazwischen" ihr bewusst wird. Ihre Stimme ist zu vornehm für die anderen Blumenmädchen und für die Damen in Mrs Higgins' Salon noch zu sehr von der Gosse gefärbt.

Eliza – Schutzheilige der tragisch doppelstimmigen Gestalten – ist allerdings eine genauere Betrachtung wert. Zunächst wäre anzumerken, dass sowohl sie als auch das Stück *Pygmalion* eine ganz und gar didaktische Funktion erfüllen, so wie Shaw das beabsichtigte. „Mir bereitet es Freude", schrieb er, „*(Pygmalion)* jenen Neunmalklugen um die Ohren zu schlagen, die wie die Papageien immer wieder das Diktum wiederholen, Kunst dürfe niemals didaktisch sein. Das stützt nur mein Argument, dass Kunst niemals etwas anderes als didaktisch sein sollte." Er war entschlossen, die ganz unzweideutige Geschichte einer jungen Frau zu erzählen, die ihre Stimme ändert und dadurch ihre Identität verliert. Und so tritt sie folgendermaßen auf:

Nicht frech werden, ja? Noch kein blassen Dunst, wozu ich komme, und ... Schon verlauten lassen, dass ich im Taxi angerauscht bin? (...) So was von hochnäsig! Aber Stunden geben, da steht er nicht drüber, der nicht! Von ihm selber gehört. Ich bin nicht gekommen, was gratis zu kriegen. Sind meine Piepen nicht gut genug, mach ich woandershin. (...) Endlich kapiert, oder? Dass Sie mich was beibringen, bin ich hier. Und will dafür blechen. Also sehn Sie sich vor! (...) Ich steh aufn Job in eim Blumenladen. Statt Straßenverkauf Ecke Tottenham Court. Aber die nehmen ein ja erst, wenn man vornehmer quasseln kann.

Und sie verlässt uns folgendermaßen:

Ich kann nicht. Früher wäre es mir möglich gewesen, aber nun kann ich nicht mehr zurück. Als ich letzte Nacht herumzog, sprach mich ein Mädchen an, und ich versuchte es mit ihr auf die alte Art und Weise. Aber es ging nicht. Wissen Sie, Sie erzählten mir mal, dass ein Kind, in ein fremdes Land gebracht, in wenigen Wochen die Sprache dort lernt und die eigene vergisst. Nun, ich bin solch ein Kind in euerm Land. Ich habe meine eigene Sprache vergessen und kann nur noch Ihre sprechen.

Am Ende des Experiments hat Professor Higgins seine Eliza zu einem unbeholfenen Zwischen-Ding gemacht, weder Blumenmädchen noch Dame, das eine Stimme verloren und eine andere gewonnen hat, wenn auch um den hohen Preis all dessen, was sie war und was sie wusste. In einer Art Nachklapp schickt er auch noch Elizas Vater, Alfred Doolittle, ins Verderben, indem er ihm einen Unterhalt von dreitausend Pfund jährlich sichert, unter der Bedingung, dass Doolittle sechsmal im Jahr einen Vortrag beim Wannafeller-Universalsittlichkeitsreformverein hält. Diese Auflage treibt den philosophischen Müllmann in die einengenden, ungeliebten Arme dessen, was er abfällig als „die Moral vom Mittelstand" bezeichnet. Wenn der Vorhang fällt, sitzen also beide Doolittles im Dazwischen fest, für Shaw ein tragikomischer Ort mit Betonung auf dem Tragischen. Wozu taugen sie noch? Was soll aus ihnen werden?

Wie hartnäckig sich dieses Grauen vor dem Dazwischen hält, diese Furcht vor dem Provisorischen! Sie erstreckt sich vom Geist des traurigen Mulatten über die Qualen des Transsexuellen bis hin zu unserer heutigen Sorge, getarnt als einfühlsame Betroffenheit, um die aktuellen Immigranten, die ja, davon sind wir überzeugt, genauso tragisch zwischen Welten, Ideen, Kulturen und Stimmen festhängen – was soll aus ihnen werden? Eines muss dran glauben – eine Stimme muss der anderen geopfert werden. Was doppelt ist, muss einfach gemacht werden. Aber diese scheinbar didaktische Moral der Geschichte Elizas wird vom Stück selbst unterwandert, das ein wahres Orchester der Vielstimmigkeit ist, alle gleichzeitig und perfekt wiedergegeben, ohne dass auch nur eine Nuance an Farbe oder Ton geopfert würde. Higgins' hochherrschaftliches Harley-Street-Gehabe steht der kleinbürgerlich vornehmen Mrs Pearce in nichts nach, Pickerings freundliche, aristokratisch-ungenaue Stimme überzeugt ebenso wie das nietzscheanisch und walisisch gefärbte Cockney von Alfred Doolittle. Shaw besaß ein großartiges Ohr, er konnte fast so viele Eigentümlichkeiten des Englischen nachbilden wie Shakespeare. Shaw hatte eine Gabe, die er Eliza nicht geben wollte oder konnte: in Zungen zu reden.

„Ghettocheck"[1] der Jugendsprache(n) oder „Ein-Blick" auf jugendliche Sprechweisen

Nils Bahlo

Ich habe keine Hoffnung mehr für die Zukunft unseres Volkes, wenn sie von der leichtfertigen Jugend von heute abhängig sein sollte. Denn diese Jugend ist ohne Zweifel unerträglich, sprachlich rücksichtslos und altklug. Als ich noch jung war, lehrte man uns gutes Benehmen und Respekt vor den Eltern. Aber die Jugend von heute will alles besser wissen. HESIOD

Über das Verhalten von Jugendlichen – insbesondere das sprachliche – und die Veränderungen des kommunikativen Haushalts im Laufe der Zeit lässt sich ganz vortrefflich streiten. Man kann einen wie auch immer gearteten Wandel positiv oder mit Skepsis betrachten, manche Menschen werden dieser schleichenden Metamorphose gar mit Gleichgültigkeit begegnen. Ungeachtet dieser variablen, persönlichen Attitüden steht fest: Kulturen verändern sich. So ist dies auch mit Sprachen aktiver Sprachgemeinschaften, die permanenten Wandelprozessen unterliegen. Diese Veränderungen werden nicht immer sofort sichtbar. Sprache wandelt sich in bestimmten Bereichen schneller oder auch langsamer. Im Alltag fallen oftmals nur extreme Varianten auf, die vielfach als unangemessen abgestempelt werden oder einfach unverständlich klingen. Diese meist Jugendlichen zugeschriebenen Sprechweisen tragen in Teilen der Bevölkerung zu einer immer wiederkehrenden hitzigen Diskussion über den bevorstehenden Verfall der (deutschen) Sprache bei.

Wenn wir die Betrachtungsweise etwas differenzieren, fällt auf, dass bei einem in die Vergangenheit gerichteten Blick auf Sprachwandel die emotionale Betroffenheit der Betrachter und Betrachterinnen deutlich abnimmt. Wir werden Goethes 1827 erschienener Ballade *Der Zauberlehrling* keine sonderlich nennenswerten sprachlichen Auffälligkeiten bescheinigen. Die Imperativkonstruktionen des Lehrlings: „Walle! walle (…)" werden uns schlimmstenfalls eigenartig oder belustigend erscheinen. Schriftbildlich, semantisch und syntaktisch von unserem aktuellen Standard abweichende Konstruktionen – wie das dem Pfaffen Amis um 1240 in den Mund gelegte „ich lêre in daz â b c;" – mögen hingegen schon zum völligen Unverständnis bei den LeserInnen beitragen. Ernsthaft darüber echauffieren würde sich jedoch niemand. Die Gründe dafür sind uns nicht immer bewusst: a) Die alten Formen stellen keine Bedrohung der eigenen – für in der Regel gut befundenen – Sprachbiografie dar, da sie abgeschlossen sind. b) Durch ihre Abgeschlossenheit verlieren sie die Dimension des ungewissen Ausgangs, sie sind weniger suspekt und alltagsirrelevant. Im Umkehrschluss mag dies bedeuten, dass der befürchtete Sprachwandel – also eine bevorstehende Veränderung des sprachlichen Haushalts – eher Unwohlsein bei den Mitgliedern einer Sprachgemeinschaft auslösen könnte, da Sprachwandel oftmals mit Sprachverfall synonym verwendet wird und mit dem befürchteten Substanzverlust der eigenen kulturellen Identität und ihrer als tauglich erwiesenen Wert- und Normstruktur einhergehen könnte.[2]

Eben jenes Unwohlsein und die daraus resultierenden Schuldzuschreibungen am sogenannten Sprachverfall werden oftmals mit Jugendlichen und den Spielarten der Sprache in Verbindung gebracht, die recht unwissenschaftlich als Jugendsprache betitelt werden. Der Begriff trifft die Intention hinter ihm jedoch nur teilweise, ignoriert er doch die Tatsache, dass es *die* Jugendsprache ebenso wenig wie *die* Jugend geben kann. Wenn wir also nicht von einer homogenen Gruppe Jugendlicher mit einer einheitlichen Sprache sprechen können, stellt sich die Frage, was diese Jugendsprache ist. Handelt es sich eventuell einfach um mehrere Sprachen, wie der Titel dieses Artikels durch seine in Klammern gesetzte Pluralmarkierung suggeriert? Einige Gedanken sollen in Ansätzen eine soziolinguistische Sichtweise auf das Phänomen Jugendsprache skizzieren: Wir sollten zunächst von einem gemeinsamen Kern – dem basalen Regelsystem der deutschen Sprache – ausgehen. Diese Vorstellung muss jedoch auch die Kenntnis darüber beinhalten, dass dieser Kern über Jahrhunderte hinweg unterschiedliche Muster ausgeprägt hat, deren Veränderungen keineswegs abgeschlossen sind. Man kann diese Muster als Ausprägungen der deutschen Sprache beschreiben, die in Abhängigkeit der Region (zum Beispiel Dialekte), der Zeit, der (Bildungs-) Schicht und der Situation variieren. Im Gegensatz zu diesen stark konventionalisierten Codes (zum Beispiel Grammatik und Aussprache), die sich nur langsam verändern, entwickeln sich andere Bestandteile des Sprachsystems in Abhängigkeit individueller und gruppenspezifischer soziokultureller Adaptionen schneller. Wir können sie als sprachliche Stile (ähnlich den Kleidungsstilen) verstehen, die als sendermotivierte, situations-, adressaten- und funktionsbezogene sprachliche Mittel gelten. Man kann sie somit als sozial bedeutsame Art und Weise der Handlungsdurchführung ansehen. Sie unterscheiden sich von den weiter oben beschriebenen, unbewussten Variationen der Sprache, da sie auf eine bestimmte Informationsvermittlung mehr oder weniger bewusst abgestimmt sind.

Wenn nun von Jugendsprache die Rede ist, dann meinen wir die Summe jugendlicher Stile, die als altersabhängige Varianten von Umgangssprache gelten. Sie werden in der alltäglichen Kommunikation im Alter der Jugend erworben und habituell verwendet. Auf der Basis areal und sozial verschiedener sprachlicher Grundlagen werden diese Stile situativ realisiert. Inszenierte Varianten von Jugendsprache, die oftmals überspitzt und teilweise stigmatisierend oder belustigend präsentiert werden, finden wir unter anderem in Filmen wie *Fack ju Göhte*. Diese medialen Produkte greifen auf prominente Muster jugendlicher Stile zurück und setzen sie kreativ – meist stark überzeichnet – für ihre Zwecke ein. Am Beispiel des oben genannten Films lassen sich unter anderem lexikalische Auffälligkeiten ausmachen, die mit den gängigen deutschen Wortbildungsmustern einhergehen und Anglizismen in das deutsche Flexionssystem überführen (*dissen, chillen, jumpen* etc.). Auch phonologische Besonderheiten wie die Verschiebungen des Artikulationsortes [ç] zum [ʃ] (*ich* wird zu *isch*), Präpositionstilgungen (*gehen wir Fantasialand?*) oder auch bekräftigende Routineformeln (*ich schwöre*) werden als prototypische Vertreter von Jugendsprache – auch als Merkmale von Ethnolekten – abgebildet. Dies kann hier jedoch nur als minimaler Ausschnitt des jugendsprachlichen Formeninventars genannt werden.

Im Gegensatz zu den stark variablen Formen[3] von Jugendsprache sind die Funktionen weitaus einheitlicher zu fassen und dennoch teilweise mit Mythen und Vorurteilen behaftet. So wird irrtümlicherweise vielfach angenommen, dass sich Jugendliche durch ihren Sprachgebrauch und ihre allgemeinen Verhaltensweisen von Erwachsenen aktiv unterscheiden wollen. Dies ist nur teilweise richtig. Jugendliche solidarisieren sich durch ihr (sprachliches) Verhalten mit ihrer Gruppe Gleichaltriger. Dabei kommt es logischerweise auch zur Distinktion: Sie grenzen sich automatisch von anderen (Alters-, Interessen-, Geschlechts-)Gruppen mehr oder weniger aktiv ab. Eine weitere Funktion sieht die Forschung im Erlernen von sozialen Gesprächskompetenzen. Durch das Spielen mit Sprache testen sich die Jugendlichen selbst und andere aus, sanktionieren und belohnen aus ihrer Sicht falsches und richtiges Verhalten und erproben ihre eigene Geschlechtsidentität. Sie entwickeln in der Ungezwungenheit der eigenen Lebensphase ein Gespür für das eigene Wollen und Sollen, sie positionieren sich gegenüber anderen und entwickeln sich quasi spielerisch zu erwachsenen Menschen. Dabei erleben sie nicht einfach einen ewigen Spaßrausch. Sie geben vielmehr den Schutz der Erwachsenenwelt – der ihnen zu Beginn des Lebens verstärkt zuteil wurde – auf.[4] Zum Erwachsenwerden gehört nicht zwangsweise das Ablegen von Jugendsprache. Die alltagstauglichen (funktionalen) Teile von jugendlichen Stilen werden in den Standard eingepflegt oder auch einfach nur situativ – etwa beim Klassentreffen nach vielen Jahren – reaktiviert. Ein Stückchen Jugendsprache überlebt also als Teil der Sprachbiografie jeder Generation. Diese überlebenden Bausteine werden irgendwann jedoch nicht mehr als Jugendsprache identifiziert, da sie einfach „ganz normal" geworden sind oder auch durch funktionalere Formen ersetzt wurden (*geil* ist schon lange nicht mehr jugendsprachlich, heute sagt man *porno* oder *fett*). Kommen wir abschließend auf das Eingangszitat zurück und ziehen das Fazit aus den bisherigen Überlegungen: Viel wichtiger als das Sanktionieren von grammatischen Lapsus und der Verteufelung von Jugendsprache ist, dass wir Kindern helfen, früh (sprachlich) situationsangemessene von situationsunangemessenen Verhaltensweisen unterscheiden zu können und uns selbst dazu zwingen, als Vorbild situationsangemessen zu handeln und das eigene sprachliche Verhalten zu reflektieren. Sprachreflexion ist somit Lebensaufgabe. Ein ernstgenommener (sprachlicher) Erziehungsauftrag wird dann zwar nicht die Sorge um die nachfolgende Generation schmälern, er wird aber zu einem positiven Ausgang beitragen.

...

1 „Ghettocheck" bezeichnet in verschiedenen jugendlichen Stilen einen Spaziergang durch Regionen der Stadt zum Zwecke der Reviererkundung. Hier zeigt sich bereits ein Merkmal von jugendlichen Sprechweisen: Rekontextualisierungen führen dazu, dass der ursprüngliche semantische Gehalt nicht zwangsweise oder nur noch unreflektiert transportiert wird. „Ghetto" wird hier nicht mehr mit Holocaust sondern mit der eigenen „krassen" Gegend – dem Kiez – in Verbindung gebracht.

2 Rudi Keller verweist zu Recht auf seine Großmutter, die die Aussage, sie hätte die Sprache ein Stückchen mitverändert, sicherlich als Vorwurf empfunden hätte. Siehe Keller, Rudi: *Sprachwandel*, Frankfurt/Main 2003, S. 24.

3 Man denke zum Beispiel an die variierende Lexik, Grammatik, Aussprache usw. verschiedener Jugendgruppen, die mehr oder weniger stark ausgeprägte Tendenz zu Rebusschreibungen (zum Beispiel *Gute N8* für ‚Gute Nacht') in der konzeptionellen Mündlichkeit des Internets und der mobilen Instantmessenger wie WhatsApp, die Sprachvariabilität, die sich zum Beispiel durch Migrationshintergründe oder Sprachkontakte zu anderen Kulturen ergibt. Siehe zum Beispiel Wiese, Heike: *Kiezdeutsch*, München 2012.

4 Siehe Deppermann, Arnulf/Axel Schmidt: „Hauptsache Spaß – Zur Eigenart der Unterhaltungskultur Jugendlicher", in: *Der Deutschunterricht* 6 (2001), S. 27–37.

Kommunikation. Eine Geschichte ihrer Idee

John Durham Peters

Das Wort „Kommunikation" leitet sich vom lateinischen Substantiv *communicatio* ab, das ‚Beteiligung' oder ‚Mitteilung' bedeutet. Von seiner Wurzel *communis* (‚gemeinschaftlich', ‚öffentlich', ‚gewöhnlich') her ist es mit dem Lateinischen *munus* (‚Dienst', ‚Geschenk') verknüpft und besitzt daher Verwandtschaft zu Ausdrücken wie *common* (‚gemeinsam'), *immune* (‚immun'), *mad* (‚verrückt'), *mean* (‚gemein'), *meaning* (‚Bedeutung'), *municipal* (‚zur Gemeinde gehörig'), *mutual* (‚gegenseitig') sowie zu deutschen Ausdrücken wie ‚Gemeinschaft' und ‚Meinung'. Seine Stammbedeutungen haben mit Veränderung zu tun, mit Austausch und mit Gütern, die von mehr als einer Person besessen werden; das lateinische Verb *communicare* bedeutet ‚gemeinsam machen'.

Antike Antizipationen und moderne Bedeutungen

Drei sich durchhaltende Bedeutungsstränge werden bereits in der lateinischen Wurzel sichtbar. Der erste ist Kommunikation als gegenseitiger sprachlicher Austausch. Der römische Philosoph und Staatsmann Cicero benutzte *communicatio* als terminus technicus in *De Oratore*, seiner Abhandlung zur Rhetorik, um zu erklären, was geschieht, wenn ein Redner ganz offen das Publikum mit Hilfe rhetorischer Fragen und inszenierter Dialoge in die Diskussion einbezieht (daher ist vom „Teilen" der Bühne mit den Zuhörern die Rede). Die Auffassung, dass Kommunikation eine Art von gegenseitigem Austausch zwischen Sprecher und Zuhörer(n) einschließt, ist seit Cicero eines ihrer Definitionsmerkmale. Cicero dehnte die Grundbedeutung der Kommunikation als einer Beteiligung auf den Bereich der Rede aus.

Ein zweiter Bedeutungsstrang wird in der *Vulgata* sichtbar, der lateinischen Bibel-Übersetzung des Heiligen Hieronymus aus dem 4. Jahrhundert. Hier bedeutet *communicatio* das Teilen von berührbaren Dingen (Brot) wie nicht berührbaren (Geist). Das Christentum erweiterte die Idee der Kommunikation von der materiellen zur metaphysischen Bedeutung: *Communicatio* konnte sowohl das Teilen im physischen Sinne, etwa von Nahrung oder Getränken, bedeuten oder das spiritualistische Teilen von Geist und Seele. Die *Vulgata* verstärkte die Auffassung von Kommunikation als einem geistigen Teilen.

Eine dritte Bedeutung ist Kommunikation als Verschmutzung oder Kontamination. Wie das Gewöhnliche profan (vulgär oder niedrig) sein kann, so mag das „eine-gemeinsame-Sache-Machen" als Verunreinigung oder Herabwürdigung verstanden werden. Dies ist eine Bedeutung, die sowohl im griechischen *Neuen Testament* als auch in der *Vulgata* zu finden ist. Alle drei Bedeutungen – die rhetorische, die spiritualistische und die puristische – bestehen in der modernen Welt fort.

Die Rätsel der Kommunikation

Was Adam Smith in *The Wealth of Nations* (1776) beiläufig als „freien Handel und freie Kommunikation" bezeichnet hat, wurde im Gefolge von politischen und industriellen Revolutionen, von Dampfschiff und Eisenbahn, Imperialismus und Wachstum des Weltmarkts schon bald besonders befrachtet. Zur Zeit von Alfred Marshalls epoche-machenden *Principles of Economics* (1890) war „Kommunikation" in der Wirtschaft zu einem regulären Begriff geworden, und ein früher Ökonom mit einer ganz anderen Perspektive wies dem Begriff im Sinne von ‚Verkehr' eine zentrale Stelle in seiner Theorie zu: Karl Marx. „Kommunikation" behielt seine stark am Verkehrs- und Transportwesen orientierte Bedeutung bis ins 20. Jahrhundert hinein bei, und der Terminus der „Kommunikationswege" beschreibt noch immer militärische Netz-werke zur Beförderung von Nachrichten, Truppen und Nachschub. Bis zum 20. Jahrhundert konnte sich „Kommunikation" auf alle Arten symbolischer Interaktion zwischen Menschen beziehen. Im Jahre 1894 kündigte der amerikanische Soziologe Charles Horton Cooley den entscheidenden Riss an: „ Das Transportwesen ist phy-sisch, die Kommunikation ist psychisch." Diese Dematerialisierung der Kommuni-kation bezog ihre unmittelbare Anregung aus der Elektrizität – einem wirkmächtigen Medium und einer Metapher für menschliche Verbindungen seit dem 18. Jahrhundert. Indem er weit voneinander entfernte Endpunkte augenblicklich in Kontakt mitein-ander brachte, ließ der elektrische Telegraf die ältere spiritualistische Bedeutung von „Kommunikation" wieder aufleben. Und tatsächlich war die spirituelle Bewegung vom elektrischen Telegrafen ebenso inspiriert wie später vom Radio. Drahtlose Information wurde als magisch oder unheimlich erachtet. Bei ihrer ersten Erwäh-nung im Jahre 1882 wurde die Telepathie als „die Kommunikation von Eindrücken jeglicher Art von einem Geist zu einem anderen, unabhängig von den etablierten Bah-nen der Sinne" definiert. In der Physik vor Einstein und in der frühen Praxis des Radios im späten 19. Jahrhundert waren visionäre Vorstellungen von einer Kommunikation ohne Übertragungskanäle weit verbreitet.[1] Die Auffassung, dass Kommunikation ausschließlich „psychisch" sei, brachte einen grundlegenden Wandel in den ökono-mischen und symbolischen Beziehungen der Menschen während des langen 19. Jahr-hunderts zum Ausdruck. Diese lange Revolution führte aber auch eine erste Welle der Kritik mit sich. Konservative Individualisten wie Thomas Carlyle und Søren Kierkegaard, selbstkritische Liberale wie Alexis de Tocqueville und John Stuart Mill sowie Transzendentalisten wie Ralph Emerson und Henry Thoreau beklagten allesamt, dass Kommunikation wertvolle Dinge gemein (ordinär, vulgär) mache. Im 20. Jahr-hundert sollten diese Klagen nur noch zunehmen, besonders in den Kritiken der Nachkriegszeit an „Massenkultur" und „Massengesellschaft". Einige sahen wirkliche Kommunikation als Form des Protests gegen eine falsche Welt; andere dagegen erblickten das Problem in der Kommunikation selbst. Kierkegaard gehörte zu den ersten, die Kommunikation (*Meddelelse*, dänisch für ‚Botschaft', ‚Nachricht') zu einem philosophischen Problem erhoben, und zwar ganz spezifisch auf die Frage gerichtet, wie sich Wahrheit inmitten des Rauschens von Uneigentlichkeit entdecken lässt. Im 20. Jahrhundert wurde dieses Thema in wirkmächtiger Weise von Philosophen wie Karl Jaspers, Martin Heidegger, Martin Buber, Jean-Paul Sartre, Hannah Arendt und Emmanuel Lévinas aufgegriffen.[2] Für diese mehr oder weniger existenzialistischen Denker war Kommunikation beides, Heilung wie Krankheit, eine Doppeldeutigkeit, die bis zum lateinischen *communicatio* als Teilen und als Verschmutzung zurückgeht. In einem gewissen Zusammenhang damit steht die Einsicht in die Unmöglichkeit der Kommunikation, wie sie sich in den gebrochenen Dialogen zeigt, die bei einigen einflussreichen Dramatikern des späten 19. Jahrhunderts, wie Anton Tschechow, Henrik Ibsen und August Strindberg, aufzutauchen begannen und die zu einem Kennzeichen des Dramas und Kinos bis in das 20. Jahrhundert hinein werden sollten.

Infolge der schrecklichen Zerstörungen des Ersten Weltkriegs und seiner furchterregenden Propaganda begannen viele Denker, die Frage der Kommunikation und der Macht der Symbole kritisch zu reflektieren und setzten sich mit dem Misslingen von Kommunikation, ihrem nur allzu erfolgreichen Einfluss auf das Denken der Menschen oder ihrer zentralen Rolle für die conditio humana auseinander. In den späten 1920er-Jahren kam schließlich das Wort „Massenkommunikation" für die neue Realität der Überzeugungsindustrien in Gebrauch, wie sie von Markt und Staat organisiert wurden.[3]

Therapeutische und technische Trends

Zwei weitere Entwicklungsstränge runden das Bild des 20. Jahrhunderts ab. Der therapeutische Strang verdankt sich in gewisser Weise sowohl den Pragmatisten als auch den Existenzialisten. Er betrachtet Kommunikation als Kriterium geistiger Gesundheit und Bedingung für Selbstverwirklichung. Dass der Begriff von Psychiatern aufgegriffen wurde, machen schon Buchtitel wie *Kommunikation. Die soziale Matrix der Psychiatrie* (1952) von Jürgen Ruesch und Gregory Bateson deutlich. In diesem Buch prägten die Autoren den bedeutungsvollen Ausdruck „Metakommunikation", einen Begriff, der sich in den sechziger Jahren als fruchtbar für Paul Watzlawick und die „Palo Alto Schule" erweisen sollte. Letztere sah die Schizophrenie im Wesentlichen als Problem familiärer Kommunikation an. Harry Stack Sullivan, Carl Rogers und andere Denker der Psychologie betrachteten Kommunikation als eine therapeutische Norm, die nicht nur für die Behandlung individueller psychopathologischer Probleme hilfreich sei, sondern auch für die Lösung globaler Konflikte. In den siebziger Jahren wurde die Auffassung, dass Kommunikation ein Mittel der Selbstbestätigung ebenso wie ein tief verwurzeltes existenzielles Bedürfnis sei, zu einem wohl etablierten und manchmal parodierten Teil der nordamerikanischen Kultur.[4] Trotz offenkundiger

Gegenanzeigen hat die Ansicht, dass Kommunikation die Menschen verbessert oder glücklicher macht, offenbar nicht an Einfluss verloren.

Nicht zuletzt bedeutet Kommunikation auch Fortschritt im Bereich von Technik und Technologien. Eine utopische und dystopische Tradition erstreckt sich vom Telegrafen bis zum Internet; der technische Strang erreichte damit seinen Höhepunkt zur Mitte des Jahrhunderts. *Eine mathematische Theorie der Kommunikation* (1948), die der Ingenieur Claude Shannon entworfen und wenig später zusammen mit dem Physiker Warren Weaver popularisiert hat, institutionalisierte nicht nur das Modell der Telekommunikation von „Sender, Nachricht, Kanal und Empfänger", sondern fasste den Begriff der Information als Entropie und damit im Sinne des Lieblingsbegriffs der alten Thermodynamik. Diese intellektuelle Meisterleistung breitete sich in den fünfziger Jahren rasch zum Wildwuchs einer ganzen Reihe von Forschungsfeldern aus, die Psychologie, Musiktheorie, Philosophie, Politische Wissenschaften, Linguistik und Genetik umfassten. Im Gegensatz dazu warnte Norbert Wieners *Cybernetics* (1948) vor der drohenden Verdrängung des menschlichen Gehirns während der Zweiten Industriellen Revolution. Diese beiden Texte, die aus dem Zusammenhang kommerzieller und militärischer Forschung entstanden sind, stießen auf internationale Resonanz. Eine Ideengeschichte der Kommunikation lässt verschiedene semantische Stränge erkennen: rhetorische, spiritualistische, puristische, am Transportwesen orientierte, kommunitaristische, therapeutische und technische. Diese Bedeutungslinien verleihen dem Begriff Macht und Resonanz. Manche mögen es als eine ironische Wendung ansehen, dass „Kommunikation" als Begriff darin scheitert, selbst dem Ideal der Kommunikation gerecht zu werden, dessen Erfüllung häufig von ihm erwartet wird – eine unbestreitbare Bedeutungsübertragung. Im Gegensatz dazu könnten wir eine tiefere Einsicht über die Kommunikation selbst erlangen, wenn wir uns die Tatsache klar machen, dass bereits deren Bezeichnung eine Fülle miteinander rivalisierender Bedeutungen und Vorstellungen enthält. Pluralität und Differenz scheinen unser Los sowohl in der Theorie als auch in der Praxis der Kommunikation zu sein.

...

1 Hagen, Wolfgang: *Radio Schreber. Der „moderne Spiritismus" und die Sprache der Medien*, Weimar 2001.

2 Pinchevski, Amit: *By way of interruption. Levinas and the ethics of communication*, Pittsburgh 2005.

3 Peters, John Durham/Peter D. Simonson: *Mass communication and American social thought. Key texts 1919–1968*, Boulder 2004.

4 Katriel, Tamar/Gerry Philipsen: „,,What we need is communication'. ,Communication' as a cultural category in some American speech", in: *Communication Monographs* (48) 1981, S. 301–317.

Babylon 2.8

(2008)

Bas Böttcher

Berlin, Paris, London, Ballermann, Balaton
Wir leben in Babylon 2.8

Reden wie im Mythos – verdreifacht geregeltes Mediengerede
und speisen's in Festplatten, Köpfe und Geräte
So wie in Babel in der Bibel lieben People die Piepen
und die, die dienen, verdienen viel weniger, als sie verdienten

Google mal Babylon! Babel mal Googylon
Bubblegum, Goodie, Booty, Party on, Babylon!

Während wir Wörter wie Werte verwirren
werden wagenweise Waren vertrieben. Und im Gehirn
platzen Dotcom-Hypotheken-Sprechblasen wie Pustefix
Komplett Geplättete fragen mich, warum tuste nix?
Propaganda geht runter wie Öl und rauf wie Ölpreise
nur wer sich selbst umschaut, wird auf seine Weise weise

Google mal Babylon! Babel mal Googylon
Bubblegum, Goodie, Booty, Party on, Babylon!

Bubble ma goodylon! Goody ma Babylon
Berlin, Paris, London, Ballermann, Balaton

Die schreckliche deutsche Sprache

(1880)

'Please, sir... is it... is it.... *Genetive*?'

MARK TWAIN

Ich ging oft ins Heidelberger Schloss, um mir das Raritätenkabinett anzusehen, und eines Tages überraschte ich den Leiter mit meinem Deutsch, und zwar redete ich ausschließlich in dieser Sprache. Er zeigte großes Interesse; und nachdem ich eine Weile geredet hatte, sagte er, mein Deutsch sei sehr selten, möglicherweise ein „Unikat"; er wolle es in sein Museum aufnehmen. Wenn er gewusst hätte, was es mich gekostet hat, meine Kunst zu erwerben, so hätte er auch gewusst, dass es jeden Sammler ruinieren würde, sie zu kaufen. Harris und ich arbeiteten zu dieser Zeit bereits seit mehreren Wochen hart an unserem Deutsch, und wir hatten zwar gute Fortschritte gemacht, aber doch nur unter großen Schwierigkeiten und allerhand Verdruss, denn drei unserer Lehrer waren in der Zwischenzeit gestorben. Wer nie Deutsch gelernt hat, macht sich keinen Begriff, wie verwirrend diese Sprache ist.

Es gibt ganz gewiss keine andere Sprache, die so unordentlich und systemlos daherkommt und dermaßen jedem Zugriff entschlüpft. Aufs Hilfloseste wird man in ihr hin und her geschwemmt, und wenn man glaubt, man habe endlich eine Regel zu fassen bekommen, die im tosenden Aufruhr der zehn Wortarten festen Boden zum Verschnaufen verspricht, blättert man um und liest: „Der Lernende merke sich die folgenden *Ausnahmen*." Man überfliegt die Liste und stellt fest, dass es mehr Ausnahmen als Beispiele für diese Regel gibt. Also springt man abermals über Bord, um nach einem neuen Ararat zu suchen, und was man findet, ist neuer Treibsand. Dies war und ist auch jetzt noch meine Erfahrung. Jedes Mal, wenn ich glaube, ich hätte einen dieser vier verwirrenden Fälle endlich da, wo ich ihn beherrsche, schleicht sich, mit furchtbarer und unvermuteter Macht ausgestattet, eine scheinbar unbedeutende Präposition in meinen Satz und zieht mir den Boden unter den Füßen weg. Zum Beispiel fragt mein Buch nach einem gewissen Vogel (es fragt immerzu nach Dingen, die für niemanden irgendwelche Bedeutung haben): „Wo ist der Vogel?" Die Antwort auf diese Frage lautet – gemäß dem Buch –, dass der Vogel in der Schmiede wartet, wegen des Regens. Natürlich würde kein Vogel so etwas tun, aber ich muss mich an das Buch halten. Schön und gut, ich mache mich also daran, das Deutsch für diese Antwort zusammenzuklauben. Ich fange am falschen Ende an, das muss so sein, denn das ist die deutsche Idee. Ich sage mir: „Regen' (rain) ist Maskulinum – oder vielleicht Femininum – oder auch Neutrum – es ist zu mühsam, das jetzt nachzuschlagen. Es heißt also entweder *der* (the) Regen oder *die* (the) Regen oder *das* (the) Regen – je nachdem, welches Geschlecht das Wort hat, wenn ich nachsehe.

Im Interesse der Wissenschaft will ich einmal von der Hypothese ausgehen, es sei Maskulinum. Gut – der Regen ist *der* Regen, wenn er im Ruhezustand, ohne Ergänzung oder weitere Erörterung, lediglich *erwähnt* wird – Nominativ; aber falls der Regen herumliegt, etwa so ganz allgemein auf dem Boden, dann ist er örtlich fixiert, er *tut etwas*, nämlich er *liegt* (was nach den Vorstellungen der deutschen Grammatik eine Tätigkeit ist), und das wirft den Regen in den Dativ und macht aus ihm *dem* Regen. Dieser Regen jedoch liegt nicht, sondern er tut etwas *Aktives* – er fällt (wahrscheinlich um den Vogel zu ärgern), und das deutet auf *Bewegung* hin, die wiederum bewirkt, dass er in den Akkusativ rutscht und sich aus *dem* Regen in *den* Regen verwandelt." Damit ist das grammatikalische Horoskop für diesen Fall abgeschlossen, und ich gebe zuversichtlich Antwort und erkläre auf Deutsch, dass der Vogel sich „wegen *den* Regen" in der Schmiede aufhält. Sofort fällt mir der Lehrer sanft in den Rücken mit der Bemerkung, dass das Wort „wegen", wenn es in einen Satz einbricht, den betroffenen Gegenstand *immer* und ohne Rücksicht auf die Folgen in den *Genitiv* befördere – und dass dieser Vogel daher „wegen *des* Regens" in der Schmiede gewartet habe.

N. B. Von höherer Stelle erfuhr ich später, dass es hier eine „Ausnahme" gebe, die es einem erlaube, in gewissen eigentümlichen und komplizierten Umständen „wegen *den* Regen" zu sagen; aber diese Ausnahme gelte wirklich für nichts anderes als für den Regen. Es gibt zehn Wortarten, und alle zehn machen Ärger. Ein durchschnittlicher Satz in einer deutschen Zeitung ist eine erhabene, eindrucksvolle Kuriosität; er nimmt ein Viertel einer Spalte ein; er enthält sämtliche zehn Wortarten – nicht in ordentlicher Reihenfolge, sondern durcheinander; er besteht hauptsächlich aus zusammengesetzten Wörtern, die der Verfasser an Ort und Stelle gebildet hat, sodass sie in keinem Wörterbuch zu finden sind – sechs oder sieben Wörter zu einem zusammengepackt, und zwar ohne Gelenk und Naht, das heißt: ohne Bindestriche; er behandelt vierzehn oder fünfzehn verschiedene Themen, von denen jedes in seine eigene Parenthese eingeschlossen ist, und jeweils drei oder vier dieser Parenthesen werden hier und dort durch eine zusätzliche Parenthese abermals eingeschlossen, sodass Pferche innerhalb von Pferchen entstehen; schließlich werden alle diese Parenthesen und Überparenthesen in einer Hauptparenthese zusammengefasst, die in der ersten Zeile des majestätischen Satzes anfängt und in der Mitte seiner letzten Zeile aufhört – *und danach kommt das Verb*, und man erfährt zum ersten Mal, wovon die ganze Zeit die Rede war; und nach dem Verb hängt der Verfasser noch „haben sind gewesen gehabt haben geworden sein" oder etwas dergleichen an – rein zur Verzierung, soweit ich das ergründen konnte –, und das Monument ist fertig. Ich nehme an, dieses abschließende Hurra ist so etwas wie der Schnörkel an einer Unterschrift – nicht notwendig, aber hübsch. Deutsche Bücher sind recht einfach zu lesen, wenn man sie vor einen Spiegel hält oder sich auf den Kopf stellt, um die Konstruktion herumzudrehen, aber eine deutsche Zeitung zu lesen und zu verstehen wird für den Ausländer wohl immer eine Unmöglichkeit bleiben.

Doch selbst deutsche Bücher sind nicht völlig frei von Anfällen der Parenthesekrankheit, wenn sie hier auch gewöhnlich so milde verläuft, dass sie nur ein paar Zeilen in Mitleidenschaft zieht. Man kann daher dem Verb, wenn man es endlich erreicht, einige Bedeutung abgewinnen, erinnert man sich doch noch an ein gut Teil des Voraufgehenden. Nun, hier ist ein Satz aus einem beliebten, vortrefflichen deutschen Roman – mit einer kleinen Parenthese darin. Ich werde eine absolut wörtliche Übersetzung anfertigen und zur Leseerleichterung Parentheseklammern und einige Bindestriche einstreuen – im Original gibt es weder Parentheseklammern noch Bindestriche, und es bleibt dem Leser nichts anderes übrig, als sich zum weit entfernten Verb durchzuschlagen, so gut er kann: „But when he, upon the street, the (in-satin-and-silk-covered-now-very-unconstrained-after-the-newest-fashion-dressed) government counselor's wife *met*" usw. usw. Dieser Satz stammt aus dem „Geheimnis der alten Mamsell" von Frau Marlitt und ist nach dem anerkanntesten deutschen Modell konstruiert. Man beachte, wie weit das Verb von der Ausgangsbasis des Lesers entfernt liegt; nun, in deutschen Zeitungen bringt man das Verb erst auf der nächsten Seite, und ich habe gehört, dass die Leute manchmal, nachdem sie sich ein, zwei Spalten lang in aufregenden Präliminarien und Parenthesen ergangen haben, in Eile geraten und schließlich drucken müssen, ohne überhaupt bis zum Verb vorgestoßen zu sein, was natürlich dazu führt, dass der Leser in einem Zustand größter Erschöpfung und Unkenntnis zurückgelassen wird.

Auch in unserer Literatur gibt es die Parenthesekrankheit, und man kann tagtäglich in unseren Büchern und Zeitungen Fälle davon entdecken, aber bei uns verraten sie einen ungeübten Schreiber oder einen unklaren Geist, während sie bei den Deutschen zweifellos das Zeichen für eine geübte Feder und das Vorhandensein jenes lichten geistigen Nebels sind, der bei diesem Volk als

Klarheit gilt. Denn es ist ganz gewiss *keine* Klarheit – es kann einfach nicht Klarheit sein. Selbst eine Jury von Geschworenen wäre scharfsinnig genug, um das zu erkennen. Die Gedanken eines Autors müssen schon mächtig verwirrt und in Unordnung sein, wenn er sich zu der Feststellung anschickt, dass ein Mann der Frau eines Regierungsrates auf der Straße begegnet, und dann inmitten dieses so schlichten Unterfangens die beiden näher kommenden Leute anhält und stillstehen lässt, bis er ein Verzeichnis von der Kleidung der Frau angefertigt hat. Das ist eindeutig absurd. Es erinnert einen an jene Zahnärzte, die sich unser augenblickliches und atemverschlagendes Interesse für einen Zahn sichern, indem sie ihn mit der Zange packen und dann dastehen und lang und breit einen lahmen Witz erzählen, bevor sie zu dem gefürchteten plötzlichen Ruck übergehen. In der Literatur und in der Zahnheilkunde sind Parenthesen schlechter Geschmack.

Die Deutschen kennen noch eine weitere Form der Parenthese, die sie herstellen, indem sie ein Verb spalten und die eine Hälfte an den Anfang eines spannenden Kapitels setzen und die *andere Hälfte* an den Schluss. Kann man sich etwas Verwirrenderes vorstellen? Diese Dinger heißen „trennbare Verben". Die deutsche Grammatik ist geradezu übersät mit trennbaren Verben, und je weiter die beiden Teile auseinander gerissen werden, desto zufriedener ist der Urheber des Verbrechens mit seiner Leistung. Eines der beliebtesten Exemplare ist *reiste ab* – was „departed" bedeutet. Hier ist ein Beispiel, das ich in einem Roman aufgelesen und ins Englische übertragen habe: „The trunks being now ready, he *de-* after kissing his mother and sisters, and once more pressing to his bosom his adored Gretchen, who, dressed in simple white muslin, with a single tuberose in the ample folds of her rich brown hair, had tottered feebly down the stairs, still pale from the terror and excitement of the past evening, but longing to lay her poor aching head yet once again upon the breast of him whom she loved more dearly than life itself, *parted*."

Es ist jedoch nicht ratsam, zu lange bei den trennbaren Verben zu verweilen. Man verliert bald unweigerlich die Beherrschung, und wenn man bei dem Thema bleibt und sich nicht warnen lässt, weicht schließlich das Gehirn davon auf oder versteinert.

Wie Sprache im Gehirn entsteht

Angela D. Friederici

Was ist Sprache? Sprache ist ein komplexes System, das aus einer Reihe verschiedener Komponenten besteht, deren Zusammenspiel die Produktion und das Verstehen von Sätzen möglich macht. Dies sind zum einen die Sprachlaute (Phonologie), die Wörter (Lexikon) und die Grammatik (Syntax). Alle Sprachen der Welt verfügen über diese Komponenten, auch wenn sie jeweils unterschiedlich realisiert sind. Neben den Wörtern variieren die verschiedenen Sprachen der Welt vor allem bezüglich ihrer Grammatik, was uns das Lernen einer Fremdsprache im Erwachsenenalter oft schwer macht. Faszinierend ist, dass jedes Kind, jede Sprache mühelos erlernt. Interessant ist auch, dass die Entwicklungsverläufe des Spracherwerbs in allen Sprachen der Welt gleich ablaufen: von der Schreiphase über die Lallphase zur ersten Wortproduktion und von da aus über die Phase der Zwei-Wort-Sätze hin zu komplexeren Satzstrukturen. Diese Beobachtungen legen nahe, dass der kindliche Spracherwerb einem biologischen Programm folgt, welches, sofern das Kind Sprachinput bekommt, automatisch abläuft. Ist Sprachinput nicht gegeben, wie bei dem berühmten Fall Kaspar Hauser, entwickelt sich die volle Sprachfähigkeit nicht. Heutzutage erlaubt uns die Technik der funktionellen Magnetresonanz-Tomografie (fMRT), die Hirnaktivität während der Sprachverarbeitung zu messen. Bei Untersuchungen zur Sprachverarbeitung konnten für viele unterschiedliche Sprachen jeweils ähnliche zerebrale Aktivierungsmuster beobachtet werden. Normales Sprachverstehen setzt in allen Sprachen eine Feinabstimmung der Hirnaktivitäten in verschiedenen Arealen der linken Hemisphäre voraus.

Das Wunder der menschlichen Sprachfähigkeit wird vor allem deutlich, wenn wir uns vor Augen führen, dass Kinder jede Sprache der Welt ohne ein spezielles Lehrprogramm lernen. Sie lernen Sprache, indem sie phonologische oder syntaktische Regelmäßigkeiten im Sprachinput erfassen. Kleinkinder im ersten halben Lebensjahr zeigen bereits die Fähigkeit, aufgrund bloßer Auftretenswahrscheinlichkeiten einzelner Sprachelemente in einer Sprachfolge, Regeln zu abstrahieren. Der erste Einstieg von Kleinkindern in die Sprache beruht auf der Verarbeitung phonologischer Informationen. Eine ausschlaggebende Fähigkeit bei diesem ersten Schritt des Spracherwerbs muss der Säugling zwischen Sprache und nichtsprachlichem auditorischem Input unterscheiden, um sprachliche Informationen gezielt wahrnehmen zu können. In einem fMRT-Experiment konnte gezeigt werden, dass drei Monate alte Kleinkinder diese Unterscheidung treffen können und dass dies Aktivierungen im linken Temporallappen hervorruft. Diese Daten lassen vermuten, dass schon in diesem Alter eine Erwachsenen-ähnliche linkshemisphärische Dominanz für Sprache vorliegt. Noch bevor Kleinkinder anfangen, vor sich hin zu plappern, erweisen sie sich als höchst sensibel für spezifische Betonungsmuster ihrer Muttersprache. Die Betonung zweisilbiger Wörter liegt im Deutschen auf der ersten Silbe (*Máma, Pápa*), während sie im Französischen auf der zweiten Silbe liegt (*mamá, papá*). Daten einer ereigniskorrelierten Hirnpotential (EKP)[1]-Studie, in der vier bis fünf Monate alte deutsche und französische Kinder untersucht wurden, belegen: Deutsch lernende Kinder zeigen stärkere Hirnantworten auf das sprachuntypische Betonungsmuster des Deutschen (Betonung auf der zweiten Silbe), wohingegen Französisch lernende Kinder stärker auf das sprachuntypische Betonungsmuster des Französischen (Betonung auf der ersten Silbe) reagieren. Kinder haben also schon im Alter von vier bis fünf Monaten Wissen über die vorherrschenden Betonungsmuster ihrer Muttersprache aufgebaut. In diesem Alter sind Kleinkinder bereits hoch sensibel für syntaktische Regularitäten im Sprachinput. Mittels EKP-Messungen konnte gezeigt werden, dass Kleinkinder im Alter von vier Monaten in der Lage sind, syntaktische Relationen zwischen zwei Elementen im Satz zu erkennen, und zwar in einer Sprache, die sie nie zuvor gehört hatten. Deutsche Kleinkinder hörten zunächst eine Reihe von korrekten italienischen Sätzen, in denen ein bestimmtes Auxiliar (Hilfsverb *sta* oder *puo*) die jeweilige Endung des Verbs bestimmt (zum Beispiel *La sorella sta cantando*. ‚Die Schwester ist (am) Singen‘; *La sorella puo cantare*. ‚Die Schwester kann singen‘). Sie lernten diese syntaktische Abhängigkeit des Italienischen innerhalb von 20 Minuten passiven Hörens italienischer Sätze,[2] denn sie zeigten einen deutlichen Unterschied in der Gehirnreaktion auf korrekte (siehe oben) und inkorrekte Sätze (zum Beispiel **La sorella puo cantando. *La sorella sta cantare.*). Diese frühen Fähigkeiten des Erkennens von Regularitäten im Input sind die Grundvoraussetzungen für den menschlichen Spracherwerb und für den späteren Erwerb von Syntax.

Parallel zum Herausfiltern syntaktischer Regeln müssen Kinder lernen, dass gewisse Elemente im Sprachfluss Bedeutungen tragen, die sich auf Objekte und Handlungen in der sie umgebenden Welt beziehen. Da die Beziehungen zwischen Wörtern und Objekten willkürlich sind – wie die unterschiedlichen Wörter in verschiedenen Sprachen für das gleiche Objekt beweisen – ist das keine leichte Aufgabe. Den Kindern helfen sowohl außersprachliche als auch innersprachliche Hinweise. So haben Studien gezeigt, dass soziale Hinweise, wie das Deuten mit dem Finger oder Blicke in Richtung des benannten Objektes, das Lernen von Objektnamen erleichtern. Innersprachliche Kategorien können dabei helfen, herauszufinden, ob ein bestimmtes Wort zu einem Objekt oder zu einer Handlung gehört. Geht beispielsweise einem Wort der Artikel „ein" voraus, dann bezieht es sich mit großer Wahrscheinlichkeit auf ein Objekt und ist ein Nomen: ein Ball; ein Hase.[3] Im Alter von etwa zwölf bis vierzehn Monaten erkennen Kinder die ersten Wörter und ihre Bedeutungen und lernen jeden Tag neue Wörter hinzu. Im Alter von zweieinhalb Jahren verfügen sie über kritische syntaktische Informationen ihrer Muttersprache, zum Beispiel, dass im

Deutschen das Verb im Nebensatz am Ende steht. Allerdings dauert es noch einige Jahre, bis das Kind Sätze, in denen das Objekt und nicht das Subjekt am Satzanfang steht (zum Beispiel *Den Mann tritt der Junge*) richtig interpretieren kann. Noch im Alter von fünf Jahren liegt die Interpretation des Akteurs der Handlung in solchen Sätzen im Zufallsbereich.[4]

Wie sind diese Entwicklungsverläufe zu erklären, und welche Rolle spielt die Reifung des Gehirns dabei? Der Erwerb von Wortwissen, von Wörtern und ihren Bedeutungen, zieht sich über Jahre hin. Zunächst erwerben Kleinkinder Wissen über die mögliche Lautform von Wörtern in ihrer Sprache und später das Wissen über deren konkrete Bedeutung. Im Alter von sieben bis elf Monaten können Kleinkinder einzelne Wortformen, die ihnen im Experiment beigebracht wurden, wiedererkennen, auch wenn sie im Satz präsentiert werden.[5] Im Alter von zwölf Monaten können sie lautlich legale von illegalen Wörtern ihrer Muttersprache unterscheiden. Zunächst verfügen Kleinkinder aktiv nur über wenige Wörter, ab dem 14. Monat kann man jedoch einen sogenannten Vokabelspurt beobachten. Kinder lernen jetzt mehrere neue Wörter am Tag. Hirnaktivitätsmessungen deuten darauf hin, dass die semantische Repräsentation von Wörtern ab dem zweiten Lebensjahr kontinuierlich schärfer wird. Die Hirnaktivitätsmuster bei Kindern im Gegensatz zu Erwachsenen sprechen sowohl für eine weniger fokussierte neuronale Repräsentation, als auch für langsame Prozesse bei der Verarbeitung semantischer Informationen.[6] Nach dem Stadium der Ein-Wort-Äußerungen (*da*, *Papa*, *auf*), folgt das Stadium der Zwei-Wort-Äußerungen (*Papa auf*, was so viel heißen kann wie ‚Papa, mach die Tür auf‘). Solche Zwei-Wort-Äußerungen signalisieren erstes syntaktisches Wissen. In den folgenden drei bis vier Lebensjahren wird der Wortschatz und das syntaktische Wissen kontinuierlich erweitert. In der Syntaxdomäne kann man beobachten, dass sich der Aufbau des grammatischen Wissens und dessen Gebrauch trotz des Erkennens von syntaktischen Relationen im frühen Kindesalter bis zum Alter von sieben Jahren hinziehen. Was könnte der Grund hierfür sein? Hat es eventuell mit den zugrunde liegenden neuro-biologischen Gegebenheiten zu tun? Erste Befunde deuten an, dass die Neurobiologie der Hirnreifung hier eine entscheidende Rolle spielt. Betrachten wir zunächst das erwachsene Gehirn. Die Verarbeitung von syntaktisch komplexen Sätzen wird durch ein neuronales Netzwerk gesichert, welches aus dem Broca-Areal und dem posterioren Anteil des Temporalcortex besteht. Diese beiden Hirnregionen sind durch Faserbündel direkt miteinander verbunden. Da sowohl das Broca-Areal als auch der posteriore Anteil des Temporalcortex für die Verarbeitung von einfachen Sätzen bei sechs Jahre alten Kindern aktiviert sind,[7] haben diese Hirngebiete entweder selbst noch nicht die gleiche Funktion wie bei Erwachsenen, oder aber die Faserverbindung zwischen den beiden Hirngebieten, ist noch nicht voll ausgereift. In der Tat geht aus einer neuen Untersuchung hervor, dass diese Faserverbindung bei Erwachsenen deutlich stärker ausgeprägt ist als bei sieben Jahre alten Kindern.[8] Ebenso gibt es einen engen Zusammenhang zwischen der Reifung dieser Faserverbindung und der Fähigkeit, syntaktisch komplexe Strukturen zu verarbeiten.[9]

Mit den heutigen bildgebenden Verfahren sind wir in der Lage, bestimmten Hirnarealen spezifische Funktionen in der Sprachverarbeitung wie Phonologie, Semantik und Syntax zuzuweisen. Auch können wir das Zusammenspiel zwischen den einzelnen Hirnregionen funktionell und in seinem zeitlichen Verlauf beschreiben. Die neueren Verfahren zeigen, dass es einen engen Zusammenhang zwischen den Faserverbindungen, die den Informationsaustausch zwischen den einzelnen Hirnarealen sicherstellen, und der Sprachperformanz gibt. Die Ergebnisse des Zusammenhangs von Hirnreifung und Sprachentwicklung bieten die mögliche Basis für die Erstellung von schulischen Curricula einerseits, sowie von Förderprogrammen in der frühen Kindheit andererseits. Die Anwendung der neurowissenschaftlichen Ergebnisse im pädagogischen Feld bedarf einer zukünftigen engen interdisziplinären Zusammenarbeit.

...

1 Die häufigste bei Kindern verwendete Messgröße ist das ereigniskorrelierte Hirnpotential (EKP), wie es durch Elektroenzephalografie (EEG) erfasst wird. Es spiegelt die Gehirnaktivität mit hoher zeitlicher Auflösung wider.

2 Friederici, Angela D./Jutta Mueller/Regine Oberecker: „Precursors to natural grammar learning: preliminary evidence from 4-month-old infants", in: PLoS ONE 6(3), e17920 (2011).

3 Zum Beispiel Höhle, Barbara/Jürgen Weissenborn: „German-learning infants' ability to detect unstressed closed-class elements in continuous speech", in: Developmental Science 6 (2003), S. 122–127; Höhle, Barbara/Jürgen Weissenborn/Dorothea Kiefer/Antje Schulz/Michaela Schmitz: „Functional elements in infants' speech processing: The role of determiners in the syntactic categorization of lexical elements", in: Infancy 5 (2004), S. 341–353.

4 Dittmar, Miriam/Kirsten Abbot-Smith/Elena Lieven/Michael Tomasello: „German children's comprehension of word order and case marking in causative sentences", in: Child Development 79 (2008), S. 1152–1167.

5 Kooijman, Valesca/Peter Hagoort/Anne Cutler: „Electrophysiological evidence for prelinguistic infants' word recognition in continuous speech", in: Cognitive Brain Research 24 (2005), S. 109–116; Kooijman, Valesca/Peter Hagoort/Anne Cutler: „Prosodic structure in early word segmentation: ERP evidence from Dutch ten-month-olds", in: Infancy 14 (2009), S. 591–612.

6 Friedrich, Manuela/Angela D. Friederici: „N400-like semantic incongruity effect in 19-month-olds: Processing known words in picture contexts", in: Journal of Cognitive Neuroscience 16 (2004), S. 1465–1477; Friedrich, Manuela/Angela D. Friederici: „Semantic sentence processing reflected in the event-related potentials of one- and two-year-old children", in: NeuroReport 16 (2005), S. 1801–1804.

7 Brauer, Jens/Angela D. Friederici: „Functional neural networks of semantic and syntactic processes in the developing brain", in: Journal of Cognitive Neuroscience 19 (2007), S. 1609–1623.

8 siehe Abb. 5 in: Brauer, Jens/Alfred Anwander/Angela D. Friederici: „Neuroanatomical prerequisites for language functions in the maturing brain", in: Cerebral Cortex 21 (2011), S. 459–466.

9 Skeide, Michael/Jens Brauer/Angela D. Friederici: „Brain functional and structural predictors of language performance", in: Cerebral Cortex. Advance online publication, doi: 10.1093/cercor/bhv042 (2015).

Verschlungene Wege. Zur Kulturtechnik des Lesens

Michael Hagner

Der Mensch ist alt, das Lesen ist jung. Wenn Menschen vor 50.000 Jahren irgendetwas gelesen haben, dann waren es Spuren, und diese Fähigkeit war für ihr Überleben
notwendig, denn je nach Spur mussten sie entscheiden, ob sie die Fährte aufnehmen
oder sich besser in die entgegengesetzte Richtung davon machen. Erst vor 6.000 Jahren
tauchten die ersten Schriftsysteme auf, und seitdem hat sich nach und nach das herausgebildet, was heute als Lesefähigkeit bezeichnet wird. Für die Beziehung von Biologie
und Kultur ist diese Tatsache insofern bedeutsam, als das Lesen von Schriftzeichen
keine evolutionäre Notwendigkeit darstellt, die einen Überlebensvorteil sichern
würde, sondern eine kulturelle Errungenschaft bedeutet, die das menschliche Gehirn
in erheblichem Maße beansprucht und regelmäßige Übung verlangt. Es ist ein „Akt
der verschlungenen Wege"[1] im neuronalen Netzwerk, was uns subjektiv kaum auf-
fällt, wenn wir uns mit leichten Texten beschäftigen oder schnell von einem Text zum
nächsten springen. Langes, konzentriertes Lesen hingegen führt früher oder später
zum Gefühl der Ermüdung. Der Lohn der Mühen ist nicht gering: Schriftsprache,
Lesen und Schreiben strukturieren „das metasprachliche Denken und die Möglichkeit, unsere eigenen sprachlichen Mitteilungen sowie die von anderen zu analysieren,
zu kritisieren und zu bewerten".[2]

Für die Ausfaltung der kognitiven Fähigkeiten stellt Lesen also keinen Luxus dar,
der durch Umpolung auf Oralität, auf bildliche Repräsentationen oder auf Computer-
sprachen zu kompensieren wäre. Lesen ist das tragfähigste Fundament des Denkens
und Urteilens. Das ist aber nur die eine Seite, denn beim Lesen geht es ebenso sehr um
Erlebnis, Entdeckung, Imagination, Erinnerung und Fantasie. Wir lesen jeden Tag
irgendetwas, um uns zu informieren, zu unterhalten oder die Zeit totzuschlagen, aber
jenseits davon können Leseerfahrungen liegen, die so prägend sind, dass sie ein Teil
von uns selbst werden. Eine solche Intensität war gewiss nicht vorgesehen, als die
ersten Schriftzeichen mühsam entziffert wurden. Das bedeutet, dass sich die emotionalen und kognitiven Dimensionen des Lesens historisch entwickelt haben und für
weitere Entwicklungen offen sind. In jeder historischen Umbruchsituation, mit jedem
neuen Medium oder Leseapparat können die Lesefähigkeiten erweitert oder auch
eingeschränkt werden.

Sokrates war kein großer Freund der Schrift und des Lesens. Das wird verständlich,
wenn man sich vorstellt, dass Lesen im Athen der antiken Philosophen darauf
beschränkt war, Texte aus Papyrusrollen sich selbst oder anderen laut vorzulesen.
Erkenntnis ergab sich im gemeinsamen Gespräch zwischen verständigen Philosophen,

in Rede und Widerrede, und lautes Lesen diente allenfalls der Erinnerung an etwas, das man im Grunde schon wusste. Der Akt des Lesens bedeutete somit ein Nach-Lesen, und das schloss die ungestörte Versenkung in ein Buch, die zu neuen Einsichten führt, aus.[3] Die inspirierende Lektüre entstand in einem ganz anderen historischen Kontext. In den *Bekenntnissen* erzählt Augustinus von seiner Faszination, als er den Bischof Ambrosius in einem Mailänder Garten in stiller Lektüre versunken sah. Und er berichtet von einem anderen Leser, der zufällig ein Buch über das Leben des heiligen Antonius entdeckte: Er „las und war im Innern umgewandelt."[4] Im Akt des ungestörten Lesens offenbart sich der göttliche Geist. Den autonomen Leser, der sich qua Lektüre seinen eigenen Zugang zur Welt schafft, hatte der Kirchenvater gewiss nicht im Sinn, und doch bahnte er den Weg für die Einsicht, dass „ein Buch, das vom einsamen Leser in stiller Lektüre aufgenommen und durchlebt wird, nicht länger Gegenstand sofortiger Erklärung oder Anleitung, Verdammung oder Zensur durch einen Mithörer" sein kann.[5] Stilles Lesen hieß, sich über das Gedächtnis hinaus in Nachdenken, Hinterfragen und Assoziieren einzuüben. Diese Freiheit, mit einem Buch nach eigenem Gutdünken umzugehen, wurde durch den Buchdruck und die damit verbundene, schnelle und kaum kontrollierbare Zirkulation der Bücher erheblich befördert. Gut 150 Jahre nach Johannes Gutenberg konstatierte Francis Bacon, dass der Buchdruck größten „Einfluß auf die menschlichen Belange ausgeübt" habe, indem er die „Herrschaft des Menschengeschlechts über die Gesamtheit der Natur" erweiterte.[6] Auch wenn in dieser Aussage mehr ein Versprechen als eine zutreffende Beschreibung der damaligen historischen Situation lag, war die Lektüre gedruckter Bücher ein entscheidendes Element jenes säkularisierten Fortschrittsprogramms, mit dem zumindest ein privilegierter Teil der Menschheit sein Schicksal in die eigenen Hände nehmen sollte. Macht setzte Wissen und Selbstbeherrschung voraus, und so rückte das Lesen ins Zentrum eines Bildungsversprechens, das der Vervollkommnung der menschlichen Kräfte dienen sollte. Für den Kantianer Johann Adam Bergk bedeutete die Kunst des Lesens weniger die Anhäufung vieler Kenntnisse als eine „selbstthätige, willkührliche und vernünftige Anwendung derselben."[7]

In der Moderne ist Lesen zum Eintrittsticket für Bildung und Erkenntnis, politische Emanzipation und Machterweiterung geworden. Dementsprechend unterliegen alle historischen Veränderungen des Lesens und Schreibens genauer Beobachtung, insbesondere wenn neue Medien am Horizont erscheinen. Als die Lesefähigkeit durch die allgemeine Schulpflicht zum Massenphänomen wurde und der Zeitungsjournalismus den begehrtesten Lesestoff zur Verfügung stellte, argwöhnte Friedrich Nietzsche, dass dadurch Denken und Schreiben schweren Schaden nehmen würden.[8] Als nach dem Ersten Weltkrieg der Film zum dominierenden Medium und die Optimierung des Lesetempos zum Ideal erkoren wurden, hielt der Typograf Jan Tschichold das „Überfliegen eines Textes" für die angemessene moderne Art des Lesens.[9] Und als um 1960 das Fernsehen in die Haushalte einzog, sah Marshall McLuhan die noch fleißig lesende Menschheit gleich am Ende ihrer Reise in der Gutenberg-Galaxis angekommen.[10]

Und heute? Niemand wird bestreiten, dass Internet, digitale Lesegeräte, E-Books oder Hypertexte für die Lesekultur erhebliche Konsequenzen haben, aber worin genau sie bestehen, ist schwierig zu sagen. Die Befürchtung, dass das Internet zur digitalen Demenz führt, ist eine ebenso unsinnige Kampfparole wie die Behauptung, dass nur das Lesen am Computer den künftigen Bildungsweg der Menschheit bestimmt. Dabei lassen nicht einmal die empirischen Lesestudien ein zuverlässiges Urteil über die Konsequenzen des digitalen Lesens zu.[11] Vermutlich spielt das Medium bei einfachen oder vertrauten Texten keine Rolle, wohl aber bei schwierigen, anspruchsvollen und unvertrauten Texten. Für geübte Leser dürfte es weniger relevant sein, zwischen gedrucktem Buch und elektronischem Lesegerät zu wählen. Beim Leseerwerb im Kindesalter hingegen spricht viel dafür, dass *print first, online second* die richtige Reihenfolge ist, um sich in der Welt des Lesens überhaupt zurechtzufinden. Niemand ist durch die digitalen Apparate zu einem genaueren, gründlicheren Leser geworden, aber gerade deswegen wäre eine flexible Ökologie des Lesens wünschenswert, die unterschiedliche Medien und Modi des Lesens einschließt. Es wäre absurd, zufriedenen Lesern von E-Books abzuraten, wenn sie die Bequemlichkeit, Leichtigkeit und Eleganz dieser Geräte schätzen. Wenn E-Books in Misskredit geraten sind, so liegt das daran, dass Leser – allerdings etwas anders als zu Zeiten des Sokrates – nicht mehr ungestört sind: Sie werden durch die Geräte in ihrem Leseverhalten ausspioniert, und es ist nicht leicht auszumachen, ob das der kommerziellen Habsucht der globalen Informationsprovider, der Manipulation oder gar der Zensur und Spionage dient.

Mit dem Internet sind neue Formen des Lesens aufgetreten, insbesondere das sogenannte Hyper Reading, bei dem der Lesefluss durch Anklicken anderer Texte, Bilder, Filme, akustischer Dokumente, Musik usw. immer wieder unterbrochen wird. Das bedeutet Gewinn und Verlust zugleich: Verlust an sequentieller, kohärenter Leseerfahrung sowie ein reduziertes Verständnis des Inhalts und der argumentativen bzw. narrativen Eigenart des Textes, Gewinn an assoziativer Verzweigung und Ausleuchtung solcher Referenzen, die in einem Text notgedrungen Anspielung bleiben.

Eine läppische Modeerscheinung schließlich dürfte die Behauptung sein, dass Lesen in der heutigen Welt ausschließlich einen sozialen Akt darstellt, der eine Neuerfindung des Buches als Plattform für gemeinschaftliche, vernetzte Aktivitäten erfordert. Nichts gegen Lesegruppen, aber die Simultaneität von konzentriertem Lesen und sozialen Netzwerken entspricht nicht unseren kognitiven Möglichkeiten.[12] Deswegen gilt, dass ohne das langsame, ungestörte, sequentielle Lesen, das Spuren in uns hinterlässt, auch alle anderen Formen des Lesens zu einer trostlosen Veranstaltung verkommen. Zur Sprache verhilft das Lesen nur, wenn Abkürzungen vermieden und „die verschlungenen Wege" mit Lust beschritten werden.

…

1 Wolf, Maryanne: *Das lesende Gehirn. Wie der Mensch zum Lesen kam – und was es in unseren Köpfen bewirkt*, Heidelberg 2009, S. 18.

2 Tomasello, Michael: *Eine Naturgeschichte des menschlichen Denkens*, Berlin 2014, S. 210.

3 Platon: *Phaidros*, 275c–276a.

4 Augustinus: *Bekenntnisse*, Düsseldorf/Köln 1958, S. 125–126, 185.

5 Manguel, Albert: *Eine Geschichte des Lesens*, Frankfurt/Main 2012, S. 84–85.

6 Bacon, Francis: *Neues Organon*, Bd. 1, Aph. 129, Hamburg 1990, S. 271.

7 Bergk, Johann Adam: *Die Kunst, Bücher zu lesen*, Jena 1799, S. 85.

8 Nietzsche, Friedrich: „Also sprach Zarathustra", in: ders.: *Sämtliche Werke*, Kritische Studienausgabe, Bd. 4, München, Berlin 1980, S. 48.

9 Tschichold, Jan: *Die neue Typographie*, Berlin 1987, S. 223.

10 McLuhan, Marshall: *Die Gutenberg-Galaxis. Das Ende des Buchzeitalters*, Düsseldorf 1968.

11 Siehe Baron, Naomi S.: *Words Onscreen: The Fate of Reading in a Digital World*, Oxford 2015.

12 Mangen, Anne: „The digitisation of narrative reading. Theoretical considerations and empirical evidence", in: Kircz, Joost/Adriaan an der Weel (Hg.): *The Unbound Book*, Amsterdam 2014, S. 91–106, hier S. 101–103.

Das Lesen schreiben

(1970)

Roland Barthes

Ist es Ihnen noch nie passiert, daß Sie beim Lesen eines Buchs nicht aus
Desinteresse, sondern, im Gegenteil, aufgrund von Gedanken, Erregungen
und Assoziationen in Ihrer Lektüre ständig innehalten? Mit einem Wort,
ist es Ihnen nicht passiert, daß Sie aufblickend lesen?

Diese zugleich respektlose, weil den Text unterbrechende, und vernarrte,
weil ständig zu ihm zurückkehrende und sich aus ihm speisende Lektüre habe
ich zu schreiben versucht. Um sie niederzuschreiben, um aus einer Lektüre
wieder den Gegenstand einer weiteren Lektüre (die der Leser von *S/Z*)[1] zu machen,
mußte ich natürlich darangehen, alle diese Augenblicke des „Aufblickens" zu
systematisieren. Anders ausgedrückt, hieß der Versuch, meine eigene Lektüre
zu hinterfragen, nichts anderes, als die Form aller Lektüren (die Form: einziger
Ort der Wissenschaft) zu erfassen oder: eine Theorie der Lektüre herbeizurufen.

Ich habe also einen kurzen Text genommen (das war für die Gründlichkeit
des Unterfangens nötig), *Sarrasine* von Balzac, eine nicht sehr bekannte Novelle
(aber wird Balzac nicht gerade als der Unerschöpfliche definiert, der, von dem
man, außer man fühlt sich zur Exegese berufen, nie alles gelesen hat?), und
habe bei der Lektüre dieses Textes fortwährend innegehalten. Die Kritik funktioniert gewöhnlich (und dies ist kein Vorwurf) entweder mikroskopisch
(indem sie geduldig das philologische, autobiographische oder psychologische
Detail beleuchtet) oder teleskopisch (indem sie den großen historischen Raum
rund um den Autor auslotet). Ich habe auf diese zwei Werkzeuge verzichtet:
Ich habe weder von Balzac noch von seiner Zeit gesprochen, keine Psychologie
der Personen, keine Thematik des Textes und keine Soziologie der Anekdote
betrieben. Mich auf die frühesten Leistungen der Kamera beziehend, die den
Trab eines Pferdes zu zerlegen vermochte, habe ich gewissermaßen versucht,
die Lektüre von *Sarrasine* in der Zeitlupe zu filmen: Das Resultat ist, glaube ich,
weder eine richtige Analyse (ich habe nicht das Geheimnis dieses eigenartigen

Textes zu erfassen versucht) noch ein richtiges Bild (ich denke nicht, daß ich mich in meine Lektüre hineinprojiziert habe – oder wenn dem so ist, dann von einem unbewußten Ort aus, der weit unter meinem „Selbst" liegt). Was ist S/Z folglich? Bloß ein Text, jener Text, den wir in unserem Kopf schreiben, wenn wir aufblicken.

Dieser Text, den man mit einem Wort bezeichnen können müßte: als Lese-Text, ist schlecht bekannt, da wir uns seit Jahrhunderten maßlos für den Autor und überhaupt nicht für den Leser interessieren; die meisten literaturwissenschaftlichen Theorien suchen zu erklären, warum, aufgrund welcher Triebe, welcher Zwänge und welcher Grenzziehungen der Autor sein Werk geschrieben hat. Dieses horrende, dem Ausgangsort des Werks (Person oder Geschichte) zugestandene Privileg und diese Zensierung des Orts, an dem es eintrifft und ausschwärmt (die Lektüre), determinieren eine sehr eigentümliche (obschon sehr alte) Ökonomie: Der Autor wird als der ewige Besitzer seines Werks angesehen und wir, seine Leser, als bloße Nutznießer; diese Ökonomie beruht natürlich auf einem Autoritätsmotiv: Der Autor, meint man, hat Rechte gegenüber dem Leser, er zwingt ihn zu einer bestimmten Bedeutung des Werks, und diese Bedeutung ist natürlich die richtige, die wahre Bedeutung: Daraus erwächst eine kritische Moral des rechten Sinns (und seiner Falschheit, des „Widersinns"): man versucht herauszufinden, was der Autor sagen wollte, und mitnichten, was der Leser versteht.

Obwohl uns manche Autoren selbst mitgeteilt haben, daß es uns freistünde, ihren Text nach unserem Belieben zu lesen, und ihnen unsere Entscheidung letztlich gleichgültig sei (Valéry), nehmen wir noch schlecht wahr, wie sehr sich die Logik des Lesens von den Regeln des Aufbaus unterscheidet. Diese von der Rhetorik übernommenen Regeln beruhen angeblich nach wie vor auf einem deduktiven, das heißt rationalen Modell: Es geht darum, dem Leser, wie beim Syllogismus, einen Sinn oder einen Ausgang aufzuzwingen: die Gliederung kanalisiert; das Lesen hingegen (dieser Text, den wir beim Lesen schreiben) zersplittert und streut; zumindest sehen wir angesichts einer Geschichte (der des Bildhauers Sarrasine) recht gut, daß ein gewisser Zwang der Voranbewegung (der „Spannung") in uns ständig mit der Sprengkraft, der abschweifenden Energie des Textes ringt: In die Logik der Vernunft (die bewirkt, daß diese

Geschichte lesbar ist) mischt sich eine Logik des Symbols. Und diese Logik ist nicht deduktiv, sondern assoziativ: sie assoziiert zum materiellen Text (zu jedem seiner Sätze) andere Vorstellungen, andere Bilder, andere Bedeutungen. „Der Text, der Text allein", sagt man uns, aber den Text allein gibt es nicht: Es gibt in dieser Novelle, diesem Roman, diesem Gedicht, das ich lese, unmittelbar einen Zusatz an Sinn, den weder das Wörterbuch noch die Grammatik anführen können. Den Raum dieses Zusatzes wollte ich umreißen, als ich meine Lektüre von Balzacs *Sarrasine* niederschrieb.

Ich habe keinen Leser rekonstruiert (weder Sie noch mich), sondern das Lesen. Ich meine, daß sich jede Lektüre von transindividuellen Formen herleitet: Die von der Buchstäblichkeit des Textes bewirkten Assoziationen (aber wo ist diese Buchstäblichkeit?) sind, ob man will oder nicht, nie anarchisch; sie werden immer bestimmten Codes, bestimmten Sprachen, bestimmten Listen von Stereotypen abgewonnen (werden ihnen entnommen und sind darin eingespannt). Die denkbar subjektivste Lektüre ist immer nur ein von bestimmten Regeln aus betriebenes Spiel. Woher kommen diese Regeln? Gewiß nicht vom Autor, der sie nur auf seine Weise anwendet (die genial sein kann wie zum Beispiel bei Balzac); diese weit vor ihm sichtbaren Regeln entstammen einer jahrtausendealten Erzähllogik, einer symbolischen Form, die uns noch vor unserer Geburt konstituiert, kurz, jenem immensen kulturellen Raum, für den unsere Person (als Autor, als Leser) bloß ein Durchgangsort ist. Den Text öffnen, das System seiner Lektüre aufstellen, heißt also nicht bloß fordern und zeigen, dass man frei interpretieren darf; das heißt vor allem, und weit radikaler, zur Erkenntnis führen, daß es keine objektive oder subjektive Wahrheit des Lesens gibt, sondern nur eine spielerische Wahrheit; allerdings darf das Spiel hier nicht als Zerstreuung aufgefaßt werden, sondern als eine Arbeit, aus der sich jedoch jegliche Mühsal verflüchtigt hätte: Lesen heißt, auf den Appell der Zeichen des Textes und aller Sprachen, die sich durch ihn hindurchziehen und gleichsam die schillernde Tiefe der Sätze ergeben, unseren Körper (man weiß seit der Psychoanalyse, daß dieser Körper unser Gedächtnis und unser Bewußtsein weit übersteigt) arbeiten lassen.

Ich stelle mir die lesbare Erzählung (die wir lesen können, ohne sie für „unlesbar" zu erklären: wer begriffe Balzac nicht?) recht gut unter den Zügen einer jener anmutigen Gliederpuppen vor, deren sich die Maler bedienen (oder bedienten), um das „Skizzieren" der verschiedenen Stellungen des menschlichen Körpers zu lernen; beim Lesen verleihen auch wir dem Text eine gewisse Haltung, und deshalb ist er lebendig; diese Haltung, die wir erfinden, ist jedoch nur möglich, weil zwischen den Elementen des Textes eine geregelte Beziehung, kurz, eine Proportion besteht: Ich habe versucht, diese Proportion zu analysieren, die topologische Anordnung zu beschreiben, die der Lektüre des klassischen Textes zugleich ihre Linienführung und ihre Freiheit verleiht.

1 Anm. d. Hg.: *S/Z* (1970) ist Barthes strukturalistische Analyse von Honoré de Balzacs Kurzgeschichte *Sarrasine*. Weniger die Erzählung steht hier im Mittelpunkt als vielmehr Wort- und Satzsequenzen und deren Beziehungen zueinander bzw. zu anderen Texten.

Sprachenvielfalt leben. Wie Mehrsprachigkeit funktioniert

Rita Franceschini

Weshalb ist in den letzten Jahren um Mehrsprachigkeit so viel Aufhebens gemacht worden, gerade so, als ob sie etwas Neues wäre? Mehrsprachigkeit – wenn auch in verschiedenen Formen – hat es immer schon gegeben. Mehrsprachige Individuen, mehrsprachige Gesellschaften und Gruppen, in denen mehrere Sprachen gesprochen wurden, je nach Kontext, nach Religion, nach Situation – dies ist bis hin zu den Sumerern gut dokumentiert.

Im sumerischen Reich vor mehr als 5.000 Jahren wurden mindestens Akkadisch und Sumerisch gesprochen und geschrieben (zwei Sprachen, die so viel miteinander zu tun haben wie etwa heute Spanisch und das isolierte Baskisch). Wie konnte ein Großstaat, wie es das damalige babylonische Reich war, verwaltet werden, wenn nicht mit mindestens zweisprachig ausgebildeten Beamten? Auf Tontafeln sind in der Tat Lehrwerke gefunden worden, mit denen Beamte die je andere Sprache lernten. Es sind Dialoge, die exemplarisch darstellen, wie man in verschiedenen Situationen dieses und jenes ausdrücken konnte.

Und später: Wie konnte die Christianisierung Europas funktionieren, wenn nicht mit viel Übersetzungsaufwand von zwei- und mehrsprachigen Personen? Wie erreichten Prediger im Mittelalter das Publikum? Oder die Bänkelsänger, die weit reisen, wie die Händler auch. Das Mittelalter war mehrsprachig, quer- und mischsprechend. Offensichtlich sind volkstümliches Latein (nicht so sehr das klassische Latein), Volkssprachen und Dialekte, aufkommende und rivalisierende Regionalsprachen und Schriftsprachen zur Anwendung gekommen, gemischt oder nebeneinander, je nach Funktion, Adressat, Situation, Texttyp. Auch in literarischen Werken wurde in mehreren Sprachen gleichzeitig gedichtet, mehr als der heutige Literaturunterricht wissen lässt. Es gab noch keine Akademien, die Vorschriften erließen, und der Buchdruck war noch nicht erfunden, der zum Setzen von Texten notwendigerweise Einheitlichkeit brauchte, wie etwa minimale Regeln für die Orthografie.

Schließlich kam die Mehrsprachigkeit in Europa unter Druck: Die Suche nach Einheitlichkeit überwog, das freie Hin und Her von Sprachverwendungen wurde durch Normsetzungen von oben übertüncht, Schicklichkeiten gesetzt. Reinheit wurde ein Wert, der sich durchsetzte. Symptomatisch ist dabei, dass die relativ kurze alttestamentarische Erzählung des *Turmbau zu Babel* (Gen. 11, 1–9) zusehends Aufmerksamkeit auf sich zog. So wurde die heute auf Plakaten weit verbreitete bildliche Darstellung von Pieter Bruegel d.Ä. von 1563 als Symbol für das Unheil gelesen: Die Menschen werden mit einer Sprachverwirrung in alle Welt vertrieben, und fortan verstehen sie sich nicht mehr. Sprachenvielfalt wird hier als Strafe, ja als Bürde verstanden und kommt damit einer Umkehrung des Paradieses gleich, in dem alle eine (einzige!) adamische Sprache sprechen. All dies lässt sich auf eine Zeit datieren, in der sich die Ideologie des Nationalstaates anbahnte. Später wird es heißen: Ein Staat – eine Nation – eine Sprache. Sprache wurde dann an die nationale Zugehörigkeit gebunden; der nächste Schritt, die Einsprachigkeit des Individuums selbst als Normalfall zu erheben, ist nicht mehr weit. Ein loyaler Bürger spricht die *eine* Sprache seines Staates. Andere Gegenden der Welt sind nicht mit einem solch gearteten Reinheitsgedanken verbunden, sondern haben bis heute ein lockeres Verhältnis zum Neben- und Miteinander von Sprachen. Mehrere Sprachen in der Familie zu verwenden ist der Normalfall in vielen Gegenden Indiens, Afrikas und auch andernorts. In Sachen Mehrsprachigkeit nimmt sich Europa dazu im Vergleich sehr bescheiden aus – und entdeckt heute die Mehrsprachigkeit (vermeintlich) wieder neu.

Mythen und Ideologien hin oder her: Inoffiziell wurde das mittelalterliche sprachübergreifende Tun – vor allem in Sprachgrenzregionen – im Alltag über viele Jahrhunderte hinweg nicht vollends zum Verschwinden gebracht. Der Sprachwechsel in Gesprächen und das Vertrauen darauf, dass der Partner die andere Sprache versteht, obwohl er sie nicht fließend spricht – eine praktisch, funktional angelegte Mehrsprachigkeit also – werden sicherlich nachgewirkt haben, trotz aller monolingualen Ideologien und der Unterdrückung von Minderheitensprachen. Ein Beweis dafür ist, dass sich vielenorts Dialekte erhalten haben, selbst da, wo sie in der Schule offiziell unterdrückt oder andere Sprachen vorgeschrieben wurden. In Europa sind zwar viele Sprachen verschwunden, aber immer noch werden viele von alters her tradierte Sprachen gesprochen, die sich gewandelt haben: etwa vom (Vulgär-)Latein zu den romanischen Sprachen, vom Deutsch der Luther-Bibel zur heutigen deutschen Standardsprache.

Heute schreibt sich die Europäische Union Diversität auf die Fahnen, als ob die Verteufelung von Babylon zum Positiven gewendet werden müsse. *Unified in diversity* lautet der Slogan der EU. Sie kennt sogar eine „Strategie für Mehrsprachigkeit", doch bei näherem Hinsehen bemerkt man, dass damit auf die Sprachen der in Europa historisch ansässigen Bevölkerungsgruppen fokussiert wird. Dabei werden etwa die Sprachen der Sinti und Roma leicht vergessen, für die ebenso eine historische Präsenz nachgewiesen werden kann. Außer Acht geraten zudem Sprachen von Gruppen, die sich durch Migration nach dem letzten Weltkrieg in Europa neu angesiedelt haben: Italienisch, Spanisch, Russisch und Türkisch werden, wenn sie sich erhalten können, mit der Zeit auch Sprachen Deutschlands. Und nicht anders wird es nun mit den heutigen Neuankömmlingen sein, die wiederum ihre Sprachen mitbringen (viele kommen im Übrigen aus Gebieten, die ehemals das sumerische Reich bildeten).

Heute wird Mehrsprachigkeit als Segen verstanden, als unverzichtbares Merkmal für das berufliche Weiterkommen, als notwendiges Instrument in einer globalisierten

Welt. Dabei wird nicht so sehr – man mache die Probe aufs Exempel – an die Kenntnis von Kurdisch oder Sardisch, Sorbisch oder Rätoromanisch gedacht, sondern eher an die Beherrschung von Englisch. Englisch ist eine Lingua franca geworden, die heute als eine Art Führerschein zum Einlass in die globalisierte Welt gelten darf: nützlich für umherirrende Flüchtlinge, Businessleute, Händler oder Wissenschaftler – Frauen mitgedacht. In welcher Form und Lautung auch immer, Englisch ist zu einer notwendigen Zusatzsprache geworden, die oft rein instrumentell genutzt wird.

Sprache gehört zu den anpassungsfähigsten Phänomenen, die der Mensch von sich aus gestaltet, gerade so, als ob er dazu aus seinem Innersten heraus angetrieben würde. Sprache geht aus den Handlungen mit anderen hervor: um sich zu koordinieren, um sich mitzuteilen, um mit ihr als flexible Materie zu spielen. Ferner ist Sprache (und sind Sprachen) dazu da, um Werte auszutauschen, sich zu einen, Identität und Zusammenhalt zu stiften – und vieles mehr. Sprache ist nicht bloß ein Instrument, ein ‚tool‘, sondern eher wie ein Musikinstrument, das Stimmungen und Lagen, Harmonien und Dissonanzen, Zuneigung und Abneigung bewirken kann. Sprache kann viel mehr als nur ein Werkzeug sein – und wirklich fertig ist sie nie. Erst wenn man zu diesem Mehrwert vorstößt, wird es interessant. Das Gefühl, auf einer breiten Klaviatur zu spielen, macht in mehreren Sprachen noch mehr Freude (vielleicht dem Orgelspielen gegenüber dem Klavierspielen vergleichbar).

Wächst ein Kind in einer Umgebung auf, in der es mehrere Sprachen wahrnehmen kann, wird es diese – mehr oder weniger prägend – aufnehmen, verbinden und damit spielen. Die Kognition ist dafür angelegt, verschiedene Eindrücke wahrzunehmen und auszubauen. Unser Gehirn ist folglich für Mehrsprachigkeit ausgestattet. Es sieht die Möglichkeit vor, mehrere Sprachen zu unterscheiden – schon Kleinkinder können dies. Für das Gehirn sind Sprachen nicht Territorien – etwa Landkarten vergleichbar, die aneinander angrenzen – sondern sie sind Prozesse in dauernder Bewegung. Diese Prozesse sind ähnlicher, als die Sprachen verschieden sind: Das Hören, das Produzieren, das Differenzieren von grammatischen und ungrammatischen Sätzen sind – ungeachtet, ob es sich um verschiedene Sprachen handelt – für das Gehirn mehr oder weniger dieselben Prozesse. Könnten wir mit Blick auf unterschiedliche Ideologien nur auch daran anknüpfen!

Nichts ist also natürlicher als Mehrsprachigkeit: Wir bewegen uns auf dem Globus und legen relativ lange Strecken zurück, handeln mit anderen Menschen, tauschen uns aus und erweitern unsere Sprachfähigkeit gewollt oder ungewollt – heute wie früher. Wir treten mit Menschen zusammen, die das Gleiche in anderer Weise tun, die sich sprachlich wenig oder ganz anders verhalten. Sprachkontakt bringt durch Vergleiche neue Erkenntnisse, führt zu mehr oder weniger ausgebautem Erwerb der anderen Sprache. Mehrsprachig wird man natürlicherweise durch Kontakt, oder – mit unterschiedlichem Erfolg – auch durch den (Fremdsprachen-)Unterricht in der Schule.

Sprachen können übrigens nichts dafür, dass mit ihnen Schindluder getrieben wird: dass sie etwa bei Tests herhalten müssen, um zu messen, wie ein Neuankömmling die vor Ort mehrheitlich gesprochene Sprache spricht. So ist die Mehrsprachigkeit, die viele Flüchtlinge besitzen, im Sinne eines Aufnahmeverfahrens meist nichts wert. Der Wert, der gesetzt wird, ist jener der einzig legitimierten Sprache, die eine Unterordnung fordert. Sprache hat mit Macht zu tun. Heute plädiert man landauf landab für Mehrsprachigkeit, meint damit aber eine bestimmte Konstellation, die kaum das mitgebrachte Kulturgut von Migranten und Flüchtlingen einschließt.

Dabei weiß man seit den siebziger Jahren um die überwiegend positiven Effekte, die eine bilinguale Erziehung – in der Familie oder in der Schule – mit sich bringt: Bilingual aufwachsende Kinder sind Outperformer in flexiblem und kreativem Denken, im Perspektivenwechsel – heute lassen sich diese Resultate durch neurobiologische Studien erhärten. Das bilinguale Gehirn ist schon im Kindesalter durch die ständige Notwendigkeit, sich für die eine oder die andere Sprache zu entscheiden, auch bei Entscheidungsprozessen nicht-sprachlicher Natur besser gerüstet. Zudem: Die spezifische Vernetzung durch die mehrsprachige Erfahrung ist eine kognitive Bereicherung, die sich auch günstig auf das Gehirn selbst auswirkt. Aktuellen Studien zufolge brechen Demenzerscheinungen bei Mehrsprachigen im Schnitt vier bis fünf Jahre später aus.

So funktioniert Mehrsprachigkeit: als eine natürliche Nahrung für die kommunikative, kulturelle und physiologische Entwicklung des Menschen. Und: Sie ist nicht etwa neu, sondern wird neu geformt in unseren zusehends globalisierten Gesellschaften.

…

LITERATUR
Haarmann, Harald: *Lexikon der untergegangenen Sprachen*, München 2004.
Krifka, Manfred/Joanna Błaszczak/Annette Leßmöllmann/André Meinunger/Barbara Stiebels/Rosemarie Tracy/Hubert Truckenbrodt, *Das mehrsprachige Klassenzimmer. Über die Muttersprachen unserer Schüler*, Berlin 2014.
Wunderlich, Dieter: *Die Sprachen der Welt. Warum sie so verschieden sind und sich doch alle gleichen*, Darmstadt 2015.

Pieter Bruegel d.Ä., *Turmbau zu Babel*, 1563
Kunsthistorisches Museum, Wien

Ausgangspunkt des Gemäldes ist das bekannteste Paradigma menschlichen Größenwahns: der Turm, der bis zum Himmel reicht. Wegen dieser Selbstüberhebung, so erzählt es der biblische Mythos, habe Gott zur Beendigung des Vorhabens eine Sprachverwirrung hervorgerufen. Neben der mythologischen Erklärung vom Entstehen der Sprachenvielfalt aus einer Ursprache kreisen die Deutungen um das komplexe Problem des (Nicht-)Verstehens.

M. Migrantensprache

Migrantendeutsch: Eure Sprache – unsere Sprache

Norbert Dittmar, Yazgül Şimşek

Migrantensprache ist einerseits der Oberbegriff für die verschiedenen Sprachen (unter anderem Türkisch, Russisch, Polnisch, Arabisch), die Einwanderer in die Zielgesellschaft Deutschland mitbringen, andererseits für die Spielarten des gesprochenen und geschriebenen Deutsch, Varietäten genannt. Diese Varietäten bestehen aus dem nicht-normgerechten Deutsch der im Erwachsenenalter Eingewanderten (Lernervarietäten) und den Milieudialekten: die in urbanen, mehrsprachigen Milieus erworbenen Sprechweisen von zweisprachigen Jugendlichen. Drei Gesichtspunkten, mit denen Migrantensprache zu tun hat, wollen wir im Folgenden nachgehen: sprachliche Vielfalt, Sprachbarrieren und Sprachimperialismus.[1]

Urbane Mehrsprachigkeit meint das komplexe Nebeneinander und die Hybridität gleichzeitig auf engem Raum präsenter Sprachen in Großstädten, also sprachliche Vielfalt in europäischen Großstädten wie Berlin, London, Rom, Amsterdam und anderen. Mehrsprachigkeit in den Großstädten (aber nicht nur dort) verlangt eine rigide institutionelle Ordnung der sprachlichen Vielfalt. Eine solche Ordnung gibt die offizielle oder Amtssprache in allen öffentlichen Institutionen vor. So ist in Deutschland Deutsch die Amtssprache und gleichzeitig auch Nationalsprache; in der Schweiz ist Rätoromanisch eine Nationalsprache, aber nur im rätoromanischen Territorium Amtssprache. Gültige Amtssprachen für die gesamte Schweiz dagegen sind Französisch, Deutsch und Italienisch. Unter dem gemeinsamen Dach der Amtssprache (schriftlich kodifizierte Standardsprache) können sich die Angehörigen verschiedener Sprachgruppen mithilfe eines allen Gesellschaftsmitgliedern zugänglichen sprachlichen Repertoires verständigen. Neu ankommende Migranten mit verschiedenen Herkunftssprachen müssen möglichst schnell in die geltende Amtssprache integriert werden. Die migrantenspezifische Ko-Präsenz vieler Sprachen und Varianten hybriden Sprechens birgt die Gefahr in sich, dass sich – losgelöst von der Kommunikationsgemeinschaft einheimischer Sprecher – Parallelgesellschaften bilden. Ein gutes Beispiel dafür ist die russische Migrantengemeinschaft in Berlin. Für die meisten gesellschaftlichen Bereiche gibt es russophone Dienstleister, organisierte fachspezifische akademische Berufsgruppen (Ärzte, Juristen, Lehrer und andere). Ein russischer Migrant kann auf diese zurückgreifen ohne Deutsch gelernt haben zu müssen.

Sprachenvielfalt stellt somit eine große gesellschaftliche Herausforderung dar. Sie ist eine wunderbare Quelle und Triebkraft kulturellen Wandels, der durch stetiges gegenseitiges Geben und Nehmen der Kulturen in ihrer Begegnung (und Konfrontation) miteinander grundlegende Lebensqualität hervorbringt. Gleichzeitig wirkt sie sich hemmend auf die rasche und effektive Verständigung sozialer Gruppen mit unterschiedlichen Muttersprachen aus. Somit ist die sprachliche Vielfalt auch Ursache von verständigungsbehindernden Sprachbarrieren. Bei Migranten mittleren und fortgeschrittenen Alters ist der Spracherwerb der Zielsprache meist nur rudimentär ausgeprägt. So gibt es Sprachbarrieren zwischen Einheimischen und Migranten, die nur die referentielle bzw. die kommunikative Funktion einer zweiten Sprache beherrschen (ungrammatisches Versprachlichen von Sachverhalten). Demgegenüber eignen sich die im Gastland Geborenen und Aufgewachsenen neben der Muttersprache der Eltern die Zielsprache vollständig an – derart, dass sie alle persönlichen, subjektiven Probleme und Gefühle angemessen ausdrücken können. Der feine Unterschied zu den Kindern und Jugendlichen der Einheimischen ist: Diese Generation ist es gewohnt, in zwei Sprachen miteinander zu kommunizieren (Wechsel zwischen zwei Sprachen). Ein durch mehrsprachige Milieus evoziertes hybrides Sprechen des Deutschen ist also typisch für Heranwachsende und Jugendliche mit Migrationshintergrund. Führt das selbstverständliche Kommunizieren in zwei Sprachen und das milieugeprägte hybride Sprechen möglicherweise zu Sprachbarrieren in Städten? Wir wissen natürlich als Deutsche nur zu gut, dass lokal verwurzelte Sprecher einer norddeutschen und einer bairischen Ortsgesellschaft sich oft wegen tiefgreifender dialektaler Unterschiede nicht oder nur schlecht verstehen können. Trifft Ähnliches unter bestimmten Bedingungen auf ethnolektale und einheimische Sprecher zu? Die Presse der letzten 25 Jahre scheint dies besorgniserregend einzuklagen. Was sagt die neuere sprachwissenschaftliche Forschung dazu?

Auch unter Sprachwissenschaftlern hat lange Zeit die Ansicht dominiert, dass das Aufwachsen mit mehreren Sprachen als Quelle für ein abnormes sprachliches Verhalten anzusehen ist. Mittlerweile ist man aber zu der klaren Erkenntnis gelangt, dass das Erlernen von zwei Sprachen mit unterschiedlichen grammatischen Regeln geistige Potentiale schafft und es kein Zeichen von Unvermögen ist, wenn mehrsprachige Sprecher anders reden. Sie nutzen nur all ihre sprachlichen Ressourcen so, dass die Grenzen zwischen den Sprachen verschwimmen, besonders dann, wenn sie untereinander kommunizieren:

Beispiel:
Zwei Türkisch-Deutsch zweisprachige junge Frauen unterhalten sich über Alltägliches.

(1) Melisa: *Boş durmamak için Geschirr waschen yapıyon, he?* ‚Um dich zu
beschäftigen, machst du Geschirr waschen, ja?‘
(2) Ela: *Nein, Geschirr aufräumen yaptım.* ‚…habe ich gemacht.‘
(3) Melisa: *Ha aufräumen yaptın.* ‚Ach, aufräumen hast du gemacht.‘
(4) Ela: Ja.

Dieser Ausschnitt ist ein besonders gutes Beispiel für das sogenannte Codeswitching, in diesem Fall für das Mischen von Elementen aus der Herkunftssprache Türkisch und dem Deutschen. Die Gesprächsteilnehmerinnen gebrauchen deutsche Verben im Infinitiv und integrieren sie in den türkischen Satz; hier wird das flektierte türkische Verb *yapmak* mit einem deutschen Verb im Infinitiv (*aufräumen, waschen*), ergänzt durch ein Objekt (*Geschirr*), syntaktisch kombiniert; das heißt, dass verbale Einheiten zweier verschiedener Sprachen in einem neuen grammatischen Muster konstruiert werden. Muster dieser Art (flektierte Form von türkisch *yapmak*, hier wie ein relativ leeres semantische Hilfsverb gebraucht) stellen bei türkischen Jugendlichen feste konversationelle Routinen dar. Interessant ist im übrigen, dass *yapmak* im Türkischen NUR mit Substantiven, nicht mit Verben kombiniert werden kann. Die hier verwendete Struktur stellt also eine Erweiterung der Regeln des Türkischen dar, und zusammen mit den deutschen Elementen entsteht etwas Neues, das für diejenigen, die beide Sprachen kennen, vollkommen verständlich ist und die Regeln beider Sprachen nicht verletzt. Ein derartiges hybrides Sprechen kann demnach nur gelingen, wenn die Jugendlichen die Grammatik beider Sprachen beherrschen und beurteilen können, welche Formen nötig sind, um eine sprachlich verständliche Botschaft zu übermitteln. Nicht-Mehrsprachige – jemand wie Kaya Yanar, der durch seine Sendung *Was guckst du?!* und seine Imitationen von mehrsprachigen Sprechweisen bekannt ist – kann also die authentische Sprechweise von Jugendlichen wie Melisa und Ela nicht nachahmen.

Sicherlich weist das Deutsche von mehrsprachigen Kindern- und Jugendlichen im Vergleich zum Deutschen von Muttersprachlern Unterschiede auf. Allein auf lautlicher Ebene hat sich beispielsweise die Aussprache von *ich* als *isch* in Großstadtgebieten durchgesetzt, in denen Migranten unterschiedlicher Herkunftssprachen und Ethnien zusammenleben. Wörter aus den Herkunftssprachen – wie *vallah* (‚schwöre') aus dem Arabischen und Türkischen – fließen in die deutsche Rede ein, Formeln wie *was geht* dienen als Gruß, oder Sätze werden mit angehängten Formeln wie *weißt du* beendet. Solche Merkmale verstärken bei Muttersprachlern des Deutschen den Eindruck, dass es sich um eine andere Art zu sprechen handelt. Beim genaueren Hinsehen stellt man fest, dass die Übereinstimmungen mit der gesprochenen Sprache im Allgemeinen und mit der Jugendsprache im Besonderen viel größer sind als man annehmen mag. Abweichungen vom gesprochenen Umgangsdeutschen sind daher nicht Zeichen für ein gebrochenes Deutsch oder einer „Schrumpfgrammatik".[2] Vielmehr scheinen die Probleme, deren Ursache in der Sprachform gesehen wird, sozialer Natur, denn nicht umsonst dient das andersartige Sprechen der Migranten – das Kiezdeutsche[3] oder besser der Ethnolekt – dazu, sich mit ihrer Identität als soziale Gruppe in die Kommunikationsgemeinschaft einzubringen.

Anders zu sprechen als die Regeln der Standardsprache vorgeben (Dialekt, Soziolekt, Ethnolekt) wird von den Eliten einer Gesellschaft oft stigmatisiert. Stigmatisierungen gehen mit der (unbewussten) Einstellung einher: X ist störend, hässlich, es sollte am besten beseitigt werden. Solche Einstellungen rufen Haltungen wach, die wir aus dem sogenannten Sprachimperialismus kennen. Die Perspektive der Abschaffung und Unterdrückung von Sprachen und Varietäten ist uns in neuerer Zeit seit der Entdeckung und Eroberung Amerikas im 16. Jahrhundert bekannt: Ganz Südamerika wurde hispanisiert. Nur die großen Verkehrssprachen Nahuatl (Mexiko), Quechua (Andenregionen) und Tupi-Guarani (Paraguay) überlebten, sind aber heute von ständigem Rückgang bedrohte Minderheitensprachen, die vor allem deswegen laufend Sprecher verlieren, weil diese unter dem Druck der Prestigesprache Spanisch zunehmend Selbsthass auf ihre Herkunftssprache entwickeln. Die südamerikanischen hispanisierten Eliten haben Jahrhunderte lang ihre politische Macht auf die Unterdrückung der indigenen Sprachen ausgeübt. Anders, aber letztlich ähnlich haben sich die Briten und dann Amerikaner in Nordamerika gegenüber den Indianern verhalten. Für analoge Fälle in der Frankophonie hat Louis-Jean Calvet zahlreiche Beispiele in seinen Veröffentlichungen gegeben. Sprachimperialismus (die Rolle des Englischen in der gegenwärtigen globalen Welt der Kommunikation kann davon nicht ausgenommen werden) zielt, radikal perspektiviert, letztlich auf eine einzige machtpolitisch dominierende Kultur und Sprache ab – auf ihre dominierende universelle Rolle.

Demgegenüber vertreten wir hier auszuarbeitende Prinzipien allgemeiner Sprachenrechte (analog zu den Menschenrechten). Nur wenn wir die Würde, die kreative Eigenständigkeit, das evolutionär entstandene „Kunstwerk der Sprachenvielfalt" achten, können wir ein kulturell stimulierendes Gleichgewicht zwischen den unterschiedlichen Kultur- und Kommunikationswelten der Moderne aufrechterhalten.

…

1 Als allgemeine Hintergrundlektüre empfehlen wir: Ammon, Ulrich/Norbert Dittmar/Klaus Mattheier/Peter Trudgill (Hg.): *Soziolinguistik. Eine internationales Handbuch zur Wissenschaft von Sprache und Gesellschaft*, Bd. 2, Berlin, New York 2004–2006; Crystal, David: *Die Cambridge Enzyklopädie der Sprache*, Frankfurt/Main 1993. In diesen Werken finden Interessierte die fachgerechte Erläuterung von verwendeten Begriffen, einschlägige Tabellen und Schaubilder sowie die relevante Literatur.
2 Krischke, Wolfgang: „Kiez- und Umgangssprache, Messer machen", in: *Frankfurter Allgemeine Zeitung*, Nr. 272, 22. November 2006, N3.
3 Wiese, Heike: *Kiezdeutsch*, München 2012.

[Folgende Seite]
Yvonne Livay, *Countdown I, II, III*, 2014
…
Ihre Gedichte übersetzt Yvonne Livay nicht. Auf Hebräisch und Deutsch füllen sie das Blatt aus. Einem Dialog der Sprachen gleich begegnen sich die Zeilen aus gegensätzlichen Richtungen, halten inne oder schaffen im Überschreiben ein unleserliches Schriftbild. Zwei (Sprach-)Systeme nebeneinander existieren zu lassen, die Verdichtungen eingehen, dies ist das Anliegen der israelischen Künstlerin.

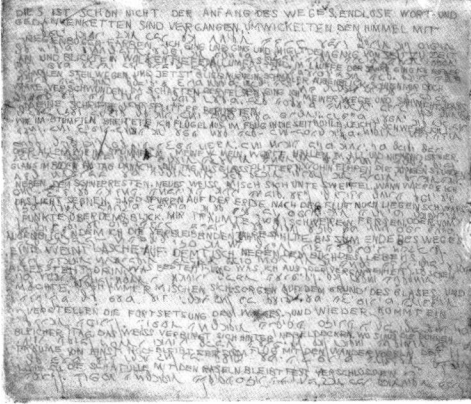

Milch ist der ZWILLING von TEER IN Weiß oder SCHWARZ KANN MAN lügen Mutter schIEBT EIN BONBON IM Mund HIN UND her Vater TELEFONIERT mit DEN Fliegen

Herta Müller, *Milch ist der Zwilling von Teer*, 2011
Collagengedicht

Herta Müller sammelt Wörter. Jedes aufgeklebte Wort ist auserwählt, und jede Wort-Fügung wird im Ausprobieren von Kombinationen zum Hand-Werk: „Ich könnte nie ein Gedicht schreiben, mit der Hand und mit dem Stift. Aber auf diese Art und Weise, wenn ich diese gedruckten Wörter ausgeschnitten auf dem Tisch liegen habe, fliegen sie zusammen und werden eine Geschichte. Sie lassen mich draußen und ich bin *doch* drin."

Sprachliche Wurmlöcher. Wie sich unser Sprechen verändert

Uwe Hinrichs

Wurmlöcher sind dunkle Tunnel, die weit entfernte Punkte miteinander verbinden. Die Astronomen sagen uns, dass wir mit ihnen in neue Dimensionen vorstoßen, durch die Zeit reisen und weite Entfernungen wie durch Zauberhand überwinden können. Was im Universum gilt, sollte auch in der irdischen Welt gelten, denn beide existieren ja nicht getrennt voneinander. Wir müssen nur die Metapher vom Wurm im Apfel auf den Sprachkörper übertragen: Der Wurm frisst durch den Sprachgebrauch einen Tunnel, um irgendwo am Sprachapfel wieder herauszukommen. Der Sprachkörper, das ist das Deutsche in seinen verschiedenen Existenzformen wie Hochsprache, Dialekte oder Umgangssprache. Eine Vielzahl von Tunneln durchdringen ihn, verbinden zum Teil weit entfernte Varietäten und treten an der Außenschale wieder aus, ins Helle, Hörbare. Um diese Spuren aufzuhellen, müssen wir noch zwei Modi, zwei Pole unterscheiden, die wie bei einer Ellipse einander gegenüber liegen:

– die hochsprachliche Schreibnorm, die in den Grammatiken niedergelegt ist und in den Schulen gelehrt wird;
– die niederschwellige Sprechnorm, die mündlich angewendet wird und in keinem Lehrbuch zu finden ist.

Der Wandel des Deutschen wird heute am stärksten durch untere mündliche Varietäten vorangetrieben wie Umgangssprache, Jugendslangs, Kiezdeutsch, Migrantendeutsch und Sprachmischungen wie das Codeswitching. Die Schere zwischen beiden Normen geht seit langem auseinander (nicht nur im Deutschen), in den letzten Jahrzehnten jedoch intensiver, unkontrolliert und kaum mehr durch die Sprachpflege beeinflussbar. Der mächtigste Motor für diesen neuen Wandel ist die seit 50 Jahren anhaltende Migration, die jetzt noch einmal ordentlich Fahrt aufnimmt. Die Sprechsprache entfernt sich immer weiter von der Schreibsprache, und damit wird das Deutsche in eine Entwicklung hineingezogen, die andere Sprachen wie das Russische oder Arabische schon hinter sich haben. Es bahnt sich das an, was die Linguisten eine Diglossie nennen: Zwei übergeordnete Mega-Normen stehen sich gegenüber, sie ergänzen sich, sind aber für verschiedene Bereiche zuständig.

Migration ist natürlich nicht der einzige Motor, der die Maschine des Sprachwandels antreibt. Wir haben eine diffuse Mélange, die den Wandel von Außen antriggert: Da ist das mächtige Dogma einer neuen Mündlichkeit, angetrieben von Twitter, Facebook & Co, die der Kommunikation den Vorzug vor der Grammatik gibt und superkurze Sätze produziert („Kurzdeutsch"). Da ist der rotierende Windpark der Medien, der Talkshows und des Fernsehens, der Schnelligkeit und eine gewisse Brillanz des verbalen Freiflottierens fordert und allzu lange Sätze automatisch zusammenschnurren lässt. Da ist – last but not least – die fortschreitende Anglisierung, die den Sprachkörper aushöhlt und zugleich erweitert.

Migration ist von allen die mächtigste Kraft; sie erzeugt die energiereichsten Wurmlöcher, sie bohrt die dunkelsten und subtilsten Tunnel. Ein Blick auf den Globus zeigt, dass intensive Kontakte die Sprachen überall verändert haben. Die beiden Ellipsenpole Hochsprache und Sprechsprache sind in puncto Migration am weitesten voneinander entfernt: Die entscheidende Rolle spielen ja andere, fremde Sprachkörper, zum Teil exotische, die mit dem Deutschen interagieren und viele kleine Wurmlöcher erzeugen, die wieder ein Output dunkler Symbiosen sind. Wie geht das genau und wie zeigt sich das sprachlich? Um hier nicht zu spekulieren, muss man zwei Erkenntnisse auseinander halten:

– *Jede* Form von Mehrsprachigkeit vereinfacht die Sprachen, und zwar auf der gesamten Skala zwischen perfekter doppelter Muttersprachlichkeit bis hinunter zu diffuser Halbsprachlichkeit – mit einem riesigen Mittelfeld an Sprachen-Tandems (zum Beispiel nach dem Muster Deutsch : Arabisch).

– Daneben kopieren Migranten auch direkt aus ihrer Muttersprache ins Deutsche.

Hier überschneiden sich oft die Quellen, das heißt, die Modelle der Herkunftssprachen sind oft jenen ähnlich, die auch die Mehrsprachigkeit hervorbringt, zum Beispiel:

– *Ich geh __ Schule.*

Menschen, die ständig mehrere Sprachen verwenden, schleifen auf allen Seiten Grammatik ab – unabhängig von den beteiligten Sprachen, ob nun Türkisch, Russisch oder Thai. In Deutschland werden mittlerweile Hunderte Fremdsprachen gesprochen; viele Millionen Menschen gebrauchen dabei mehrere Sprachen nebeneinander, zum Beispiel Deutsch und Türkisch. Im Alltag und zu Hause springen viele dabei ständig hin- und her (Codeswitching), schaffen sich so eine neue, dritte Sprachform, ein Amalgam, das überall die Grammatik reduziert:

– Türkisch: *Bende para var – sen anrufen yap!* ‚Ich hab Geld – mach du anrufen!‘ = ‚ruf du an!‘

– Bosnisch: *Nastavljam školu auf den zweiten Bildungsweg.* ‚Ich setze die Schule fort auf den zweiten Bildungsweg‘ = ‚(…) auf dem zweiten Bildungsweg fort.‘

– Albanisch: *Mendon ti, dass ich einfach so mund të shkoj?* ‚Glaubst du ich kann einfach so dass ich komme?‘ = ‚(…) kommen kann?‘

Der stärkste Wurm bohrt sich in das System der vier deutschen Fälle; wie Parasiten können die Formen die Plätze anderer Fälle besetzen: *Er hat es <u>ihn</u> versprochen; wir fahren morgen <u>im</u> Urlaub; wir sprachen mit <u>den Nachbar</u>.* Auch können sie schon mal ganz im Wurmloch verschwinden: *die Bedeutung Deutschland_ in der Welt; man muss es den Wähler_ sagen; er hat mir kein_ Vorwurf gemacht.* Kontext ist wichtiger als Kasus, schnelles Verstehen wichtiger als Grammatik, die schiere Wortfolge übernimmt vieles. Da wundert es fast nicht, dass auch viele Migrantensprachen die Kasus herunterfahren, verwechseln oder ganz weglassen (Arabisch; Türkisch). Oft werden die Fälle auch gleich durch neue Wörtchen ersetzt (Präpositionen) wie in *das Auto von Philipp; ein Training für Löws Elf; die Justiz in Deutschland* – was durch das Englische und Französische massiv unterstützt wird. Die Folge solcher Entwicklungen ist, dass der gesamte Zusammenhalt im Satz Löcher bekommt und lautlos erodieren kann. Oft bleibt hier in der lockeren Sprechsprache kein Stein mehr auf dem anderen. Für einen hochsprachlichen Baustein wie *mit einem niedlichen Eisbären* hat man ein knappes Dutzend Varianten aufgezeichnet, die aus dem Schulalltag, dem Kiez, der saloppen Umgangssprache stammen, z.B. *mit ein niedlichen Eisbär* (zwei Löcher).

Der Wandel hört aber nicht beim Kasus auf. Immer öfter hört man eine neue Steigerung, die von Migranten eindeutig bevorzugt wird: *Laura ist mehr zugänglich als Paul.* Fast alle Herkunftssprachen steigern mit *mehr* (türkisch: *daha iyi*, albanisch: *me mirë*, italienisch: *più tardi*). Wir geraten hier an die Schnittstelle, an der mehrsprachige Menschen nicht nur möglichst effektiv sprechen, sondern auch direkte Anleihen in ihrer Muttersprache machen (ein weißer Fleck auf der deutschen Sprachenkarte). Ein weiterer bedeutender Wurmtunnel bohrt sich seit einiger Zeit durch die deutschen Artikel *der, die, das.* Keine einzige Migrantensprache hat eine wirklich vergleichbare Kategorie; hier tut sich eine unabsehbare Fehlerquelle auf, der kein Migrant entrinnen kann. Mittlerweile hat sich das Pidgin-Modell *Ich kauf __ Auto / Ich geh __ Training* weit in den deutschen Sprachkörper hinein vorgearbeitet. Dieses „Kurzdeutsch" ist heute in den Schulen, im Kiez, auf der Straße, in vielen Ingroups groß im Kommen. Wie stark der Artikel erodiert, kann man daran ablesen, dass auch viele Deutsche ihn nicht mehr durchgängig korrekt gebrauchen. Artikel und Nichtartikel springen oft hin und her: *Wenn Sie hier __ Problem vermuten. Morgen erwarten wir im Süden den starken Regen.* Und quer durch alle Schichten kann das aufmerksame Ohr (nicht nur bei Jugendlichen) zufällige Eintagsfliegen wie *der Klientel, das Kompromiss, die Joghurt* erhaschen, die meist schon flott überhört werden. Ein neues Wurmloch ist auch das *Weglassen* des Fürwortes *es*, das bereits überall wirkt: *Offenbar gibt / *es*/ hier ein neues Problem; Dann gibt /*es*/ auch Leute, die vollkommen vegan leben.* Es entsteht so ein ganz neues Modell mit einem festen Ausdruck (*gibt*), das effektiver ist und ein Vorbild in vielen Migrantensprachen hat (türkisch: *var*, albanisch: *ka*; russisch: *est'*). Auch das Muster mit *machen: er macht ein Tor, einen Film, einen Kommentar* etc. ist bereits tief in den deutschen Sprachkörper eingedrungen, weil es einfacher und ökonomischer ist. Türkisch oder Persisch zeigen dieses Muster perfekt (türkisch: *telefon etmek* ‚Telefon machen' = ‚telefonieren').

Dass die Sprachsymbiosen immer enger werden, zeigen letztlich die Wörter selbst; sie sind wie der leibhaftige Wurm, der durch den Sprachapfel ins Helle lugt. Hunderte von neuen türkischen und arabischen Lehnwörtern prägen bereits den Alltag: *Döner, Kebab, Hamam, Muezzin, Raky, Ramadan*; dann *Koran, Dzhihad, Imam, Salam* oder *Hadsch*, und viele Deutsche sagen beim Türken schon mal *merhaba!* ‚Guten Tag!‘ oder *nasılsınız?* ‚Wie geht’s?‘ oder auch *inshallah* ‚So Gott will‘. Und man mag selber staunen, wenn man erfährt, dass nicht nur *Alkohol* oder *Algebra*, sondern auch so „deutsche“ Wörter wie *Matratze*, *Gitarre* oder *Koffer*, ja sogar *Kaffee* und *Zucker* aus dem Arabischen stammen.

Wie sehr der Sprachkörper in Bewegung ist, kann man letzlich an vielen Phänomenen ablesen, die noch tief dunkel sind und darauf hinweisen, dass der Sprachwurm ordentlich im Tunnel gräbt. Mündlich schleichen sich vielfach Formen ein, die eine komplizierte Grammatik ad-hoc einebnen: *er empfehlt*, *helf mal!*, *er schwörte*, *sie flechtete*, *eine facharztliche Stellungnahme*, *er ist kluger* etc. Wurmlöcher zeigen nicht nur „Fehler“ an, sondern auch ein neues Sprachbewusstsein, das von Multilingualismus und kultureller Offenheit geprägt ist. Das alte implizite Sprachwissen, „was genau korrekt ist“, bildet sich zurück. „Falsche“ Varianten, etwas auszudrücken, werden mehr und durchgelassen, zumal ihre Frequenz von Jahr zu Jahr, von Schicht zu Schicht zunimmt. Paradebeispiele wie *mit den Nachbar* oder *dem Präsident_* zeigen, wie schnell aus einer neuen falschen Form eine neue „richtige“ werden kann. Die Fehler von heute sind vielleicht die Regeln von morgen. Das ist aber nicht der Untergang des Abendlandes: Neben der deutschen Hochsprache formiert sich nur eine andere niederschwellige Sprechnorm, die nicht kodifiziert ist und deren Ränder bis auf weiteres undeutlich bleiben. Beide Normen ergänzen sich und zeigen: Jede Gesellschaft spiegelt die sozialen und kulturellen Wandlungen auch in ihrer Sprache wider.

…

LITERATUR

Denkler, Markus et al.: *Frischwärts und unkaputtbar. Sprachverfall oder Sprachwandel im Deutschen?*, Münster 2008.

Göttert, Karl Heinz: *Abschied von Mutter Sprache. Deutsch in Zeiten der Globalisierung*, Frankfurt/Main 2013.

Hinrichs, Uwe: „Sprachwandel oder Sprachverfall? Zur aktuellen Forschungssituation im Deutschen“, in: *Muttersprache* 1 (2009), S. 47–57.

Hinrichs, Uwe: „,Hab isch gesehen mein Kumpel‘. Wie die Migration die deutsche Sprache verändert hat“, in: *DER SPIEGEL* 7 (2012), S. 104–105.

Hinrichs, Uwe: *Multi Kulti Deutsch. Wie Migration die deutsche Sprache verändert*, München 2013.

Hinrichs, Uwe: „Die deutsche Sprache wirft Ballast ab“, in: *DIE ZEIT*, Nr. 16, 7. April 2016, S. 50.

Keller, Rudi: „Ist die deutsche Sprache von Verfall bedroht?“, http://www.phil-fak.uni-duesseldorf.de/uploads/media/Sprachverfall.pdf, Aufruf am 2. April 2016.

Marossek, Diana: *Kommst du Bahnhof oder hast du Auto? Warum wir reden wie wir neuerdings reden*, Berlin 2016.

Wiese, Heike: *Kiezdeutsch. Ein neuer Dialekt entsteht*, Berlin 2012.

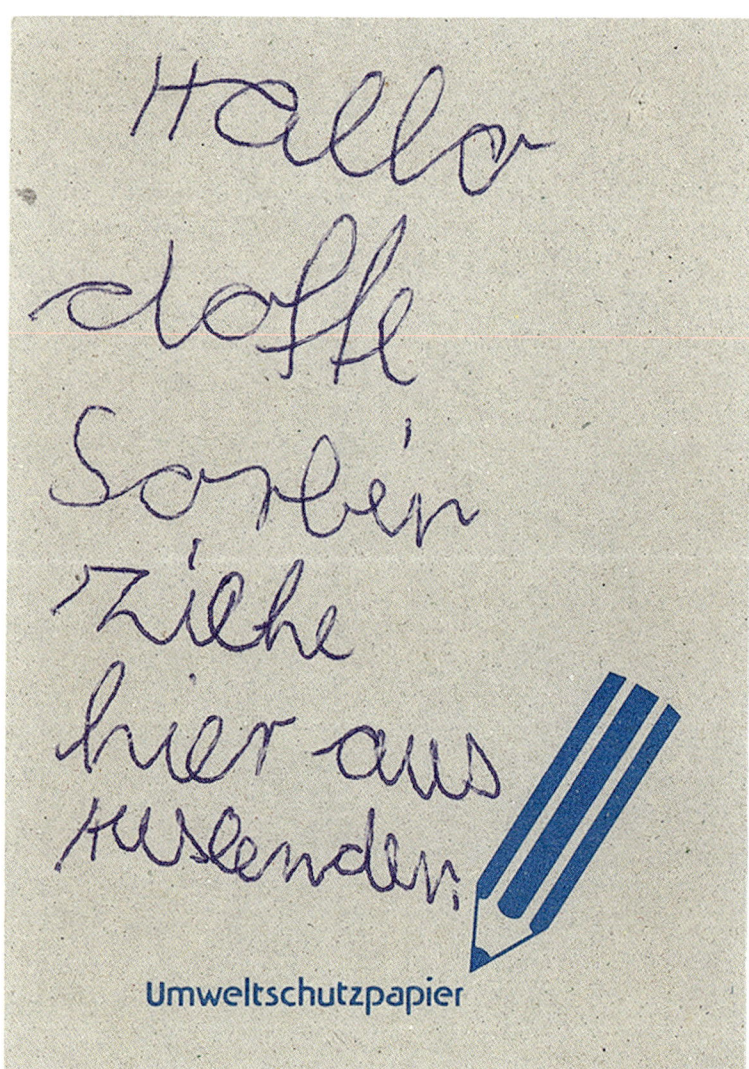

Anonymer Notizzettel mit Beschimpfung, Fund an der Wohnungstür, Bautzen, 1992
Sorbisches Museum Bautzen
...
Trotz der politischen Anerkennung und Förderung ihrer Kultur und Sprache machen Angehörige
der sorbischen Minderheit immer wieder die Erfahrung mit Diskriminierung. Vorurteile
werden seit Generationen hartnäckig weitergetragen und häufig nicht hinterfragt. Stereotypen lassen wenig Raum für Toleranz. Davon zeugt dieser kleine, wahrscheinlich von Kinder-
hand verfasste Zettel.

Kanak Sprak
(1995)

Feridun Zaimoglu

Wie lebt es sich als Kanake in Deutschland, war die Frage,
die ich mir und anderen gestellt habe. Kanake, ein Etikett,
das nach mehr als 30 Jahren Immigrationsgeschichte von
Türken nicht nur Schimpfwort ist, sondern auch ein Name, den
„Gastarbeiterkinder" der zweiten und vor allem der dritten
Generation mit stolzem Trotz führen. Es begann damit, daß die
Idee einer temporären „Gastarbeit" in Deutschland sich als
nicht lebbar herausstellte: „Gastarbeiterkinder" wurden
geboren, „Immigranten der zweiten Generation", die erste
Generation der Kanaken. In Deutschland wuchsen sie auf, hier
gingen sie zur Schule. In der Schule wurde deutsch, zu Hause
türkisch gesprochen. Längst haben sie einen Untergrund-
Kodex entwickelt und sprechen einen eigenen Jargon: die
„Kanak-Sprak", eine Art Creol oder Rotwelsch mit geheimen
Codes und Zeichen. Ihr Reden ist dem Free-Style-Sermon im Rap
verwandt, dort wie hier spricht man aus einer Pose heraus.
Diese Sprache entscheidet über die Existenz: Man gibt eine
ganz und gar private Vorstellung in Worten.

Deutsches Land is ne salzige Puffmutti
Deutsches land is ne salzige puffmutti, da fall ich schon
allererst mit der tür ins knusperhaus, wo die man uns schoko-
streusel und alle menge herrlich gaben vor's maul hängen.
So richtig wie ne olle rinderhälfte hängts da an haken neben
haken, und's schmackhafte tut baumeln wie ne gehenkte sau,
die's zungenfleisch rausstreckt im tod, und so isses hier vor
ort, daß alles und jedes wie vom herrn geschickt auf begehr
und verlangen drückt, und is man schwach geworden und nimmt
ne handvoll süßprobe, hat's den macker schon unendlich
erwischt, weil's anfang is vom großen fressen, anfang vonner
liederlichen schlimmansteckung und anfang vonner unendlich
und ewigen folge von bissen mit verficktem endgrunz zum schluß.
Das kann man wirklich haben im deutschen land, wo man die
puffmutti olles pfundsfleisch preist und für'n tarif denn
sorgen tut, daß der lütteste pisser gern sein triebprügel da

stampfen kann inne höhle vom nuttenland deutsches land.
Verstehste macker, das is hier vor ort mir'n orntliches bild,
wo du man aufschreiben kannst, wie's läuft, wo du man gekraxelt
bist mit ner pissigen frage, wie's leben ist und wie'n lebe-
mann schon man echt die kante vom tagelangleben gestrichen
voll hat, weil der umstand halt so is von wegen nutte und
bumsgierige männekens weit und breit. Das mußt du eben in
meinem blick sehn, ich mein, wie ich's seh, daß's passiert
hier vor ort: da is ne oberschlechte spukfee, und die kackt
dich an und sagt dir: macker, ich geb dir der wünsche drei
für's erfüllen, und der macker sagt: schwanz aber auch, ich
seh wohl nich recht hier, mann, aber hier hast du fotze mirs
drei-punkte-programm, und die fee zittert denn ab, und denn
macht's ding dong und blink, und nich'n scheißstück von dem
zeugs, wo du man n'wunsch frei hattest, nur'n schäbiger
kontakthof, und da stehn denn man bunkerfotzen rum wie sau,
und's heißt: macker, je nach schotter kannst du man pimpern,
und für ne gefällige metzenpreislage mußt du man verschissen
hart dabei sein, um die gage abzudrücken, also gehst du eben
für's ganze kurzelende hundeleben da draußen echt fertig
besorgen s'geld, und weil du ne rissige untersohle bist
von oberhundigen reichmännern, bleibst du gestraft mit
mäßigschrecklichen ficks mit ner vettel, wo schon bei der wie
pottsau sich falten tut ihr speckpansen. Mehr kriegste nich
macker, das haste hier vor ort man groß schriftlich, weil du
nich'n schwanz klar wählen kannst und man nich im nuttenhaus
die schmierage dir direktor nennen tut. Du kannst ja man nich
sagen: hey, ihr ficker, mir is ne fee erschienen, ganz leib
und seel, und rote backen war die fotze, und die hat man
amtlich leim gekleckert auf mir aufs pflaster, und ich
schlitter man völlig kirre in'n laden, aber nee, die haben's
trumpfblatt im ständigen eigentum, die haben dich voll am
zipfel gekrallt. Beschissen hat die gesamte bagage dir's
seelenheil, als würden pfunde warzen da man blühen, und
durch's herzblatt stechen. Warzig und aus ner man doch rechten
form gebracht suchst du dich aus ner schwanzigen misere
wegzubiegen. Es is's torkeln des dichten säufers, was du da
bringst, 's zwecklos und heillos, und du kannst nich man dir
dein frühling erleben, 's herbst und winter und tot und in
der hölle, und denn hast du was, mann, echt zum greifen nah,
und was hilft, is junk, der wahre gentleman.

Der ganz normale Nulltext
Im Dauergequassel der Gegenwart regieren Denkverbote und ein diffuses Klima der zwanghaften Selbstbegeisterung. Ein paar offene Worte

Iris Radisch

Es gibt ja keine Stille mehr. Das lastende Schweigen am Familientisch und in den Ehen, das in alten Romanen hier und da noch erwähnt wird, ist inzwischen eine ähnlich antiquierte Kulturtechnik wie das Telefonieren am Münzfernsprecher oder das Häkeln von Toilettenpapierhüten. Das muss man nicht bedauern. Zu groß waren die Nachteile der reglementierten und hierarchisierten Kommunikation in der alten Kontrollgesellschaft, in der man sich noch bequem mit einer Handvoll Floskeln und strapazierfähiger Redewendungen durchs Leben schweigen konnte. Und zu verlockend ist das freie Dauergequassel aller mit allen in der neuen Überinformationsgesellschaft, für das es nirgends in der Geschichte ein Vorbild gibt.

Doch die neue Redefreiheit hat einen Preis. Und der ist nicht unbedingt kleiner als jener, den man in Zeiten der stabilen rhetorischen Machtverhältnisse bezahlte. Er ist nicht direkt mit Händen zu greifen und auch nicht in Tortendiagrammen zu erfassen. Er betrifft eher ein gesellschaftliches Klima als eine Zahlenkurve, ist eher eine Frage der Stimmung als des Faktenchecks. Sagen wir es so: Obwohl inzwischen ununterbrochen geredet wird, darf man nichts mehr sagen. Bei der unendlichen Vervielfältigung des Redens scheint sein eigentlicher Zweck abhanden zu kommen. Man hält das angesichts der schieren Masse des Kommentierens kaum für möglich: Aber nicht erst seitdem die öffentlich-rechtlichen Fernsehsender ihre Sendungen in panischer Angst vor ihren Zuschauern zensieren und vorübergehend aus dem Verkehr ziehen, fällt auf, dass die Redefreiheit mit der schieren Vermehrung des Redens nicht etwa größer, sondern kleiner wird. Und dass der alte Normierungsdruck nicht verschwindet, sondern nur seine Gestalt verändert. Und auch seine Reichweite, die nicht weniger unübersichtlich ist als die neuen Wege der Kommunikation. Er ist plötzlich überall.

Das macht es so schwer, ihn zu greifen, denn so wie man das Wetter nicht an jeder Wolke ablesen kann, ist er in keinem Einzelbeispiel ganz enthalten. In der alten Sprich-nur-wenn-du-gefragt-wirst-Gesellschaft waren Absender und Adresse der Disziplinierung namentlich bekannt. Schuld an der Verengung des Diskurses waren wahlweise der Obrigkeitsstaat, das Patriarchat, die Kirchen, die totalitären Parteien und noch ein paar andere mächtige Großkontrolleure. Bei Nichtbefolgen der Redeordnung drohten Gefängnis, Irrenhaus, Scheiterhaufen, Gulag oder Fegefeuer. Allenfalls unterhalb des Radars der Macht gab es Nischen einer undressierten Kommunikation. Noch heute schwärmen DDR-Veteranen von der herzlichen und aufrichtigen Atmosphäre in den unbeobachteten Winkeln des Spitzelstaates, in denen unzensiertes Sprechen möglich war.

Seitdem Normierung und Kontrolle aber nicht mehr von oben eingefordert, sondern von jedem Einzelnen freiwillig an sich selbst verübt werden, ergießt sich das uneigentliche und heuchlerische Sprechen wie der süße Brei im Grimmschen Märchen bis in die letzten Winkel der Gesellschaft. Zugbegleiter der Deutschen Bahn versuchen sich am Bordmikro als Supergeil-Star Liechtenstein, Verliebte reden über ihre Liebe wie Kreditberater über eine Immobilienfinanzierung, während die Kreditberater sich aufführen, als seien sie Freizeitanimateure in einem Mittelklassehotel. Alles scheint möglich im freien Spiel des dressierten Gequatsches, nur eines nicht: das Spiel zu verlassen, den Zugbegleiter um Ruhe, den Kreditberater um Nüchternheit, den Geliebten um Aufrichtigkeit zu bitten, den Voraussetzungen des unechten Geredes zu widersprechen. Früher hätte man gesagt: die Systemfrage zu stellen.

Man könnte das Problem auch so beschreiben: Während man in der autoritären Gesellschaft nur zu gehorchen brauchte, muss man heute gehorchen und das auch noch gut finden. Die Konditionierung setzt sich bis ins Innerste fort. Die neue Zeit will den Menschen ganz. Sie will seine Zustimmung. Der Berliner Philosoph Byung-Chul Han attestiert der postautoritären Gesellschaft deshalb eine „Hyperaktivität" des zwanghaften Einverstandenseins mit sich selbst. Dieses „Übermaß an Positivität", das aus der „Überproduktion, Überleistung oder Überkommunikation" komme, schließe jede echte Nachfrage aus, bedrohe unsere Abwehrkräfte, mache uns krank und sei aber in unserem geschwächten Immunsystem nur schwer zu lokalisieren. Wie in einem perfekt passenden Schuh, den wir kaum spüren, sitzen wir auf diese Weise in den Weltbildern unserer Zeit fest, deren Borniertheit erst spätere Generationen ganz ermessen werden.

Gemessen an der lautlos bereinigten Semantik in den diversen gesellschaftlichen Nulltextsphären, ist der öffentlich ausgetragene Streit um die politischen Denk- und Sprechverbote noch ein Ausbund an Lebendigkeit. Nach den großen geschichtspolitischen Kontroversen um Martin Walsers „Auschwitzkeule" und Peter Handkes andersgelbe serbische „Nudelnester" entbrannte in jüngerer Zeit die vergleichsweise pittoreske Debatte um den „Negerkönig", das „Mohrenkind" und die „zehn kleinen Negerlein" in den Kinderbuchklassikern, die als harmlose Relikte eines historischen Alltagsrassismus einem neuen sprachlichen Sicherheits-Check unterzogen werden sollten, als könne man die Geschichte durch Retuschen am historischen Sprachmaterial nachträglich korrigieren.

In einen vergleichbaren Sicherheitswahn verfallen Hochschullehrer, die sich für Texte aus politisch unkorrekten historischen Kontexten, die sie ihren Studenten zur Kenntnis bringen wollen, vorsichtshalber entschuldigen oder sich aus Angst vor bloggenden Studenten einer Selbstzensur unterwerfen. Und apropos Studenten: Das kaum verhohlene Amüsement des Fernsehmoderators Frank Plasberg über die geplante Umbenennung des nordrhein-westfälischen Studentenwerks in ein geschlechtsneutrales

Studierendenwerk und der daraufhin einsetzende Empörungssturm diverser Frauen-
verbände und Gleichstellungsbeauftragten ist einer der Gründe, aus denen der *hart aber
fair*-Talk über Sinn und Unsinn des Gender-Mainstreaming aus der ARD-Mediathek
entfernt, dann nach erneuten Protesten dorthin zurückbefördert wurde und in der
folgenden Woche mit denselben Gästen wiederholt wurde, als nulltextmäßige und allen
Anforderungen der Public Correctness entsprechende Mustersendung mit Plasberg als
Supernanny zwischen den streitenden New-Girl- und Old-Boy-Segmenten der Gesellschaft. Wobei, nebenbei bemerkt, das rastlose Ersetzen missliebiger Begriffe durch
vermeintlich korrektere offenbar mit dem linguistischen Voodooglauben einhergeht,
die realen Missstände auf diesem Wege ebenfalls zum Verschwinden zu bringen. Als
gäbe es hinter dem Dauergerede keine Welt mehr, in der wahr ist: Ob wohlgerundet
oder dick – die Dame sollte abspecken.

Die Forderung nach einer wirklichen Welt hinter dem wattierten Geschwätz wird
unterdessen in den Künsten, im Theater, in den Romanen wieder laut erhoben. Man
möchte aus dem korrekt durchklimatisierten Spielkasino der Gegenwart ausbrechen und
sehnt sich nach der kalten Luft der Außenwelt, nach Realismus, nach echter Berührung,
nach lebendigem Leben. Selbst wenn man anerkennt, dass eine gänzlich tabulose
Kommunikation wahrscheinlich wenig bekömmlich und eine gewisse rhetorische
Kleiderordnung von Nutzen ist, kann das sterile und inhaltslose Meinungsklima, in
dem das meiste in vorauseilendem Gehorsam bis zur Unkenntlichkeit verfloskelt
wird, keine Lösung sein. Nicht nur weil die Demokratie sich überflüssig macht, wenn
in ihr nur noch verhandelt wird, was ins Bild der unausgesprochenen Mitte passt.
Sondern vor allem weil wir in der Dauergesellschaft rhetorischer Bücklinge und
Genau-Sager gar nicht mehr merken, dass wir noch immer schlafen, obwohl der
Wecker schon seit Langem klingelt.

„Ganz Deutschland hört den Führer mit dem Volksempfänger"
Werbung im Rahmen der Rundfunkausstellung, 1936

Der Propagandaminister Goebbels sah im Rundfunk eines der effektivsten Mittel, die national-sozialistische Ideologie in die Wohnstuben zu tragen. Zur Manipulation der Massen durch gesteuerte Berichterstattung wurde der Volksempfänger 1933 auf den Markt gebracht. Der erschwingliche Apparat, auch „Goebbels' Schnauze" genannt, zielte darauf ab, die Grenze zwischen öffentlicher und privater Sphäre aufzulösen.

Der O-Turn. Abbiegungen aus der Sprachinszenierung

Antje Vowinckel

Nominieren wir einmal folgende Kandidaten für den Oscar des Original-Tons:

(1) *Ich bin ein Berliner* (US-Präsident John F. Kennedy vor dem Rathaus Schöneberg)

(2) *That's one small step for a man, one giant leap for mankind*
(Astronaut Neil Armstrong bei der Mondlandung)

(3) *Ich habe fertig* (Fussballtrainer Trapattoni)

(4) *Nach meiner Kenntnis ist das sofort (…)* auch bekannt als
„Schabowskis Zettel" (Zentralkomitee-Mitglied Günter Schabowski
verkündet Reisefreiheit für DDR-Bürger)

(5) *heul-schnief, tote Babies*, auch bekannt als „Brutkastenlüge"
(kuwaitische Diplomatentochter Nayirah)[1]

Sie sind die Jury. Und sie hören nur den Ton. Einiges an Arbeit haben Ihnen Vor-Jurys bereits abgenommen. Vergeben sind die Oscars in den Kategorien „Sound", „internationale Bekanntheit", „Eleganz der Formulierung", „Verbindung mit historischem Ereignis". Nummer 5 wurde als „Scripted reality" entlarvt und sollte disqualifiziert werden, gewann dann aber in der Kategorie „nachhaltige Wirkung", da die Aussage zunächst geglaubt wurde und zur Entscheidung für den Irak-Krieg beitrug. Jetzt ist es an Ihnen, den Oscar in der Königskategorie zu vergeben: „Authentizität". Denn dafür lieben wir den O-Ton. In ihm sehen wir die kleine ehrliche Insel in einer Welt der inszenierten Massenmedien. Dabei ist jeder O-Ton immer schon eine Kopie. Er wird paradoxerweise erst durch die Aufzeichnung zum Originalton. Sprecher und Urheber müssen dabei eine Person sein. Auch Schauspielersätze werden ja permanent aufgezeichnet und in Kino oder Fernsehen verbreitet. Doch hier stimmen Urheber und Sprecher nicht überein. Wir sehen also im O-Ton so etwas wie eine Aussage mit Unterschrift. Authentisch wirken O-Töne, wenn das Gesagte spontan herausplatzt. Denn die Stimme sitzt im Körper, und der Körper lügt nicht; jedenfalls nicht, wenn er sich nicht vorbereiten kann. Das haben Sie auch schon erlebt? Dann sind Sie als Juror/Jurorin qualifiziert! Sie erkennen genau, wann sich jemand verstellt, oder? Gehen wir die Liste unter diesem Aspekt noch einmal durch: Der Satz von Kennedy stand offensichtlich im Manuskript und kann aussortiert werden. Ob Neil Armstrong sich seinen Satz vorher überlegt hat, wissen wir nicht. Ein Manuskript hielt er auf dem Mond nicht in der Hand, aber seine Stimme wirkte kontrolliert. Das Heulen der kuwaitischen Diplomatentochter war sehr körperlich, aber trotzdem gelogen. Wussten Sie gleich! Ist er nicht dennoch authentisch? Schließlich entlarvt er auf selten deutliche Weise die Manipulationsversuche im Zusammenspiel von Politik und Massenmedien. Na gut, das wäre die Kategorie „Medienkritik". Weiter. Trapattonis Wutausbruch bei einer Pressekonferenz empfanden alle als authentisch, vor allem – und das scheint ein wichtiges Merkmal – weil er Fehler machte. Jemand, der so medienerfahren ist, macht das wohl nicht freiwillig. Also glauben wir auch seine Wut. Und sehen sie als punktuellen Riss in der Inszenierung. Ein kurzer, unverhoffter Blick hinter den Vorhang. Aber worum ging es schon dabei? Als Fußballtrainer kann er sich das erlauben, und wird dafür geliebt. Schabowski hatte dagegen weit mehr zu verlieren. – Moment, sagten wir nicht gerade, dass vom Manuskript abgelesene Sätze weniger authentisch wirken? Wieso ist dann ausgerechnet dieser „Zettel" nominiert? Schabowski hatte ganz offensichtlich etwas vollkommen anderes vor, und musste am Ende nicht nur seine eigene Wurschtigkeit entblößen, sondern die eines ganzen Systems. Im Ton hört man deutlich den Zettel, den Schabowski nicht wie andere Redner kaschiert, sondern notgedrungen performativ nutzt. So wird der Zettel, wie der Kunstwissenschaftler Boris Groys sagen würde, als submedialer Raum hörbar, als „Raum des Verdachts."[2] Und dahinter die unter Verdacht stehende DDR. Mit dem Knittern des Zettels bekommt die Aussage eine selbst im Akustischen spürbare, bildliche Qualität. Also, klare Entscheidung: The Oscar goes to Günter.

Dass O-Töne so glaubhaft wirken, macht sie auch für die Künste attraktiv. Dort ergänzen sie immer öfter die virtuose Inszenierung von Schauspielern und Musikern. Denn Authentizität erleben wir eher als Nebenprodukt einer auf Perfektion angelegten Inszenierung; nicht dort, wo jemand beschließt, natürlich und echt zu sein, sondern dort, wo jemand loslassen muss. Man könnte annehmen, der O-Turn, sei eine scharfe Abbiegung gewesen, die eingeschlagen wurde, sobald sich Töne speichern ließen. Er bildet aber eine Kurve, die schon vorher begann und auch nachher noch einige Schlenker machte. Literarische Sprache hat sich über die Jahrhunderte peu à peu dem alltäglichen Sprechen angenähert. Orson Welles' berühmtes live gesendetes Hörspiel *Der Krieg der Welten* spielte schon 1938 mit dem dokumentarischen Charakter von Reporter- und Zeugenstimmen, einer Zeit also, in der die Magnettonaufzeichnung noch gar nicht zur Verfügung stand. In Hörspiel, Fernsehen und Film finden sich seitdem zahlreiche Fake-Fiction-Beispiele (zum Beispiel die Fake-Dokumentation *Exit Through the Gift Shop* (2010) des Streetart-Künstlers Banksy), die sich den dokumentarischen Charakter von Originalton zunutze machen, um die Hörer auf eine falsche Fährte zu locken. Die „O-Töne" sind gefälscht und enthüllen dennoch eine Wahrheit. Diese Wahrheit liegt aber im Hörer – nicht im Sprecher. Es ist der eigene Abgrund, der hier erhellt wird, und das darin wohnende Vertrauen in die Medien. Der materiale O-Turn in den Künsten begann zwar schon 1930, mündete aber physisch in einer

Sackgasse. Der Filmemacher Walter Ruttmann hatte für seine O-Ton-Collage *Weekend* Originaltöne in Berlin aufgenommen und diese auf der Filmspur montiert, ähnlich wie die Kubisten damals Fundstücke in ihre Bilder klebten. Das Filmspur-Verfahren war jedoch damals zu teuer und wurde nicht weiter verfolgt.[3] In den sechziger Jahren produzierte der Rundfunk eine Welle von O-Ton-Hörspielen, getragen von dem Gedanken, hier käme nun unzensiert eine Arbeiterschicht zu Wort, deren unverbildete, nicht inszenierte Sprache zuvor nicht zu hören war. Man fragte sich aber bald: „Ist denn das noch O-Ton? Ist das nicht auf eine triviale, so absichtsvolle wie leicht durchschaubare Weise ein verkünstlichter, ein aufs Reportagemuster zugeschnittener Gebrauchs-, statt ein Originalton?"[4] Das Bewusstsein für die Schere im Kopf sowie die Manipulation durch Auswahl wuchs schnell und ist inzwischen Gemeingut. Dennoch erfreut sich der O-Ton ungebrochener Beliebtheit, und es ist ein Volkssport, darüber zu diskutieren, ob jemand einen Satz strategisch platziert hat oder nicht. Hat Angela Merkel ihr „Wir schaffen das" geplant, oder ist es ihr rausgerutscht? Im Zeitalter von Talk-Shows, Youtube und Facebook finden wir uns alle permanent in der Rolle des O-Ton-Jurors wieder. Um der Schere im Kopf zuvorzukommen, experimentieren Künstler mit Methoden, die auf das Loslassen von Inszenierung zielen und performative Elemente mit einbeziehen. Ähnlich, wie es bei Schabowski ungewollt geschah. So lud der Komponist Mauricio Kagel Musiker in ein Studio, verwickelte sie in Gespräche und verwendete am Ende nur diese Sprachaufnahmen, in welchen die Mitspieler abgelenkt und innerlich noch nicht auf Sendung waren. Auch die Konfrontation mit Gegenständen in einem Interview, das Reden beim Gehen oder die Inszenierung von Dschungelcamps zielen darauf ab, eine Person von sich selbst abzulenken und zu spontanen Reaktionen zu bewegen. Dabei kann man allerdings manchmal so viele Einblicke bekommen, dass es peinlich wird. Künstlerisch interessante O-Töne enthüllen nicht nur, sondern werfen Fragen auf. Deswegen werden sie oft geschnitten. Denn oft lassen erst die Lücke oder die Wiederholung einen Subtext spürbar werden. Gleichzeitig erlaubt das Kappen von O-Tönen, sie in die mimetische „Echtzeit" von formalen Strukturen in Bild oder Klang einzufädeln, so dass sie nicht sperrig aus dem Werk heraus auf andere Zeiten und Orte verweisen.[5]

Auch in der Musik gab es Vorläufer, bevor O-Töne in materialer Form in musikalischen Formen auftauchten. Das Rezitativ bildete in der Oper einen wichtigen Kontrapunkt zur gesungenen Arie. Das gekünstelte Sprechen steht noch überwiegend im Dienst der Diegesis; es sollte die Handlung kompakt und verständlich vermitteln. Gegenüber dieser vermittelnden Sprache, die immer auf andere Zeiten und Orte verweisen kann, schildern die expressiven Arien mimetisch die Gefühle der Protagonisten. Im Laufe der Jahrhunderte erfährt das Sprechen in der Musik einen Wandel von Diegesis zu Mimesis. Komponisten wie Schönberg, Partch, Janáček und Ashley haben sich von Sprechmelodien in ihren Werken inspirieren lassen. Und mit Beginn der Tonaufzeichnung wurden auch O-Töne integriert, zum Beispiel in der Musique concrète und bei Steve Reich. Daneben entwickeln sich in allen Künsten weiterhin Verfahren, die nicht auf Tonaufnahmen beruhen, sich aber an den Charakter des O-Tons anlehnen. Im Falle der Performancegruppe She She Pop bekommen Mitspieler O-Töne, die während der Proben entstanden sind, auf den Kopfhörer und sprechen sie in der Aufführung nach. Hörspielregisseur Plamper gibt seinen Schauspielern Szenenskizzen vor und lässt sie ihre Texte improvisieren, damit es authentischer klingt. John Smith erzeugt in seinem Film *The Girl Chewing Gum* (1976) mit der Reporterstimme aus dem Off ein Zeit-paradox, indem er vordergründig eine Einheit von Zeit und Ort suggeriert, die offen-sichtlich im Gegensatz zur zeitversetzten Montage von Bild und Ton steht. Welches Verfahren auch immer: Der O-Turn in den Künsten ist der Versuch, das Unbewusste fruchtbar zu machen für eine lebendige, authentische Ausdrucksweise und möglicher-weise einen unkontrollierten Subtext. Interessant ist das vor allem, wenn dabei nicht nur eine Einzelperson voyeuristisch beleuchtet wird, sondern ein größerer submedialer Raum. Der passt manchmal auf einen Zettel.

…

1 Nayirah behauptete, irakische Soldaten hätten bei der Invasion Kuwaits Frühgeborene aus ihren Brutkästen gerissen und auf dem Boden sterben lassen. Das Video ist unter dem Stichwort „Nayirah" auf Youtube zu finden.

2 Groys, Boris: *Unter Verdacht. Eine Phänomenologie der Medien*, München 2000.

3 Ästhetisch war Ruttmann seiner Zeit weit voraus, doch blieb das Stück lange Zeit verschollen. Erst 1978 wurde es wiederentdeckt und wird seitdem als Klassiker der Hörspielkunst immer wieder gesendet.

4 Vormweg, Heinrich: „Das Verfahren O-Ton", WDR-Sendemanuskript, 26. April 1974.

5 Beispiele für O-Ton-Stücke, die durch Pausen und Wiederholungen eine eigene Form bekommen sind zum Beispiel *The dreams* (BBC 1964) von Barry Bermange und *Preislied* (BR/NDR 1971) von Paul Wühr.

Der Nigger von der Narzissus
Vom Sinn und gelegentlichen Unsinn politisch korrekter Sprache

Gustav Seibt

Politische Korrektheit und ihre Sprache sind ein Kampfplatz geworden, ein Feld aggressiver moralischer Bezichtigungen. Darum empfiehlt es sich, ganz von vorn anzufangen.

Es gab einmal eine Zeit, in der jedes Mitglied der Gesellschaft einen festen Platz und eine dazugehörige Anrede hatte, von der Majestät, dem Kaiser, bis hinunter zu den Subjekten, die gar nicht mehr angeredet wurden: „Hat er gedient?" „Der Mohr kann gehen." Dazwischen tummelten sich nicht nur Damen, Herren und Fräuleins, sondern allerlei Ränge und Stände von Geburt und Verdienst: Hoheiten, Durchlauchte, Exzellenzen, Wohlgeborene, Geheimräte, Kommerzienrätinnen, Professoren, Doktoren, Meister und Gesellen, um von den eigentlichen Adelsprädikaten oder Offizierstellen, den Grafen, Freiherren, Leutnants und Feldwebeln gar nicht erst zu reden. Die Gesellschaft war geschichtet und quadriert in den Formen der Etikette.

Doch dann kamen die großen Revolutionen, die postulierten, alle Menschen seien gleich, gar Brüder, mindestens Bürger, wenn nicht Genossen und Volksgenossen – zunächst nur in männlicher Form. Von Schwestern und Genossinnen war noch keine Rede. Aus Ludwig XVI. wurde Bürger Capet, die Prinzen des Hauses Habsburg-Lothringen heißen, seit es Republiken gibt, in den Pässen Eduard oder Otto Habsburg. Eine neue Form der Höflichkeit entstand als Nachfolgerin der ständischen Etikette – dass ihr Geburtsort immer noch der aristokratische „Hof" war, verriet ihr Begriff: Courtoisie. Diese egalitäre Höflichkeit legte Wert darauf, die fortbestehenden gesellschaftlichen Ungleichheiten in Ansehen, Erfolg, Wohlstand durch eine gleichmäßige Freundlichkeit zu überspielen. Alle Mitmenschen und Mitbürger haben Anspruch auf gleiche Achtung – das ist nicht nur ein demokratisches, sondern schon ein christliches Gebot. Betrachte in jedem Menschen, der dir begegnet, einen Vorgesetzten, dann sind alle in der Gesellschaft gleichermaßen vornehm – so lautet die beste Gebrauchsanweisung für diese „Gleichheit in der Ungleichheit", um Madame de Staëls berühmte Definition für Höflichkeit aufzugreifen. Und wenn das immer ohne Ironie gelänge, wäre in der Tat fast alles gut.[1] Doch jede Form der Gleichheit schafft neue Ungleichheiten. Die Menschheit und Gesellschaft besteht aus Frauen und Männern, aus Weißen und Schwarzen, aus Heterosexuellen und Homosexuellen und vielen anderen Besonderheiten mehr. Die der Idee nach egalitäre Gesellschaft ist zusammengesetzt aus Verschiedenen, zudem hat sie eine Geschichte, die Geschichte schmerzhafter Ungleichheiten. Diese Verschiedenheiten und ihre Leidensgeschichten verlangen nach Anerkennung, nach Sichtbarkeit auch im Umgang, also in der Sprache. Wurden die Weltgeschichte und gerade auch die Geschichte der modernen Gleichheitsrevolutionen bisher nicht maß-

...

geblich von weißen westlichen Männern vorangetrieben? Hat diese Vergangenheit nicht auch die Sprache, den wichtigsten Erinnerungsspeicher der Menschen, geprägt? So ist es.[2]

Politisch korrekte Sprache ist in allgemeiner Umschreibung der vielfach gestaffelte Versuch, der Verschiedenheit in der Gleichheit Geltung zu verschaffen und damit auch den Blick auf die Gesellschaften, in der die Sprache verwendet wird, und auf ihre Vergangenheiten insgesamt zu verändern. Dies wurde angestrebt durch ein absichtsvolles Abweichen von eingeschliffenen Gewohnheiten, technisch gesprochen: durch Entautomatisierung der öffentlichen Sprache und durch die Etablierung neuer Gewohnheiten. Die Phänomene sind inzwischen geläufig geworden: Keine Chefin kann sich an ihre Mitarbeiter wenden, ohne zuvor auch die Mitarbeiterinnen angesprochen zu haben. Man dankt am Wahlabend den Wählerinnen und Wählern, selbst wenn man krachend verloren hat. Dass sich daraus eine neue Pedanterie, ja Scholastik entwickelt, mit Binnen-I, mit Sternchen oder tiefgelegten Strichen, mit neutralisierten Anredeformen, mit Umschreibungen wie *Trans-* oder *Cis-Personen*, *Persons of Colour*, um auch niemanden zu verletzen, mag man verspotten – es zeigt nur, dass auch die moderne Höflichkeit den Weg aller Etikette nimmt, sie wird barock. Die Rückkehr zu neuer Einfachheit selbst im hier besonders spielfreudigen akademischen Milieu darf gefahrlos prophezeit werden.

Viel ernster ist die moralische Anforderung, auf den Sprachgebrauch überhaupt zu achten. Man soll ja nie unflätig werden, aber der Ausdruck *Judensau* ist nach der deutsch-europäischen Verfolgungsgeschichte schlicht inakzeptabel, und das gilt selbstverständlich auch für subtilere Anschwärzungen, die mit den alten Stereotypen der Zurücksetzung spielen. Das ist ebensowenig erläuterungsbedürftig wie die Verbannung analoger Herabwürdigungen von *Negern* oder *Kanaken*, von *Polacken* und *Fidschis*. Es ist ein Ausnahmefall, wenn eine Minderheit einen zunächst verachtungsvollen Wortgebrauch wie *schwul* neutralisiert und ins Positive dreht – dass *schwul* in Klassenzimmern und auf Fußballplätzen ein Schimpfwort blieb (*wie schwul ist das denn?*) bleibt davon unberührt. Damit ist aber auch festgestellt: Die Neujustierung des Sprachgebrauchs allein richtet die Sache nicht. Wer Ausländer nicht mag, kann den *Migrationshintergrund* so süffisant aussprechen, dass klar ist: Diese *Kulturbereicherer* (oder neuerdings *Fachkräfte*) sind bestenfalls Menschen zweiter Klasse, die hier unwillkommen sind. Die Reaktion auf die Moralisierung des Sprachgebrauchs ist, wie immer bei Moralisierung, das Ressentiment, die Sklavensprache gegen den vermeintlich herrschenden Diskurs oder ganz einfach die vulgäre Grenzverletzung. „Klartext" gegen „Tugendterror", das ist die öde Frontstellung, die sich herausbildet, wenn Sprache polizeilich, also am Ende doch wieder unhöflich reguliert werden soll.[3]

Damit kommen wichtige und umstrittene gesellschaftliche Fragen in den Blick, die über den Sprachgebrauch hinausreichen. Zwei Konfliktfelder lassen sich unterscheiden, auch wenn sie sich in der Wirklichkeit oft überlappen: Das Verhältnis zur Vergangenheit und die multikulturelle Gesellschaft. Der Verfasser dieses Beitrags wurde vor 20 Jahren beim Deutschen Presserat angezeigt, weil er Joseph Conrads Roman *Der Nigger von der Narzissus* zitiert hatte. Mein Hinweis, die – damals – neue Übersetzung *Der Bimbo von der ‚Narcissus‘* mache die Sache nicht besser, im Übrigen sei besagter „Nigger" in Conrads Roman von 1897 ein positiver, geradezu christusgleicher Held, führte zum Erfolg: Auf eine Rüge wurde verzichtet. Doch ist der Fall natürlich nicht einfach lustig – die Überlieferungen unserer Kultur sind von den Spuren schmerzhafter Konflikte und Unterdrückungen gezeichnet. Jede Aufführung von Shakespeares Drama *Der Kaufmann von Venedig* oder seinem *Othello* muss sich damit auseinandersetzen. Nur, das Verwischen der Spuren hilft nichts. Man lese sich einmal laut die Invektiven zwischen dem Juden Heinrich Heine und dem Schwulen August von Platen vor, und man wird, wenn man halbwegs empfindlich ist, Scham empfinden. Humor, Satire, Spott, selbst derbster Art, fallen unter den Schutz der modernen Freiheitsrechte, sie finden aber ihre Grenze bei persönlichen Herabsetzungen und friedensstörender Hetze. Dass dieses Feld juristischen Abwägungen vorbehalten bleibt, ist logisch unvermeidlich. Aber ist die *Bibel in gerechter Sprache* wirklich so abwegig, wie oft getan wird? Wer die biblische „Magd" herkömmlicher Versionen mit „Sklavin" übersetzt, der erinnert an einen Status der Unfreiheit, der die Antike von neuzeitlichen Verhältnissen in heute kaum vorstellbarer Weise unterscheidet. Wer unter die „Jünger" ein paar „Jüngerinnen" mischt, erinnert an die historische Tatsache, dass die ersten Christen auffällig oft Frauen waren. Man wird der *Bibel in gerechter Sprache* eher gerecht, wenn man sie als zusätzlichen Kommentar zu gängigen Übersetzungen begreift.[4]

Das derzeit wichtigste Schlachtfeld der politisch korrekten Rede ist die multikulturelle Gesellschaft, neutraler: die Gesellschaft mit Einwanderung. Dass große, zwangsläufig abstrakte, auf Arbeitsteilung, Verrechtlichung und Zivilität angewiesene Gesellschaften ein hohes Maß an Homogenität erfordern, eine gemeinsame Sprache und starke Normen, die das liberale Nebeneinander unterschiedlicher Werte und Lebensentwürfe verbindlich regeln, vor allem gelebtes Vertrauen, ist unstrittig.[5] Und dieses Vertrauen leidet, wenn Probleme aus falschen moralischen Rücksichten nicht offen angesprochen werden können. Denn dann können nicht nur die Probleme nicht bearbeitet, sondern auch die mit ihnen einhergehenden Vorurteile zwischen gesellschaftlichen Gruppen nicht korrigiert werden.

Stimmt es, dass über die Probleme des Islams oder über Kriminalität von Zuwanderern nicht offen gesprochen werden kann? Das behaupten vor allem Autoren, die mit Artikeln und Büchern über diese Probleme riesige Auflagen und Klickzahlen erzielen.[6] Die zuletzt oft kritisierte Richtlinie des Pressekodex, die die Nennung der Nationalität oder des ethnischen Hintergrunds von Straftätern nur unter dem Vorbehalt der

Sachdienlichkeit zulässt,[7] dient vor allem auch der Qualität der Information. Wenn jeder erwischte Taschendieb oder Grabscher nicht zuerst ein Individuum ist, sondern vor allem Nordafrikaner, Sinti, Afghane usw., dann sind die Schreihälse von Clausnitz und Bautzen auch vor allem Sachsen oder die Mörder der NSU in erster Linie Thüringer oder Ostdeutsche. In jedem einzelnen Fall ist es legitim und nötig, die Kontexte solcher Verfehlungen und Untaten zu benennen. Doch muss man die Frage stellen, welche Kontexte informativ sind und welche nicht. Es macht einen Unterschied, ob man einen Taschendieb oder Vergewaltiger als *Muslim*, als *arbeitslos*, als *jugendlich* oder mit einem anderen Merkmal bezeichnet. Es gibt Studien, die nachweisen, dass auffällig viele Terroristen Ingenieure sind.[8] Andere weisen darauf hin, dass sich überdurchschnittlich viele Brüderpaare darunter befinden.[9] Schon solche Hinweise zeigen, dass pauschale Forderungen, es müsse Schluss sein mit der politischen Korrektheit,[10] hilflos bleiben.

Das Betriebssystem der freiheitlichen Gesellschaft ist der Individualismus, die persönliche Zurechenbarkeit von Verantwortung, Erfolg und Schuld. Sie setzt die wechselseitige Achtung aller voraus, also die Höflichkeit der Gleichheit unter Verschiedenen.

...

1 Asserate, Asfa-Wossen: *Manieren*, Frankfurt/Main 2003; Weinrich, Harald: „Ehrensache Höflichkeit", in: ders.: *Wie zivilisert ist der Teufel?*, München 2007, S. 85–98.

2 Hughes, Geoffrey: *Political Correctness. A History of Semantics and Culture*, Oxford 2010.

3 Schönbohm, Jörg: *Politische Korrektheit. Das Schlachtfeld der Tugendwächter*, Waltrop, Leipzig 2009.

4 http://www.bibel-in-gerechter-sprache.de, Aufruf am 3. April 2016.

5 Collier, Paul: *Exodus*, München 2014; Ott, Konrad: *Zuwanderung und Moral*. Stuttgart 2016.

6 Sarrazin, Thilo: *Deutschland schafft sich ab*, München 2010. Dagegen Bahners, Patrick: *Die Panikmacher*, München 2011.

7 http://www.presserat.de/pressekodex/pressekodex/#panel-ziffer_12____diskriminierungen, Aufruf am 3. April 2016.

8 Kaube, Jürgen: „Die Dschihad-Ingenieure", in: *Frankfurter Allgemeine Zeitung*, 29. März 2016, http://www.faz.net/aktuell/feuilleton/viele-terroristen-sind-scheinbar-ingenieure-14148612.html, Aufruf am 3. April 2016.

9 http://www.spiegel.de/politik/ausland/terror-in-bruessel-wenn-brueder-terroristen-werden-a-1083796.html, Aufruf am 3. April 2016.

10 So die AfD in ihrem Programmentwurf vom März 2016: http://www.sueddeutsche.de/politik/entwurf-zu-parteiprogramm-wie-die-afd-die-aktuelle-bundesrepublik-abschaffen-will-1.2924188, Aufruf am 3. April 2016.

Pegida im Spiegel ihrer Sprache

Anna-Maria Schielicke

In seinem Buch Lingua *Tertii Imperii* schrieb der Dresdner Victor Klemperer „Was jemand willentlich verbergen will, sei es nur vor andern, sei es vor sich selber, auch was er unbewußt in sich trägt: die Sprache bringt es an den Tag. (…) die Aussagen eines Menschen mögen verlogen sein – im Stil seiner Sprache liegt sein Wesen hüllenlos offen."[1]

Bei Pegida[2] muss man nun nicht lange nach dem Wesen suchen. Die Verächtlichmachung von Einzelpersonen, wie die „einfältig, dumme Grüne Katrin Göring-Eckardt, eine gescheiterte Existenz ohne Berufsabschluss", oder „das dicke Kind aus Goslar" (Sigmar Gabriel), das „haarscharf an der Sonderschule vorbeischrammte", oder der „feige Pfaffe" (Joachim Gauck) aus Rostock, der sich 1989 hinter seiner Kanzel versteckt habe und außerdem ein „debil grinsender Ehebrecher ist" (Festerling, 14. September 2015, München), gehört da schon zum Grundinventar. Auch die Flutvergleiche in Bezug auf Flüchtlinge sind spätestens seit den achtziger Jahren Standardvokabular in diesen Kreisen.[3] Dadurch sind sie aber nicht weniger wirksam. Das Bild, das bei Pegida gezeichnet wird: Völlig unfähige, feige, verfettete und moralisch degenerierte Politiker überlassen das Land „Horden von männlichen Invasoren", die „alle keine Frauen haben und sexuell geladen sind" (Festerling, 7. September 2015, Dresden). Gestützt wird dieses Untergangsszenario dann noch durch Bilder „zusammenbrechender Sozialsysteme" und „gefälschter Arbeitslosenzahlen" (Gastredner Horst, 14. September 2015). Nicht nur die „Mega-Umvolkung" (Festerling, 14. September 2015, München) steht für Pegida unmittelbar bevor, nein, gleich der totale Zusammenbruch. Die einzige Schlussfolgerung, die „das Volk" daraus ziehen kann: „Wir befinden uns bereits im Krieg", zwar rollen noch keine Panzer durch unsere Straßen, aber sie rollen auf Schienen „an die Ostfront" (Festerling, 7. September 2015, Dresden).

Aber damit hört das Bedrohungsszenario noch nicht auf. Als weitere Feinde des Volkes werden jene in Stellung gebracht, die sich „gegen ihr eigenes Volk" verschworen hätten. Ehrenamtliche zum Beispiel, die sich in der Flüchtlingshilfe engagieren. Sie werden daran erinnert, dass „Ehrenamt auch etwas mit Ehre zu tun" hat, sie sich aber indes „mitschuldig machen (…) an der Abschaffung unserer Freiheit und unserer aufgeklärten Werte" (Festerling, 28. September 2015, Dresden). Auch die „Gutmenschen" dürfen in der Feindaufzählung natürlich nicht fehlen. Diese sind wahlweise Insekten – „(…) je doller man schlägt, desto aggressiver wird dieses Viehzeugpack" (Gastredner Stefan, 7. September 2015, Dresden) –, „größenwahnsinnige Herrenmenschen", die auch „wieder Konzentrationslager hier in Dresden" errichten (Festerling, 7. September 2015, Dresden) oder schlicht „genetischer Sondermüll" (in einem Kommentar zu einem Zeitungsartikel). Bezüglich der „Volksfeinde" dominiert durchweg Entmenschlichung („Viehzeug", „Sondermüll") und Erniedrigung („ehrlos", „geisteskrank").

Das Bild der vielfältigen Bedrohung und des unausweichlichen Verhängnisses schallt in unendlichen Wiederholungen und Varianten von den Tribünen bei Pegida. Der Ton ist dabei meist aggressiv. Die Redner schreien, reden sich in Rage, versuchen, an die Gefühle des Volkes zu ihren Füßen zu appellieren. Victor Klemperer schreibt dazu: „Das Gefühl war nicht Selbstzweck und Ziel, es war nur Mittel und Durchgang. Das Gefühl hatte das Denken zu verdrängen – es mußte selber einem Zustand der betäubten Stumpfheit, der Willens- und Fühllosigkeit weichen; wo hätte man sonst die notwendige Masse der Henker und Folterknechte hergenommen?"[4] Sprachliche Werkzeuge dazu sind affektgeladene Wörter, Suggestionen, manchmal auch Ironie oder beißender Spott, Apelle, rhetorische Fragen und Superlative. „Diese rhetorische Sprache informiert nicht, sondern hämmert ein, sie argumentiert nicht, sondern polemisiert", schreibt Herman Bott in seiner Kritik rechtsradikaler Propaganda.[5]

Und die Volkseele des „Volk(es) mit dem eisernen Willen" (Gastredner Stefan, 7. September 2015, Dresden) kocht, die Menschen applaudieren und johlen. Manchmal lachen sie auch, wie über einen zotigen Stammtischwitz, wenn Flüchtlinge als „Surensöhne" oder „Salatfister" und Journalisten als „Presstituierte" (Däbritz, 21. September 2015, Dresden) bezeichnet werden. Sie schreien „Arbeitslager!" (21. September 2015, Festerling-Rede, Dresden), wenn von der Presse die Rede ist. Sie schreien „Abschieben!" (14. September 2015, Bachmann-Rede, Dresden), wenn es um Politiker geht. Und immer öfter und immer lauter schreien sie: „Widerstand!" Hieß es noch am Anfang, „Pegida ist gekommen, um zu bleiben", heißt es jetzt weiter „(…) und ist geblieben, um zu siegen". (Bachmann, 7. September 2015, Dresden). Am gleichen Tag noch sagt Bachmann nach einem kleinen Disput, welche Strophe des Deutschlandliedes gesungen werden dürfe – wobei seiner Ansicht nach „entweder alle drei oder nur die erste" gesungen werden darf – „wenn wir es irgendwann mal geschafft haben, die Verräter aus Berlin zu vertreiben, dann singen wir hier Strophen, so viel wir wollen". Währenddessen stimmt ein Mann im Publikum die erste Strophe an. Wenige Wochen später sieht Bachmann durch die Politik sogar den öffentlichen Frieden gefährdet: „Was momentan nämlich in Berlin abgeliefert wird, ist nicht mehr nur planlos, es ist mittlerweile friedensgefährdend und ist strafrechtlich gesehen geeignet, die öffentliche Ordnung und Sicherheit sowie den öffentlichen Frieden zu stören." (Bachmann, 28. September 2015, Dresden). Und Jürgen Elsässers „Aufruf an die deutschen Soldaten" nachplappernd, richtet Festerling anschließend einen Appell an Polizei und Soldaten: „Schließt Euch uns an!", denn „erst wenn Polizei und Bundeswehr niederlegen (ihre Arbeit, Anm. d. Verf.), dann wird Artikel 20, Absatz 4, das Recht auf Widerstand, konkret" (Festerling, 28. September 2015, Dresden). In besagtem Artikel steht: „Gegen jeden, der es unternimmt, diese Ordnung zu beseitigen, haben alle Deutschen das Recht zum Widerstand, wenn andere Abhilfe nicht möglich ist." Und die Menge johlt und jubelt und applaudiert.

Nun könnte man sagen, das sind alles nur Worte. „Aber Sprache dichtet und denkt nicht nur für mich, sie lenkt auch mein Gefühl, sie steuert mein ganzes seelisches Wesen, je selbstverständlicher, je unbewußter ich mich ihr überlasse. (…) Worte können sein wie winzige Arsendosen: sie werden unbemerkt verschluckt, sie scheinen keine Wirkung zu tun, und nach einiger Zeit ist die Giftwirkung doch da."[6] Die Auswirkungen dieses Giftes zeigen sich zunächst im Alltag. Menschen werden vermehrt auf offener Straße angepöbelt, und in den sozialen Netzwerken wird beleidigt, verunglimpft und diffamiert – mit den deftigsten und abstoßendsten Worten, die zur Hand sind. Dabei verschieben sich sukzessive die Grenzen des Sagbaren. Im krampfhaften Bemühen, den Bürger zu Wort kommen zu lassen und sich nicht etwa dem Vorwurf auszusetzen, man würde Meinungsäußerungen beschneiden oder unterbinden, werden notwendige Regeln des Diskurses sträflich vernachlässigt. Victor Klemperer schrieb: „Die Republik gab Wort und Schrift geradezu selbstmörderisch frei; die Nationalsozialisten spotteten offen, sie nähmen nur die von der Verfassung gewährten Rechte für sich in Anspruch."[7] Und beim sprachlichen Ausdruck bleibt es dann auch nicht. Kaum ein Tag des Jahres 2015 verging ohne Brandanschlag auf Asylbewerberheime und -wohnungen, Ausschreitungen bei Demonstrationen, Beleidigungen und Körperverletzungen zuhauf, Journalisten wurden angegriffen, Ehrenamtliche und ihre Familien direkt bedroht, Büros von Politikern verwüstet. Und durch Dresden hallt weiter „Arbeitslager!", „Abschieben!", „Widerstand!". Es ist nicht logisch anzunehmen, das eine hätte mit dem anderen nichts zu tun. Bott schreibt hierzu: „In der Beseitigung des schlechten Gewissens, der moralischen Hemmungen liegt erst die eigentliche destruktive Wirkung rechtsradikaler Propaganda."[8] Aufgestachelt und angeheizt durch die Reden und deren Sprache schreitet der Bürger zur Tat.

Was kann man diesen Entwicklungen entgegensetzen? Ganz allgemein gilt, dass es keine gute Idee ist, sich sprachlich dem Rechtspopulismus anzupassen. Wenn dort von „Fluten" die Rede ist, sollte man selbst nicht von „Lawinen" (Wolfgang Schäuble, CDU) sprechen. Wenn dort der politische Gegner als „Linksfaschist" bezeichnet wird, bringt es wenig, mit „Nazi" zu kontern. „An die Stelle hilfloser Aufregung muß zunächst vielmehr die schlichte Analyse des Populismus treten", rät Albrecht von Lucke.[9] Sprachlich lebt Populismus vom vermeintlichen Tabubruch. Das verwendete Vokabular ist bewusst gewählt, und momentan springt die Öffentlichkeit über jedes Stöckchen, das ihr die Populisten hinhalten. Die geschlossene Empörung, die etwa einem Redner wie Akif Pirinçci entgegenschlägt, zementiert bei seinen Zuhörern nur den Eindruck von Denkverboten und Meinungsdiktatur. Der Tabubrecher wird so zum Helden, um den man sich noch viel enger schart. Was man sich im Umgang mit Rechtspopulismus immer vor Augen halten sollte: Letztlich wollen Populisten nicht nur die Spieler austauschen, wie Cas Mudde, einer der einflussreichsten Wissenschaftler auf dem Gebiet des Populismus es beschreibt, sondern die Regeln des Spiels ändern.[10] Vordringlichstes Ziel sollte es daher sein, auf die Einhaltung der Regeln zu achten, dazu gehört auch, sprachliche Tabus, die aus guten Gründen existieren, zu verteidigen. Sprachlich alles zuzulassen, vergiftet den Diskurs und verändert ihn grundlegend. „Auf lange Sicht liegt vielleicht hier die eigentliche Bedrohung der Demokratie in Europa: wenn eines Tages die Populisten nicht mehr die anderen sind, sondern alle."[11]

...

1 Klemperer, Victor: *LTI. Notizbuch eines Philologen*, Stuttgart 2007, S. 20.
2 PEGIDA ist ein Akronym für „Patriotische Europäer gegen die Islamisierung des Abendlandes", eine Demonstrationsbewegung, die am 19. Oktober 2014 erstmals in Dresden auftrat. Im Laufe des Jahres 2015 bildeten sich ähnliche Demonstrationen, mit unterschiedlichem Erfolg überall in Deutschland.
3 Wengeler, Martin: „Multikulturelle Gesellschaft oder Ausländer raus? Der sprachliche Umgang mit der Einwanderung seit 1945", in: Stötzel, Georg/Martin Wengeler (Hg.): *Kontroverse Begriffe. Die Geschichte des öffentlichen Sprachgebrauchs in der Bundesrepublik Deutschland*, New York, Berlin 1995, S. 711–749.
4 Klemperer, Victor: LTI (Anm. 1), S. 329.
5 Bott, Hermann: *Die Volksfeind-Ideologie. Zur Kritik rechtsradikaler Propaganda*, Stuttgart 1969, S. 39.
6 Klemperer, Victor: LTI (Anm. 1), S. 26.
7 Ebd. S. 32.
8 Bott, Hermann: *Die Volksfeind-Ideologie* (Anm. 5), S. 106.
9 Lucke von, Albrecht: „Populismus schwer gemacht. Die Dialektik des Tabubruchs und wie ihr zu begegnen wäre", in: Heitmeyer, Wilhelm (Hg.): *Deutsche Zustände*, Berlin 2015, S. 310–320, hier S. 310.
10 Mudde, Cas: *Populist radical right parties in Europe*, Cambridge 2007, S. 151.
11 Volkmann, Uwe: „Die draußen bleiben", in: *Frankfurter Allgemeine Zeitung*, Nr. 69, 23. März 2015, S. 8.

Die eine Silbe

VICTOR KLEMPERER

1947

Unmittelbar gesehen und gehört, und nicht nur im Zeitungsbild und im Radio, habe ich Demonstrationszüge der Nazis eigentlich nur im letzten Jahr. Denn selbst als ich noch nicht den Stern trug – danach war das selbstverständlich –, flüchtete ich eilig in die Sicherheit einer Nebenstraße, wenn sich solch ein Zug bemerkbar machte; ich hätte ja sonst die verhaßte Fahne grüßen müssen. Im letzten Jahr aber wurden wir in eins der beiden Judenhäuser am Zeughausplatz gesteckt, und dort ging der Blick von Dielen- und Küchenfenstern gerade auf die Carola-brücke. Sooft nun drüben am prunkvoll hergerichteten Königsufer ein Festakt statt-fand, eine Rede Mutschmanns etwa oder gar eine Ansprache des Frankenführers Streicher, zogen die Kolonnen der SA und SS, der HJ und des BDM mit ihren Fahnen und Gesängen über die Brücke. Ob ich wollte oder nicht: es hat mir jedesmal Ein-druck gemacht, und jedesmal sagte ich mir mit Verzweiflung, dann müsse es auf andere, weniger kritisch veranlagte Men-schen erst recht Eindruck machen.

Noch ganz wenige Tage vor unserm *dies ater*, dem 13. Februar 1945, zogen sie so über die Brücke, in guter Haltung, mit lautem Singen. Es klang ein wenig anders als die Marschlieder, die die Bayern im ersten Weltkrieg gesungen hatten, etwas abgehackter, gebellter, unmelodischer –, aber das Militärische hatten die Nazis ja immer und in allen Punkten übertrieben, und so marschierte und sang da unten noch immer ihre alte Ordnung und Zuver-sicht. Wie lange war es her, daß Stalin-grad gefallen, daß Mussolini gestürzt war, wie lange, daß die Feinde die deutschen Grenzen erreicht und überschritten hatten, wie lange, daß seine eigenen Generale den Führer hatten ermorden wollen – und immer noch marschierte und sang das da unten, und immer noch lebte die Legende vom Endsieg oder fügte sich doch alles dem Zwang, an sie zu glauben!

Ich kannte ein paar Texte, so was ich da und dort einmal aufgeschnappt hatte. Es war alles so roh, so armselig, gleich weit von Kunst und Volkston entfernt – „Kamer-aden, die Rotfront und Reaktion erschossen, / Marschiern im Geist in unsern Reihen mit": das ist die Poesie des Horst-Wessel-Liedes. Man muß sich die Zunge zer-brechen und Rätsel raten. Vielleicht sind Rotfront und Reaktion Nominative, und die erschossenen Kameraden sind im Geist der eben marschierenden „braunen Batail-lone" anwesend; vielleicht auch – das „neue deutsche Weihelied", wie es im amtlichen Schulliederbuch heißt, ist bereits 1927 von Wessel gereimt worden –, vielleicht, und das käme der objektiven Wahrheit näher, sitzen die Kameraden einiger verübter Schießereien halber gefangen und marschieren im eigenen sehnsüchtigen Geist mit ihren SA-Freunden zusammen... Wer von den Marschierenden, wer im Publikum würde wohl an solche grammatischen oder ästhetischen Dinge denken, wer sich wegen des Inhalts überhaupt Kopfschmerzen machen? Die Melodie und der Marsch tritt, ein paar für sich bestehende Einzelwendungen oder Phrasen, die sich an die „heroischen Instinkte" wenden: „Die Fahne hoch! ... Die Straße frei dem Sturmabteilungsmann! ... Bald flattern Hitlerfahnen...": genügt das nicht zum Hervorrufen der beabsichtigten Stimmung?

Mir kam unvermittelt die Erinnerung an die Zeit, da der deutschen Siegesgewißheit der erste Stoß versetzt worden war. Mit welcher Geschicklichkeit hatte die Goebbels-Propaganda es verstanden, die schwere und furchtbar bedeutungsvolle Niederlage fast in einen Sieg, jedenfalls in einen höchsten Triumph soldatischen Geistes umzuwandeln. Besonders einen Frontbericht hatte ich mir damals notiert; er lag natürlich längst wie alle alten Tagebuchblätter in Pirna draußen, stand mir aber deutlich vor Augen: auf die russische Lockung, sich zu ergeben, hatten ihm zufolge die Soldaten der vordersten Linien mit Sprechchören geantwortet, worin sie unerschütterliche Treue zu Hitler und ihrer Aufgabe bekräftigten.

Sprechchöre waren im Anfang der Bewegung stark im Schwange gewesen, sie waren während der Stalingrad-Katastrophe dort draußen neu aufgetaucht, sie waren im Inland kaum wieder laut geworden, nur Spruchbänder als schlummernde Noten erinnerten an sie. Ich habe mich oft gefragt, und es ging mir jetzt wieder durch den Kopf, wieso der Sprechchor stärker, brutaler wirkt als das gemeinsame Lied. Ich glaube, aus diesen Gründen: die Sprache ist Ausdruck des Gedankens, der Sprechchor schlägt unmittelbar, mit nackter Faust, auf die Vernunft des Angerufenen ein und will sie unterjochen. Beim Lied ist die Melodie mildernde Hülle, die Vernunft wird auf dem Umweg über das Gefühl gewonnen. Auch wird das Lied der Marschierenden nicht eigentlich den Hörern am Straßenrand zugesungen; sie werden nur gefesselt vom Rauschen eines um seiner selbst willen strömenden Flusses. Und dieses Strömen, die Gemeinsamkeit der Marschmelodie, kommt leichter und natürlicher zustande als die Gemeinsamkeit eines Sprechchors: denn im Singen, in der Melodie findet sich Stimmung zu Stimmung, im gemeinsam gesprochenen Satz aber soll sich das Denken einer Gruppe zusammen finden. Der Sprechchor ist künstlicher und ein studierter, er ist gewaltsamer werbend als der Gesang.

Die Nazis konnten ihn in Deutschland sehr bald nach dem Machtantritt aus dem Spiel lassen, sie brauchten ihn nicht mehr. (Für den kultischen Sprechchor, wie er auf Parteitagen und bei sonstigen feierlichen Gelegenheiten bisweilen verwendet wurde, gilt sicherlich im wesentlichen das gleiche wie für die Hacksätze der Demonstrationszüge: „Deutschland, erwache! Juda, verrecke! Führer, befiehl!" usw. usw.) – Es stimmte mich so ganz besonders herab, daß man es nicht für nötig erachtete, irgendwie von den altbewährten rohen Liedern abzuweichen: weder die Beschwörung der Sprechchöre noch irgendwelches Zurückschrauben der maßlosen Prahlereien und Drohungen, in denen sich die Liedertexte ergingen, galt für notwendig. Nun war aus dem Blitzkrieg der Nervenkrieg und aus dem Sieg der Endsieg geworden, und nun war auch der letzte Großangriff ins Stocken geraten, und nun … aber wozu immer wieder weiter aufzählen, was alles schon fehlgeschlagen war? Sie marschierten und sangen wie ehedem, und man nahm es hin wie ehedem, und nirgends in diesem schamlosen Gesinge war ein Nachgeben zu spüren, daraus sich leiseste Hoffnung schöpfen ließ … Und doch war solch ein Hoffnungszeichen vorhanden, das den Philologen beglückt hätte, wäre es ihm nur offenbar geworden. Aber diesen Trost durch eine einzige Silbe habe ich erst nachher erfahren, als es nur noch wissenschaftlichen Wert für mich hatte. Es lohnt sich auszuholen.

Im ersten Weltkrieg wollten die Alliierten den deutschen Eroberungswillen aus unserer Hymne „Deutschland über alles" herauslesen. Das war nicht gerecht, denn aus diesem „über alles in der Welt" spricht kein Expansionsgelüste, sondern nur die Wertschätzung des Gemüts, die der Patriot seinem Vaterland entgegenbringt. Peinlicher stand es um das Soldatenlied: „Siegreich woll'n wir Frankreich schlagen, Russland und die ganze Welt." Immerhin wird man wirklichen Imperialismus auch hieraus nicht vollgültig beweisen: es ließe sich plädieren, dies sei ein ausgesprochenes Kriegslied; die es singen, fühlen sich als Vaterlandsverteidiger, sie wollen sich behaupten, indem sie die Gegner, so viele es auch seien, „siegreich Schlagen" – von der Aneignung fremden Gebietes ist nicht die Rede.

Nun aber stelle man hiergegen eines der charakteristischsten Lieder des Dritten Reichs, das aus einer Sondersammlung schon 1934 in den „Singkamerad, Schulliederbuch der deutschen Jugend, herausgegeben von der Reichsamtsleitung des nationalsozialistischen Lehrerbundes", überging und damit also offizielle und allgemeine Bedeutung erhielt. „Es zittern die morschen Knochen / der Welt vor dem roten Krieg. / Wir haben den Schrecken gebrochen / für uns war's ein großer Sieg. / Wir werden weitermarschieren, / wenn alles in Scherben fällt, / denn heute gehört uns Deutschland / und morgen die ganze Welt." Das ist unmittelbar nach dem innerpolitischen Sieg im Schwang, nach dem Regierungsantritt des Führers also, der in jeder seiner Reden seinen Friedenswillen betont. Und doch ist gleich vom In-Scherben-Schlagen bis zur Eroberung der Welt die Rede. Und um die Unzweideutigkeit dieses Eroberungswillens ganz außer Zweifel zu stellen, wird in den folgenden beiden Strophen wiederholt, einmal, daß wir „die ganze Welt zu Hauf in Trümmern" schlagen werden, sodann, daß sich uns „Welten" (im Plural) vergeblich entgegenstemmen werden, und alle dreimal versichert der Refrain, daß uns morgen die ganze Welt gehören werde. Der Führer hielt eine Friedensrede um die andere, und seine Pimpfe und Hitlerjungen mußten jahraus, jahrein diesen verruchten Text singen. Ihn und die Nationalhymne von „deutscher Treue" …

Als ich im Herbst 1945 zum ersten mal öffentlich von der LTI sprach, wies ich auf den „Singkameraden" hin, der mir nun zugänglich geworden war, und zitierte das Lied von den zitternden morschen Knochen. Da trat nach dem Vortrag ein gekränkter Hörer an das Podium und sagte: „Warum zitieren Sie so Entscheidendes falsch, warum wollen Sie den Deutschen eine Weltgier nachsagen, die sie auch im Dritten Reich nicht besessen haben? Es ist in diesem Lied nicht die Rede davon, daß uns die Welt gehören solle." – „Kommen Sie morgen zu mir", erwiderte ich, „da können Sie das Schulliederbuch einsehen." – „Sie irren sich bestimmt, Herr Professor, ich bringe Ihnen den richtigen Text mit." Anderntags kam er, der „Singkamerad" – 6. Auflage 1936, bei Franz Eher, München, „vom Bayerischen Kultusministerium für den Schulgebrauch genehmigt und angelegentlich empfohlen"; aber das Vorwort ist datiert: Bayreuth, im Lenzing 1934 – Das Liederbuch also lag, an der richtigen Stelle aufgeschlagen, bereit. „Heute gehört uns Deutschland, und morgen die ganze Welt" – es ließ sich nicht daran deuteln …

Doch, es ließ sich. Der Mann zeigte mir ein hübsches Miniaturliederheftchen, mit einem Faden am Knopfloch zu tragen. „Das deutsche Lied; Lieder der Bewegung, herausgegeben vom Winterhilfswerk des deutschen Volkes, 1942/43." Sämtliche Embleme des Nazismus: Hakenkreuz, SS-Rune usw., zierten den Umschlag, und unter den Liedern befanden sich auch die morschen Knochen, roh genug, aber doch retuschiert an der entscheidenden Stelle. Der Refrain lautete jetzt: „… und heute, da hört uns Deutschland, und morgen die ganze Welt." Das klang unschuldiger. Weil aber doch schon wirklich durch

deutsche Raubgier eine Welt in Trümmern lag und weil es nun, im Stalingradwinter, gar nicht mehr nach „großem Sieg" für Deutschland aussah, so mußte die Retusche noch verstärkt und kommentiert werden. Eine vierte Strophe wurde angefügt, in der sich die Eroberer und Unterdrücker als Friedensfreunde und Freiheitskämpfer zu maskieren suchten und über böswillige Auslegung ihres ursprünglichen Liedes klagten. Die neue Strophe hieß: „Sie wollen das Lied nicht begreifen, sie denken an Knechtschaft und Krieg. / Derweil unsre Äcker reifen, du Fahne der Freiheit flieg! / Wir werden weitermarschieren, wenn alles in Scherben fällt. / Die Freiheit stand auf in Deutschland, und morgen gehört ihr die Welt!"

Welch eine Stirn war nötig zu solchem Umlügen des Tatsächlichen! Und welch eine Verzweiflung, um solche Lüge zu wagen! Daß diese vierte Strophe noch irgendwie lebendig geworden sei, glaube ich nicht; sie ist viel zu verwickelt und undeutlich gegenüber der plumpen Simplizität der vorangehenden drei, deren ursprüngliche Wildheit sich ja doch nicht ganz verdecken läßt. Aber das Einziehen der Krallen, das schamhafte Fortlassen der ominösen Silbe scheint sich durchgesetzt zu haben. Man muß sich das merken. Genau zwischen „gehören" und „hören" läuft der Grenzstrich im nazistischen Selbstbewusstsein. Der Ausfall dieser Silbe bedeutet, in Projektion auf die Ebene des nazistischen Liedes, Stalingrad.

Der Sozialismus gewinnt im Wettlauf um ein schöneres Leben, *Innenseite eines Sonderprospekts mit dem Titel „Wenn es kalt wird" des Versandhaus Leipzig*, 1960

Ab 1956 sollte mit dem Versandhandel in der DDR ein neuer Weg gefunden werden, um auf Versorgungsengpässe und eine daraus resultierende Unzufriedenheit der Bevölkerung zu reagieren. Die Versandhauskataloge zeigten zwar vorrangig das Warenangebot, wurden aber stets mit politischer Propaganda angereichert. Neben den Abbildungen von Waren oder Models hatten sozialistische Losungen und ein Lob der Wirtschaftserfolge ihren festen Platz.

Manfred Uhlenhut, *Demonstration auf dem Berliner Alexanderplatz*, 4. November 1989

...

„Wir sind das Volk!", riefen die Demonstrierenden der friedlichen Revolution 1989 in der DDR. Dieser berühmt gewordene Ausruf richtete sich gegen die undemokratische Herrschaft. Seit 2014 ist er wieder auf Deutschlands Straßen zu hören. Rechtspopulistische Gruppierungen wie Pegida oder AfD eignen ihn sich an, um sich gegen Einwanderer abzugrenzen und damit zu sagen: Wir sind das Volk, aber ihr gehört nicht dazu.

Krüppeltribunal

Behinderte und Nichtbehinderte klagen an:
MENSCHENRECHTSVERLETZUNGEN
AN BEHINDERTEN!!!

Jedem Krüppel seinen Knüppel ! ! !

	WANN:	12. Dezember 9 Uhr
KONTAKTADRESSE:	bis	13. Dezember 17 Uhr
Hannelore Witkofski	WO:	Schalom Gemeinde
Fettsraße 20		Buschei 94
2000 Hamburg 6		46 Dortmund 14

Jedem Krüppel seinen Knüppel, *Protestplakat zum UNO-Jahr der Behinderten*, 1981

…

Die selbsternannte „Krüppelbewegung" setzte sich in den 1980er-Jahren für mehr Selbstbestimmung und gegen die gesellschaftliche Bevormundung behinderter Menschen ein. Der diskriminierende Begriff „Krüppel" wurde dabei (selbst)bewusst und emanzipatorisch umgedeutet. Das Plakat ist eine unmittelbare Antwort auf die offizielle Linie der UNO, die als eine Politik der Sonderbehandlung und Entmündigung kritisiert wurde.

Mxing it

Deborah Cameron

Vor nicht allzu langer Zeit befand ich mich während einer Tagung im Gespräch mit einer Frau, deren Namensschild sie als „Ms Kate Brown" auswies. Auf meinem stand lediglich „Deborah Cameron". Wir kamen zu dem Schluss, dass es für diesen Unterschied keine logische Erklärung gab: Vielleicht war die Verwaltungsangestellte, deren Aufgabe es war, diese Schilder zu machen, zunehmend verärgert darüber, dass sie bei jeder weiblichen Kongressteilnehmerin den Titel nachprüfen musste – „Ms Brown, Mrs. Green, Dr. White, Miss Pink" – bis sie schließlich dachte: „Scheiß drauf, ich verwende einfach die Namen der Leute!"[1]

Und weshalb auch nicht? Ich wünschte, ich bekäme einen Euro für jede Minute meines Lebens, die ich mit der Beantwortung der Frage „heißt es Miss oder Mrs.?" verschwendet habe. In der Vergangenheit, als ich jung und streitlustig war, habe ich auf solche Fragen üblicherweise mit ganz offenkundig unwahrhaftigen und absurden Antworten reagiert wie „Konteradmiralin" oder „Staffelkommandantin". Da meine Gesprächspartner Menschen waren, konnte ich mich darauf verlassen, dass sie herausfinden würden, was ich eigentlich sagen wollte: „Kümmern Sie sich um Ihre Angelegenheiten. Um einen Zahnarzttermin ausmachen zu können, ist mein Familienstand unerheblich."

Folgt man der Wissenschaftlerin Amy Erickson, die die Geschichte der Anreden *Mrs* und *Miss* untersucht hat, so fingen die Anreden englischer Frauen erst im späten 18. Jahrhundert an, deren Familienstand widerzuspiegeln. Bis zu diesem Zeitpunkt fanden in ihnen beruflicher und sozialer Stand ihren Ausdruck. In höheren gesellschaftlichen Schichten wurde eine Frau, die über keinen Adelstitel verfügte, erst zu einer *Mrs.*, wenn sie das Erwachsenenalter erreichte oder ihre Mutter starb, je nachdem, was sich davon zuerst ereignete. In der unteren Mittelschicht wurde die Anrede *Mrs.* Frauen zugestanden, die entweder geschäftlich tätig waren (zum Beispiel als Tuchhändlerinnen, Krämerinnen oder Hutmacherinnen) oder als leitende Hausangestellte (wie Haushälterinnen oder Köchinnen). Das hatte nichts mit ihrem Ehestand zu tun, sondern war eine Anerkennung ihrer Stellung in der Gemeinschaft oder dem Haushalt und der Autorität, die sie über Auszubildende oder jüngere Bedienstete ausübten.

Die Verwendung von *Miss* als Anrede für unverheiratete erwachsene Frauen scheint innerhalb der Oberschicht ungefähr in der Mitte des 18. Jahrhunderts entstanden zu sein. Erickson vermutet, dass diese Mode aus Frankreich eingeführt wurde, wie so viele andere Moden der Zeit, und zwar als anglisierte Form der Unterscheidung zwischen *Madame* und *Mademoiselle*. Erickson ist auf Fälle gestoßen, bei denen

Bekanntschaften einer älteren Generation sich auf ein- und dieselbe unverheiratete Frau als *Mrs. X* beziehen, während Gleichaltrige sie als *Miss X* bezeichnen. Das macht deutlich, dass die Veränderung des Gebrauchs eine graduelle war: Bis um 1900 war die Bezeichnung *Mrs.* kein verlässlicher Indikator dafür, dass eine Frau verheiratet war (und die Gewohnheit, höhere Bedienstete *Mrs.* zu rufen, ganz gleich ob sie verheiratet oder unverheiratet waren, hielt sich sogar noch länger).

Es scheint so, als wären wir Englischsprachigen während des größten Teils unserer Geschichte ohne Anreden ausgekommen, die Frauen nach ihrem Ehestand einteilten. Das System, das die Feministinnen der 1970er-Jahre als archaisches Element des Sexismus anprangerten, galt kaum ein Jahrhundert lang. Aber wir haben es länger beibehalten als einige unserer europäischen Nachbarn. Das deutsche Äquivalent für die Anrede *Miss* – *Fräulein* – wurde 1972 von Regierungsdokumenten in Westdeutschland entfernt und machte Platz für *Frau* als empfohlene Anrede für alle Frauen. 2012 folgte die französische Regierung diesem Beispiel und kündigte an, sie würde künftig *Mademoiselle* nicht mehr benutzen.

Diese Regierungserlasse erfuhren manchen Widerstand, vor allem von Vertretern des rechten Flügels, die die Aufgabe des Systems zweier Anreden als Gefahr für traditionelle Werte ansah. In Frankreich legte einer dieser Opponenten einen (erfolglosen) Rechtsbehelf ein, bei dem er wie folgt argumentierte: „Das Ende des Ausdrucks ‚Mademoiselle' – der üblicherweise bis zur Heirat verwendet wird – ist ein weiterer indirekter und herber Schlag gegen die Institution Ehe, der eine grundlegende soziale Unterscheidung abschafft und sie vor der Küste desjenigen sozialistischen Traumes auf Grund laufen ließ, den dieser Schritt verkörpert."

Natürlich verwenden noch immer genau so viele englischsprachige Frauen *Miss*, einige französisch- und deutschsprachige Frauen haben mit der Verwendung von *Mademoiselle* und *Fräulein* weitergemacht. Die Tatsache, dass eine bestimmte Anrede in Regierungsdokumenten nicht länger verwendet wird, hält Menschen zwar nicht davon ab, sie in anderen Zusammenhängen zu benutzen. Doch enthält diese Maßnahme eine symbolische Stellungnahme über die Veränderung von Normen und Verhaltensweisen. Anreden, die den Familienstand anzeigen, bestehen fort, aber sie werden nicht mehr als naturgegeben angesehen. Im Gegensatz dazu stand der Gedanke, dass es natürlich und notwendig sei, verschiedene Anreden für Männer und Frauen zu verwenden, weitaus weniger in Frage. Das ist umso bemerkenswerter, als für eine Sprache wie das moderne Englisch, das im Allgemeinen die Geschlechter nicht durchgehend kennzeichnet, die Erfordernis geschlechtsspezifischer Anreden nicht gerade naheliegend ist. Sie sind wahrscheinlich überflüssig, da die große Mehrheit englischer Eigennamen bereits eindeutig als entweder männlich oder weiblich ausgewiesen ist.

Dieser Gedankengang regte ursprünglich die Erfindung der geschlechtsneutralen Anrede *Mx* an. Gerade so, wie *Ms* nicht von den Feministinnen der zweiten Generation erfunden worden war, die heutigen landläufigen Vorstellungen zufolge eng damit verbunden sein sollen, war es keineswegs die gegenwärtige Generation von Trans- und Queer-Aktivisten, die sich die Anrede *Mx* ausgedacht hat. Der früheste Beleg für ihren Gebrauch stammt aus dem Jahre 1977; Lexikografen haben ihn in einer Zeitschrift mit dem Titel *Single Parent* entdeckt, in der diese Anrede als nicht-sexistische Alternative zu bereits existierenden Anreden vorgeschlagen wurde. In einer weiteren frühen Fundstelle, der Diskussion einer online Newsgroup in den achtziger Jahren, wird damit argumentiert, dass der feministische Versuch, eine einzige weibliche Anrede einzuführen, nicht weit genug gehe. „Es sollte darum gehen", so wurde hier geltend gemacht, „dass das Geschlecht unwichtig ist."

Drei Jahrzehnte später hat die Anrede *Mx* begonnen, sich von einer Randposition in den Mainstream zu bewegen, allerdings nicht mit der ursprünglich für sie vorgesehenen Funktion. Anstatt durch ihren Gebrauch die gesamte Kategorie von Gender irrelevant zu machen (wozu es erforderlich wäre, die übrigen, genderspezifischen Anreden durch sie zu ersetzen), hat sich diese Anrede in eine Möglichkeit für diejenige Untergruppe einzelner Personen gewandelt, deren durch sie selbst definierte Geschlechteridentitäten nicht in das etablierte binäre System passen; sie kennzeichnen auf diese Weise ihre Differenz zur Mehrheit. Die Institutionen des Mainstreams, die diese Verwendung der Anrede offiziell akzeptiert haben, bestätigen dadurch nicht die Auffassung, das „Geschlecht sei unwichtig", sondern wenden ganz einfach das Prinzip der Anerkennung der Entscheidung durch den Einzelnen an.

Sollten Feministinnen die Tatsache bedauern, dass wir über keine universale, geschlechts-unspezifische Anrede verfügen? In den 1970er-Jahren habe ich der Reduktion der Unterscheidung in *Mrs./Miss* zu einem einzigen Ausdruck den Vorzug gegeben: *Ms* ist diejenige Anrede, die ich für mich selbst in nicht-professionellen Zusammenhängen benutze und ich finde es frustrierend, dass sie nicht die Alternativen ersetzt hat. Doch meine Gefühle hinsichtlich der Anrede *Mx* sind zwiespältiger.

Aus welchem Grund? Weil die Problematik, wie sie sich mir stellt, nicht in der Existenz von Männern und Frauen besteht, obwohl ich die Unterscheidung in Geschlechter, wie sie gegenwärtig herrscht, kritisiere – sie besteht vielmehr in der systembedingten Ungleichheit zwischen ihnen. Und ein Symptom für diese Ungleichheit ist die Tendenz zu angeblich gender-neutralen Ausdrücken, die durch die oben erwähnten Annahmen des Alltagsdenkens über den sozialen Status interpretiert werden sollen. In meinem Arbeitsleben habe ich tatsächlich einen gender-neutralen Titel verliehen bekommen – *Professor* – und er veranlasst Menschen, die mich nicht kennen, dazu, sich vorzustellen, dass *Professor Cameron* ein Mann sein müsse.[2] Kommt das lediglich daher, dass der Ausdruck *Professor* einen Berufsstand bezeichnet, von dem bekannt ist, dass in ihm Männer in der Mehrzahl sind? Oder würde – bis zum Nachweis des Gegenteiles – *Mx Cameron* ebenso zur Annahme von Männlichkeit verleiten?

Im Hintergrund lauert hier eine größere Frage. Räumen Feministinnen der Sprache ein zu großes Gewicht ein, und zwar in doppelter Hinsicht, als Ursache für und Abhilfe gegen Unterdrückung? Als Linguistin werde ich natürlich nicht dahingehend argumentieren, dass es auf die Sprache nicht ankomme. Doch ich mache mir Sorgen, dass sie manchmal wie ein Zauberstab behandelt wird – so, als ob die Tilgung sprachlicher Markierungen des Geschlechts dasselbe auch aus unserem Denken tilgen könnte.

Am Schluss ihres Aufsatzes über die Geschichte von *Miss* und *Mrs.* betont Amy Erickson, dass das von ihr präsentierte Narrativ dem von den Feministinnen der zweiten Generation am häufigsten erzählten widerspricht – doch worüber diese sich getäuscht haben, das war nicht die nachrangige Stellung der Frauen, es war vielmehr die Rolle, die die Sprache bei deren Aufrechterhaltung gespielt haben soll. So stellt sie trocken fest: „Es erweist sich, dass die patriarchale Kontrolle der Sexualität der Frauen keiner Anredeformen bedurfte, um zu gedeihen." Für mich unterstreicht dies die Beschränktheiten einer Politik, die ihr Augenmerk zu sehr auf das Symbolische richtet. Denn eine gegenderte Sprache kann ganz zweifellos die Wirkung haben, völlig abgedroschene Annahmen über das Wesen und die Stellung von Männern und Frauen zu verstärken und sie wiederzuverwerten. Ich glaube aber, dass diese Annahmen nicht vom Gebrauch bestimmter sprachlicher Ausdrücke abhängen oder dass Veränderungen dieser Ausdrücke notwendigerweise auch die Annahmen verändern.

Als Feministin, die über Sprache schreibt, werde ich häufig gefragt (meist von irgendjemandem, der für Feminismus überhaupt keine Zeit hat): „Weshalb machen Sie ein solches Gewese über Worte, wenn Sie sich doch für etwas wirklich Wichtiges wie gleiche Entlohnung einsetzen könnten?" Meine Antwort war immer, dass es sich hier nicht um den Fall eines Entweder-Oder handeln könne, sondern eines Sowohl-als-Auch. Doch was ich meinen anti-feministischen Kritikern antworte, das würde ich auch zu anderen Feministinnen sagen: Sprache existiert nicht in einem Vakuum. Die Veränderung von Begrifflichkeiten ist ein müßiges Unternehmen, wenn man nicht hinter die Worte zu den Überzeugungen gelangt, die ihren Gebrauch formen, und zu den materiellen Realitäten, die diese Auffassungen erzeugen. Wenn das etwas bewirken soll, dann muss es Sowohl-als-Auch heißen.

…

1 Anm. d. Übers.: Da im Deutschen der im folgenden Text erklärte Unterschied zwischen *Miss*, *Mrs.* und *Ms* nicht verlustfrei wiederzugeben ist, wurden für die Übersetzung die englischen Anredeformen beibehalten.

2 Anm. d. Übers.: Im Deutschen ist die Unterscheidung von Professor und Professorin möglich, solange das Wort *Professor* nicht in einer Anrede verwendet wird; im Falle der Anrede heißt es im Deutschen dagegen *Herr Professor* oder *Frau Professor*. Das Englische kennt dagegen in allen Fällen nur die Form *professor*.

Richard Artschwager, *Exclamation Point (Chartreuse)*, 2008

...

Tradierte Codes in unserer Gesellschaft bestimmen vielfach unsere Wahrnehmung. Auch die Kunst beruht auf einer Reihe von Anweisungen, so der Ausgangspunkt von Artschwager. Ein Ausrufezeichen lenkt unsere Aufmerksamkeit auf die Aussage im Text. Als mannshohe Skulptur jedoch ist es stumm und losgelöst von jeglicher Botschaft. Die skulpturalen Satzzeichen beschäftigen sich mit der Aufhebung funktionaler Bedeutungen.

Redekunst

Erhard Schüttpelz

Königin der Künste und der Erziehung, technische Virtuosin, Dienstleisterin für alle und jeden, die das Gerade krumm biegen wird und das Krumme gerade! Die uns mitreißende Bilder vor Augen stellt, uns zu Tränen und Wut rührt und in aufgewühlte Situationen führt, in die wir ohne sachhaltige Gründe hineingeraten sind! Ewige Unruhestifterin, Schutzgöttin der Politik, der Imagination, der Parteinahme, deren Natur Verstellung ist und deren Verstellung Natur! Schütte Dein Gold aus, wenn alles Gold sein soll, was da glänzt! Und lass Vernunft walten, in der Erwartung, dass Hintergedanken auf Hintergedanken lauern!

Zugegeben: So redet man nicht mit einer Dame. Aber so redet die Redekunst mit sich selbst, und sie erwartet nichts anderes. Sollen wir sie nicht verdammen, wenn sie sich selbst lobt? Sollen wir sie nicht loben, wenn sie sich selbst verdammt? Mit den schönsten Preisungen, die eine virtuose Kunst verdient, und mit den unmissverständlichsten Worten, die sie in ihrer Zweischneidigkeit verlangt? Durch drei Formulierungen hat sich die Redekunst von alters her definiert: als Kunst der überzeugenden Rede; als Vermögen der Seelenbewegung, der Affekterregung; und als Fähigkeit, die schwächere Sache zur stärkeren zu machen. Erst wenn wir alle drei Bestimmungen zusammendenken, werden wir sie besser verstehen. Und dann werden wir sie so sehr durchschaut haben, dass wir uns selber undurchsichtig geworden sind. Sind wir dann Teil ihrer Macht geworden? So ist es vielen ergangen, und die Warnung ist nicht neu.

Dabei scheint die erste Bestimmung harmlos genug. Rhetorik, die Kunst der überzeugenden Rede. Ihre Überzeugungskraft hat drei Komponenten: einen überzeugenden Charakter oder eine überzeugende Charakterdarstellung, die Erregung der richtigen Affekte (vom auflockernden Scherz am Anfang einer Ansprache bis zur Emphase des abschließenden Appells an die Zuhörer), und sachliche Kenntnisse und Argumente. Eine gute Rede soll belehren, sie soll Emotionen hervorrufen, aber sie soll auch unterhalten und eine gesellige Stimmung verbreiten. Diese drei bleiben für jede gelungene Rede unverzichtbar, und sie transformieren sich in der Moderne etwa in die publizistischen Sparten von Werbung, Unterhaltung und Nachrichten. Auch die Art, wie Nachrichten durch Journalisten und Wissenschaftler zerlegt und zusammengesetzt werden, kommt mit ihrer Frageform immer noch aus dem Werkzeugkasten der Rhetorik: Wer tut, wer sagt, wer berichtet, was, wann, wo, warum und unter welchen Umständen? Die antike Redekunst stellt seit 2.500 Jahren ein umfassendes Angebot bereit, wie man die Argumente einer überzeugenden Rede zusammensucht, wie man sie gliedert, wie man sie effektiv ausarbeitet, sich einprägt und wirkungsvoll vorträgt.

Diese Fertigkeit bleibt für Hörer und Redner, Leser und Schreiber gleichermaßen durchsichtig, denn sie besteht vor allem aus Regeln, Übungen, Gliederungen und Versatzstücken. Wenn zwei Redner vor Gericht oder in einer Versammlung zum Duell kommen, können sie daher mit überraschenden Finten und Scheinangriffen rechnen, aber sie entstammen einem gemeinsamen Repertoire. Das Repertoire wurde immer wieder auf das Wesentliche reduziert, dann virtuos trainiert und ausgefeilt, und bleibt uns in allen Schulungskursen für gelungene Argumentation und überzeugendes Auftreten erhalten. Es gibt kaum ein anderes antikes Wissen, das die Zeit so gut überstanden hat wie das der Rhetorik. Allerdings gilt das nur für die Unverwüstlichkeit, mit der sich die Rhetorik in ihrem praktischen Training behauptet, strahlend und unbesiegbar wie am Anfang ihrer Kunst. Denn die Geschichte hat eine Kehrseite. Mehr als 2.000 Jahre beherrschte die rhetorische Ausbildung die europäische Erziehungsform, mehr als die Philosophie, der sie in inniger wechselseitiger Abneigung verbunden blieb. Rhetorik war keine Wissenschaft, sondern eine Technik, ein institutionalisiertes Mundwerk und ein schriftliches Handwerk. Die Praxis der Beredsamkeit vereinheitlichte Aussprache und Niederschrift, Vorlesen und Selbstgespräch, sie war die höchste Form der Medienkompetenz. Seit dem Mittelalter wurde sie daher zum Leitbild und zur Erzieherin aller künstlerischen Tätigkeiten, der Literatur und der beiden Künste, die ohne gesichertes antikes Vorbild auskommen mussten: Malerei und Musik. In dieser künstlerischen Leitbild-Funktion kam die zweite Bestimmung der Rhetorik zu ihrem ganzen Recht, nämlich die wirkungsvolle Anleitung zur Seelenbewegung. Die rhetorische Imaginationslehre empfahl das Vor-Augen-Stellen von mächtigen Bildern, denen die Affekte folgen müssen, sei es in der stillen Meditation christlicher Leidenswege, ihrer prunkvollen Entfaltung in Bildern und Bauwerken, oder in der musikalischen Affekterregung und Charakterzeichnung.

Die Rhetorik blieb eine praktische Technik, die sich durch ihre Nützlichkeit begründete und bewährte. Im Zeitalter einer philosophisch begründeten Wissenschaft und Ästhetik musste die antike Rhetorik die Begründung ihres Handwerks, ja ihrer Existenz schuldig bleiben. Sie war keine Philosophie und keine Wissenschaft gewesen – wo war ihr Ort in einer Moderne, die sich durch den Triumph von Wissenschaft und Technik bestimmte? Und wo war ihr Ort in einem System der Künste, das die Vorbilder der Antike durch moderne Vorbilder ersetzte und nicht mehr das gemeinsame Repertoire von Versatzstücken, sondern die Originalität und den unergründlichen Abstand zwischen Publikum und Künstlern betonte? Die erfolgreichste aller antiken Künste ließ sich weder in eine Philosophie noch in eine moderne Kunst noch in eine Wissenschaft transformieren, nicht einmal in eine Sprachwissenschaft. Das schien ihr Schicksal zu besiegeln: ein praktisches Wissen, das für unsere Institutionen unverzichtbar geblieben ist, ein sprachliches Wissen, dessen Anleitung für alle Medienpraktiker hilfreich bleiben wird, mehr nicht. Das sprachliche Rückgrat der alten Institutionen – der Erziehung, der Predigt, der politischen Rede, des Gerichts, des Briefeschreibens und der Künste – war jetzt weder eine Institution noch durch sie repräsentierbar.

Die Königin ist tot, lang lebe die Königin. Eine Welt, die ihren neuen Institutionen die alte Institution der Rhetorik ausgetrieben hatte, blickt seitdem fortlaufend in den Spiegel der Redekunst. Oder sollte man es umgekehrt formulieren? Eine Welt, die sich durch und durch als rhetorisch verfasste Welt begreift, kann keine Institution namens Rhetorik mehr enthalten? Hier kommt die dritte Bestimmung der Rhetorik zu ihrem Recht: das Vermögen, die schwächere Seite zur stärkeren zu machen. Diese Formulierung geht auf die Grundsituation eines Duells vor Gericht oder im politischen Plenum zurück. Wenn man einen Streit durch Reden gewinnen will, muss man bereit sein, die Mittel so einzusetzen, dass sie der unterlegenen Seite und sogar der sachlich unterlegenen Partei zum Sieg verhelfen können. Durch diese Zielrichtung erregte die Redekunst bereits früh die Abneigung der Philosophie, die sich auf die Gegenseite einer derartigen Aufwertung der sprachlichen Mittel zu Ungunsten der zu ergründenden Sache schlagen musste. In der Moderne geraten die Fronten zwischen Philosophie und Rhetorik neu in Bewegung, und die fatale sachliche Schwäche der Rhetorik wird zur Einsicht in die Stärken und Schwächen jeder noch so sachlichen Darstellungsform und jeder Überzeugungskraft. Wer die schwächere Sache zur stärkeren machen will, muss fähig sein, eine Auseinandersetzung von beiden Seiten zu verstehen, und sich bereit finden, die Argumente beider Seiten zu verstärken und zu entkräften. Wer die Argumente des anderen entkräften will, sollte sie am besten gleich in die eigene Rede integrieren, um ihr Gewicht abzuwägen und um sie zu widerlegen. Die rhetorische Praxis denkt daher immer für beide Seiten einer Auseinandersetzung mit, und wer eine wissenschaftliche, politische oder künstlerische Auseinandersetzung von beiden Seiten aus nachvollzieht, schafft unvermeidlich zumindest eins, nämlich rhetorisches Wissen.

In der Antike war es vor allem dieser bodenlose Relativismus gewesen, der die Redekunst aus der Philosophie und aus der Wissenschaft vertrieben hatte. Nach dem Ende der rhetorischen Erziehungsform verwandelt sich diese Vertreibung in eine alles durchdringende Zweischneidigkeit. Wer widerstreitende Perspektiven nachvollziehbar machen will, sei es vor Gericht oder in der Politik, in der Wissenschaft oder in der Philosophie, im Geschäftsleben oder in der Schlichtung eines Streits, wird rhetorisch agieren müssen. Im Gegenzug wird jeder praktische und jeder theoretische Relativismus eine rhetorische Erkenntnisform auf den Plan rufen. Und wer sich vor dem Schlechtesten schützen will, das durch die Entfesselung einer unsachlichen Rede hervorgerufen wird, findet keinen besseren Schutz als die Redekunst und ihr Vermögen, die unterlegene Seite zum Sieg zu führen. Sollen wir sie dafür loben, sollen wir sie deshalb verdammen? Wer in einer Auseinandersetzung Partei ergreift, muss die Argumente auf beiden Seiten durchdenken, er wird Posen einnehmen und Gefühle hervorrufen, die über ihn hinauswachsen können. Je durchsichtiger ihm die Redekunst der anderen wird, je besser er sie zerlegen und wieder zusammensetzen kann, desto undurchsichtiger wird er sich selbst.

...

LITERATUR

Aristoteles: *Rhetorik. De arte rhetorica*, übers. u. hg. v. Gernot Krappinger, Stuttgart 1999.
Baxandall, Michael: *Giotto and the Orators*, Oxford 1971.
Dahlhaus, Carl: *Alte Musik*, Gesammelte Schriften Bd. III, Laaber 2001.
Dockhorn, Klaus: *Macht und Wirkung der Rhetorik*, Bad Homburg 1968.
Marrou, Henri-Irénée: *Geschichte der Erziehung im klassischen Altertum*, Freiburg 1957.
Rabbow, Paul: *Seelenführung*, München 1954.
Quintilian: *Institutio Oratoria XII*, Zwölf Bücher, hg. v. Franz Loretto, Stuttgart 1995.

Von der Stille zum Lärm der Sprache

Dieter Mersch

Schweigen bildet den Grund wie Abgrund der Sprache – so wie es Ungründe und Hintergründe im Bild gibt, vor denen sich die eigentlichen Figuren, ihr Dargestelltes abzeichnen. Die Sprache spricht also nicht nur über etwas, erzählt oder palavert, sie tut dies vielmehr auf der Basis eines Schweigens, das sie umgibt und das mitunter ebenso schwer zu überwinden wie zu ertragen ist. Die Rhetorik als Disziplin, die nach Roland Barthes eine Maschine darstellt, die uns zum Sprechen bringt,[1] kennt die Frage des Anfangens als eine Aufgabe und Technik, das Schweigen zu brechen und die Rede als Folge wohlgesetzter Tropen zu entwickeln. Das Schweigen ist dann, gleich einer Negativfolie, die erste Bedingung von Sprache, ihr Milieu, wobei das Schweigen einer Wüste gleicht und das Sprechen den Oasen, in denen wir uns aufhalten, die mitunter aber nichts anderes bilden als Luftspiegelungen oder Phantasmagorien, sobald sich das Gesagte in eine murmelnde oder geschwätzige Leere verwandelt. Wollte man – neben der ikonischen Metapher von ‚Figur‘ und ‚Hintergrund‘ – philosophischere Begriffe ins Spiel führen, wäre insbesondere an das Verhältnis von Anwesenheit und Abwesenheit zu erinnern, denn ‚etwas‘ gibt es nur auf der Grundlage von Nichts wie das Nichts gleichsam das Komplement von ‚etwas‘ ist, das ihm allererst seinen Horizont erteilt. Dabei ähneln sich die verschiedenen Aussagen, weil beide Seiten wie Spiegel wirken, denn der Klang der Stimme, die spricht, oder auch der performative Akt einer Aussage, erscheinen erst dort, wo es die Stille gibt, wie umgekehrt Stille und Schweigen umso eindringlicher werden, je tönender oder wortreicher ein Gespräch sich gebärdet. Wir haben es dann mit einer wechselseitigen Dialektik zu tun, denn ein Satz oder eine kommunikative Äußerung werden durch das Schweigen ebenso sehr gerahmt wie umgekehrt die Ausschweifungen der Rede den Wunsch nach Schweigen besonders deutlich hervorheben.

Allerdings kommt es auf die Nuance an, denn die Interdependenz von Sprache und Schweigen hat viele Facetten, die vom ‚vielsagenden‘ Schweigen, dem Schweigen als Kommentar, bis zur Stille, die sich nach dem ‚letzten‘ Wort einstellt, wie gleichfalls vom ‚Mundtotmachen‘ und der Unterdrückung einer Rede bis zur Evokation eines Unsagbaren reichen. Man muss also, um eine Phänomenologie des Schweigens in Bezug auf die Sprache zu entwickeln, differenzieren. Dabei zeigt sich, dass das Schweigen ebenso komplex ist, wie das Sprechen. Zu den bereits genannten Phänomenen sei deshalb eine Reihe weiterer ergänzt. Zunächst das Schweigen *vor* dem Einsatz der Rede, das sich mancher Rhetor bewusst zurechtlegt, um die Wucht seines Eindrucks zu steigern, das aber auch die alltäglichen Dramen des ‚Ansprechens‘ unangenehmer Tatsachen prägt, denn es bedarf durchaus des Mutes und der Anstrengung, das Schweigen zu brechen. Man kennt vergleichbare Momente in den Künsten: die *tabula rasa*, das leere Blatt beim Schreiben, das *tacet*, das, in der Aufführung eines Musikstücks den Einsatz eines Instruments regelt, oder das *concetto* der weißen, nur grundierten Leinwand, die die malerische Idee, das *disegno* als Entwurf einer Zeichnung aufnimmt. Und wie dort der erste Pinselstrich, die Eröffnung einer Tonfolge entscheidend sind, so auch der erste Satz in einer Unterhaltung, der alles ermöglichen wie auch verderben kann. Was lässt man sich nicht alles einfallen, um nicht schweigen zu müssen: Floskeln und konventionelle Ouvertüren oder forcierte Gemeinplätze, zu denen auch die Grundbeschallung mancher Räume gehört, die die lärmende Stille der Geschäftigkeit systematisch verdrängen. Ganze Institutionen der Bezugnahme, der diplomatischen Vorkehrung, der Einleitung und Begrüßung wurden geschaffen, um Dialoge in Gang zu bringen oder ihre gegenseitige Aufnahme zu sichern und die ständig erneuert werden müssen, um nicht das Gegenteil zu bewirken. „Der Mensch ist ein Anfänger", hat Hannah Arendt gesagt,[2] was auch bedeutet, dass er das Anfangen vermögen muss, sodass die Kommunikation nicht nur darin besteht, sich etwas mitzuteilen, sondern auch, sich füreinander zu öffnen und zu anderem aufzuschließen. Anders gewendet: Dem Schweigen kommt auch eine *produktive* Rolle zu, die *vor* der Rede die Voraussetzung dafür bietet, *dass* und *wie* sie stattfinden kann. Und dass dies keineswegs selbstverständlich ist, zeigt sich schon anhand jenes bedrückenden Schweigens, das eine eisige Atmosphäre schafft und die Luft, wie man sagt, zum ,Zerschneiden' verdichtet. Dann misslingt die Verständigung, gegen jede bessere Absicht, weil zuvor noch die lastende Stille nach einer Art paradoxen *Verständigung vor der Verständigung* durchgearbeitet werden muss, und zwar dadurch, dass die Bedingungen der Möglichkeit der Rede selber zum Gegenstand gemacht werden.

Das Schweigen ist jedoch nicht nur bedeutsam für den ,Einsatz' der Rede, vielmehr unterbricht es laufend die Prozesse der Kommunikation. Das gilt nicht nur dort, wo die Gesprächspartner idealerweise einander zuhören und schweigen – ein Gesetz, das regelmäßig dort verletzt wird, wo man den anderen nicht zu Wort kommen lassen und ihn buchstäblich übertönen und also zum Schweigen bringen will –, vielmehr erweist sich das Schweigen selbst als Dialogform, das mitkommuniziert. Bezeichnenderweise spricht man hier vom ,beredten Schweigen', das bisweilen so laut erscheint, dass es von niemandem mehr überhört werden kann. Es funktioniert dann als ostentative Geste, als Zeichen einer Missbilligung bis hin zur Resignation, wenn ein Dialog unmöglich geworden ist und abgebrochen werden muss. Doch sind solche Schweigemomente buchstäblich zu vieldeutig, als dass sie eine konzise Interpretation erlauben: Das Nichts bedeutet ein Überschuss von Richtungen, die ihrer Deutbarkeit chronisch widerstehen und eine geradezu unheimliche Schwebe erzeugen. In diesem Sinne kann ein Schweigen eine Überlegenheit signalisieren wie es ebenfalls eine Naivität überspielen hilft oder, je nach Kontext, zum Mittel einer Disziplinierung gerät. Es besteht dann in der Zurückhaltung eines Wortes, das gleichbedeutend ist mit einer kommunizierten Kommunikationsverweigerung bis hin zu expliziter Demütigung. Die Fälle sind so mannigfaltig und erfinderisch, dass jede Möglichkeit einer Aufzählung versagt, weil im Prinzip alles zu ihrem Medium werden kann. Dazu zählt die Exkommunikation des Anderen als Machtdemonstration wie die Beraubung der Stimme ganzer Völker.

Erweist sich die Tatsache des erzwungenen Schweigens als gleichermaßen politisches wie soziales Mittel der Exklusion, steht ihr die Ubiquität eines ‚inneren‘ Schweigens der Sprache als die eigentliche ‚unsagbare‘ Struktur ihrer ‚Ereignung‘ entgegen. Es sind die Augenblicke des Nichtanschlusses oder des Richtungswechsels im Strom der Kommunikation, die auf diese Weise bedeutsam werden, denn im Sprechen haben wir es weniger mit einer logischen Konkatenation zu tun, als ob wir mit jedem Satz den vorhergehenden fortsetzen würden,³ vielmehr bewegt sich die Sprache in lauter irrationalen ‚Sprüngen‘, die die Winkelzüge eines Dialogs von außen manchmal ins Unnachvollziehbare verzerren. Kein Satz konstituiert seinen Sinn durch die grammatische Synthesis der *Kopula*, sowenig wie er auf einen anderen Satz antwortet, vielmehr treibt die Rede von Differenz zu Differenz, sodass ihre ‚Logik‘ weit eher einer permanenten Metaphorisierung gleicht, die, wie der griechische Ausdruck *metapherein* deutlich macht, Übergänge dadurch stiftet, das sie zu anderen Ufern ‚hinübersetzt‘. Sprechen besteht dann in solchen ‚Über-Setzungen‘, in der die Vorsilben ‚trans‘ bzw. ‚meta‘ wie auch die Wortherkunft von ‚Metapher‘ anzeigt, dass deren Überfahrt die radikale Hinwendung zu Anderem, Fremden bedeutet. Sie wird durch das Schweigen getragen. Man könnte deshalb sagen, dass wir sowohl im Denken und den in der Sprache artikulierten Gedanken als auch im Gespräch, und zwar im Übergang von Antwort zu Antwort und ihrer buchstäblichen ‚Ver-Antwortlichkeit‘ die vermeintliche Kontinuität des Verständigungsprozesses desavouieren, um schließlich das, was ihren ‚Sinn‘ verspricht, zu ‚erschweigen‘ (Heidegger). Das lässt sich auch so ausdrücken: Im Sprechen, in der Rede wissen wir eigentlich nicht, was wir sagen oder sagen wollen, sowenig, wie wir aussprechen können, was die Sprache selbst ausmacht. Vielmehr setzen wir fort, changieren oder ersetzen, ohne jede Plausibilität, ein Thema durch ein anderes, ähnlich wie in musikalischen Kompositionen oder den Improvisationen des Jazz, die ihre ‚Einfälle‘ vollziehen, ohne über sie zu verfügen. Überhaupt geschieht die Prozessierung der Rede nicht unähnlich zur musikalischen Performanz, denn Kommunikation bedeutet nicht so sehr den ‚Austausch‘ von Botschaften, als vielmehr eine Montage, ein loses Patchwork aus Motiven, zu denen Zwischenräume und Nahtstellen gehören, über die ihrerseits nicht gesprochen werden kann. Sie verlangt, wie man sagen könnte, die ‚Erschweigung‘ ihres ‚Unter-Schieds‘. Heidegger nannte ihre Lehre „Sigetik“.⁴

Es ist im Übrigen aufschlussreich, dass an diesem Punkt die technische Reproduzierbarkeit von Kommunikation an ihre Grenzen stößt. Am Telefon wie im Radio, die sich nur auf den einzigen Sinn des Hörens kaprizieren, ,hört sich' Schweigen schlecht an: daher das Quälende der Stockung im Gespräch, wo es besonders konfliktreich wird, wo jedes Wort auf der Waagschale liegt und die Beziehungen selbst auf dem Spiel stehen. Technische Medien, die beständig aufzeichnen und übertragen *müssen*, weil die Struktur ihrer Operationalität das Aufzeichnen und Übertragen selbst ist, vernichten darum tendenziell das Schweigen, weil sie es nicht als ,Datum', als etwas, das selbst kommuniziert, aufzubewahren vermögen. Auch ist der Abbruch eines Dialogs, die auf ihn folgende Stille, nicht Teil ihres Arrangements, nicht einmal das Klicken der Apparatur, wenn die Verbindung kappt. Die Technik und das Schweigen konfligieren deshalb miteinander, denn die Maschine muss, wie die Dispositive der Wiederholung und Reproduktion oder auch die soziale Vernetzung in der Erfüllung ihrer Funktionen ununterbrochen kommunizieren und den Lärm des ,Geredes' bis zur Unerträglichkeit vermehren. Die kybernetische Kommunikation ist darum nichts anderes als eine „Kommunikation ,heckende' Kommunikation", so wie Karl Marx vom ,Kapital' als „Geld heckendes Geld" gesprochen hat.[5] Aus diesem Grunde kennt sie auch kein Ende, keine Erfüllung, sowenig wie jene Stille, die einem befriedeten Abschluss, wenn nichts mehr gesagt werden muss, folgt und das Schweigen seine heilende Kraft entfaltet. Stattdessen kreist sie in permanenter Überproduktion, füllt die Kanäle, um in noch breiteren Breitbandübertragungen das ,Geräusch' der Welt unaufhörlich weiter anschwellen zu lassen.

...

1 Barthes, Roland: „Die alte Rhetorik", in: ders.: *Das semiologische Abenteuer*, Frankfurt/Main 1988, S. 85–86.

2 Arendt, Hannah: *Elemente und Ursprünge totaler Herrschaft*, München 1986, S. 730.

3 Luhmann, Niklas/Peter Fuchs: *Reden und Schweigen*, Frankfurt/Main 1989.

4 Heidegger, Martin: *Beiträge zur Philosophie (Vom Ereignis)*, Gesamtausgabe Bd. 65, Frankfurt/Main 1989, S. 78–79.

5 Vgl. auch Mersch, Dieter: *Ordo ab Chao / Order from Noise*, Berlin, Zürich 2013.

Schweigen (1953), *Eugen Gomringer*

schweigen schweigen schweigen
schweigen schweigen schweigen
schweigen   schweigen
schweigen schweigen schweigen
schweigen schweigen schweigen

Vita Activa

(1958)

HANNAH ARENDT

Wo immer es um die Relevanz der Sprache geht, kommt Politik notwendigerweise ins Spiel; denn Menschen sind nur darum zur Politik begabte Wesen, weil sie mit Sprache begabte Wesen sind. Wären wir töricht genug, auf die von allen Seiten neuerdings erteilten Ratschläge zu hören und uns dem gegenwärtigen Stand der Wissenschaften anzupassen, so bliebe uns nichts anderes übrig, als auf das Sprechen überhaupt zu verzichten. Denn die Wissenschaften reden heute in einer mathematischen Symbolsprache, die ursprünglich nur als Abkürzung für Gesprochenes gemeint war, sich aber hiervon längst emanzipiert hat und aus Formeln besteht, die sich auf keine Weise zurück in Gesprochenes verwandeln lassen. Die Wissenschaftler leben also bereits in einer sprachlosen Welt, aus der sie qua Wissenschaftler nicht mehr herausfinden. Und dieser Tatbestand muß, was politische Urteilsfähigkeit betrifft, ein gewisses Mißtrauen erregen. Was dagegen spricht, sich in Fragen, die menschliche Angelegenheiten angehen, auf Wissenschaftler qua Wissenschaftler zu verlassen, ist nicht, daß sie sich bereitfanden, die Atombombe herzustellen, bzw. daß sie naiv genug waren zu meinen, man würde sich um ihre Ratschläge kümmern und bei ihnen anfragen, ob und wie sie eingesetzt werden sollte; viel schwerwiegender ist, daß sie sich überhaupt in einer Welt bewegen, in der die Sprache ihre Macht verloren hat, die der Sprache nicht mächtig ist. Denn was immer Menschen tun, erkennen, erfahren oder wissen, wird sinnvoll nur in dem Maß, in dem darüber gesprochen werden kann. Es mag Wahrheiten geben, die jenseits des Sprechenden liegen, und sie mögen für den Menschen, sofern er auch im Singular, d. h. außerhalb des politischen Bereichs im weitesten Verstand, existiert, von größtem Belang sein. Sofern wir im Plural existieren, und das heißt, sofern wir in dieser Welt leben, uns bewegen und handeln, hat nur das Sinn, worüber wir miteinander oder wohl auch mit uns selbst sprechen können, was im Sprechen einen Sinn ergibt.

Ohne es zu wissen. Sprache und Sprachlosigkeit in der veränderten Welt

Ralf Konersmann

Verstehst Du denn das Selbstverständliche nicht? Franz Kafka

In einer jener Fabeln, die einst seinen Namen durch ganz Europa trugen, variiert Jean de Lafontaine das biblische Gleichnis vom Schatz im Acker. In der Nacherzählung des französischen Barockdichters liegt ein alter Mann auf dem Sterbebett und erzählt nun seinen Erben von dem Schatz, der irgendwo da draußen im Acker vergraben sei. Sie sollten nur immer weiter graben und stets darauf achten, „daß allerwege / Man unablässig Hand anlege."[1] Immer weiter graben: Am Ende findet sich natürlich nirgends ein Schatz, doch der gut gepflügte Boden bringt reichlich Ertrag. Der Schatz im Acker ist bloß ein Lockangebot und gibt einen Sinn vor, auf den es als solchen aber gar nicht ankommt. Als entscheidend erweist sich die Nebensache, die bei genauem Hinsehen die Hauptsache ist, erweist sich die Umgestaltung der Welt, die mit den von blindem Eifer getriebenen Suchern des Schatzes ihren idealen Akteur bereits gefunden hat. Als das entscheidende Strukturmerkmal der Veränderung der Welt identifiziert die Fabel eine Art List, die in das Sein der Dinge eingesenkt ist und die dafür sorgt, dass die Menschen, indem sie ihren Träumen nachhängen, etwas zustandebringen, was über den Horizont ihres Wähnens hinausgeht. Sie bringen eine Welt hervor, formen und gestalten sie, aber immer unter dieser einen und entscheidenden Bedingung: „ohne es zu wissen." Die Elementarität dieses unvorgreiflichen, mit der Situation des handelnden Menschen gegebenen Illusionismus betont mit vergleichbarem Nachdruck auch La Fontaines Zeitgenosse Blaise Pascal. Im 317. Stück seiner *Pensées* beschwört der Mathematiker und Philosoph den Trost herauf, der sich für einen Christen aus der Einsicht ergibt, dass selbst die Römer ungeachtet ihrer Eigeninteressen zuletzt im Sinn des Evangeliums gehandelt und seiner Sache unbewusst – *sans le savoir* – gedient hätten.[2] Als Basis des wahren, des später dann als Geschichte angesprochenen Laufs der Dinge erscheint eine dreifache Verkennung: ein Leben, erstens, im Nichtwissen, das von diesem Nichtwissen, zweitens, nichts ahnt und, drittens, dennoch profitiert. So erweisen sich die wahren Zusammenhänge des menschlichen Handelns als sprach- und begriffslos, und sie müssen es sein, weil das hintergründige Veränderungsgeschehen einem Gesetz folgt, das wohl die Beteiligung der Menschen vorsieht, nicht aber ihre Selbstbestimmung und Souveränität. Ein Subjekt der Geschichte – der Traum der Neuzeit – ist nicht vorgesehen. Die Sprachlosigkeit, mit der das Geschehen sich vollzieht, ist darum auch nicht lediglich ein Defekt, der behoben werden muss, sondern im Gegenteil die Voraussetzung des Gelingens. Erst im Nachhinein, niemals aber für die unmittelbar Beteiligten selbst ist einsehbar, was hinter ihrem Rücken geschieht und über Generationen erwartungsfroh Grabender hinweg Gestalt angenommen hat. Die angesprochenen Zusammenhänge, das ist die These Pascals, sind unsichtbar und sprachlos, darum aber nicht weniger wirklich und sogar ‚wirklicher' noch als die augenfällige Faktizität. Das deutsche Wort „Veränderung" verleiht dieser Gabelung von Wissen und Nichtwissen, von Erstreben und Bewirken, von Erwartung und Ergebnis auf raffinierte Weise Ausdruck. Anders als das englischsprachige Pendant, das mit seiner einsilbigen Schneidigkeit schon ahnen lässt, was die Stunde geschlagen hat, tut der deutsche Begriffsname alles, um bloß nicht aufzufallen. Eine kurze Horchpause bestätigt den Befund. Ein scharfer Anlaut, gefolgt von einem Legato weicher Konsonanten – so gleiten die vier Silben der Ver-än-de-rung reibungslos dahin. Bei so viel Unscheinbarkeit des Wortes darf auch die Sache, um die es geht, brav im Hintergrund bleiben. Wer die Lexika zu Rate zieht, wird von der Dürftigkeit der Auskünfte überrascht sein.

Die Verschlossenheit der am Ende entscheidenden Hinterwelt gegenüber einer Sprache, die uns aufklären und die Wahrheit zu enthüllen vermöchte, ist merkwürdig, aber sie ist keineswegs mysteriös. So folgen gerade die vertrautesten Abläufe des Alltags einem stillschweigenden und zugleich verbindlichen Vorentwurf dessen, wie etwas getan und ausgeführt werden muss. Die Reihenfolge von Urbarmachung, Aussaat und Ernte ist nicht verhandelbar, sondern sachlich geboten und für jeden Kundigen evident. Etwa anfallende Begriffe – Spaten und Boden, Stechen und Graben – verstehen sich überhaupt nur im Zusammenhang des faktischen Geschehens. Dessen Evidenz aber bleibt sprachlich indifferent in dem Sinn, dass es angesichts der Bestimmtheit, mit der die Dinge – die Bebauung des Landes, der Anruf mit einem Handy – gehandhabt sein wollen, der Worte nicht bedarf. Wo Handgriffe und Abfolgen sich von selbst verstehen, entscheidet nicht die Sprache, sondern die Offensichtlichkeit des durch Zweck und Erfahrung definierten Ineinandergreifens rein sachlich bestimmter Verrichtungen. Historisch hat diese Orientierung an den im Wortsinn sich von selbst verstehenden Handlungsschritten und Vollzügen dazu geführt, dass die Vertreter der Technik und ihnen folgend auch die Naturwissenschaften überhaupt davon abgekommen sind, über die Lapidarität des mathematischen Formelwerks hinaus darüber Auskunft zu geben, was genau sie tun und wie es um die technische Welt bestellt ist. Ihre Praxis ist so weit elementarisiert und zurückgenommen, dass jedes weitere Wort die erreichte Selbstverständlichkeit des Geschehens aufs Spiel setzen würde. Schon vor über einem halben Jahrhundert sah Hannah Arendt den Punkt bereits überschritten, an dem die Rückübertragung der mathematischen Symbolsprache in Gesprochenes noch möglich gewesen wäre. Arendt problematisiert den Automatismus der Spracherübrigung und -entwertung als Gefahr für die Demokratie und die Kultur überhaupt. „Was immer Menschen tun, erkennen, erfahren und wissen, wird sinnvoll nur in dem Maß, in dem darüber gesprochen werden kann."[3] Man versteht, worauf Arendt hinauswill;

ihr Anspruch erweist sich jedoch in dem Maß als illusionär, wie menschliches Handeln, statt in gesprochene Sprache, routinemäßig in die Logik technischer Vorgänge übersetzt wird, in eine Logik der Sukzession, der zugetraut wird, mit der zeitübergreifenden Ordnung einer vage erahnten Hinterwelt identisch zu sein. Die grenzenlose Zustimmungsbereitschaft, mit der die Technologisierung des Alltags inzwischen rechnen kann, erklärt sich aus der Moral, der La Fontaine einst bildkräftig Ausdruck verliehen hat. Auch ohne Worte sind wir davon überzeugt, dass die technischen Neuerungen sich Saison für Saison jenem Formular einschreiben, von dem einst Pascal gesprochen hat. Offenbar haben wir niemals aufgehört, an den Schatz im Acker zu glauben.

Die Veränderung macht Vollzüge geltend, die über die Motive der Akteure hinausgreifen und sich zu einem Eigenleben verdichten, das sich am Ende als das Bleibende und eigentlich Bedeutende erwiesen haben wird. Indem es aber durch seinen schattenhaften Auftritt davor bewahrt wird, sich zu erklären, taugt gerade dieses Hintergrundgeschehen als modernes Versprechen, ja als das Versprechen der Moderne schlechthin. Wie ein Tarnanzug ummantelt das Grau in Grau der Veränderung einen metaphysischen Kern, von dessen stillschweigender Präsenz das ganze Wortfeld profitiert. Geläufige Begriffsschablonen wie Deregulation und Mobilität, wie Effizienz oder Flexibilisierung, die das farblose Wesen der Veränderung werbewirksam herausputzen, kommen ohne greifbare Bedeutung aus, und sie brauchen sie auch nicht. Es genügt, dass sie uns an die Unruhe der Veränderung gewöhnen und sie als Ausdruck einer höheren, weder der Begründung noch der Verdeutlichung bedürftigen Notwendigkeit glaubhaft machen. In der Veränderung spüren wir den Halt, die Wärme und den leisen Druck der unsichtbaren Hand. Indem aber die Rhetorik der Veränderung derart um sich greift und in das Grundgewebe der kulturellen Orientierungen einsickert, verfließen die Grenzen des reinen Begriffs und die Sprache sinkt, vergleichbar der Gebrauchsmusik in öffentlichen Räumen, auf das Niveau einer bloßen Beschallung herab. Auch ohne theoretisch ausgewiesen zu sein, übernehmen es die Proklamationen des Wandels, einen Kulturkonsens zu stiften, der eine unbedingt verpflichtende Weise vorgibt, sein Leben zu leben und mit dem Graben im Acker nur niemals nachzulassen.

Die Veränderung ist eine leise, gleichsam mit Flüsterstimme ausgegebene Instruktion: *change is coming*. Sie benennt etwas, von dem wir nur zu gern glauben, dass es, obwohl im Grunde unbegreiflich und namenlos, für den glücklichen Ausgang all dessen einsteht, was geschieht. Karl Marx, darin ganz Aufklärer, hat dieses Bild scharf gestellt. Ihm, dem Hegelschüler, ist die stillschweigende Metaphysik des Gedankenmotivs aufgegangen, dessen Verbreitungserfolg sich der Selbstverständlichkeit verdankt, mit der es bis heute – und heute mehr denn je – im globalen Maßstab die Norm vorgibt. Die Menschen „wissen es nicht", so lautet die berühmte Formulierung im *Kapital*, „aber sie tun es".[4] Es ist gerade die Attraktion der Veränderung, mit stummer Geste einen Weg zu weisen, auf dem diese beiden: Tun und Nichtwissen, genauer: Tun und

Nichtwissenmüssen einander auf glückliche Weise ergänzen. Indem sich uns die Veränderung als rein aus sich selbst heraus begründete Aktion empfiehlt, die uns die Schattenseiten der gesprochenen Sprache erspart – die Missverständnisse, die Unklarheiten, die Finten der Rhetorik –, taugt sie als Entlastungsphantasie. Vor allem erspart sie uns, wozu allerdings der Gebrauch der Sprache unerlässlich wäre: die Klärung unseres Selbstverständnisses. Das über seine Abhängigkeit vom Fluss der Dinge aufgeklärte Bewusstsein hat denn auch keinerlei Anlass, sich zu sträuben; bestärkt durch die routinierte und, bei Licht besehen, jederzeit angebrachte Kritik am Bestehenden, willigt es in das globale Veränderungsgeschehen wortlos ein.

...

1   La Fontaine, Jean de: *Sämtliche Fabeln*, hg. v. Hermann Lindner, München 1978, S. 349 (V 9); siehe auch Äsop: *Fabeln*, hg. v. Thomas Voskuhl, Stuttgart 2005, S. 47–48. (Nr. 42).

2   Vgl. Pascal, Blaise: *Gedanken über die Religion und einige andere Themen*, hg. v. Jean-Robert Armogathe, Stuttgart 1997, S. 192 (317/701).

3   Arendt, Hannah: *Vita activa oder Vom tätigen Leben*, München 1967 (6. Aufl.), S. 10; zur Sprachfreiheit der Technik siehe auch Janich, Peter: *Kultur und Methode. Philosophie in der wissenschaftlich geprägten Welt*, Frankfurt/Main 2006.

4   Marx, Karl: „Das Kapital. Kritik der politischen Ökonomie", Bd. 1, in: Marx, Karl/Friedrich Engels: *Werke*, Bd. 23, Berlin 1975, S. 88.

[Gegenüberliegende Seite]

Franz Hermann Czech, *Versinnlichte Denk- und Sprachlehre*, Tafel 14, 1836

...

In seinem Lehrbuch verknüpfte Franz Hermann Czech zwei Strömungen der Gehörlosenpädagogik miteinander: die deutsche Artikulationsmethode und die in Frankreich verbreitete Zeichenmethode. Zahlreiche Kupferstichtafeln illustrieren Strukturen von Gebärden sowie die Anatomie der Lautbildung. Czech setzte sich für die Anerkennung Gehörloser – damals Taubstumme genannt – als vollwertige Mitglieder der Gesellschaft ein.

Tab. 14. Abänderung der persönlichen Fürwörter.

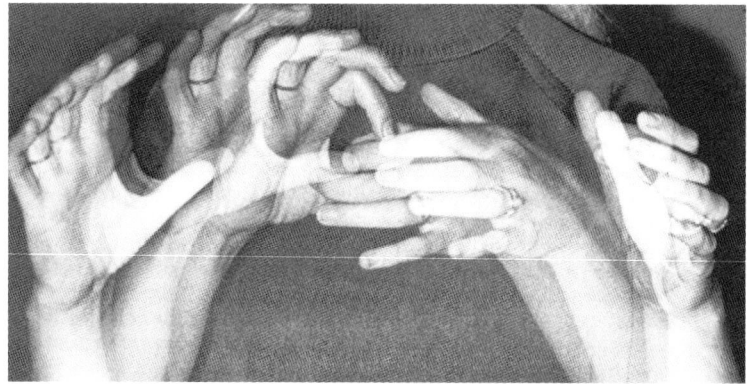

Stroboskopien der American Sign Language-Gebärden „Join" und „Inform", 1979
Edward S. Klima/Ursula Bellugi
...
Verbesserungen in der Bildgebung ermöglichten eine systematische Erforschung der Gebärden-sprache, die durch Bewegungen im Raum ausgeführt wird. Die Linguisten Ursula Bellugi und Ed Klima haben Pionierarbeit geleistet und bewiesen, dass Gebärdensprache eine Grammatik hat und somit genauso komplex, feinsinnig und flexibel ist wie die gesprochene Sprache.

Kunsttherapeutische Zeichnung aus der Stottertherapie, 2016

...

Mit ihren Zeichnungen drücken Kinder und Jugendliche aus, was sie empfinden, wenn sie stottern. Dies ist ein wichtiger Teil des therapeutischen Prozesses, um sich mit Gefühlen von Frustration und Minderwertigkeit auseinanderzusetzen. Die Bilder dokumentieren die Begleitsymptomatik des Stotterns, die von Sprechangst über ein negatives Selbstbild bis hin zu einem breiten Spektrum an Vermeidungsverhalten reicht.

Katharine Dowson, *Word search (Dyslexia)*, 2001

...

Schnelles Finden und sinnvolles Anordnen von Wörtern sind beim Scrabble gefragt. Mit ihrem Spielbrett voller Buchstaben und versteckter Wörter thematisiert Katharine Dowson die Wortwahrnehmung von Legasthenikern. Ihre eigene Leseschwäche und die damit verbundenen Frustrationen sind der Ausgangspunkt ihres Projektes *Dyslexia*, das in Zusammenarbeit mit Neurowissenschaftlern der Visualisierung von Wortfindung nachgeht.

Dagmara Kraus

kummerang   (2012)

krummer als ein pisang,
                        pest du den hang lang,
                                        gehst weg
                        und kehrst wieder,
                flugs klanglos
        wi'im krebsgang,
                        so lang wie mein fuß lang ist,
                kommst du
immer wieder,
                                        doch lässt dich kaum
        einfangen
                und kreist und kreist so lang,
    bis du
                                        alleingangs,
von mittenmang baumgangs,
                        merlenfang, pfaufang,
                                von deinem luftgang,
                                                grenz
-gang und talhang
                                zu mir
                zurückkommst.
                                dein drall
        zurück –
                        drang nach
dem anfang :
                zwar zwang nur,
                        wenns ziel verfehlt;
                                        kommst immer
zurück.

        und wäre es pjöngjang,
        kämst du
zurück,
        kämst du mit yinyang,
dugong und oolongduft,
    umgeben von linsangs,
        in seetang getauft.
wärs kanaan,
        kämst du
zurück,
        kämst diaphan
als der rührmichnichtan,
    eskortiert von zehn
            xystusvandalen
mit khanskurtisanen,
        von schneckenmilanen
aus grüncellophan.
vielleicht kämst dann
           toboggans
zu meinem wigwam,
        mit pavianelan
und als trickschuft,
      als mezzohetman
    mit tukanuntertanen
– die merluschkamähne
      stünde dir gut.
        kämst
zurück wie ein mustang,
      kämst
trabgangs, ganz frank
    ohne gruß,
zwang, zug- oder zungzwang,
      doch mit recht artigem
jubelgesang – kein kappzaum
zurück, kummerang,
      von gimpelfang
und von kulmen
zurück.

alle kummerangsnücken
(kummerangsnucken),
kummerangsgucker, dumpf,
die cancanierenden kummerangstücken;
all das kummerkrummbücken –
kummerangs rückenkrümmung nämlich
ist krümmer,
als mein nasenhang krumm ist.
so kämst du
mit stets krümmerem rücken
zurück, kummerang, zu mir,
krümmer, verkümmert
und immer viel schlimmer
als noch beim letzten mal,
da du mich sahst.

– doch wer warf dich,
kummerang,
ganz sicher mein arm nicht,
bestimmt diese hand nicht,
sie vermochte es nicht,
dich so zu werfen, dass du
zurückkommst.

darf ich mal ?
würf ich nämlich,
kämst du nie mehr
zurück,
schössest zielhaft
aufs ziel zu,
ins schluckloch des schummers,
und verschwändest für immer darin :

kein schluckloch des kummers bliebe hier mehr zurück.

aber du pest
und zimperst nicht;
aber du säst
und pimperst nicht;
aber du äst
und klimperst nicht;
aber du mähst
und wimperst nicht
einmal.

aber du schläfst nicht.

der schlummerang kann dem kummerang nichts anhaben.

– wie bang ist mein fangdrang :

fang ! fang ! fang ! fang ! fang ! fang !

ihn, der kimmlang den himmel belangt,
mal seiger,
im windfang
des kumulus kumulonimbus :
du bist der versehgang,
das kummerkoma des flügelschimmels.

so lang kreist er
und kreist schon,
der kummerang,
stunden-, tage-, nächtelang
kreist dieser kummerang
um den kopf
und im kopf rum
und kommt immer
wieder zurück.
ging rum,
um den kummer
beim morgenspaziergang
abzufangen,
zu befragen,
fing
aber nichts
undsoweiter
und rang mit dem kummer,
rang mit dem kummer,
dem grabskummerandrang,
kummerangsandrang,
bis sonnuntergang
seit mondaufgang.

der kummerangeffekt
unterscheidet sich also
von jedem andern :

er färbt wellen
in das kleidgrau
der klageweiber;
er zerrt welt
durch den blaubau
der sageleider;
er wehrbellt
das chałchał
der widdermeider;
er fährt held aus dem pfau. –

pomuchel der kopf,
        der glaubt, er mäandert :

                denn er pest
      und zimpert nicht.
                denn er sät
      und pimpert nicht.
                denn er äst
      und klimpert nicht.
                denn er mäht
      und wimpert nicht
zweimal.

dies jedoch vor allem :

      er schläft nicht.

(spinnerlied, auf eine melodie aus *mary poppins*)

      kummkummerang, kummkummerang, bumsklenguruh,
    der kummerang hüpft nicht, hat kein blut, keinen schuh;
kummkummerang, kummkummerang, bumsklenguruh,
    der kummerang kennt nur den schnellwendeflug;
      kummkummerang, kummkummerang, bumsklenguruh,
    den kummerang nennt kein spezialwörterbuch;
kummkummerang, kummkummerang, bumsklenguruh,
      der kummerang hockt am pistolenabzug.

   TORNADA

     enlaidiert enziane;
        fern spreizen
             geköpfte
      vulkanpelikane
    speiend die riesischen
feuersschnäbel.
   du liegst neben mir, wach, kummerang
    – die summa vielleicht etwa wäre :
      verrückt, wie gut wir doch
  in löffelchenstellung ineinanderpassen,
ich und mein buhle, der kummersatan.

fakultative beschwörung

komm, kummercombrus, komm, kummercombrus,
kummkummer, komm. kummkummer, komm :
komm, kummercombrus.
kummercumbrus.
kummcomboros. kummers oroboros
(uroboros), kummriger boris, komm, kummerbolos.
kummers kümmerling, o komm, kummerkloß, -joch,
-last,
-see,
-los.

hab nur paar
kummerkrumen –
o kummerkrume, komm;
hab einen kubbenkrümel,
ach kummerkubbe, komm;
komm krümeln,
so himmele, komm.

und wenn ?
warum in dieses
kummerkruch verkrümeln ?

die kummerrunen. kummerline.
daginias kummernun.
daginiakrümelkrumm.
mit kumpfets kummerkamm (das nur für den frank), klamm,
kump kummermann und hier die galgenmiene,
klumpklar, kleinlamm.

die kumbermuhme.
mein fieberkumbermuhmenbann.
ne muhmenkumpe flammt und fumpt den kummermann.

da : *dies* ist seine bumsal.

kumbers cumbrus – cumbersamba – kumbercumbrus – kummerrumba
kummertango – ummen mamba – kummermambo – warum das ?
kumbers cumbrus – cumbersamba – kumbercumbrus – kummerrumba
kummertango – ummen mamba – kummermambo – warum hast ?
kumbers cumbrus – cumbersamba – kumbercumbrus – kummerrumba
kummernumbfuß – kummersamba – dummer cumbrus – K U M M K A R A M B A –

auf *kummerun*. ins umbad – schnell, schnell,
aber geht das ?

kummerskunde
kündet pfunde.

doch hier vom kummergan.
kurzfuß, armekurz, kratzfuß :
da kommt der kummerang mit seinem kummersklan.
(tak, tak : szklany.)
(sind fahrende.)

postkarte

kumm'rang heut
in sankt kummer
und como
(pagane veranstaltung)

karawanen kommen herum.
von makaras karakaras
besetzt ganz karaman;
und kommt dagmara,
kommt auch kumm'rang
klags auf den karagan.
(immer will sie
dann zu ihm sagen :
huste mal.
yychu. yychu, yychu.)

ich komm wohl nicht
da kummerrum,
ums kummergarn,
ums kummernun,
und karakumschwarz,
hummerhungrig,
komm ich tumb,
komm lummerlungig,
komme, komme,
komm ich, komm ich,
kumm'rang, komich komm ich

um.

von einen sprachen (1977)   Ernst Jandl

schreiben und reden in einen heruntergekommenen sprachen
sein ein demonstrieren, sein ein es zeigen, wie weit
es gekommen sein mit einen solchenen: seinen mistigen
leben er nun nehmen auf den schaufeln von worten
und es demonstrieren als einen den stinkigen haufen
denen es seien. es nicht mehr geben einen beschönigen
nichts mehr verstellungen. oder sein worten, auch stinkigen
auch heruntergekommenen sprachen-worten in jedenen fallen
einen masken vor den wahren gesichten denen zerfressenen
haben den aussatz. das sein ein fragen, einen tötenen.

Sprechen mit Hindernissen

Christina Kauschke

Sprache und Sprechen erfordern das Zusammenwirken außerordentlich komplexer kognitiver und physiologischer Prozesse, die normalerweise überraschend leicht und reibungslos verlaufen. Den Weg „von der Intention zur Artikulation" beschreibt der Psycholinguist Willem J. M. Levelt so: Hat ein Sprecher eine Äußerungsabsicht und möchte eine Botschaft ausdrücken, so wählt er die notwendigen Informationskomponenten und die passenden Wörter aus, erstellt einen Satzrahmen, in den die Wörter in der richtigen Reihenfolge eingepasst werden, plant die lautliche Form und aktiviert den Sprechapparat mit den zahlreichen beteiligten Muskeln schließlich so, dass die geplante Äußerung als akustisches Signal beim Hörer ankommt, der seinerseits wiederum die Aufgabe hat, das Signal zu entschlüsseln und ihm Bedeutung zu entnehmen.[1] Das alles umfasst eine Vielzahl teils parallel, teils nacheinander ablaufender Prozesse, die innerhalb von Millisekunden geschehen. Ein bis zwei Mal auf 1.000 Wörter kommt es zwar zu Versprechern (*nass vor Bleid*) und ab und zu auch zu einem kurzen Stocken im Sprechablauf, etwa wenn ein Wort „auf der Zunge liegt", diese vorübergehenden Störungen können jedoch meist schnell repariert werden. Ganz anders und deutlich folgenschwerer ist es, wenn Menschen anhaltende Probleme mit dem Verstehen oder Produzieren von Sprache haben.

  So komplex und vielschrittig wie der Sprachverarbeitungsprozess eben skizziert wurde, so vielgestaltig sind die Erscheinungsweisen von Sprachstörungen. Sie können ganz unterschiedliche Bereiche betreffen, die im weiteren Sinne mit Sprache, Sprechen und Kommunikation zusammenhängen: Stimme und Atmung (Stimmstörungen), Redefluss (Stottern), Sprechen und Lautbildung (zum Beispiel Lispeln) oder aber das Sprachsystem selbst. Bei sprachsystematischen Störungen sind die Sprechwerkzeuge voll funktionsfähig, doch das Wissen über und die Verarbeitung von Sprache sind eingeschränkt: Die Sprecher können ihre Kommunikationsabsicht nicht mehr wie gewünscht ausdrücken, da sie nicht die richtigen Wörter finden, diese nicht den Regeln gemäß anordnen oder nicht auf die lautliche Form zugreifen können. Derartige Sprachstörungen im engeren Sinne treten bei Erwachsenen zum Beispiel nach Schlaganfällen auf, wenn Gehirnareale, die für die Sprachverarbeitung relevant sind, geschädigt wurden – hier spricht man von Aphasien. Entwicklungsbedingte Sprachstörungen liegen vor, wenn Sprache bereits im Kindesalter Probleme bereitet. Kindern gelingt es in den ersten Lebensjahren normalerweise ohne große Mühe die Wörter und Regeln ihrer Muttersprache so zu erwerben, dass sie zu kompetenten Sprechern werden. Aber nicht bei allen Kindern verläuft der Spracherwerb unkompliziert. Sieben von 100 Kindern haben dabei Schwierigkeiten, obwohl sie sich ansonsten gesund entwickeln. Kinder mit einer solchen „umschriebenen Sprachentwicklungsstörung" sind geistig und körperlich gesund; Faktoren wie Hörstörungen, geistige Retardierungen oder Fehlbildungen der Sprechwerkzeuge sind nicht als Grund für ihre Schwierigkeiten auszumachen. Wie kommt es dann zu ihren Sprachproblemen und wie zeigen sich diese?

Eine spätere Sprachentwicklungsstörung (SES) kündigt sich meist schon in einem frühen Stadium an, denn die ersten Wörter werden verspätet produziert und der Wortschatz wächst langsamer an. Solche Kinder werden als Späte Sprecher (Late Talker) bezeichnet. Sie äußern im Alter von zwei Jahren deutlich weniger als 50 Wörter und kombinieren sie noch nicht miteinander, obwohl Kinder dies normalerweise mit etwa eineinhalb Jahren tun. Im Laufe des dritten Lebensjahres gabelt sich der Weg, den ein Late Talker einschlagen kann: Einem Teil der Kinder gelingt es, ihren anfänglichen Rückstand aufzuholen. Diese sogenannten Spätzünder (Late Bloomer) stehen Kindern gegenüber, die anhaltende Sprachentwicklungsstörungen ausbilden. Die Wahrscheinlichkeit dafür ist bei Late Talkern um das zwanzigfache erhöht. Eine frühe Sprachverzögerung ist also als klarer Risikofaktor zu werten, auch wenn nicht alle Late Talker zwangsläufig später eine SES bekommen. Bei Kindern, die ihre anfängliche Sprachverzögerung nicht überwinden, lassen sich ab drei Jahren typische Symptome feststellen. Sagt ein Fünfjähriger beispielsweise *i bin dieda dedund* (‚ich bin wieder gesund') oder antwortet *huper hauber* (‚super sauber') auf den Vorschlag sich die Hände zu waschen, so ist seine Aussprache nicht mehr altersgemäß. Die Stellung des Verbs in der Aussage *ich Fuball mit Leon pielen* wäre bei einem zweijährigen Kind noch angemessen, bei einem vierjährigen dagegen ein Zeichen für eine Grammatikstörung. Weitere Beispiele für unterschiedlich gelagerte Probleme mit der Grammatik sind Äußerungen wie *unsere Welt Luft geht, du nehmt die* oder *die Strauche* (‚Sträucher'). Stellt der Wortschatz das Problemfeld dar, weichen Kinder auf andere Wörter oder Umschreibungen aus, wenn ihnen die passenden Begriffe fehlen: *Sonne nachts* (‚Mond'), *Stuhl für Parks* (‚Bank'), *schwimmen unter Wasser* (‚tauchen'). Liegt im Vorschulalter eine SES vor, ist die Wahrscheinlichkeit einer späteren Lese-Rechtschreibstörung höher als bei Kindern mit normaler Sprachentwicklung. Ebenso kann es vorkommen, dass sich bei Kindern mit SES sozial-emotionale Folgeprobleme, etwa Rückzugs- oder aggressives Verhalten, ausprägen. Es liegt auf der Hand, dass frühe Erkennung und rechtzeitige, gezielte Intervention essentiell sind, um die Entwicklungswege von Kindern mit SES positiv zu beeinflussen. Bevor es um die Möglichkeiten geht, die dazu angeboten werden, steht die Frage im Raum, die auch viele Eltern beschäftigt: Wie kommt es eigentlich zu diesen oft hartnäckigen sprachlichen Schwierigkeiten, obwohl bei dem Kind ansonsten keine Beeinträchtigungen festgestellt wurden?

Um sich der Ursachenfrage zu nähern, muss zunächst eine Abgrenzung getroffen werden: Nicht jede sprachliche Auffälligkeit ist gleich eine Störung im Sinne der umschriebenen SES. Unter ungünstigen Bedingungen kann es vorkommen, dass Kinder keine altersgemäßen Sprachfähigkeiten ausbilden können, weil ihnen ausreichendes und qualitativ gutes Sprachangebot fehlt. Dies kann bei Kindern mit Migrationshintergrund der Fall sein, wenn sie zu wenig Kontakt zur Umgebungssprache haben und daher nicht die gleichen Kenntnisse ihrer zweiten Sprache aufbauen können wie gleichaltrige, einsprachig aufwachsende Kinder. In der Fachwelt spricht man hier von umgebungsbedingten Sprachauffälligkeiten. Kinder, die dies betrifft, sollten in den Bildungseinrichtungen und im Alltag umfassend sprachlich angeregt und gefördert werden. Intensives Sprachangebot in der Herkunfts- und Umgebungssprache, also intensiver Kontakt mit beiden Sprachgemeinschaften, ist dringend notwendig. Umgebungsbedingte Sprachauffälligkeiten dürfen jedoch nicht mit „echten" Sprachstörungen gleichgesetzt werden, die bei etwa sieben Prozent eines Jahrgangs auftreten, unabhängig davon, ob das Kind ein- oder mehrsprachig aufwächst. Bei mehrsprachigen Kindern zeigen sich die Symptome der SES dementsprechend in beiden Sprachen. Obwohl – oder vielleicht gerade weil – auf den ersten Blick bei der umschriebenen SES keine eindeutigen Ursachen ersichtlich sind, wird seit langem nach Erklärungen gesucht. Oft werden Umgebungsfaktoren verantwortlich gemacht: zu wenig Vorlesen, zu viel Fernsehkonsum etc. sind gängige Vorurteile. Tatsächlich ist der Einfluss sozialer Faktoren geringer als gemeinhin angenommen. Vielmehr gelten genetische Aspekte als Hauptursache. Seit langem ist bekannt, dass Sprach- oder Lese-Rechtschreibstörungen in Familien gehäuft auftreten und dass Jungen häufiger betroffen sind als Mädchen. In jüngerer Zeit wurden verschiedene Gene lokalisiert, die offenbar am Zustandekommen von SES beteiligt sind und dazu führen, dass die Sprachlernfähigkeit betroffener Kinder herabgesetzt ist. Kinder lernen Sprache normalerweise selbsttätig mit Hilfe einer ausgeprägten angeborenen Lernfähigkeit, die bereits im Säuglingsalter nachgewiesen werden kann. Diese besondere Sensitivität für Sprache wird schon daran ersichtlich, dass wenige Tage alte Säuglinge ihre Muttersprache anderen Sprachen vorziehen, weil sie deren Betonungsmuster erkennen. Andere Experimente zeigten, dass Kinder mit achtzehn Monaten korrekte von unkorrekten Sätzen unterscheiden können, lange bevor sie derartige Satzstrukturen selbst produzieren. Damit sich solche Lernmechanismen entfalten können, braucht ein Kind natürlich ausreichendes Sprachangebot. Das Problem von Kindern mit SES ist nicht, dass das Angebot ausbleibt, sondern dass sie es nicht optimal nutzen können. Da ihre Lernmechanismen genetisch bedingt weniger effektiv funktionieren, verläuft ihr Spracherwerb mühsamer und langsamer. Die Ursache von Sprachentwicklungsstörungen liegt also keineswegs im Umfeld; die Sprachentwicklung ist sogar relativ robust gegenüber vermeintlich störenden Einflüssen. Wenn eine SES aber besteht, sind ein reichhaltiges Sprachangebot, ein adäquates, altersangemessenes Eingehen auf das Kind und das Einsetzen sprachförderlicher Kommunikationsstrategien besonders wertvoll. „Weder die normalen sprachlichen und kommunikativen Ressourcen der Umwelt noch die des Kindes selbst haben ausgereicht", so Stephan Baumgartner, „seine sprachlichen Entwicklungsdefizite so zu kompensieren, dass es den normalen Spracherwerb selbstkonstruktiv vornehmen konnte. In diesem Fall benötigt das Kind die externe Unterstützung eines Fachmanns, der planvoll und methodisch geordnet sprachliches Lernen so anleitet, dass die noch fehlenden sprachlichen Fähigkeiten systematisch weiterentwickelt werden."[2] Bei ausgeprägten Sprachentwicklungsstörungen reichen Bemühungen um eine sprachförderliche Umgebung zu Hause und in den Bildungseinrichtungen meist nicht aus – zusätzliche professionelle sprachtherapeutische Hilfe ist angezeigt. Sprachtherapeutische Fachkräfte können Eltern beraten und aufklären, durch eine umfassende Diagnostik die sprachlichen Probleme genauer eingrenzen und eine auf die individuelle Symptomatik abgestimmte Therapie ableiten. Ziel der Sprachtherapie ist es Sprachlernmechanismen wieder anzuregen und die stagnierte Sprachentwicklung so anzustoßen, dass das Kind neue Sprachfähigkeiten hinzugewinnt und leichter mit seiner Umwelt kommunizieren kann. Eltern sollten sich darum nicht scheuen rechtzeitig fachlichen Rat einzuholen. Gute Sprach- und Kommunikationsfähigkeiten sind schließlich nicht nur für die Schullaufbahn, sondern für den gesamten Lebensweg unverzichtbar.

…

1 Levelt, Willem J. M.: *Speaking. From Intention to Articulation*. Cambridge 1993.
2 Baumgartner, Stephan: *Kindersprachtherapie*, München 2008, S. 187.

[Gegenüberliegende Seite]
Walter Benjamin, *Worte ~~und Sätze~~. Aus den Aufzeichnungen über seinen Sohn Stefan*,
vor 27. November 1921, Walter Benjamin-Archiv, Akademie der Künste, Berlin
…
Über Jahre hinweg notierte Walter Benjamin den Wortschatz seines Sohnes und dokumentierte so dessen Denk- und Sprachentwicklung. Mit seinem Interesse an der kindlichen Wahrnehmung der Welt arbeitete der Philosoph ein Modell für ein anderes Denken und Sprechen aus: Der kindlichen Sprache ist das starre Normgerüst noch nicht auferlegt, das den Blick des erzieherischen Erwachsenen so unerbittlich bestimmt.

Worte ~~und Sätze~~ an dem 27 November 1921

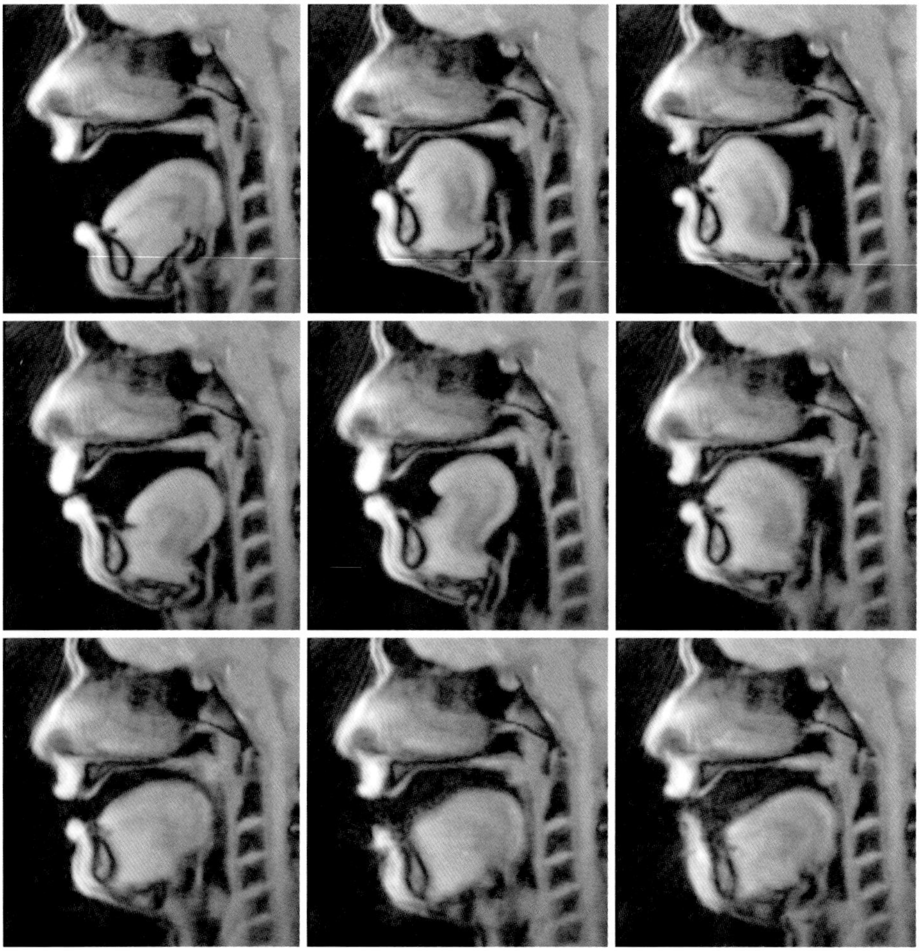

Magnetresonanz-Tomografie in Echtzeit mit Aufzeichnung des Tons
Tonfilm des Sprechens, Filmstills, 2016
...
Form- und Lageveränderungen des Zungenrückens, des Zungengrundes, des weichen
Gaumens, des Kehldeckels und des Kehlkopfes beim Sprechen machen diese Filmstills sichtbar.
Der Tonfilm wurde mit einem neuen MRT-Verfahren angefertigt, das beliebige Bewegungs-
vorgänge im Körper aufzeichnet. Er dokumentiert die Vorgänge beim Lesen eines Textes,
beim Sprechen der Vokale A, E, I, O, U und beim Zählen von eins bis zehn.

Deb Roy, *Wordscape vom Gebrauch des Wortes „water"*, 2011

...

Um den Spracherwerb seines Sohnes zu erforschen, fertigte der Medienwissenschaftler Deb Roy über mehrere Jahre hinweg über 90.000 Stunden Video- und Audioaufnahmen an. Das Bild ist eine Collage der Bewegungsspuren aus dem Videomaterial und dokumentiert, wann und wo sein Sohn in der Wohnung das Wort „water" hörte. Roys These ist, dass außersprachliche Kontexte essentiell sind für das Erlernen von Sprache.

Die Stimme. Vor der Sprache und über sie hinaus

Sigrid Weigel

Die Stimme ist der Körper der Sprache, Ursprung, Produktionsstätte, Material und Träger der sprachlichen Artikulation und Verständigung zugleich. Eine klare, unmissverständliche Sprache entsteht dort, wo Stimme und Worte in idealer Weise zu sinnvollen und eindeutigen Aussagen zusammenwirken, – und das ist keineswegs die Regel.

Denn die Stimme geht der Sprache voraus, sowohl in der Entwicklung jedes Menschen als auch in der Evolutionsgeschichte der Gattung. Wann und wie genau im langwierigen Übergang vom Hominiden zum Homo sapiens der Mensch zu sprechen gelernt hat, liegt im Dunkeln einer empirisch unzugänglichen Vorgeschichte. Hingegen weiß man, welch grundlegende Bedeutung der Stimme bereits in der Embryonalentwicklung zukommt. Intonation und Rhythmus der mütterlichen Stimme beeinflussen nicht nur die Gestimmtheit des Ungeborenen und die frühkindliche Entwicklung, sie bilden auch die Grundlage für das Erlernen der Prosodie jener ersten Sprache, die zu Recht den Namen einer Muttersprache trägt. Nachdem das Kind seine irdische Existenz mit dem Schrei der eigenen Stimme beglaubigt hat, erlernt es zunächst die auditiv-phonologischen Elemente der Sprache und erst danach die lexikalisch-semantischen. Bereits vom sechsten Monat an kann es Intonationsfolgen produzieren, die der Vokal-Konsonanten-Struktur der jeweiligen Sprache entsprechen.[1] Deshalb ist es auch nicht verwunderlich, dass sich die Schreimuster von Neugeborenen verschiedener Sprachen signifikant unterscheiden, wie eine Vergleichsstudie zu französischen und deutschen Babys gezeigt hat.[2]

Während die Sprache (im Idealfall) als Mittel der Kommunikation funktioniert, geschieht die affektive Interaktion vor allem über die Stimme. Aufgrund dieser Qualität geht die Stimme der Sprache nicht nur voraus, sondern auch über sie hinaus: indem durch Atem und Rhythmus, durch Tonlage und Lautstärke, durch Zögern und Stottern ein Überschuss zum Inhalt entsteht – oder auch eine Unterbrechung oder Störung zustande kommt. Als Medium von Affekten kann die Stimme die Sprache unterstützen, kann Absichten und Aussagen verstärken oder aber konterkarieren – ja selbst ins Gegenteil verkehren. So verbindet sich mit dem Satz „Da kann dir geholfen werden", je nach Stimmlage, ein echtes Angebot oder aber eine drohende Zurechtweisung. Die Psychoanalyse macht sich diese emotionale Dimension der Stimme vielfach zunutze. Denn der Analytiker leiht dem Patienten nicht nur sein Ohr; zudem schenkt er der Stimme mindestens ebenso viel Aufmerksamkeit wie dem Gesagten, weshalb man auch von einer „musikalischen Dimension der Übertragung" in der Analyse spricht.[3]

Als Medium der emotionalen Interaktion ist die Stimme – neben der Mimik – bestimmend für die persönliche und soziale Beziehung der Menschen. Wenn unser Gegenüber die Stimme erhebt, empfinden wir unwillkürlich Sympathie oder Antipathie. Und in der Verständigung sorgen Zwischen- und Untertöne für feinste Nuancen und bringen dasjenige zum Ausdruck, für das es keine Worte gibt. Die Stimme ist ein Ereignis; während wir Gesagtes, das der Gesprächspartner in unseren Augen missverstanden hat, korrigieren können, lässt sich ein harscher Ton nicht wieder löschen. Obwohl ebenso rasch erloschen wie ertönt, bleibt die Spur der Intonation im Gedächtnis; sie erfüllt den Raum zwischen den Sprechenden, auch wenn ihr Echo schon längst verklungen ist. Über die Stimme kommt die ganze Bandbreite zwischenmenschlicher Verhältnisse zum Ausdruck, zwischen den „beiden Polen des sprachlichen Ausdrucks – dem depotenzierten des Summens und dem armierten des Pathos",[4] vom Murmeln über das Liebesgeflüster, die Klage und den Freudenschrei, das Sagen und Singen, das Schluchzen und den unartikulierten Schrei bis zum Befehl: In ihm verschmilzt die Stimmgewalt mit der Stimme der Gewalt. Über die Stimme dringen die Affekte des Gegenübers auf uns ein und in uns hinein, – ins Herz und ins Hirn. Aus diesem Grund kann die Stimme auch zur Tortur werden; denn während man die Augen vor dem verschließen kann, was man nicht sehen will, kann man sich gegen das Gehörte nicht vollends abschirmen.

Aber die Stimme kann auch verführen, davon wissen die Mythen zu erzählen.[5] So berichtet Homer davon, dass Odysseus seinen Körper fesseln musste, um sich dem Gesang der Sirenen hingeben zu können, ohne der Verführung ihrer Stimmen zu erliegen. Und Ovid weiß zu schildern, dass selbst die Götter sich vom Gesang des Orpheus dazu hinreißen ließen, sein Flehen zu erhören und ihm die geliebte Eurydike aus dem Totenreich zurückzugeben. Ein Gegenstück dazu erzählt die Geschichte der Nymphe Echo, die sich in ihrer unerwiderten Liebe zu Narziss so sehr verzehrte, dass von ihr nur die Stimme ohne Körper übrig blieb. Ähnlich wie die Zikaden, von denen in Platons *Phaidros* zu lesen ist, sie seien einst Menschen gewesen und vom Gesang der Musen so entzückt, dass sie darüber Essen und Trinken vergaßen und starben. In der Version von Ingeborg Bachmanns Hörspiel werden aus den Zikaden Verkörperungen einer unmenschlichen Stimme ohne Körper: „Auf der Flucht in den Gesang wurden sie dürrer und kleiner, und nun singen sie, an ihre Sehnsucht verloren – verzaubert, aber auch verdammt, weil ihre Stimmen unmenschlich geworden sind."[6] In den Aufzeichnungs- und Übertragungsmedien der Moderne, in Telefon, Radio wie in den analogen und digitalen Tonträgern hat diese Stimme ohne Körper eine technische Gestalt[7] angenommen.

Schon Aristoteles bezeichnete die Stimme als Laut eines beseelten Wesens.[8] Ist das System der Sprache dem Homo sapiens exklusiv, so erinnert die Stimme die Menschen daran, dass sie an der Welt der Kreaturen teilhaben. Im Jammern, Klagen und im

Schrei wird die Kreatur in uns vernehmbar. Doch die Stimme kann nicht nur tierisch klingen; sie kann auch diabolisch oder göttlich wirken, etwa als „teuflischer Schrei" oder als „vox divina" der Opern-Diva. Überhaupt wird die Stimme traditionell mit dem Übernatürlichen und Transzendenten in Verbindung gebracht. Das, was sich nicht zeigt oder wovon uns kein Bild gegeben oder vergönnt ist, lässt sich durch eine übermenschliche Stimme vernehmen. Insofern sind die Religionen ein bevorzugtes Feld von Stimmen ohne Körper oder Bilder; das gilt für die monotheistischen Religionen mit der Stimme Gottes, der Propheten und Priester ebenso wie für viele Kulte sogenannter Naturreligionen. Und die Magie der Stimme als Medium von Übernatürlichem prädestiniert sie auch für Mitteilungen aus dem Totenreich. Während akustische Halluzinationen von Menschen mit psychischen Erkrankungen oft als Stimmenhören empfunden werden, – im Extremfall als innere, aber dennoch fremde Stimme. Die Schriftstellerin Unica Zürn hat aus dieser Art Stimmenhören eine ebenso faszinierende wie beunruhigende Dichtung geformt. Ist in ihren Prosatexten wie *Der Mann im Jasmin*, die auf eigene Erfahrungen in der Psychiatrie zurückgehen, immer wieder vom Stimmenhören die Rede, so hat Zürn ihre Empfänglichkeit, ja Obsession für Töne und Stimmen aus dem Innern in ihrer hohen Kunst des Anagramm-Schreibens poetisch produktiv gemacht.[9]

Überhaupt ist der Überschuss der Stimme gegenüber der Sprache eine der Grundlagen für die Dichtung: Mit Rhythmus und Reim, mit Metrik und Intonation wird die Sprache zur Poesie; mit Hilfe der Stimme schießt die Sprache über das Gesagte hinaus, produziert Mehrdeutigkeiten und zerbricht die „sinnbeschwerte Rede"[10], um der Sprache auf diese Weise eine musikalische Dimension hinzuzufügen. In ihrer ästhetischen Theorie *La révolution du langage poetique* hat die französische Literaturwissenschaftlerin und Psychoanalytikerin Julia Kristeva diese Dimension als „semiotische" bezeichnet, vom „Symbolischen", dem Gesetzmäßigen der Sprache, das die Sinngebung reguliert, unterschieden und mit prä-ödipalen Trieben in Verbindung gebracht: „das Semiotische als die psychosomatische Modalität des Prozesses der Sinngebung".[11] In Rhythmus und Gestik der poetischen Sprache finden die Intonationen der mütterlichen Stimme im Mutterleib ihren Nachhall im Sprachkörper der Kunst, – in der Literatur ebenso wie im Gesang. Der Gesang übersteigt die menschliche Sprache und lässt doch zugleich auch das Kreatürliche der menschlichen Stimme hörbar werden. In ihrer Fragment gebliebenen *Hommage an Maria Callas* schreibt Bachmann: „Maria Callas war kein ‚Stimmwunder', (...) sie ist die einzige Kreatur, die je eine Opernbühne betreten hat. (...) Sie war zehn oder mehr Male groß, in jeder Geste, in jedem Schrei, in jeder Bewegung (...). Sie war der Hebel, der eine Welt umgedreht hat, zu dem Hörenden, man konnte plötzlich durchhören, durch Jahrhunderte, sie war das letzte Märchen."[12]

...

1 Mancia, Mauro: „Antenatel and Neonatel Life", in: ders. (Hg.): *Psychoanalysis and Neuroscience*, Milan 2006, S. 24–27.

2 Mampe, Birgit/Angela D. Friedrici/Anne Christophe/Kathleen Wermke: „Newborn's Cry Melody is Shaped by their Native Language", in: *Current Biology* Vol. 19, 23 (2009), S. 1994–1997.

3 Mancia, Mauro: „Antenatel and Neonatel Life", (Anm. 1), S. 109.

4 Benjamin, Walter: „Karl Kraus", in: ders. *Gesammelte Schriften*, Bd. 11, hg. v. Tiedemann, Rolf/Hermann Schweppenhäuser, Frankfurt/Main 1972, S. 359.

5 Vgl. dazu Weigel, Sigrid: „Die Stimme als Medium des Nachlebens: Pathosformel, Nachhall, Phantom – kulturwissenschaftliche Perspektiven", in: Kolesch, Doris/Sybille Krämer (Hg.): *Stimme*, Frankfurt/Main 2006, S. 16–39.

6 Bachmann, Ingeborg: „Die Zikaden", in: dies.: *Werke*, Bd. 1, hg. v. Christine Koschel u.a., München, Zürich 1978, S. 268.

7 Dazu Thomas Macho: „Stimmen ohne Körper. Anmerkungen zur Technikgeschichte der Stimme", in: Kolesch Doris/Sibylle Krämer: *Stimme*, (Anm. 5), S. 130–146.

8 Aristoteles, *De anima*, 11, 8, 420b5f.

9 Zürn, Unica: *Anagramme*, Gesamtausgabe, Bd. 1, hg. v. Bose, Günter/Erich Brinkmann, Berlin 1988; vgl. Weigel, Sigrid: „Hans Bellmer, Unica Zürn. ,Auch der Satz ist wie ein Körper…?'. Junggesellenmaschinen und die Magie des Imaginären", in: dies.: *Topographien der Geschlechter. Kulturgeschichtliche Studien zur Literatur*, Reinbek 1990, S. 67–113.

10 Benjamin, Walter: „Ursprung des deutschen Trauerspiels", in: ders.: *Gesammelte Schriften* Bd. 1.1, (Anm. 4), S. 385.

11 Kristeva, Julia: *Die Revolution der poetischen Sprache*, Frankfurt/Main 1978, S. 40.

12 Bachmann, Ingeborg: „Hommage an Maria Callas", in: dies.: *Werke*, Bd. 4, (Anm. 6), S. 342–343.

Von Menschenaffen und Rabenvögeln: Ein Blick aus phylogenetischer Nähe und Ferne auf die Entstehung menschlicher Sprache

Simone Pika

Eines der noch ungelösten wissenschaftlichen Rätsel ist die Evolution menschlicher Sprache. Bereits im Säuglingsalter verwenden Kinder eine große Vielfalt an Tönen, die ihren großen Drang widerspiegeln, mit anderen zu kommunizieren, Objekte zu erlangen und das Verhalten und Denken anderer zu beeinflussen. Gesprochene Sprache besteht aus 44 Phonemen, die in schnellen Sequenzen kombiniert werden, um ein schier unendliches Potential an Wortschöpfungen und somit auch Bedeutungen zu ermöglichen. Diese beiden Charakteristika, ein vielfältiges akustisches Portfolio und die Neigung, elementare Einheiten in komplexere akustische Sequenzen zu kombinieren, scheinen einzigartig für die menschliche Spezies. Wie aber kommunizieren andere Tiere, und gibt es Kommunikationssysteme, die der menschlichen Sprache ähneln?

Die zurzeit vorherrschenden Theorien zur Sprachevolution sehen Vorstufen menschlicher Sprache in (a) Vokalisationen, (b) Gesten oder (c) einer Kombination aus Vokalisationen und Gesten begründet.[1] Erste Studien zur Sprachevolution setzten sich mit den vokalen Fähigkeiten unserer nächsten lebenden Verwandten, den Menschenaffen (Bonobos, Gorillas, Schimpansen und Orang-Utans), auseinander, indem Forscher Individuen bei sich zuhause in einer sprachlich geprägten Umgebung und manchmal auch zusammen mit ihrem eigenen Nachwuchs aufzogen.[2] Die Beschaffenheit der Larynx und die neuronale Vernetzung der Zunge scheint jedoch bei Menschenaffen die Produktion von Wörtern und Sätzen fast gänzlich zu verhindern. Ein anderer Forschungszweig widmete sich daher den natürlich produzierten Vokalisationen, die nicht-menschliche Primaten in Interaktionen mit anderen Gruppenmitgliedern verwenden. Viele der Studien zeigten jedoch, dass nicht-menschliche Primaten weder die Vokalisationen, die sie produzieren, lernen, noch die Struktur willkürlich verändern. Daher tragen vergleichende Vokalisationsstudien an Primaten nur bedingt zur Lösung des Rätsels der Sprachevolution bei.[3] Gravierende Ähnlichkeiten zur menschlichen Sprache zeigen sich jedoch im Vogelgesang, da erstens Lernen eine wichtige Rolle spielt, Vögel zweitens angeborene Prädispositionen haben, Gesang wahrzunehmen und zu erlernen, und drittens eine frühe Phase des Gesanglernens durchlaufen.[4]

Interessanterweise wird gesprochene Sprache in allen bekannten Kulturen von distinkten Bewegungen der Hände, Arme, und des Kopfes, sogenannten Gesten, begleitet. Gesten werden als in Bewegung übertragene Gedanken interpretiert und dienen dazu, spezifische Aspekte zu unterstreichen, zu illustrieren und zu ergänzen und tragen dazu bei, unsere Gedanken zu strukturieren. Von besonderem wissenschaftlichem Interesse sind sogenannte hinweisende Gesten, welche die Aufmerksamkeit und das Verhalten von anderen Individuen auf äußere Dinge lenken. Erste hinweisende Gesten wie zum Beispiel die Zeigegeste (,da'; ,dort') und das Hochhalten von Objekten (,schau dies'), werden von menschlichen Kindern ab einem Alter von neun bis zwölf Monaten verwendet. Da sie den Auftakt zur Verwendung von Symbolen darstellen, werden sie als Meilensteine in der Entwicklung menschlicher Sprache gesehen.[5]

Gesten bei Menschenaffen

Nachdem Versuche, Menschenaffen gesprochene Sprache beizubringen, gescheitert waren, setzten nachfolgende Projekte auf die manuellen Fähigkeiten von Menschenaffen. Wieder wurden junge Affen in einer sprachlich geprägten Umgebung von Menschen aufgezogen, die entweder nur Zeichensprache verwendeten oder mit Hilfe von Symbolen einer Tastatur kommunizierten. Sie zeigten, dass Menschenaffen über 100 verschiedene Handzeichen bzw. Symbole einer Tastatur verstehen und verwenden können, um mit ihren Bezugspersonen vorwiegend über ihre eigenen Bedürfnisse zu kommunizieren (zum Beispiel ,Ich möchte M&M's', ,ich will spielen', ,gib mir den Ball'). Untersuchungen der natürlichen gestischen Interaktionen zwischen Menschenaffen zeigten, dass sie mehr als 100 verschiedene Gesten verwenden, die in vielfältigen Kontexten intentional und flexibel eingesetzt werden, um das Verhalten von Artgenossen zu manipulieren.[6] Ein Großteil dieser Gesten wird in frühester Kindheit basierend auf sozialen Interaktionen mit der Mutter aber auch im täglichen Austausch mit anderen Artgenossen erlernt. Diese sogenannte soziale Verhandlung ermöglicht das Verständnis, dass spezifische Verhaltensweisen als kommunikative Signale eingesetzt werden können. Zum Beispiel kann ein Arm gehoben werden, um sich zu strecken; er kann aber auch als kommunikative Geste fungieren, die ein anderes Individuum zum Lausen einlädt.[7]

Hinweisende Gesten wurden bei Menschenaffen bisher vorwiegend zwischen gefangenen oder handaufgezogenen Individuen und ihren Pflegern beobachtet. Schimpansen der Ngogo-Gruppe im Kibale Nationalpark (Uganda) setzen jedoch dezidierte Kratzgesten ein, um anderen Artgenossen mitzuteilen, an welcher Körperstelle sie gelaust werden möchten.[8] In Dyaden, die sich durch generelle Kooperation auszeichnen (zum Beispiel Futter teilen, gemeinsames Jagen), ist die Kommunikation durch Kooperation gekennzeichnet. Mutter-Kind-Dyaden von Bonobos und Schimpansen bestimmen vor einer kommunikativen Interaktion, wer an dieser teilnimmt, indem sie sich vor dem auserwählten Empfänger positionieren und mit ihm Blickkontakt aufnehmen. Gestensequenzen bestehen ähnlich wie menschliche Konversation aus sogenannten Strukturpaaren wie etwa Anfrage und Antwort, und erfolgen in ähnlich schneller Zeitabfolge (< 0 bis 2 Sekunden).[9] Interessanterweise besteht ein gravierender

Unterschied zwischen den Kommunikationsstilen von Bonobo Mutter-Kind-Paaren und Schimpansen Mutter-Kind-Paaren: Bonobos scheinen die Bedeutung der Gesten schneller zu antizipieren und ihre Kommunikation ähnelt einem perfekt einstudierten Tanz zwischen harmonischen Paaren. Schimpansen verbringen dagegen mehr Zeit damit, die Situation genau abzuwägen und die nächsten Schritte zu verhandeln.

Gesten bei Rabenvögeln

Kolkraben gehören, wie auch Rabenkrähen und Elstern, zur Familie der Rabenvögel und zeichnen sich durch eine erstaunliche Verhaltensplastizität und Lernfähigkeit aus. Sie übertreffen die meisten anderen Vogelfamilien, mit Ausnahme der Papageien, an Intelligenzleistungen und schneiden in vielen kognitiven Verhaltensexperimenten sogar ähnlich gut ab wie Menschenaffen.

Obwohl das Ausdrucksverhalten von diversen Vogelarten, insbesondere Balz-rituale (zum Beispiel Schwimmenten), Demutsgebärden (zum Beispiel Honigfresser) und Drohgebärden (zum Beispiel Paradiesvögel) umfassend beschrieben wurde, ist die Variabilität und Flexibilität non-vokaler Signale relativ wenig untersucht. Studien an Raben zeigten nun jedoch, dass Raben ihre Schnäbel einsetzen, um Objekte, die keinen direkten Nutzen und/oder Wert haben, (wie zum Beispiel kleine Steine, Moose) hochzuhalten und einander anzubieten.[10] Diese hinweisenden Gesten scheinen als ‚Testsignale' verwendet zu werden, um das Interesse eines potentiellen Partners zu prüfen. Im Gegensatz zu Menschenaffen, die hinweisende Gesten vorwiegend ein-setzen um eine Interaktion zu initiieren (imperativ: ‚gib mir das', ‚kratz mich hier'), inkludieren Raben Gegenstände in ihre kommunikativen Interaktionen, um ähnlich wie Menschen die Aufmerksamkeit von Empfängern ‚einzustellen' und zu lenken (deklarativ: ‚schau hier').

Ausblick

Vergleichende Studien sind ein wichtiges Werkzeug, um den Ursprung menschlicher Sprache und die ausschlaggebenden selektiven Drücke zu erforschen. Sie zeigen, dass nicht nur der Mensch Laute und Gesten verwendet, um sich anderen mitzuteilen, sondern dass diese auch im Tierreich eine wichtige Rolle spielen. Hinweisende Gesten, denen relativ komplexe kognitive Fähigkeiten zugeschrieben werden, haben sich vor allem in jenen Arten entwickelt, die in komplexen Sozialsystemen leben und in denen Individuen miteinander kooperieren (zum Beispiel Jungenaufzucht, Verteidigung des Territoriums).

Es scheint möglich, die bisher noch klaffende Lücke zwischen unseren nicht-linguistischen Verwandten und uns Menschen zu schließen, indem zukünftige Studien menschliche Sprache als ein mehrschichtiges System begreifen, das sich aus verschie-denen Fähigkeiten unterschiedlicher evolutiver Altersstufen zusammensetzt. Sprache entstand aus einem auf schnellen gestischen und vokalen Austausch spezialisierten Kommunikationssystem kooperativer Arten und hat in unserer heutigen Form in Bezug auf die zugrunde liegende Schnelligkeit sein Optimum erreicht. Evolutive Wurzeln und konvergente Phänomene sind somit in jenen Tierarten aufzuspüren, die sich durch ein hohes Maß an Kooperation und kommunikativen Rollenwechsel auszeichnen wie zum Beispiel duettierende Vögel (Zaunkönige, Papageien), Affen, die Laute alternieren (Krallenaffen, Lisztaffen) sowie gestikulierende Menschenaffen und Raben.

...

1 Johansson, Sverker: *Origins of Language: Constraints on Hypotheses*, Amsterdam 2005.

2 Pika, Simone: „Gestural communication in nonhuman species", in: Scott, Robert A./Stephen M. Kosslyn (Hg.): *Emerging Trends in the Social and Behavioral Sciences: An Interdisciplinary, Searchable, and Linkable Resource*, New York. 2015, S. 1–11.

3 Seyfarth, Robert M./Dorothy L. Cheney: „Signalers and receivers in animal communication", in: *Annual Review of Psychology* 54 (2003), S. 145–173.

4 Catchpole, Clive K./Peter J. B. Slater: *Bird Song: Biological Themes and Variation*, Cambridge 1995.

5 Werner, Heinz/Bernard Kaplan: *Symbol Formation. An Organismic Developmental Approach to Language & The Expression of Thought*, New York 1972.

6 Call, Josep/Michael Tomasello (Hg.): *The Gestural Communication of Monkeys and Apes*, New York 2007.

7 Fröhlich, Marlen et al.: „Should I stay or should I go? Initiation of joint travel in mother-infant dyads of two chimpanzee communities in the wild", in: *Animal Cognition* 19, 3 (2016), S. 483–500, DOI: 10.1007/s10071-015-0948-z.

8 Pika, Simone/John C. Mitani: „Referential gestural communication in wild chimpanzees (Pan troglodytes)", in: *Current Biology* 16 (2006), R191–R192.

9 Fröhlich, Marlen et al.: „Unpeeling the layers of language: Bonobos and chimpanzees engage in cooperative turn-taking sequences" (under review).

10 Pika, Simone/Thomas Bugnyar: „The use of referential gestures in ravens (*Corvus corax*) in the wild", in: *Nature Communications* 2 (2015), S. 1–5.

Serinette, um 1820, Museum für Musikinstrumente der Universität Leipzig

...

Ähnlich wie beim menschlichen Spracherwerb müssen Singvögel ihren Gesang erst lernen. Seit Beginn des 18. Jahrhunderts setzte man Serinetten (Vogelorgeln) ein, um Singvögeln, die als Haustiere gehalten wurden, einstimmige Melodien beizubringen. Die Abrichtung von Tieren wie auch Versuche, mit ihnen in Kommunikation zu treten, berühren die komplexen Grenzziehungen von Mensch und Tier, von Kultur und Natur.

Kurt Schwitters beim Vortrag der *Ursonate*, London, 1944, Sprengel Museum Hannover

...

„Er zischte, sauste, zirpte, flötete, gurrte, buchstabierte. Es gelangen ihm übermenschliche, verführerische, sirenenhafte Klänge", so beschreibt Hans Arp das Üben von Lautgedichten seines Künstlerkollegen. Mit den Assoziationen von Tierstimmlauten verknüpfen sich diverse Mythen um die *Ursonate*: etwa die Vorstellung, sie würde seit Generationen von Staren rezitiert, nachdem diese den Übungen Schwitters gelauscht hätten.

Tierstimmen. Literarische Erkundungen einer liminalen Sprache

Denise Reimann

„Haben Sie auch nur ein Wort verstanden?", fragt der Prokurist die Eltern des An-
gestellten Gregor Samsa, der sich schon den ganzen Morgen in seinem Zimmer ver-
barrikadiert und nur durch die geschlossene Tür hindurch zu hören ist. Angestrengt
lauscht die Familie Gregors Äußerungen, ohne sie recht verstehen zu können: „Hast
du ihn jetzt reden hören?" Während Frau Samsa die eigentümlich veränderte, unverständlich bleibende Stimme ihres Sohnes als mögliches Symptom einer schweren
Krankheit deutet und aufgebracht nach einem Arzt schickt, fällt das Urteil des Prokuristen nüchterner aus. „Das war eine Tierstimme", bemerkt er „auffallend leise
gegenüber dem Schreien der Mutter."[1]

Diese kurze Szene aus Kafkas Erzählung *Die Verwandlung* ist in mehrerlei
Hinsicht aufschlussreich. Vermag die Stimme Gregors, der sich über Nacht tatsächlich
„zu einem ungeheuren Ungeziefer verwandelt"[2] hat, die Trennwand zwischen ihm
und seinem Umfeld einerseits zu durchbrechen, trägt sie andererseits zu deren Stabilisierung bei. So ermöglicht der akustische Kanal zwischen beiden Parteien zwar deren
gegenseitige Annäherung. Und doch ist dieser vermeintliche Brückenschlag mit einer
neuen Ausschließung verbunden. Die Unverständlichkeit dessen, was Gregor durch die
Zimmertür ruft, lässt erste Zweifel an dessen Menschlichkeit aufkommen. Handelt es
sich wohlmöglich um ein Tier?

Dass die Stimme Grenzen aufzuheben und gleichzeitig zu festigen vermag, dass sie
von der einen als Zeugnis eines Menschen und von dem anderen als Ausweis eines Tieres
wahrgenommen werden kann, weist auf ihre grundsätzliche Schwellenposition.
Insofern die Stimme zwischen bloßem Geräusch und artikulierter Sprache oszilliert,
vermag sie Lebensformen zu vereinen, deren Trennung sie zugleich markiert. Mal Signum
humaner Vernunft, mal Inbegriff tierlicher Sprachlosigkeit gibt sie die Grenze zwischen
beidem letztlich als Schwelle zu erkennen. Denn in der Stimme unterscheiden sich
Mensch und Tier nicht nur, sie begegnen einander auch. Diese spannungsreiche Konstellation bildet den Ausgangspunkt für die weit in die Kultur- und Wissensgeschichte
zurückreichenden Versuche, den Stimmen der Tiere auf die Spur zu kommen. Dass sie
bis heute anhalten, liegt an der grenzwertigen Natur ihres Gegenstandes – es handelt
sich um eine zweifach liminale Sprache.

Zum einen, insofern Tierstimmen an der Schwelle zur Artikulation und Sprache
erklingen. Ebenso wie die menschliche Rede auf der kreatürlichen Stimme basiert
und deshalb stets vom ‚Rückfall' in jenes vorartikulatorische Grunzen, Röcheln und
Schreien bedroht wird, wie wir es für gewöhnlich nur den Tieren zuschreiben, birgt

umgekehrt die tierliche Stimme eine heimliche, oder vielmehr unheimliche Potenz zur sprachlichen Artikulation, eine in Latenz befindliche oder aber unserem Zugriff nur entzogene, ihm möglicherweise nur verborgen bleibende Sprache. Ob und inwieweit es sich beim Zwitschern, Bellen und Trompeten um affektive Vokalisierungen oder aber um bewusste sprachliche Äußerungen handelt, beschäftigt die bioakustische Forschung bis heute. An der Aushandlung dieser Frage hat die Literatur einen entscheidenden Anteil. Seit jeher lässt sie Affen, Katzen und andere Tiere als sprechende Akteure auftreten, etwa in der Fabel, dem Märchen oder der modernen Tierdichtung, und bietet daneben auch ganz realistisch tönenden Tieren eine verlässliche Bühne. Fabuliert in Panizzas Erzählung *Aus dem Tagebuch eines Hundes* ein Dackel sprachgewandt von den seltsamen Eigenheiten des Menschengeschlechts,[3] vermag im „Wehgeheul" und „schrillen Freudenschrei" von Ebner-Eschenbachs *Krambambuli* nur sein Herr die Sprache eines treuen Freundes zu erkennen.[4] Hinzu kommen die zahlreichen Zwischentöne abseits jener beiden Pole, wie sie etwa vom Papagei Lulu geäußert werden, der in Flauberts Erzählung *Un cœur simple* sowohl mechanische Geräusche als auch menschliche Sprache krächzend nachzuahmen weiß.[5] Eine andere Stimme wiederum schlagen jene Tiere an, deren typische Lautsignatur zur vermeintlichen Botschaft gerät: Jeden Morgen locken in Arnims Erzählung *Die Kirchenordnung* die Unken des Schlossteichs mit den Worten: „Du, du, spring zu, hier ist Ruh."[6] Und selbst als metaphorische Charakterisierung menschlicher Rede durchziehen die Laute von Tieren die Literatur. *Kann ein Pferd lachen?* fragt Musil in seinem gleichnamigen Essay und gelangt zu dem Schluss, dass es zumindest nur dem Menschen vergönnt sei, „vor Lachen wiehern zu können".[7] Mit dieser Diversität an grenzüberschreitenden Tierstimmen prägen literarische Texte unsere Wahrnehmung tierlicher Akustik maßgebend und verunsichern uns stets aufs Neue in der Frage, inwieweit Letztere als Sprache aufzufassen sei. Nirgendwo wird die Schwellenposition von Tierstimmen zwischen Naturgeräusch und Sprachkultur so exzessiv ausgelotet wie in der Literatur.

Zum anderen – und dieser zweite Aspekt hängt eng mit dem ersten zusammen –, betrifft die Liminalität von Tierstimmen deren sensorische, mediale und epistemische Unverfügbarkeit. Dass ein geschultes Ohr allein nicht ausreicht, um den auch ober- und unterhalb unserer menschlichen Wahrnehmungsschwelle schallenden Tieren lauschen zu können, ist unter feinsinnigen Literatinnen und Literaten kein Geheimnis. „Recht schön", lässt Tieck seinen Peterling in *Die Vogelscheuche* sinnieren, „könnten wir nur auch für unser menschliches Ohr etwas Ähnliches, wie das Mikroskop fürs Auge ist, erfinden, um zu erfahren, was Fliegen und Mücken sich erzählen"[8] und das „Summen und Brummen, das Geflüster der Heimchen, Schmetterlinge, Bienen oder herumwandernden Gewürme zu observieren".[9]

Doch selbst unter Verwendung eines derartigen „Hörmikros"[10] bliebe die Schwierigkeit, die auf solche Weise hörbar werdenden Laute zu transkribieren. Denn Tierstimmen konfrontieren uns nicht nur mit den Grenzen unserer auditiven Wahrnehmung. Auch die Darstellungsmöglichkeiten unserer Sprache geraten angesichts des tierlichen Lautspektrums an ihre Grenzen. Davon zeugen nicht zuletzt die vielfältigen, nicht selten etwas hilflos erscheinenden Aufschreibeverfahren. Neben Notenzeichen, wortbildenden Lautmalereien, syllabischen Umschreibungen und Vergleichen kommen – wie bei Arnims Schlossteichunken – anthropomorphisierende Übersetzungen der Laute in Sprache sowie offenkundig behelfsmäßige Verweise auf die individuellen Hörerfahrungen der Leserinnen und Leser zum Einsatz, wenn es darum geht, den Stimmen der Tiere sprachlich beizukommen. Auch in der eingangs zitierten Szene aus Kafkas *Die Verwandlung* wird die Beschreibungsnot hinsichtlich der Stimme Gregors sehr deutlich. Des Prokuristen Urteil „Das war eine Tierstimme", klassifiziert Letztere zwar als nichtmenschlich, behält sich eine detailliertere Charakterisierung jedoch vor. Durch diese Auslassung wird die Stimme Gregors in einen Vorstellungsraum jenseits des Beschreibbaren verortet, der sich mit dem Bereich des Nichtmenschlichen deckt. Wirklich vermittelbar an den Lauten der Tiere scheint einzig deren Unvermittelbarkeit zu sein.

Dem medialen Entzug der Stimme Gregors korrespondiert deren sensorische – „Hast du ihn jetzt reden hören?" fragt seine aufmerksam durch die Tür horchende Mutter – und nicht zuletzt deren epistemische Liminalität. Denn ebenso wenig wie Gehör und Sprache Gregors Stimme zu fassen vermögen, lässt sich deren Sinn mit dem Verstand begreifen. Dabei ist bemerkenswert, wie Unverständlichkeit und Animalität hier ineinanderfallen. Weil der Prokurist nicht „auch nur ein Wort"[11] der Äußerungen Gregors verstanden hat, identifiziert er dessen Stimme als diejenige eines Tieres. Das Problem der schwierigen Verständlichkeit, so legt es diese Szene nahe, ist der Definition von Tierlauten nicht etwa äußerlich. Es bildet vielmehr deren innersten Kern.

„Wenn ein Löwe sprechen könnte", notiert Wittgenstein einmal, „wir könnten ihn nicht verstehen."[12] Solange Tiere über andere Sprachspiele verfügten als wir, bleibe uns der Sinn ihrer Äußerungen verborgen. Dabei muss die epistemische Zugänglichkeit tierlicher Laute gar nicht so radikal in Abrede gestellt werden. Handelt es sich nicht offenkundig um kommunikative Vokalisierungen, deren jeweiliger Sinn sich im Rahmen bioakustischer Studien sowie lebensweltlicher Erfahrungen zumindest ansatzweise erschließen lässt? Dennoch würde wohl niemand bestreiten, dass die Erkundung von Tierlauten stets an der Schwelle zum Nichtwissen operiert – und dies insofern, als sie es mit einer Sorte von Codes zu tun hat, zu denen sie keinen Schlüssel besitzt. Wovon die Schwalben zwitschern und was genau der Schwertwal singt – wir können es nur erahnen.

Insbesondere der Literatur ist die geheime Sprache der Tiere faszinierender Stachel und Versprechen zugleich. „Die poesie nicht zufrieden, schicksale, handlungen und gedanken der menschen zu umfassen", schreibt Jacob Grimm 1834, „hat auch das verborgene leben der thiere bewältigen und unter ihre einflüsse und gesetze bringen wollen."[13] Tatsächlich lassen sich die literarischen Entwürfe von tagebuchschreibenden

Hunden, sprechenden Affen und flüsternden Heimchen als Versuche verstehen, die in vielerlei Hinsicht unverfügbaren Stimmen der Tiere ein Stück weit einzuhegen. Mindestens im selben Maße eignet ihnen jedoch die Lust am Unentdeckten, an den vielversprechenden, weil unbegriffenen Zeichen der Anderen. Nicht umsonst wurden Tiere, und unter diesen besonders häufig Vögel, als allwissende Zauberer und zukunftsweisende Propheten imaginiert.[14] In der Sprache der Tiere wohnt „das gequälte Glück des noch nicht gefundenen, des vielleicht schon auf der Zunge liegenden, des noch nicht strapazierten, noch nicht befolgbaren, noch nicht wortgewordenen Wortes".[15] Auch in dieser Beziehung erweisen sich Tierstimmen als eine liminale Sprache – sie rufen uns an die Schwelle einer noch unergründeten Welt.

...

1 Kafka, Franz: „Die Verwandlung", in: ders.: *Drucke zu Lebzeiten*, Kritische Ausgabe, hg. v. Kittler, Wolf/Hans-Gerd Koch/Gerhard Neumann, Frankfurt/Main 1994, S. 113–200, hier S. 131.

2 Ebd., S. 113.

3 Panizza, Oscar: *Aus dem Tagebuch eines Hundes*, München 1977.

4 Von Ebner-Eschenbach, Marie: „Krambambuli", in: dies.: *Sämtliche Werke*, Bd. 2, Berlin 1920, S. 113–125, hier S. 124 und 120.

5 Flaubert, Gustave: „Un cœur simple", in: ders.: *Trois Contes*, Paris 1961, S. 3–73.

6 Von Arnim, Achim: „Die Kirchenordnung", in: ders.: *Werke in sechs Bänden*, Bd. 4, hg. v. Renate Moering, Frankfurt/Main 1992, S. 189–258, hier S. 218.

7 Musil, Robert: „Kann ein Pferd lachen?", in: ders.: *Nachlaß zu Lebzeiten*, Hamburg 1962, S. 20–22, hier S. 22.

8 Tieck, Ludwig: „Die Vogelscheuche", in: ders.: *Tiecks Werke in zwei Bänden*, Bd. 2, hg. v. Nationale Gedenkstätten der klassischen deutschen Literatur in Weimar, Berlin, Weimar 1985, S. 5–309, hier S. 15.

9 Ebd., S. 114.

10 Ebd., S. 120.

11 Kafka, Franz: „Die Verwandlung", (Anm. 1).

12 Wittgenstein, Ludwig: „Philosophische Untersuchungen", in: ders.: *Werke*, Bd. 1, Frankfurt/Main 1984, S. 568.

13 Grimm, Jacob: „Wesen der Thierfabel", in: ders.: *Reinhart Fuchs*, Berlin 1834, S. I–XIX, hier S. I.

14 Vgl. Tawada, Yōko: „Stimme eines Vogels oder das Problem der Fremdheit", in: dies.: *Verwandlungen*, Tübingen 1998, S. 7–22.

15 Holbein, Ulrich: *Der belauschte Lärm*, Frankfurt/Main 1991, S. 191.

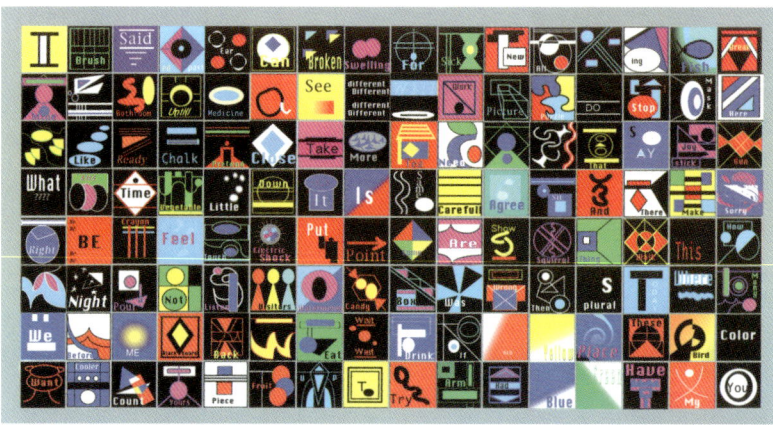

Niklas Luhmann, *Zettelkasten*, 1954–1998, Universität Bielefeld

...

Auf mehr als 90.000 Zetteln sammelte der Soziologe Niklas Luhmann seine Gedanken und Überlegungen. Die handgeschriebenen Notizen ordnete er nach einem codierten System. Er schuf sich ein Beziehungsnetzwerk von Informationen, das ihm erlaubte, Gedankengänge vielfach miteinander zu verknüpfen. Der Zettelkasten koste ihn mehr Zeit als das Bücherschreiben, wird Luhmann oft zitiert.

[Gegenüberliegende Seite]

Yerkish Lexigramme, aus dem Sprachforschungszentrum in Atlanta, Georgia/USA, 2002

...

Yerkish ist eine konstruierte Sprache mit 256 abstrakten Symbolen. Sie dient dazu, sprachlichen Kontakt mit Primaten herzustellen, wie etwa bei den Versuchen der Primatologin Sue Savage-Rumbaughs. Mit Hilfe von Lexigram-Boards drückten die Primaten ihre Wünsche und Bedürfnisse aus. Auf dem Niveau eines dreijährigen Kindes teilten sie außerdem Informationen zu Vergangenheit, Gegenwart und Zukunft mit.

Wie die Welt sich in 100 Jahren verständigen wird

John McWhorter

Im Jahr 1880 schuf ein bayerischer Priester eine Sprache, von der er hoffte, die ganze Welt möge sich ihrer bedienen. Er mischte Vokabeln aus dem Französischen, Deutschen und Englischen und nannte das Gebilde „Volapük" – womit er seiner Sache keinen Gefallen tat. Zu allem Unglück war Volapük schwer zu erlernen, voller merkwürdiger Laute und nutzte Kasusendungen wie das Lateinische. Ein paar Jahre lang machte Volapük von sich reden, bis es von einer anderen Kunstsprache verdrängt wurde, dem Esperanto, das einen klingenden Namen hatte und weit einfacher zu erlernen war. So viel einfacher, dass ein eifriger Schüler sich die Regeln an einem einzigen Nachmittag einprägen kann. Aber auch das half nichts. Kaum hatte Esperanto das Licht der Welt erblickt, war schon eine andere Sprache dabei, zum weltweiten Verständigungsmedium zu werden: Englisch. Vor 2.000 Jahren war Englisch die ungeschriebene Sprache eisenzeitlicher Stämme im heutigen Dänemark gewesen. 1.000 Jahre später fristete es ein Schattendasein auf einer morastigen kleinen Insel, die von französischsprachigen Lehnsherren regiert wurde. Nicht einmal im Traum war daran zu denken, dass das Englische eines Tages, zumindest in seinen Grundzügen, von fast zwei Milliarden Menschen gesprochen werden würde – und somit von beinahe jeder dritten Person auf der Erde.

In Science-Fiction-Storys sprechen oft ganze Planeten eine einzige Sprache. Hier, im wirklichen Leben, auf diesem Planeten, den wir unser Zuhause nennen, wirkt diese Fantasie durchaus bedrohlich. Mancher befürchtet, das Englische könnte eines Tages alle anderen Sprachen verdrängt haben. Dass Menschen sich in tausenden Sprachen ausdrücken können, ist ein unschätzbarer Reichtum; kaum jemand würde den Verlust dieser Vielfalt begrüßen. Doch die Existenz derart vieler Sprachen birgt auch Probleme: Es ist kein Zufall, dass die biblische Geschichte vom *Turmbau zu Babel* Sprachenvielfalt als göttlichen Fluch darstellt, der alle gegenseitige Verständigung unmöglich machen soll. Man könnte sogar fragen: Angenommen, die Menschheit hätte von Anfang an nur eine einzige Sprache gesprochen, würde sich dann irgendwer wünschen, dass uns künftig tausende verschiedene Sprachen trennen sollten?

Von 6.000 auf 600

Bis 2116 wird sich die Zahl der auf der Erde gesprochenen Sprachen von 6.000 womöglich auf 600 reduzieren. Dem Japanischen wird es dabei auch weiterhin gut ergehen; aber Sprachen, die von wenigen Menschen gesprochen werden, bekommen Probleme. Historische Beispiele dafür gibt es bereits en masse: Allzu oft wurden im

Verlauf der Kolonialisierung fremder Länder deren Sprachen ausgelöscht, Muttersprachler vernichtet oder für den Gebrauch ihrer Sprache bestraft. Auf diese Weise sind etwa die Sprachen der nordamerikanischen Indianer oder diejenigen der Aborigines Australiens zum großen Teil verschwunden oder kurz davor, zu verschwinden. Die Urbanisierung hat diese Entwicklung in den vergangenen Jahrhunderten noch verstärkt, indem sie dazu führte, dass die Menschen ihre Heimat zugunsten von Städten aufgaben, in denen eine einzige Lingua franca vorherrschte.

Die Lese- und Schreibfähigkeit, bei allen Vorzügen, kann sprachliche Diversität bedrohen. In unserer modernen Auffassung scheinen geschriebene Sprachen, mit ihrer Dauerhaftigkeit und Förmlichkeit, gesetzmäßig und ‚wirklich‘. Dagegen sehen wir Sprachen, die ausschließlich mündlich gesprochen werden – und das sind, bis auf ein paar hundert, alle heutigen Sprachen –, als beschränkt und dem Verschwinden geweiht. Nur wenige Täuschungen sind hartnäckiger als die Vorstellung, dass vor allem Schriftlichkeit eine Sprache ausmache. Das Jiddische etwa wird oft als aussterbend beschrieben, wiewohl tatsächlich hunderttausende Menschen in den USA und in Israel die Sprache Tag für Tag benutzen und sie ihren Kindern beibringen – eben ohne sie in nennenswertem Maße zu schreiben. Unter den mehreren hundert Sprachen, die auch in 100 Jahren noch gesprochen werden, sind höchstwahrscheinlich diverse ‚bloß‘ gesprochene Sprachen – das geschriebene Wort wird keine Notwendigkeit für ihr Überleben sein, solange sie von einer ausreichend großen Gruppe von Menschen tatsächlich gesprochen werden. Die vorherrschenden Verständigungssprachen Afrikas, etwa Lingala, werden sicherlich überleben. Und auch für in bestimmten Ländern populäre Dialekte – wie das Schweizerdeutsche – gilt: Direkt vom Aussterben bedroht sind sie nicht.

Es gibt eifrige Bemühungen, verschiedene gefährdete Sprachen vor dem Aussterben zu bewahren; die traurige Wahrheit lautet aber: Nur wenige von ihnen werden dazu führen, dass Gemeinschaften ihre Kinder mit einer dieser Sprachen aufziehen werden. Doch nur dadurch existieren Sprachen in vollem Sinne als Sprache. Stattdessen geben viele Gemeinschaften die Sprache ihrer Vorfahren dadurch weiter, dass sie sie in Schulen unterrichten oder Erwachsenen beibringen. Das führt jeweils zu neuen, geglätteten Versionen dieser Sprachen, mit kleinerem Wortschatz und vereinheitlichter Grammatik. Das irische Gälisch ist so ein Fall. Es wird voller Stolz von heutigen Englisch-Gälischen Zweisprachlern gepflegt, ist jedoch eher eine Art Neues Gälisch. Solche modernisierten Versionen alter Sprachen werden die zukünftige Entwicklung prägen, die sich indes schon seit Jahrtausenden vorbereitet hat: das Aufkommen von Sprachen ohne jene barocke Ornamentik, wie sie typisch für vormoderne Sprachen ist.

Drei große Wellen moderner Sprachentwicklung
Die erste Welle dieser Entwicklung begann zu rollen, als neue Technologien massive

und abrupte Bevölkerungsverschiebungen ermöglichten. Nun kam es vor, dass eine große Zahl Menschen auf einmal einen Ozean überquerte oder unter Zwang in fremde Gebiete umgesiedelt wurde – mit der Folge, dass nun Scharen von Erwachsenen statt Kinder eine Sprache lernten. Doch wie die meisten Menschen aus eigener Erfahrung wissen, fällt es Erwachsenen weit schwerer als Kleinkindern, eine Sprache in all ihren Feinheiten zu erlernen. Das Ergebnis waren, genau: einfachere Sprachen. Die Wikinger beispielsweise fielen ab dem 8. Jahrhundert in England ein und schlugen durch Heiraten in der dortigen Gesellschaft Wurzeln. Dies war eine Zeit, da Bildung den Eliten vorbehalten war. Die Kinder in England lernten also sprechen, indem sie dem gebrochenen Altenglisch ihrer Väter lauschten. Altenglisch strotzte vor Schnörkeln: drei Genera, fünf Kasus und dieselbe Art komplexer Grammatik, die das heutige Deutsch für Englisch sprechende Menschen so schwierig macht. Mit der Invasion der Wikinger jedoch wandelte es sich zum modernen Englisch, einer der wenigen europäischen Sprachen, die unbelebten Gegenständen kein Geschlecht zuschreibt. Hochchinesisch, Persisch, Indonesisch und andere Sprachen durchliefen ähnliche Entwicklungen, daher sind sie weit weniger ‚unordentlich‘ als normale Sprachen.

Die zweite Welle sprachlicher Vereinfachung nahm ihren Anfang im 18. Jahrhundert, als einige europäische Mächte den Plantagen in ihren Kolonien afrikanische Sklaven zuführten bzw. andere Völker in ähnlicher Art entwurzelten und in entlegene Gegenden verbrachten. Erwachsene mussten nun eine Sprache unter Zeitdruck lernen, und sie lernten sie noch weniger gründlich, als die Wikinger Englisch gelernt hatten – teils nur ein paar hundert Wörter und ein paar Brocken Syntax. Das reicht natürlich nicht, um ganz in einer Sprache zu leben, also erweiterten sie diese Schwundformen zu nagelneuen Sprachen. Heute können diese Sprachen jede denkbare Bedeutungsnuance ausdrücken, doch sie existieren noch nicht lange genug, um unnötige Arabesken wie etwa mutwillig unregelmäßige Verben ausgebildet zu haben. Die Rede ist von den sogenannten Kreolsprachen. Es ist weit leichter, ein einfaches Gespräch in einer Kreolsprache zu improvisieren als in älteren Sprachen. Haitianisches Kreol etwa ist eine Sprache fast ohne jene Komplikationen, die das Erlernen von Navajo oder Hmong so schwierig machen. Es erspart dem Lernenden, wissen zu müssen, dass Bäume männlich sind, Strassen aber weiblich – was einer der Gründe dafür ist, dass das Französische, aus dem der größte Teil seines Wortschatzes stammt, so schwer zu erlernen ist. Kreolsprachen entstanden auf der ganzen Welt während jener Ära, die in den Geschichtsbüchern „Zeitalter der Entdeckungen" heißt. Afrikanische Soldaten schufen ein arabisches Kreol im Sudan; Waisen schufen ein deutsches Kreol in Neuguinea. Australische Aborigines schufen ein englisches Kreol, das sich später in die umliegenden Gegenden ausbreitete – unter anderem nach Neuguinea, wo es unter dem Namen Tok Pisin die offizielle Sprache für eine Einwohnerschaft ist, die hunderte indigener Sprachen spricht.

Moderne Migrationsbewegungen sind im Begriff, eine dritte Welle sprachlicher Verschlankung auszulösen. Weltweit sprechen in Städten die Kinder von Einwanderern aus verschiedenen Ländern untereinander eine Variante der Sprache ihrer neuen Heimat, die leicht über solche Kinkerlitzchen wie unregelmäßige Verben und männliche und weibliche Gegenstände hinweggeht. Sie ist eine Art Kompromiss zwischen der Originalsprache und jener Schwundform davon, die ihre Eltern sprechen. Die Linguistik hat noch keine einheitliche Bezeichnung für all diese Sprachvarianten gefunden, doch ob Kiezdeutsch in Deutschland, Kebabnorsk in Norwegen, Urban-Wolof in Senegal oder Singlish in Singapur – die Welt erlebt die Geburt leicht optimierter Neufassungen alter Sprachen. Diese werden wohl genau das, gesprochene Sprachen, bleiben und kaum je ihren Weg auf Papier finden. Doch wie aus dem Beispiel des Jiddischen zu lernen ist, wird sie das kaum davon abhalten, zu gedeihen.

Niedergang? Aufbruch!

Diese Vereinfachungstendenz sollte nicht als Zeichen des Niedergangs gesehen werden. Die ‚optimierten' Sprachen bleiben vollständige Sprachen im eigentlichen Wortsinn. Dass Sprachen irreguläre Verben haben, acht Töne oder weibliche Straßen, ist letztlich eine Sache des Zufalls, nicht irgendeiner Absicht. Es ist daher zu hoffen, dass wir all jene Sprachen, die dem Wandel zum Opfer fallen, wenigstens noch beschreiben und mit Hilfe moderner Methoden für die Nachwelt aufzuzeichnen in der Lage sind.

Natürlich können wir den Untergang einer Welt betrauern, in der 6.000 statt nur noch 600 Sprachen gesprochen wurden. Doch die gute Seite ist, dass immer mehr Menschen sich in einer gemeinsamen Sprache neben ihrer jeweiligen Muttersprache verständigen können. Die Erzählung vom *Turmbau zu Babel* ist deshalb so bemerkenswert, weil hier Sprachenvielfalt als Fluch dargestellt wird, nicht aber die Vorstellung universalen Verstehens als Segen. Unsere Zukunft hält beides bereit, einiges an sprachlicher Vielfalt und immer besseres gegenseitiges Verstehen. Kurz: Eine Zukunft, in der das Englische dominiert, wird sicher kein linguistisches Paradies sein, aber genauso wenig ein linguistisches Armageddon.

[Folgende Seite]
John Bulwer, *Chirologia or the natural language of the hand…*, 1644
…
Die *Chirologia* ist eine der ersten wissenschaftlichen Abhandlungen zum Zusammenhang von Sprache und Geste. Darin befasst sich der britische Arzt John Bulwer mit der universalen Bedeutung von Gesten und ihrer Funktion als natürliche, für alle Menschen verständliche Sprache. Auch heute ist die Geste wieder von großem Interesse für die Erforschung des Ursprungs von Sprache.

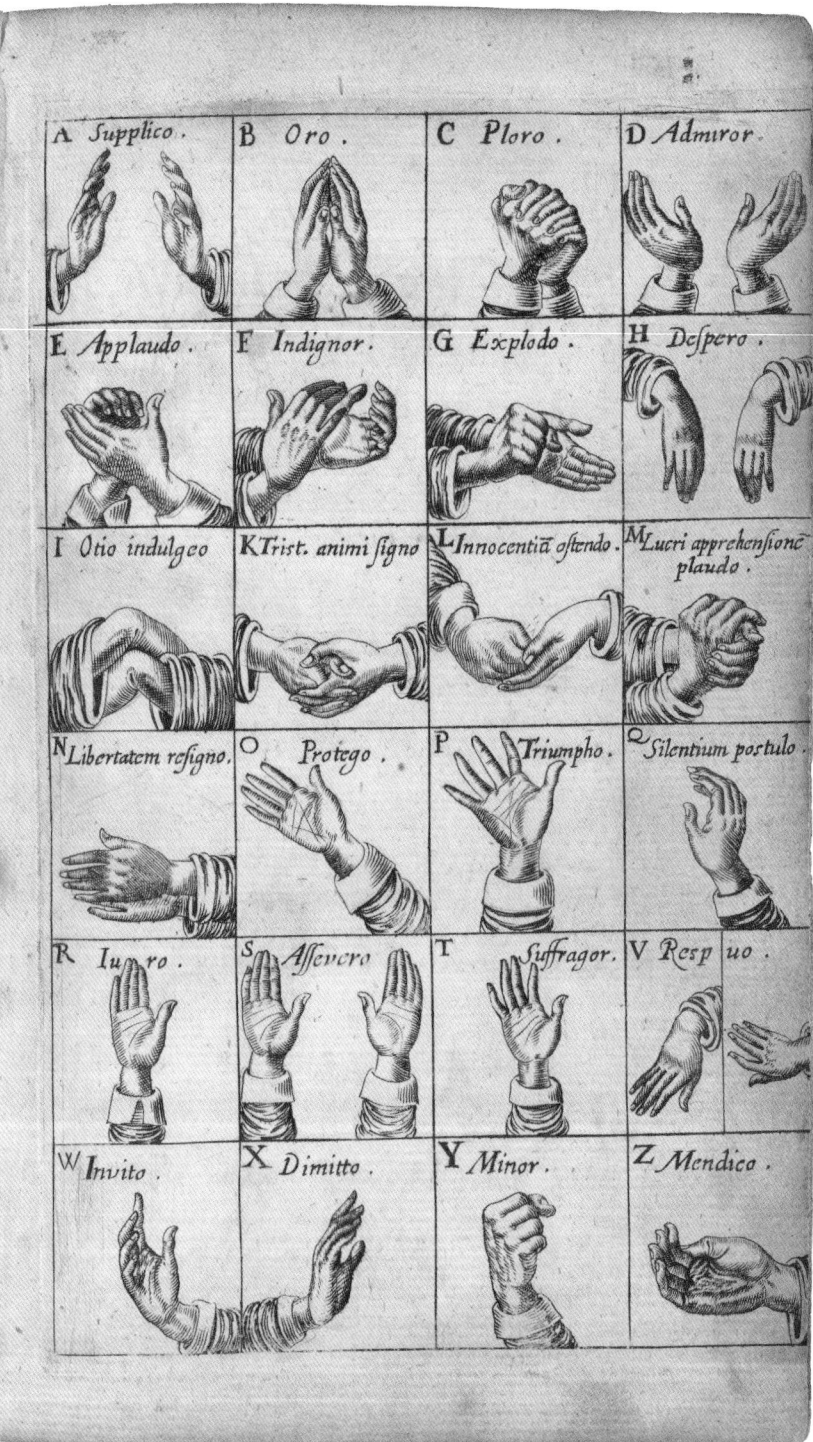

Vom Übersetzen – fünf Annäherungen

Marie Luise Knott

Es ist eigentlich um das Sprechen und Schreiben eine närrische Sache; (...) Gerade das Eigentümliche der Sprache, daß sie sich bloß um sich selbst bekümmert, weiß keiner.
NOVALIS

Translatio. – Im frühen Mittelalter bezeichnete *translatio* die Überführung von Materialien, Werken und Modellen. Die „Einbürgerung" fremder Güter diente damals nicht selten der Gründung, Stabilisierung oder Ausweitung von Herrschaft. Doch nicht wenige der Überführungen waren purer Raub. So sollen die Reliquien des Evangelisten Markus um 828 n. Chr. von venezianischen Kaufleuten unter einer Ladung gepökelten Schweinefleischs versteckt von Alexandria nach Venedig „translatiert" worden sein. In der Lagunenstadt angekommen, entwickelten die Gebeine ihr Eigenleben – als Stützen des örtlichen Markuskultes. Durch eine Legende legitimiert, begründeten und verkörperten sie fortan Glanz und Glorie der aufstrebenden Seemacht. Als 11 Jahrhunderte später, 1968, ein Teil der Gebeine restituiert wurde, hatte sich das Translatierte längst ununterscheidbar der genuin venezianischen Kultur eingeschrieben.

...

241

...

Aus Übersetzung gemacht. – Lückenbüßer, Lügenmaul, Nächstenliebe, Feuertaufe, Milch und Honig, ausposaunen, unter den Scheffel stellen, ein Herz und eine Seele sein: Unsere Sprache ist aus Übersetzung/Translatio gemacht. Luthers Worterfindungen und idiomatische Bilder in der Bibel-Übersetzung sind uns und unserer Sprache eingefleischt. Dies wussten auch die Brüder Grimm, weshalb Jacob Grimm 1845 im Vorwort des *Deutschen Wörterbuchs* notierte, mit Luther steige „die Fülle und freiere Behandlung der deutschen Literatur". Dabei hatte Luther selbst erklärt: „Nun sehe ich, dass ich noch nicht einmal die angeborene Sprache kann."

Gegen die Lehre von der Verbalinspiration Gottes plädierte Luther für ein sinngemäßes Übersetzen. Doch dort, wo es nötig war, nämlich dort, wo die fremde Sprache es besser konnte, als „wir es können", übersetzte er „straks den Worten nach". Wie jeder große Sprachschöpfer rang Luther beim Übersetzen mit seiner Sprache, auch wenn sie seine Muttersprache war. Manche Bücher der Bibel las der Theologe und Prediger mit seinen Studenten über mehrere Semester, Silbe für Silbe, Wort für Wort, Satz für Satz – um sich und seinem Volk Gottes Wort und Gottes Stimme endlich in der eigenen Sprache vernehmlich zu machen.

Die deutsche Sprache war, aber sie hatte sich nicht; Luther musste sie sich und uns finden, manchmal auch erfinden. Dabei erfuhr er: Wer übersetzt, braucht einen

„großen Vorrat an Worten", um dort, „wo eins an allen Orten nicht lauten will", ein anderes wählen zu können. Der große Vorrat, den Luther sich im Laufe seiner übersetzerischen Tätigkeit „zusammenraubte", speiste sich aus allen ihm zur Verfügung stehenden Denk-, Sprach- und Klang-Registern – aus Wortschöpfungen, die den „verblümten Worten" des Hebräischen nachempfunden sind, aus den Gelenkigkeiten hebräischer und griechischer Syntax, aus philosophischen und theologischen Termini, aus lateinischer Sprachweise; darüber hinaus schöpfte er aus dem Wissen und der Lebensweisheit des Volkes und den Klangvariationen der Dialekte. Er schaute dem Volk tatsächlich aufs Maul: den Redensarten, den verschiedenen Dialekt- und Fachsprachen, dem Schatzhaus (*trishuset*) der mündlich tradierten Volkslieder und -weisheiten. Luther, der Übersetzer, war „vielsprachig (...) in ein- und derselben Sprache" (Deleuze/ Guattari). Der Schriftsteller trifft die Sprache nie zu Hause an.

...

Hineingewachsen. – Im banatschwäbischen Dialekt von Herta Müllers Kindheit *geht* der Wind, im Hochdeutschen *weht* er, während er im Französischen *pustet*, ‚le vent souffle‘, und im Rumänischen *schlägt*, ‚vintul bate‘. Auch das Ende des Windes ist verschieden. Im Deutschen *legt* er *sich*, im Französischen *fällt* er, ‚le vent tombe‘, und im Rumänischen *bleibt* er *stehen*, ‚vintul a stat‘. So selbstverständlich der Wald im Deutschen männlich ist, so weiblich ist er im Französischen, und so geht der Übersetzer sich plötzlich in einem männlichen und einem weiblichen Sprachwald verloren, läuft plötzlich zwei gleichzeitig laufende Sprachen entlang, die eigene und die fremde. Der Übersetzer, ein Doppelgeher. *Elle se signale*, titelte René Char am 3. September 1939 sein Gedicht über den beginnenden Krieg, der, wie auch der Sieg im Deutschen, männlich, aber auf Französisch weiblich in Erscheinung tritt. Übersetzung ist eine „irgendwie vorläufige Art" (Benjamin), sich mit der Fremdheit der Sprachen auseinanderzusetzen. So vertraut die Sprachen sein mögen, das Übersetzen bleibt vorläufig; alle Sprachen reden schließlich verschieden, und sie schweigen auch verschieden. Und der Übersetzer entführt – *translatio* – Wald und Wind in fremde Gefilde.

Übersetzer reisen. Aus Neugier. Sie laufen durch die Fremde, erkunden sich. Mit der Entdeckung des Fremden sickert wie nebenbei das Eigene umso tiefer in sie ein. In der Fremde und in der fremden Sprache erfahren sie, in welchem Maße sie in ihrer „Mutter"sprache, die ihnen bis dato selbstverständlich war, zu Hause sind. Hinzu kommt: Sind Autoren oder Übersetzer erst einmal gereist, schreibt das Fremde in Zukunft mit, weil es ihnen, so Herta Müller, in den Blick „hineingewachsen ist".

...

Zweisprachig. – Zu den kulturellen Leistungen die ein Exilant in der Fremde absolvieren muss, gehört das schrittweise Hineingelangen in Sprache, Kultur und Politik des neuen Landes. Die in Königsberg aufgewachsene Philosophin Hannah Arendt war 34 Jahre alt, als sie 1941 in New York landete, die Schreckens-‚Botschaft‘ im

Gepäck, dass das Europa der Aufklärung, der Vernunft und der Menschenrechte in Trümmern lag. Arendt, ursprünglich geschult in Griechisch- und Lateinlektüren, praktizierte fortan tätige Mehrsprachigkeit und Mehrkulturalität. Sie baute ihr Haus nicht auf dem Atlantik; ein Aufenthalt in einem Zwischenreich war ihre Sache nicht. „In meiner Art zu denken und zu urteilen komme ich noch immer aus Königsberg. Manchmal verheimliche ich mir das. Aber es ist so. Amerikanerin bin ich sozusagen nur und zugleich von ganzem politischem Herzen." Königsberg – das war für sie die Herkunft aus der deutschen Sprache, der jüdischen Kultur und der europäischen Aufklärung.

Gleich Schillers *Mädchen aus der Fremde* brachte Hannah Arendt nach Amerika fremde Früchte mit – „gereift" zunächst im Lichte, dann aber im Zusammenbruch der europäischen Geistesgeschichte. Ihre Art, jede Frage „durchzudenken", also Anschauung und Begriff zusammenzudenken, war ihrem englischsprachigen Publikum fremd, und doch war gerade dieses Beharren auf Begrifflichem und ihre spezifische Art des Durchdenkens das Gebein, das sie in die amerikanische Geisteswelt translatierte. Die Künstler in den USA reagierten. Sie erkannten das Neuartige, das mit Arendts Stimme den amerikanischen Denkraum betrat. Ein Denken mit allen Sinnen und mit begrifflicher Disziplin. „The reader feels and understands at the same time", formulierte es der Dichter Randall Jarrell.

Zweisprachigkeit, ursprünglich einer Not entsprungen, wurde Hannah Arendt nach und nach zum Quell der Inspiration. Fortan besaßen viele Dinge in ihrem Kopf mindestens zwei Bezeichnungen. In Zusammenkünften mit Jarrell erkundete Arendt das englische Sprachreich: Er las ihr englischsprachige Gedichte vor und eröffnete ihr so eine ganz neue Welt von Tönen und Metren, Klängen und Assoziationen. Er lehrte sie „die spezifische Schwere englischer Worte, deren relatives Gewicht letztlich, wie in allen Sprachen, durch ihren Gebrauch in der Dichtung und die entsprechenden Regeln bestimmt ist".

Im Mittelpunkt der Debatten, die sie mit amerikanischen Schriftstellern und Übersetzern führte, stand immer wieder die Konsistenz des Begrifflichen. „The German ‚Vorstellung' is generally best translated with ‚notion', not with ‚idea'. The word ‚idea' should really be left for ‚Idee'. Under no circumstances, I think, can you say ‚notion' for ‚Begriff'. To have translated ‚Begriff' by ‚notion' is among the most grievous mistranslations of Hegel. ‚Begriff' should really be always ‚concept' or ‚conception'." Was macht man als Emigrant, als Übersetzer, als Schriftsteller, angesichts der Tatsache, dass Begriffe im Englischen nicht die gleiche Konsistenz haben wie im Deutschen? Was macht man, wenn man feststellt, dass es unvergleichlich leichter ist, einen philosophischen Tatbestand auf Deutsch zu sagen als auf Englisch; dass sich aber die englische Sprache und bis zu einem gewissen Grad auch die französische Sprache unvergleichlich besser eignen, politisch zu denken?

In Hannah Arendts schriftstellerischem Werk ist die landläufige Vorstellung vom Original nicht mehr gültig. Es gibt sie nicht, die eine, in der Muttersprache verfasste Vision, von der alle übersetzten Fassungen dann Versionen sind. Vielmehr handelt es sich bei der amerikanischsprachigen und bei der deutschsprachigen Fassung ihrer Hauptwerke um jeweils zwei verschiedene, wenngleich nahe beieinanderliegende Originale. Ein aus der deutschen und europäischen Geistesgeschichte und aus der Erfahrung des europäischen Zusammenbruchs hervorgegangener Gedanke, der in englischer Sprache das Licht der Öffentlichkeit erblickt und sich im amerikanischen assoziativeren Schreiben verwurzelt hat, wird von ihr selbst in die Muttersprache restituiert.

Mit jeder Translatio gewinnt das ursprüngliche Objekt neue Bedeutungs- und Assoziationshöfe. Und erweitert seine Reichweite. Auch Arendts Texte aber brauchten Fährleute. Eine der Fährfrauen Hannah Arendts war die Freundin und Autorin Charlotte Beradt. Sie verfasste zunächst, nach Erscheinen der englischsprachigen Ausgabe von *Human Condition* eine Rohübersetzung des Werkes. Dieser wahrscheinlich aus Zeitnot erdachte Zwischenschritt erwies sich als Glückskonstellation, denn so konnte der auf Deutsch gedachte, auf Englisch abgefasste und redigierte Text auf dem Weg ins Deutsche einen Zwischenstopp einlegen auf einer unbewohnbaren Insel und – neue Energie schöpfend – schließlich in einer dem Deutschen eigentümlichen Denk- und Sprachbewegung mit ganzer Kraft anlanden. Gleichwohl: eine höllische Angelegenheit. „Der Teufel", so schrieb Arendt noch 1963 an Karl Jaspers, „sollte die Zweisprachigkeit holen!"

…

Lengevitch angeln. – Für Novalis' Zeitgenossen war es selbstverständlich, dass jeder Autor (gleich einem Untertan) sich entschließen müsse, welchem Land und welcher Sprache er angehöre. Friedrich Schleiermacher etwa verglich das Schreiben in fremder Sprache mit dem Versuch, auf einem weißen Tuch ohne Erde Kresse wachsen zu lassen. Heutige Sprachbegeisterung geht andere Wege, denn global gesehen, das weiß man heute, ist Mehrsprachigkeit nicht die Ausnahme, sondern die Regel, ob in Ghana, der Schweiz, England oder Indien. „ich ging ins tingeltangel, lengevitch angeln", beginnt ein Text der zwischen Berlin und New York pendelnden Schriftstellerin Uljana Wolf. „wenn es zeit ist für orangen, ist keine zeit, no time at all für nichts. at least they exist, wenn sonst nicht viel ist. (...) keeps me beschäftigt."

Der Übersetzer ist ein „Seifensieder" (Pastior), der sprachliche Ingredienzen zur Reaktion bringt, wieder und wieder. Dabei beraubt er das Translatierte seines Kontextes. Und jeder Transport ist eine Verheißung. Uljana Wolf hat nicht sich, sondern den Textraum selbst zum Seifensieder gemacht. Plötzlich gibt es eine Ahnung, dass es das vielbeschworene Jenseits von Babylon tatsächlich gäbe – jenen Augenblick, an dem Sprachen sich nach Jahrhunderten übersetzerischer Anstrengung verbrüdern, und sei es für den Moment eines afrikanischen Rapps oder, wie bei Uljana Wolf, für den Moment eines Gedichts.

Musik der Buchstaben
Yōko Tawada (2002)

In meinem Postkasten liegt eine Sendung aus Frankreich. Ich öffne sie und finde darin ein Gedicht von Véronique Vassiliou. Ich habe nie Französisch gelernt, insofern ist es nicht verwunderlich, dass ich den Text nicht verstehe. Dennoch scheint es mir seltsam zu sein, dass ich gar nichts verstehe. Dabei kenne ich doch alle Buchstaben, die im Text vorkommen. Ich kann zum Beispiel auch nicht Chinesisch, aber wenn ich das Zeichen für „Mensch" 人 sehe, weiß ich wenigstens, dass dort ein Mensch steht. Und wie sieht ein Mensch in einem französischen Satz aus?

Ich erkenne sofort den Buchstaben „d" und verstehe trotzdem nichts. Er bildet genau die Hälfte eines Wortes, aber ich kann nicht einmal ein Viertel der Bedeutung verstehen. Ist es möglich, dass ich von einem Buchstaben, den ich kenne, gar keine Information bekomme?

Eine Sprache, die man nicht gelernt hat, ist eine durchsichtige Wand. Man kann bis in die Ferne hindurchschauen, weil einem keine Bedeutung im Weg steht. Jedes Wort ist unendlich offen, es kann alles bedeuten.

Ich sehe das Wort „du". Es ist schwierig zu glauben, dass es gar nichts mit dem deutschen Wort „du" zu tun hat. Ein „du", das man nicht kennt, kann alles bedeuten: ein Getreidesack, eine Anziehpuppe, eine Taube oder eine Tür. Egal, was ich mir darunter vorstelle, die beiden Buchstaben „d" und „u" bleiben so, wie sie sind. Die Schriftzeichen interessiert es vielleicht gar nicht, was sie in einem Land bedeuten. In Deutschland bedeuten sie das, in Frankreich jenes. Sie sind Reisende, sie werden unterwegs immer wieder anders verstanden, je nachdem, in welcher Sprache sie übernachten. Ihre Körper bleiben aber dieselben, nämlich ein „d", ein Halbkreis mit einer erhobenen Hand, und ein „U", ein leeres Gefäß.

Nach dem Wort „du" folgt das Wort „blanc". Das kommt mir bekannt vor. Stand das Wort nicht auf einem Stift, den ich im Schaufenster eines Schreibwarengeschäftes bewunderte? Aber was kann das Wort bedeuten? Die Markenzeichen werden einem schnell vertraut, man denkt nicht über ihre Bedeutung nach.

Ich überspringe ein paar Wörter und finde ein Wort, das mir auch vertraut vorkommt: „bleu". Es kommt in der Speisekarte eines Fischrestaurants vor. Ich glaube, jetzt weiß ich. Das heißt, ich weiß nichts, aber ich komme auf die Kategorie der Farben. Wie gut, dass die Fremdheit dieser Sprache nicht zu groß ist. Die Wörter sind zwar verschieden, aber die Kategorien sind identisch. Was würde ich tun, wenn es eine Sprache gäbe, in der die Farbe Blau als ein Tastsinn und das Weiß als ein Geruch verstanden werden? Wahrscheinlich könnte ich dann nichts anderes machen, als diese Wörter aufzulisten und die Augen zu schließen. Früher musste ich bei dem deutschen Ausdruck „Ich weiß" immer an die Farbe Weiß denken. „Ich weiß" hieß: „Ich, papierweiß". Das Ich wird weiß wie ein unbeschriebenes Blatt Papier, wenn dieses Ich etwas weiß.

Ich betrachte den französischen Text weiter. Da sind noch mehr Wörter, die mir auffallen: „horizontale", „immobiles". Ich glaube, ich habe die beiden Wörter verstanden. Bei einem kurzen Wort zählt eine äußere Ähnlichkeit nicht. Aber lange Wörter ähneln sich selten zufällig. Also je länger das Wort, desto äußerlicher ist seine Bedeutung.

Eine Sprache, die man nicht versteht, liest man äußerlich. Man nimmt ihr Aussehen ernst. Das Gesicht eines französischen Textes sieht runder aus als das eines deutschen. Es fehlen die eckigen Schultern der großen Buchstaben, die im Deutschen jeder Zeile einen architektonischen Charakter geben.

Plötzlich taucht aus den runden Wellen der kleinen Buchstaben zweimal das große B auf. Wie zwei Basstöne, die sich kräftig erheben. Zwei Wörter springen in meine Augen. Ich verstehe sie zweifellos: „Bach" und „Bartók". Mit der Direktheit der Eigennamen erreicht mich die Musik, sie ist unübersetzbar aber in diesem Augenblick an dieser Stelle anwesend.

Ich weiß, dass ich bald eine Rohübersetzung dieses Textes bekommen werde. Ich bin froh, einige Tage nur mit dem unlesbaren Original gelebt zu haben, und dennoch freue ich mich auf die nächste Sendung, die mir die Bedeutungen liefert. Dann wird die Rohübersetzung wie Rohstoff Energie erzeugen. Vielleicht werde ich eine interlineare Übersetzung bekommen, die mich von der Linearität der Sprache befreit. Wenn ich eines Tages diesen Text übersetze, werde ich eine Musik treffen wollen. Die Musik ist zwar schon da, Bach und Bartók, aber die Musik muss in einer Übersetzung noch einmal erreicht werden, mit einem großen Umweg, mit Hilfe der Wörterbücher, Gespräche und Träume. Durch so einen großen Umweg der Übersetzung werde ich der magischen Unlesbarkeit eines Gedichtes wieder begegnen wollen.

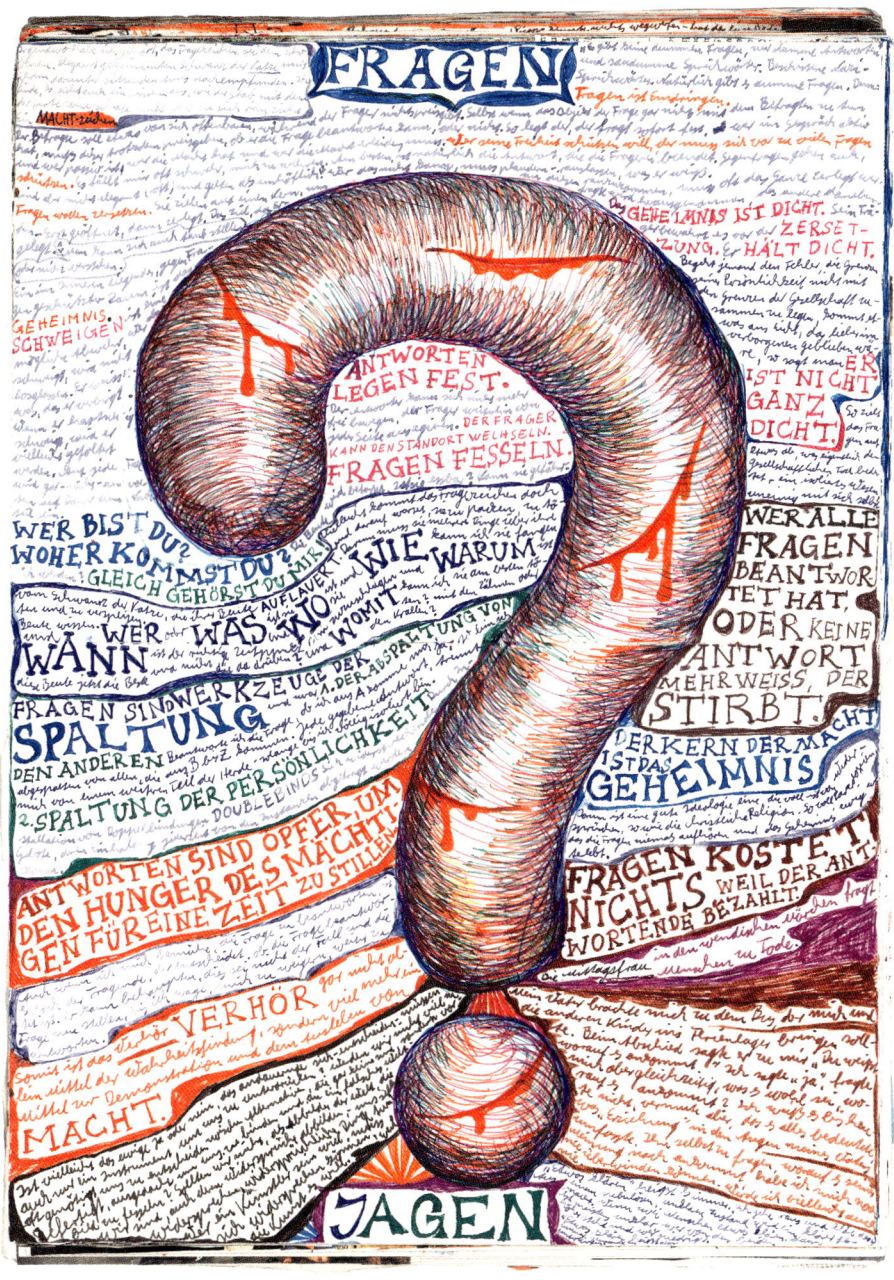

Paule Hammer, *Fragen jagen*, aus *Weltenzyklopädie*, 2007–2011

Über Jahre hinweg befasste sich der Künstler den brennenden Fragen, die die Menschheit und speziell ihn selbst jagen. Drei tagebuchartige Bände mit einer assoziationsreichen Mixtur aus Schrift und Zeichnung wollen mitten im Zeitalter von Wikipedia und Google Earth die Geheimnisse des Daseins ergründen. Beherzt setzt sich Hammers persönliche Kalligrafie über Grenzen zwischen Kunst, Poesie und Philosophie hinweg.

Drei mal sieben ergibt nicht nur einundzwanzig, sondern auch sehr feinen Sand! Zur Alltäglichkeit des Missverstehens

Veit Didczuneit

Missverständnisse sind das Natürlichste von der Welt, sie ergeben sich fast zwangs-läufig schon aus der Quadratur der Nachricht." FRIEDEMANN SCHULZ VON THUN

Als ich im Jahr 2006 an einer Ausstellungskonzeption über diese Stolpersteine der Kommunikation arbeitete, fragte ich unseren damals zehnjährigen Sohn, ob er mir ein Missverständnis illustrieren könne. Wenige Tage später erhielt ich eine Foto- und Sprech-blasenmontage, die eine zum Glück erdachte lebensgefährliche Urlaubssituation darstellt. Maximilian sieht vom Strand aus, wie ein Hai mit bereits aufgerissenem Maul seine Mutter im Wasser von hinten angreift. Laut schreit er mit erhobenen Händen die Warnung „Hai! Hai!". Die Gefahr nicht erkennend und das Verhalten ihres Sohnes falsch einschätzend, grüßt meine Frau ihn zurückwinkend mit „Hi! Hi!"

Unsere Sicht auf Missverständnisse ist weit gefasst und reicht von strikter Negativ-beurteilung bis zur euphorischen Liebeserklärung an diese allgegenwärtigen Kom-munikationsstörungen. Besonders Kinder lieben das Spiel mit Missverständnissen. Homonyme, gleichlautende Wörter mit Doppelsinn, sind die Grundlage für das beliebte „Teekesselchen"-Ratespiel. „Zwar tritt man gern mit Füßen mich, doch heil' ich Schnitt wie Stoß und Stich." Auch das Prinzip der „Stillen Post" beruht auf dem Missverstehen bei der staffelartigen mündlichen Weitergabe von Nachrichten zwischen mehreren Personen. Das Ergebnis sind oft lustige Umdeutungen der ursprünglichen Botschaft. Nicht nur im Spiel sind bei schlechtem Hören Missver-ständnisse vorprogrammiert. Zu ihren weiteren Ursachen zählen hauptsächlich die kontextabhängige Ver- und Entschlüsselung der Kommunikationsinhalte durch die Gesprächspartner. Viele Missverständnisse von Kindern beruhen auf fehlendem oder noch nicht vorhandenem Wissen, dass zur eigenen Interpretation des Gehör-ten führt. Gern greifen Kindersendungen die oft witzigen Resultate dieser Verhörer und die damit einhergehenden gedanklichen Assoziationen auf. In der verbalen Kommunikation sind viele Bezeichnungen und Namen nicht eindeutig – von *Bank* und *Feder* über *Hahn* und *Pflaster* bis *Raupe* und *Schloss*. Auch haben große Städte viele Hauptstraßen. Es gibt das *Land Brandenburg* und die *Stadt Brandenburg* (an der Havel). Weiter treten Missverständnisse innerhalb einer Sprache auf, weil es gruppenspezifische Sprachcodes mit anders konnotierten Wörtern als in der All-gemeinsprache oder in anderen Gruppen- oder Fachsprachen gibt. Als Beispiele nenne ich die katholische *Erektionsurkunde*, den kriminellen *Fünffingerrabatt* und das *jagdliche Ansprechen*.

Die Gefahr, sich im Gespräch misszuverstehen, steigt in hohem Maße bei längeren Ausführungen, insbesondere über komplexe Zusammenhänge. Die bekannte Kommunikationsanalyse *Das Grüne in der Soße* von Friedemann Schulz von Thun verdeutlicht, dass Aussagen mehrere Interpretationsmöglichkeiten zulassen, jeder vor seinem Hintergrund denkt und kommuniziert: Ein Ehepaar sitzt beim Mittagessen. Der Mann fragt: „Was ist das Grüne in der Soße?" Sie antwortet verärgert: „Mein Gott, wenn es Dir hier nicht schmeckt, kannst du ja woanders essen gehen!" Mit ihren ‚vier Ohren' hatte sie nicht nur die neutrale Sachinformation gehört, sondern auch „Mir schmeckt das nicht."(Selbstkundgabe des Mannes), „Du bist eine miese Köchin!"(Beziehungshinweis) und „Lass nächstes Mal das Grüne weg!" (Appell). Ihr Mann könnte es aber auch anders gemeint haben: „Ich weiß nicht, was das ist, und bin neugierig. Du kennst dich aus, du wirst es wissen! Klär mich auf!" In diesem Falle hätte ein Missverständnis den auf die beiden Aussagen der Eheleute folgenden Streit ausgelöst. In der Kommunikation und vor allem in Beziehungen zwischen Männern und Frauen sind Missverständnisse ein häufig auftretendes Phänomen. Psychologen und Paartherapeuten gehen davon aus, dass Männer und Frauen verschiedene Vorstellungen über die Inhalte ihrer Kommunikation und die daran geknüpften Erwartungen haben. Unterschiede in der Sozialisation und wahrscheinlich auch die biologischen Wurzeln sollen ebenfalls dazu beitragen. Das betrifft den Gebrauch und den Stil der Sprache ebenso wie die Körpersprache.

Große und kleine Missverständnisse sind daher alltäglich und finden überall statt. Jeder von uns ist betroffen – ob Kommunikationsexperte oder nicht. Selbst mit den besten Verständigungsabsichten kann man Missverständnisse ungewollt hervorrufen und fördern. Viele bemerken wir auch gar nicht. Sie sind oftmals schwierig zu ergründen. Dies trifft vor allem zu, wenn sich die Kommunikationszusammenhänge nachträglich nicht mehr rekonstruieren lassen. Ihre Auswirkungen sind vielfältig. Sie können unbedeutend, verhängnisvoll oder produktiv sein. Missverständnisse sind illusionäre Verständnisse, die sich im Rückblick als fehlerhaft erweisen. Gemeintes und Verstandenes einer Botschaft stimmen beim Missverständnis nicht überein. Die Kommunikationspartner verstehen sich falsch oder anders, glauben jedoch bis zu einem gespürten Dissens oder einer Handlungsunverträglichkeit, sich richtig verstanden zu haben.

Aus der Vielfalt der Sprachen in Wort und Schrift resultieren seit biblischen Zeiten Missverständnisse aufgrund falscher Übersetzungen. Wahrscheinlicher als ein „gehörnter Moses", so zu finden in der im 4. Jahrhundert aus dem Hebräischen übersetzten lateinischen Bibelversion *Vulgata*, ist der „erleuchtete", der „strahlende Moses". Ebenso gibt es Evangelien-Übersetzer, die das Kamel aus dem viel diskutierten Gleichnis (Matthäus 19, 24) nicht durch das bereits sprichwörtliche „Nadelöhr", sondern durch ein „enges" oder „niedriges Tor" gehen lassen. Die Schaffung der Weltsprache Esperanto, die Einigung auf eine verbindliche Leitsprache oder die Verwendung von Bildern und Zeichen, die ganz ohne verbale Sprache auskommen, sind

Versuche, die Vielsprachigkeit zu überwinden und die Verständigung zu vereinfachen. Auf der nonverbalen Ebene verursachen viele Gesten und Zeichen ebenfalls Missverständnisse, da diese in interkulturellen Zusammenhängen andere, oft sogar gegensätzliche Bedeutungen haben. Die Ring-Geste, der zum Daumen geführte Zeigefinger, kann belobigen und beleidigen. Aber auch die Mimik, der Sprechabstand, die Intonation des Gesprochenen kommen interkulturell höchst unterschiedlich zum Tragen. Die Geschichte der Kommunikation durch Medien ist von Missverständnissen begleitet. Je nach Medium gibt es dafür verschiedene Ursachen. Die genutzten Kommunikationsmittel sowie die unbewusste oder gezielte Veränderung der Botschaft durch Dritte beeinflussen die Nachricht. Am Telefon fehlen durch die Abwesenheit von Gestik, Mimik und Körpersprache wichtige Aspekte visueller Information, um das Gespräch zu interpretieren. Hinzu treten technische Störungen, durch die Inhalte verzerrt oder verändert vom Sender zum Empfänger gelangen. Medienspezifische Gebrauchsanweisungen, wie Ausspracheregeln beim Telefonieren, sollen bei der Vermeidung helfen. Missverständnisse werden aber auch als Ausrede oder zur Täuschung genutzt. Sie dienen als Entschuldigung – nicht nur bei Politikern und Prominenten –, da dann keine Absicht unterstellt werden kann, die unter Umständen vorhanden war. Ebenso werden sie erzeugt, meist durch die Reduktion oder Veränderung der Botschaft seitens des Senders oder auf dem Weg der Übertragung, um ein bestimmtes Ziel zu erreichen.

Geschultes Kommunikationsverhalten, die bewusste Befolgung von Kommunikationsregeln gibt größere Verständigungssicherheit. Viele Missverständnisse können vermieden werden, indem der Adressat der Botschaft aktiv zuhört, nachfragt und paraphrasiert. „Hast du das so oder so gemeint?" „Mit eigenen Worten verstehe ich es folgendermaßen ..." Ausschließen lassen sie sich aus der komplexen menschlichen Kommunikation nicht. Missverständnisse bergen ein erhebliches Erkenntnispotenzial in sich. Sie geben Auskunft über unsere Kommunikationskompetenzen und leisten „systematische Offenbarungsarbeit des Verstehensprozesses" (Volker Hinnenkamp). Sie erlauben, unsere Kommunikationsgewohnheiten zu hinterfragen und Nutzen aus ihnen zu ziehen. Leider wird in der alltäglichen Kommunikation selten nachträglich über ein aufgetretenes Missverständnis reflektiert und daraus ein positiver Schluss für besseres Verstehen gezogen. Abschließend daher die zur Kommunikation anstiftende Aufforderung: Erzählen Sie sich Ihre Missverständnisse!

...

LITERATUR

Didczuneit, Veit/Anja Eichler/Lieselotte Kugler (Hg.): *Missverständnisse – Stolpersteine der Kommunikation*, Heidelberg 2008.

Hinnenkamp, Volker: *Missverständnisse in Gesprächen. Eine empirische Untersuchung im Rahmen der interpretativen Soziolinguistik*, Opladen, Wiesbaden 1998.

Schulz von Thun, Friedemann: *Miteinander reden 1: Störungen und Klärungen*, Reinbek 1981.

„Ich suche die Sprache, in der ich ein Wort bin"

Tzveta Sofronieva im Gespräch

JUDITH ELISABETH WEISS: *„Wir wandern in der Sprache, wir wandern, / и не земя, вода на длан ни е нужна" beginnt Ihr Gedicht* Eine Hand Voll Wasser. *Sie wandern in und durch die Sprachen, zwischen den Disziplinen, durch verschiedene Länder. Sie sind Autorin von Gedichten, Erzählungen, Essays, Theatertexten und Literatur-installationen. Sie sind Physikerin und haben als Universitätsdozentin, Auslands-korrespondentin, Lyrikübersetzerin und Herausgeberin gearbeitet. Sie schreiben auf Deutsch, Bulgarisch und Englisch, und Texte von Ihnen werden in andere Sprachen übersetzt. Sie haben in den USA, Kanada, England und Deutschland gelebt. Wie erleben Sie auf Ihren Wanderungen Wortfindung und Wortverlust?*

TZVETA SOFRONIEVA: Ich empfinde es immer als Reichtum, Worten zu begegnen, die etwas beschreiben, wofür ich keine Wörter kenne. Es ist ein überwältigendes Erlebnis. Auch wenn ich später niemals selber diese Wörter nutzen werde, sind die entdeckten Worte da. Wenn ich an der Ostsee bin, trinke ich regelrecht das Licht aus den pastellfarbenen Landschaften, am Mittelmeer wiederum umarme ich die klaren Linien und die Intensität der leuchtenden Farben. Meine Augen vergessen das andere nicht, auch wenn ich weit davon entfernt bin. Erlebte Geborgenheit bleibt.

Solange ein Elektron als Welle beobachtet werden kann, offenbart es sich uns nicht als Partikel. Ich erinnere mich immer daran, dass nur durch den Verlust eine neue Findung stattfindet, und dass das angeblich Verlorene immer präsent ist. Meine Reisen in den Ländern und den Gebieten des Wissens und/oder des Handelns betrachte ich als das Bewohnen eines Raumes, den ich in der kurzen Zeit, die mir das Universum geliehen hat, gestalte. Innerhalb dieses Raumes wandere ich sehr gerne mit und durch die Sprache. Wortfindung darin heißt, sich an dem realen, wenn auch sehr geringen freien Willen des Menschen zu erfreuen. Sicherlich ist Sprache auch eine Grenze, ein Zaun, in dem man oft die Schlupflöcher suchen muss, um die Menschen und ihre Sichtweisen auf den verschiedenen Seiten zu verbinden. Es ist eine Frage der Entscheidung, wie man die Sprache betrachten will, wie man sie nutzt, wie man sie weiterentwickelt und sich selber mit ihr.

Der Wortverlust ist eine traurige Angelegenheit, wenn er innerhalb einer Sprache passiert. Heute hat sich ein Fernsehmoderator dafür entschuldigt, dass er ein altes Wort, „Pfiffigkeit", benutzt hat. Oft werden Worte aus verschiedensten Gründen vergessen, missbraucht, zur Seite geschoben, gemieden. Damit habe ich mich lange beschäftigt (*Verbotene Worte*). Der Wortverlust durch den Wechsel in andere Sprachen ist eine Herausforderung: Einerseits, um zu verstehen, warum ein Wort verloren ist,

…

251

warum dieses Benennen der Welt für die anderssprechenden Menschen nicht existiert. Andererseits, um zu verstehen, warum für einen selbst dieses Benennen so wichtig war und ist, um danach vor die Herausforderung gestellt zu werden, eine Art Äquivalent in der neuen Sprache zu erspüren oder zu erschaffen.

Das Wort dafür zu finden, das ich gerade wahrnehme, denke oder brauche, um etwas zu verstehen und zu spüren, bedeutet pure Energie.

„Die Sprache ist wie Wasser. / Beim Halten verliert man sie, / im Fließen hat sie Bestand, / schenkt eher Leben als Ertrinken, / wäscht keine Flecken aus, / ist der erste Grund, dass alles keimen kann. Nimm keine Kelle, keinen Becher. / Nimm keine Handvoll. / Trinke direkt von der Quelle.“ So heißt es im selben Gedicht. Aus welchen Quellen kommen die Worte zu Ihnen?

Aus der Fülle der Erfahrungen, der Erkenntnisse, der Wahrnehmungen, der Sinnesart. Wenn ich auf ein Wort treffe, verurteile ich es nicht aufgrund der Belastungen seiner Geschichte, ich suche, in welcher Wortnachbarschaft und in welchem Kontext es existiert. Wenn ich beim Segeln viele Arten von Wind erlebe, will ich die Vielfalt der Worte für verschiedene Erfahrungen von Wind kennen und solche Wörter, oder wenigstens ihre Schatten, in meinen schon bekannten Sprachen finden oder einführen. Wenn ich eine Sprache lerne, suche ich oft die Erfahrung und das Erahnen des Wortes innerhalb der Erfahrung und greife erst dann zum Wörterbuch. Die Quelle ist das sinnliche und das gedankliche Erleben: Selbst die Verantwortung zu übernehmen, ohne Mediatoren, die mit der Realität versöhnen.

Das Wandern in der Sprache ist eine schöne Metapher für die sinnlich-körperliche Verwicklung in Sprache, der Suche nach Zugehörigkeit, nach Identität. Im Wort steckt auch der Ort. In Der ohne Land nicht ohne Geheimnis wäre schreiben Sie: „ich suche dich / in Saratoga Springs Berlin Paris / Rappoltsweiler Freiburg Geburt / Saint Dié Sankt Sveti Manhattan / Padova Brooklin Lausanne Didel / Rue Raffet Palais d'Orsay / Neuilly-sur-Seine Tod / alles ist weniger bedeutend / ich suche dich / zwischen Sauerstoff / Stickstoff und Wasserdampf / doppelt beheimatet / doppelt verliebt oder alles dreifach / oder gar nicht / eingehüllt in cloth of the infinite / in Worten“. Ist Wortfindung für Sie mit Ortfindung verbunden?

Wortfindung entsteht durch die Bewegung zwischen den Orten. Dabei suche ich nicht die Orte, sondern den Menschen. In dem zitierten Gedicht betone ich gerade durch die Fülle der Aufenthaltsstationen Yvan Golls die Beliebigkeit und damit letztendlich die Unwichtigkeit der Orte, ihre bloße Existenz durch den Dichter. Ohne den Menschen, nach dem ich suche, wären diese Orte bedeutungslos. Daher sind für mich die Worte wichtiger – einerseits spiegeln sie die Unendlichkeit der Orte, des Universums wider, anderseits erschaffen sie neue bewegliche und vielschichtige Unendlichkeiten. Identität ist ein viel zu schweres und gleichzeitig sehr fragiles Wort. Yvan Goll bekannte sich, wie sehr viele andere Dichter, zur Ortlosigkeit.

Wenn ich neue Orte – reale oder jene im übertragenen Sinne – suche, so geschieht das vor allem aus Neugier auf die Welt und auf den Menschen. Dabei ist immer der Glaube an die Existenz von Verwandtschaften mit anderen Suchenden in der Geschichte und in der Geografie präsent. Dafür brauche ich keine Zuordnungen und Zugehörigkeiten. Solche sind, wie Einstein betonte, Kinderkrankheiten der Menschheit.

Sprache tritt uns bisweilen als etwas Fremdes gegenüber. In Ihrer Lyrik konfrontieren Sie den Leser mit diesem Fremden, wenn er etwa die kyrillische Schrift nur als Zeichen, nicht aber ihren Inhalt lesen kann. Das Schreiben in mehreren Sprachen ist in Ihren Texten eine etablierte Erzählinstanz, gerade so, als ob Sie sich aus dem Korsett der einen Sprache (der Muttersprache?) befreien wollten.

Die Ohnmacht der Sprache ist stärker als die Macht der Sprache. Das Nichtfinden des richtigen Wortes ist häufiger der Fall als die Wortfindung. Nicht zufällig gibt es überall ununterbrochen so viele Missverständnisse. Die Ohnmacht treibt die Sprache an.

Eine fremdsprachige Zeile frustriert. Lücken in der bekannten Leinwand der Sprache irritieren. Durch sie entstehen unbewusste unterschwellige Ängste wie beim Betreten eines neuen Terrains. Sie erfordern Mut, Überwindung, Neugier, Wille zur Kommunikation, Sehnsucht nach Erkenntnis. Sie erinnern daran, dass uns – auch in der Sprache – nichts auf dem Tablett serviert wird, dass wir immer wieder der Ohnmacht der Sprache ausgesetzt sind, dass wir Worte immer erahnen und sie uns letztendlich erarbeiten müssen, ob spielerisch, wie in der Kindheit, oder bewusst, wie später im Leben. Im Übrigen lasse ich meine Leser nie allein mit der Lücke, denn wenn sie mutig weitergehen, finden sie eine überbrückende Variation dieser Lücke durch eine Übertragung innerhalb des Gedichts.

Nun birgt der Reichtum Ihrer Fragen noch eine weitere Facette: Braucht man die Befreiung von der *einen* Sprache? Ich empfehle es. Jeder von uns ist mit einer einmaligen Gehirnstruktur geboren, die sich in der Kindheit an die erste unserer Sprachen stark anpasst. Später ist unser Gehirn zwar noch sehr veränderbar, doch weniger plastisch. Daher passen wir uns dann weniger an und sind so in einer spätgelernten Sprache unserem ureigensten Wahrnehmen und Denken am nächsten. Dabei integrieren wir die schon vorhandenen Erfahrungen aus früher gelernten Sprachen.

Die Haltung der Zeugenschaft ist in der Debatte um die sogenannte Migrantenliteratur eine wichtige Rezeptionskategorie. Doch ist Sprache in Ihren Texten nicht viel mehr als ein Instrument, mehr als ein Hilfsmittel der Beglaubigung? Eine mythologische Figur dient Ihnen, um die existentielle Vielfalt von Sprache zu beschreiben, die Figur

*des Daedalos, „der in der einen Sprache atmet, in der anderen schwimmt, / in der einen
sich erinnert und in der anderen träumt, / in der ersten abfliegt und in der zweiten
ankommt, / oder umgekehrt."*

Vielfalt und stetige Bewegung sind für mich die Hauptmerkmale der Sprache. Wir sind
nicht zuletzt dadurch stets in Prozessen mittendrin und in Verschiedenheit verwickelt.
Ich würde „Wortfindung" am liebsten durch „Wortgestaltung" oder „Wortschaffen"
ersetzen. Denn man findet nicht, wenn man nicht selbst ein Teil davon wird, wenn
man den Kontext des Findens nicht selber mitbestimmt.

*Wort*findung *impliziert die* Suche *nach* Worten. *Es gibt den wissenschaftlichen Termi-
nus „research", die Suche, die wir ‚Forschung' nennen und die im ‚Wissen' mündet.
Für Sie liegt auch in der Literatur, in der Lyrik ‚Wissen'. Sind es in Ihrer Wahrneh-
mung nur unterschiedliche Worte, die man in Wissenschaft und Lyrik für gleiches
Wissen findet, oder ist es auch ein unterschiedliches Wissen, das beide Paradigmen,
Wissenschaft und Kunst, trennt?*

Neugier ist ein magisches Wort, das uns in Bewegung bringt, und die Bewegung ist
der magische Zustand, in dem wir uns lebendig fühlen. Durch Bewegung gewinnen
wir Wissen. Dadurch können wir handeln, das heißt uns weiter bewegen und die
Balance mit der Natur und mit uns selber halten. Der Zauber in der Lyrik kommt von
der Geschwindigkeit der Bewegung und zugleich von den langsamen Wegen des Geistes
als Antwort auf diese Geschwindigkeit. In der Wissenschaft beschäftigen wir uns
stets mit Bewegungen, wir können prinzipiell keine Dinge beobachten, sondern immer
nur Interaktionen zwischen Dingen. Die Lyrik ist ebenfalls von Interaktion bestimmt:
etwa zwischen Worten, zwischen Wort und Klang oder Klang und Bedeutung. Beide,
Wissenschaft und Lyrik, erweitern – in einer nichtlinearen Beziehung zueinander –
die Sprache. Sie erkunden und benennen. Nachdem in einer konventionellen Perspektive Lyrik und Wissenschaft lange als Gegenpole galten, als „zwei Kulturen",
von denen sich die eine mit Realität und die andere mit Fiktion beschäftigt, ist in
letzter Zeit ein regelrechter Boom an Annäherungen, vor allem durch Gespräche
über Metaphern und Termini, zu beobachten. Etliche Autoren arbeiten inzwischen
in einem Grenzbereich, in dem Begriffe der Wissenschaft lyrisch hinterfragt werden.
Ich bin sehr fern von der Idee zweier Kulturen, möchte mich aber auch nicht der
Täuschung von der Austauschbarkeit des Vokabulars anschließen. Foucault setzt in
Die Ordnung der Dinge voraus, dass sich verschiedene Kulturbereiche einander
angrenzend herausbilden. Ich selbst empfinde es als großes Glück, zusammen zu
bringen, was auf den ersten Blick unvereinbar ist.

Herta Müller (2007)

DER SILBERLÖFFEL

Ich traue der Sprache nicht.

Als meine beste Freundin sich einen Tag vor meiner Auswanderung aus Rumänien von mir verabschiedete, als wir uns umarmten und dachten, wir werden uns nie wiedersehen, weil ich nicht mehr ins Land hinein darf und sie nie aus dem Land hinaus – als sich die Freundin also verabschiedete, konnten wir uns nicht voneinander losreißen. Sie ging dreimal zur Tür hinaus und kam jedesmal wieder zurück. Erst nach dem dritten Mal ging sie von mir weg, ging so lang wie die Straße war. Die Straße lief gerade, und ich sah ihre helle Jacke kleiner und kleiner und seltsamerweise mit der Entfernung greller werden. Ich weiß nicht, glänzte die Wintersonne, es war damals Februar, glänzten meine Augen in sich selbst vom Weinen oder glänzte der Stoff der Jacke – eines weiß ich jedenfalls: Ich schaute der Freundin hinterher, und ihr Rücken glitzerte im Weggehen wie ein Silberlöffel. So konnte ich die ganze Trennung intuitiv in ein Wort fassen, ich nannte sie Silberlöffel. Und das war es auch, was den ganzen Vorgang aufs Genaueste beschrieb.

Sprachbilder sind diebisch. Weshalb raubt sich der für mich gültigste Vergleich Eigenschaften, die ihm nicht zustehen? Es scheint, daß erst die erfundene Überraschung die Nähe zum Wirklichen zustande bringt. Erst wenn eine Wahrnehmung die andere ausraubt, ein Gegenstand das Material des anderen benutzt – erst wenn das, was sich im Wirklichen ausschließt, im Satz plausibel geworden ist, kann sich der Satz vor dem Wirklichen behaupten.

.

255

Il pleut (1918)
Guillaume Apollinaire

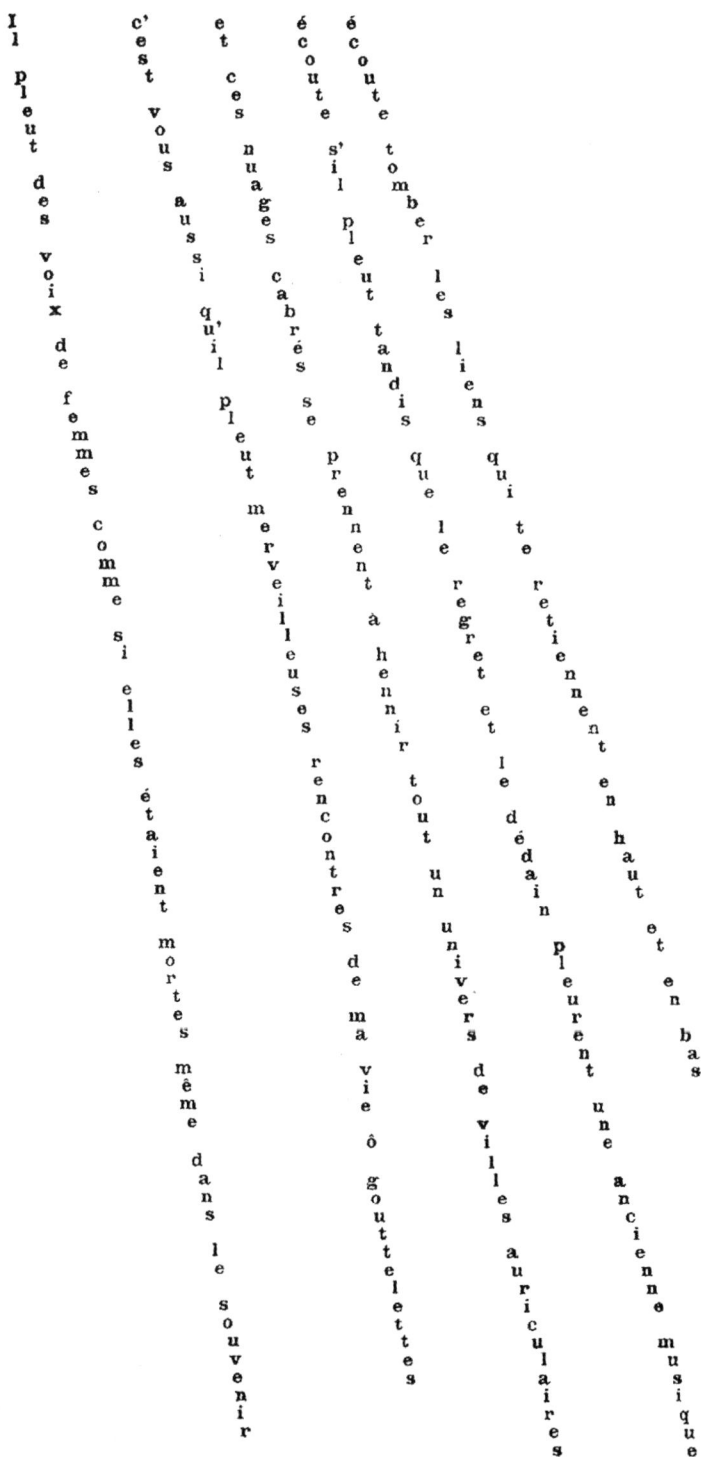

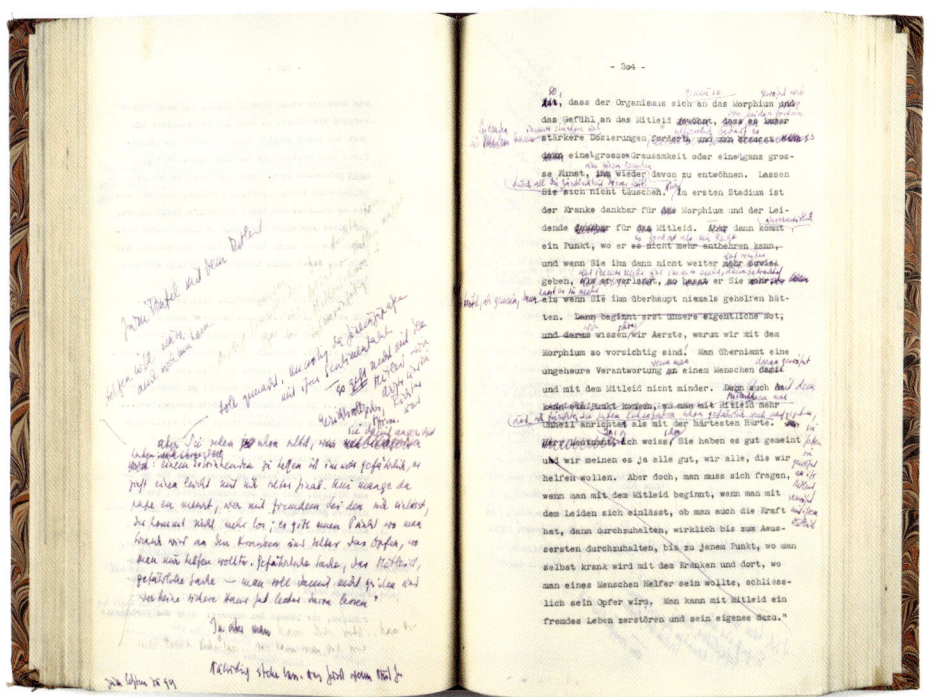

Stefan Zweig, überarbeitete Druckfahnen zum Roman *Ungeduld des Herzens* (1939), 1938
Deutsches Literaturarchiv Marbach

...

„Ich habe das Buch glücklich auscorrigiert (was bei mir beinahe: Nocheinmalschreiben heißt)",
schrieb Stefan Zweig über seinen einzigen vollendeten Roman. Die Fahnenkorrekturen be-
deuteten dem Schriftsteller nicht nur stilistisches Überarbeiten, sondern ebenso Neudenken
von bereits Formuliertem. Wird der Text mit Drucklegung endlich in die Welt entlassen,
verschwindet der in den Druckfahnen noch sichtbare Überarbeitungsprozess.

Hier endet das Gendern

Peter Eisenberg

Wie zu erwarten, wurde *Flüchtlinge* zum Wort des Jahres 2015 gewählt. Die Jury der Gesellschaft für deutsche Sprache (GfdS) schreibt dazu: „Das Substantiv steht nicht nur für das beherrschende Thema des Jahres, sondern ist auch sprachlich interessant. Gebildet aus dem Verb *flüchten* und dem Ableitungssuffix *-ling* (‚Person, die durch eine Eigenschaft oder ein Merkmal charakterisiert ist‘), klingt *Flüchtling* für sprachsensible Ohren tendenziell abschätzig. Analoge Bildungen (…) sind negativ konnotiert, andere (…) haben eine deutlich passive Komponente." Beide Zuschreibungen passen zwar ins Bild eines irgendwie problematischen Wortes, sind aber für *Flüchtlinge* durch nichts begründet. Aller Wahrscheinlichkeit nach treffen sie nicht zu. Das Wort ist alt und, wie Sprachwissenschaftler sagen, lexikalisiert im Sinne von ‚nicht mehr transparent‘. Diese Eigenschaft teilt es mit zahlreichen anderen Wörtern wie *Findling, Liebling, Zwilling, Stichling, Sämling, Frühling*, die keineswegs negativ konnotiert sind. Die passive Komponente tritt bei Ableitungen von bestimmten transitiven Verben auf wie bei *prüfen – Prüfling, säugen – Säugling, impfen – Impfling*. Das Verb *flüchten* gehört nicht zu dieser Gruppe. Unter den über dreihundert Wörtern mit der Endung *-ling* findet jeder, was er gerade braucht. Interessant ist, dass *Flüchtlinge* sich bei genauerem Hinsehen als politisch inkorrekt erweist. Es handelt sich meist um Personenbezeichnungen im Maskulinum, die von der Bedeutung her eigentlich einem Femininum zugänglich sein sollten wie bei *Denker – Denkerin* oder *Dieb – Diebin*. Aber die Form *Flüchtlinginnen* gibt es im Standarddeutschen nicht. Es kann sie auch nicht geben, ihre Bildung ist ausgeschlossen.

Der Grund für das zunächst rätselhafte Verhalten des Suffixes *-ling* ist systematischer Natur. Die Wortbildungssuffixe des Deutschen sind an eine feste Reihenfolge gebunden, die semantisch begründet ist. Von links nach rechts folgt sie der sogenannten Belebtheitshierarchie, der ein am Sprachlichen orientierter, gut fundierter Begriff von Belebtheit zugrunde liegt. Für unseren Fall besagt sie, dass das ‚belebteste‘ Element am weitesten links steht und Belebtheit nach rechts abnimmt. Das führt beispielsweise dazu, dass Abstraktheitssuffixe niemals links von solchen stehen, die Personenbezeichnungen bilden. Die Hierarchie ist von allergrößtem Interesse für viele grammatische Phänomene in vielen Sprachen, im Deutschen beispielsweise auch für die Grundreihenfolge von Satzgliedern wie in *weil der Student seiner Universität schwere Vorwürfe macht*. Einem Verbstamm folgt in der Wortbildung als ‚belebtestes‘ Element unmittelbar das Suffix *-er* zur Bildung von Nomina agentis wie *Denker, Fahrer, Angler*. Nach der Hierarchie folgen *-in* (Movierung: *Denkerin*), *-schaft* (Kollektivum: *Denkerinnenschaft*), danach das vielseitig verwendbare Diminutivsuffix *-chen* und schließlich das Plural-suffix. Es kommt vor, dass in einer solchen Hierarchie zwei Suffixe sozusagen parallel geschaltet sind und dann nur alternativ auftreten, niemals aber gemeinsam, egal in welcher Reihenfolge. Das gilt für *-in* und *-ling*. Beide bilden im Gegenwartsdeutschen Personenbezeichnungen, das eine Feminina, das andere Maskulina. Das System sieht sie als miteinander unverträglich an. Das zu begründen, würde an dieser Stelle zu weit führen. Aber schon die Sichtung von Vorkommen der Suffixfolge *-lingin* wie in *Flüchtlingin* zeigt, dass bei solchen Formen fast durchweg mit der grammatischen Norm gespielt wird.

Formen wie *Anlernlingin, Aufdringlingin, Fieslingin, Häftlingin, Nervlingin* sind mir wiederholt in Seminararbeiten über Jugendsprache begegnet, aber auch in litera-rischen Texten kommen Bildungen dieser Art vor. Dazu einige Beispiele: Das Grimmsche Wörterbuch bringt aus dem Werk von Friedrich Leopold Stolberg zum Stichwort *Fremdling* folgenden Beleg (Bd. 4, 130): „und willkommen ist die kühne fremdling auch oft unter den reigen der himmlischen." Die Grimms fügen dem hinzu „*deutscher klingt fremdlingin*". Im Text von Stolberg soll mit *die fremdling* ein Bezug auf *die muse* hergestellt werden. Der Dichter ist zu einer Regelverletzung bereit, die von den Grimms gemildert, aber nicht beseitigt werden soll. Nur so kann ihre Formulierung „*deutscher klingt*" verstanden werden. Bei Jean Paul, dessen Wortschatz ja durch einen besonders kreativen Umgang mit Wortbildungsregularitäten gekennzeichnet ist, findet sich mehrfach *die Fremdlingin*, beispielsweise in der *Vierten biographischen Belusti-gung. Der Tod* aus dem Jahr 1796. *Fremdlingin* steht in unmittelbarer Nachbarschaft zu *Emigrantin*. Es sieht ganz danach aus, als handele es sich um eine Analogiebildung. Auch die *Flüchtlingin* kommt vor (zum Beispiel *Titan*, 104. Zykel, 1802): „Der Kur-fürst sagte: ‚er wisse doch nichts dieser schönen Halbkugel Ähnlicheres als eine viel kleinere, die er im Herkulanum in Asche ausgedrückt gefunden, vom Busen einer schönen Flüchtlingin.' Der Richter lachte (…)."

Aus dem Vorkommen von *-lingin*-Bildungen zu schließen, sie seien letztlich doch grammatisch, würde die Verhältnisse auf den Kopf stellen. Unbedingt von Interesse ist natürlich, warum gerade *Fremdlingin* immer wieder verwendet wird. Systematische Erhebungen würden möglicherweise ein anderes Bild ergeben und zu Überraschungen führen. Wir lassen die Frage vorläufig dahingestellt und kommen zu dem Schluss, dass es Fälle gibt, in denen das Sprachsystem die vielleicht verbreitetste Form des Genderns nicht zulässt. Das sollte jeder, der auf diesem Gebiet tätig wird, wissen und akzeptieren. Als Ausweg steht dann nur die Propagierung eines Wortes mit anderer Struktur zur Verfügung. Für *Flüchtlinge* ist bereits *Geflüchtete* im Schwange. Die GfdS schreibt: „Neuerdings ist (…) öfters [sic] alternativ von *Geflüchteten* die Rede. Ob sich dieser Ausdruck im allgemeinen Sprachgebrauch durchsetzen wird, bleibt abzuwarten." *Geflüchtete* ist dem Gendern zugänglich, zeigt aber auch, wo das sprachliche Kernproblem dieser wie der meisten anderen willkürlichen Normsetzungen liegt: Die beiden Wörter bedeuten nicht dasselbe. Auf Lesbos landen tausende von Flüchtlingen, ihre Bezeichnung als Geflüchtete ist zumindest zweifelhaft. Man stelle sich einmal vor, dass Wörter wie *Flüchtlingskinder, Flüchtlingsunterkünfte, Bootsflüchtlinge, Wirtschaftsflüchtlinge* mechanisch ersetzt würden durch *Geflüchtetenkinder, Geflüchtetenunterkünfte, Bootsgeflüchtete, Wirtschaftsgeflüchtete*. Und auch umgekehrt wird ein aus der Adventsfeier Geflüchteter nicht zum Flüchtling. Das Deutsche ist so bildungsmächtig, dass man sich durchaus andere Wörter als Ersatzkandidaten vorstellen kann, etwa *Vertriebene, Geflohene, Zwangsemigranten, Entheimatete* und viele weitere, von denen eins schöner ist als das andere. Aber es bleibt dabei: Sie alle bedeuten etwas anderes als *Flüchtlinge*.

Der etablierten Genderei sind solche Erwägungen ziemlich gleichgültig. Natürlich ist ein Denkender nicht dasselbe wie ein Denker, ein Dichtender nicht dasselbe wie ein Dichter. Aber ein Studierender soll (bis auf die Genderbarkeit) dasselbe sein wie ein Student, ein Auszubildender dasselbe wie ein Lehrling. Von außen erzwungene Wortersetzungen mögen im Einzelfall erfolgreich sein, nur beruht jede von ihnen auf Missachtung sprachlicher Gegebenheiten. Das Deutsche hat aus sehr guten Gründen seine Partizipien neben den verschiedenen Typen von Wortbildungen per Suffix. Gerade auf den Feinheiten der strukturellen Unterschiede beruht seine differenzierte Ausdruckskraft. Sogar ein unschuldiges Wort wie *Flüchtling* wird so zum Ansatz für Sprachkritik. Was einen Sprachwissenschaftler am etablierten Gendern selbst dann beunruhigt, wenn er die sprachliche Sichtbarmachung von Frauen freudig begrüßt, ist dreierlei. Erstens: Die Sprache wird nicht akzeptiert wie sie ist, sondern sie gilt als manipulierbarer Gegenstand mit unklaren Grenzen dieser Manipulierbarkeit. Zweitens: Die Kenntnis des Gegenstandes, an dem man Veränderungen vornimmt, geht nicht sehr weit. Drittens: In vielen Fällen stigmatisiert man Wörter, ohne dass es brauchbare Alternativen gäbe. Haben wir denn nichts aus dem Desaster der Orthografiereform gelernt, die im Kern ja auch nichts anderes als ein unüberlegter Eingriff ins Sprachsystem war?

```
КРЕСТенное солнце тихо с морем прощалось, в этот час ты приНАКРЕСТ
УтКРЕСТное солнце тихо с морем прощалось, в этот час ты прНАКРЕСТь
УтомКРЕСТе солнце тихо с морем прощалось, в этот час ты пНАКРЕСТсь
УтомлеКРЕСТсолнце тихо с морем прощалось, в этот час ты НАКРЕСТась
УтомленнКРЕСТлнце тихо с морем прощалось, в этот час тыНАКРЕСТлась
УтомленноеКРЕСТце тихо с морем прощалось, в этот час тНАКРЕСТалась
Утомленное сКРЕСТ тихо с морем прощалось, в этот час НАКРЕСТналась
Утомленное солКРЕСТце тихо с морем прощалосъ, в этот часНАКРЕСТзналась
Утомленное солнцКРЕСТо с морем прощалось, в этот чаНАКРЕСТизналось
Утомленное солнце КРЕСТс морем прощалось, в этот чНАКРЕСТпризналась
Утомленное солнце тиКРЕСТморем прощалось, в этот НАКРЕСТпризналась
Утомленное солнце тихоКРЕСТрем прощалось, в этоТНАКРЕСТ призналась
Утомленное солнце тихо сКРЕСТм прощалось, в этоНАКРЕСТы призналась
Утомленное слонце тихо с мКРЕСТпрощалось, в этНАКРЕСТты призналась
Утомленное солнце тихо с морКРЕСТощалось, в эНАКРЕСТ ты призналась
Утомленное солнце тихо с моремКРЕСТалось, в нНАКРЕСТас призналась
Утомленное слонце тихо с морем пКРЕСТось, НАКРЕСТчас ты призналась
Утомленное солнце тихо с морем проКРЕСТь,НАКРЕСТ час ты призналась
Утомленное солнце тихо с морем прощаКРЕСНАКРЕСТт час ты призналась
Утомленное солнце тихо с морем прощалНАКРЕСТэтот час ты призналась
Утомленное солнце тихо с морем прощеНАКРЕСТРЕСТт час ты призналась
Утомленное солнце тихо с морем прощНАКРЕСТв КРЕСТчас ты призналась
Утомленное солнце тихо с морем проНАКРЕСТ в этКРЕСТ ты призналась
Утомленное солнце тихо с морем прНАКРЕСТ, в этотКРЕСТты призналась
Утомленное солнце тихо с морем пНАКРЕСТь, в этот чКРЕСТ призналась
Утомленное солнце тихо с морем НАКРЕСТсь, в этот часКРЕСТризналась
Утомленное солнце тихо с моремНАКРЕСТось, в этот час тКРЕСТзналась
Утомленное солнце тихо с мореНАКРЕСТлось, в этот час ты КРЕСТналась
Утомленное солнце тихо с морНАКРЕСТалось, в этот час ты прКРЕСТась
Утомленное солнце тихо с моНАКРЕСТшалось, в этот час ты признКРЕСТь
Утомленное солнце тихо с мНАКРЕСТощалось, в этот час ты признКРЕСТ
Утомленное солнце тихо с НАКРЕСТрощалось, в этот час ты прикРЕСТь
Утомленное солнце тихо сНАКРЕСТпрощалось, в этот час ты пКРЕСТлась
Утомленное солнце тихо НАКРЕСТ прощалось, в этот час тыКРЕСТналась
Утомленное солнце тихоНАКРЕСТм прощалось, в этот час КРЕСТизналась
Утомленное солнце тихНАКРЕСТем прощалось, в этот часКРЕСТризналась
Утомленное солнце тиНАКРЕСТрем прощалось, в этот чКРЕСТ призналась
Утомленное солнце тНАКРЕСТорем прощалось, в этотКРЕСТты призналась
Утомленное солнце НАКРЕСТморем прощалось, в этКРЕСТс ты призналась
Утомленное солнцеНАКРЕСТ морем прощалось, в КРЕСТт час ты призналась
Утомленное солнцНАКРЕСТс морем прощалось, КРЕСТт час ты призналась
Утомленное слонНАКРЕСТ с морем прощалосьКРЕСТтот час ты призналась
Утомленное солНАКРЕСТо с морем прощалоКРЕСТ этот час ты призналась
Утомленное сНАКРЕСТихо с морем проКРЕСТь, в этот час ты призналась
УтомленноеНАКРЕСТ тихо с морем пКРЕСТось, в этот час ты призналась
УтомленноНАКРЕСТе тихо с моремКРЕСТалось, в этот час ты призналась
УтомленнНАКРЕСТце тихо с морКРЕСТпрощалось, в этот час ты призналась
УтомленНАКРЕСТнце тихо с мКРЕСТпрощалось, в этот час ты призналась
УтомлеНАКРЕСТлнце тихо сКРЕСТм прощалось, в этот час ты призналась
УтомлНАКРЕСТолнце тихоКРЕСТрем прощалось, в этот час ты призналась
УтомНАКРЕСТсолнце тиКРЕСТмрем прощалось, в этот час ты призналась
УтоНАКРЕСТ солнце КРЕСТс морем прощалось, в этот час ты призналась
УтНАКРЕСТе солнцКРЕСТо с морем прощалось, в этот час ты призналась
УНАКРЕСТое солкРЕСТихо с морем прощалось, в этот час ты призналась
НАКРЕСТное сКРЕСТ тихо с морем прощалось, в этот час ты призналась
АКРЕСТнноеКРЕСТце тихо с морем прощалось, в этот час ты призналась
КРЕСТоннКРЕСТлнце тихо с морем прощалось, в этот час ты призналась
РЕСТоКрест солнце тихо с морем прощалось, в этот час ты призналась
```
```
...
261
```

Dmitri Prigov, *Utomlennoje solnze/Müde Sonne*, Stichogramm, 1974–1979

...

In den früheren kommunistischen Ländern galt die Schreibmaschine als „Druckerpresse des Untergrunds". Insofern zeigen Dimitri Prigovs „Stichogramme" (etwa: Poesiegramme) aus der Sowjetzeit ihn auch formal als kritischen Künstler. Aus Alltags- und Propagandaphrasen komponierte er seine Variante der Konkreten Poesie. Diese Blätter wirken wie sarkastische Ornamente des herrschenden gesellschaftlichen Sinnverlusts.

Erdem Gündüz, *Standing Man*, Istanbul, 2013

...

Politische Auflehnung zum Schweigen zu bringen, ist besonders schwer, wenn der Protest im Schweigen selbst ‚laut' wird. Zu einer Ikone des friedlichen Widerstands wurde Erdem Gündüz, als er acht Stunden lang stumm und unbeweglich auf dem Taksimplatz in Istanbul für die Meinungsfreiheit eintrat. Tausende Menschen weltweit schlossen sich an und unterliefen mit ihrem lautlosen Protest das Stillhalten der „schweigenden Mehrheit".

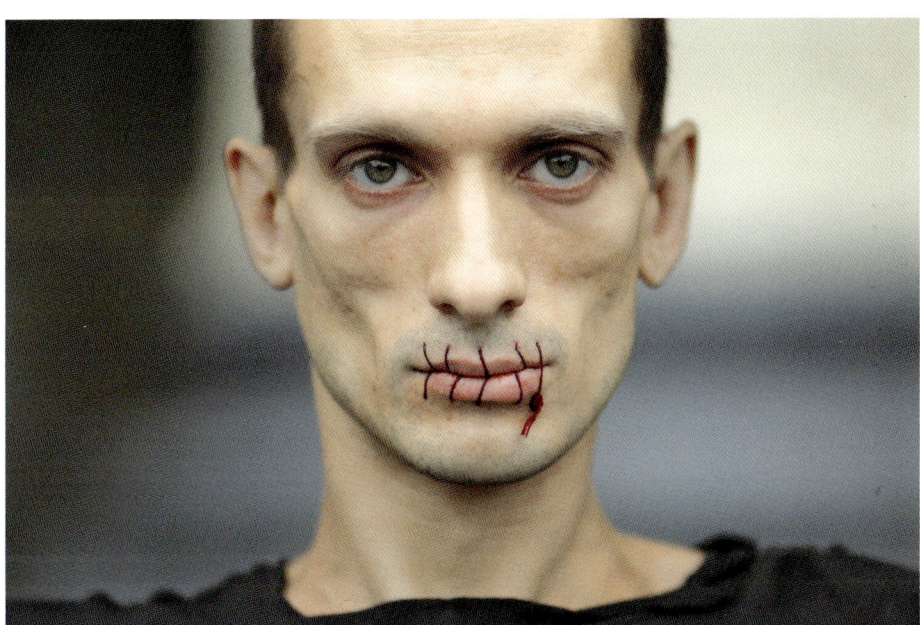

Pjotr Pawlensky, *Stitch*, 2012

Als Ort der Grenzerfahrung zwischen Öffnen und Schließen, zwischen Äußerung und Ver-
stummen wird der Mund in den Künsten häufig wirkungsvoll in Szene gesetzt. Mit zugenähten
Lippen protestierte der russische Künstler Pjotr Pawlenski gegen Zensur. Seine Performance
trägt die kollektiv erfahrene Sprechunterdrückung zur Schau. Eine Politik, die mundtot
macht, wird dabei mit der Verwundung des Subjekts in Verbindung gebracht.

Subversionen des Sprechverbots

Gunnar Schmidt

Zensur ist ein Machtinstrument, das von despotischen oder totalitären Systemen einge-
setzt wird. Die Mechanismen zur Kontrolle und Unterdrückung von Aussagen folgen dem
Herrschaftsinteresse, Öffentlichkeit zu regeln, Weltanschauungen zu hegemonialisieren
und eine Grundstimmung der Angst zu verbreiten. Die Affektproduktion wiederum ist das
Mittel, um die Selbstzensur in den Subjekten zu aktivieren. So ließe sich eine gängige
Vorstellung von Zensur zusammenfassen. Auch ohne die Darstellung der vielfältigen
Zensurmethoden und -funktionen enthält diese vergröbernde Skizze zwei Aspekte, die
in der Dramaturgie von Unterdrückungsregimen symptomhaft überbetont sind, jedoch
strukturelle Allgemeingültigkeit beanspruchen. Der erste Aspekt betrifft die Artikulation
des kulturellen Selbstverständnisses. Artikel 5 des deutschen Grundgesetzes veranschaulicht diese Dimension; im ersten Absatz heißt es programmatisch: „Eine Zensur
findet nicht statt." Was als allumfassende Norm erscheint, meint real allerdings nur
das Verbot der Präventivzensur. Es ist daher kein Widerspruch, wenn in Absatz 2 des
gleichen Artikels geschrieben steht: „Diese Rechte finden ihre Schranken in den Vorschriften der allgemeinen Gesetze (…)." Eine Gesellschaft ohne Zensur ist kaum
denkbar, da Kultur immer auch Zonen der Tabus und Verbote definiert. Kultur
basiert auf dogmatischen Grundlagen, die das Lebewesen Mensch zum Träger von
Ordnungseinschreibungen macht. Aus dieser Voraussetzung erwächst der zweite
Gesichtspunkt der Zensur, der das einzelne Subjekt betrifft. Die Tatsache, dass
bestimmte Aussagen Restriktionen unterliegen, enthält in logischer Konsequenz die
Möglichkeit, das Verbotene aussprechen zu *können*. Mehr noch, wer sich anheischig
macht, das Sprechverbot zu umgehen, kann nicht nur haftbar gemacht werden, er
gibt dem Inhalt eine subjektive Note. Das Aussagen ist an einen Namen geknüpft, an
Motivationen und Haltungen, an lebensweltliche oder politische Kontexte, an Stil.
Zensur ist in dieser Hinsicht auch der Prüfstein für die Subjektivität, die sich an den
kulturellen Regeln abarbeitet – ja, Zensur kann Subjektivität spürbar machen.

Dass der Künstler prädestiniert ist, die Rolle des Zensurprovokateurs einzunehmen,
folgt aus dem Umstand, dass sein Arbeitsstoff symbolische Artikulationen sind und er
unweigerlich mit den kulturellen Voraussetzungen des Seins befasst ist. Gleichzeitig ist
er als Typus der Moderne ein Subjektivitätsvirtuose, der, wie es Max Weber formulierte, die „Verantwortung für ein ethisches Urteil" zugunsten von ästhetischen Urteilen
und unkonventionellen Selbstexpressionen ablehnt.[1] Aus dem Gegensatz von Moral
und Ästhetik entspringt die allbekannte Tatsache, dass Kunst ein exponiertes Zielobjekt
von Zensur war und ist. Weniger augenfällig hingegen sind künstlerische Arbeiten,

die sich thematisch mit der Artikulationsbehinderung befassen. In der neueren Kunst seit den 1970er-Jahren ist dabei eine ausgeprägte Tendenz zum Medium der Performance festzustellen, in denen ein Motiv wiederkehrend benutzt wurde: der Mund. Aufmerksamkeit erhielt 2012 der russische Politkünstler Pjotr Pawlenski, als er mit zugenähtem Mund in St. Petersburg vor der Kasan Kathedrale gegen die Inhaftierung der Künstlerinnen von Pussy Riot protestierte, die in einer Moskauer Kathedrale mit einem Punk-Gebet die Allianz von Regierung und Kirche angeprangert hatten. Mit seinem allegorischen Enactment beabsichtigte Pawlenski, den normalen russischen Menschen zu inkarnieren, der schutzlos, ausdruckslos und unter Sprachverlust leidend den Despotismus Wladimir Putins erduldet. Pawlenski war nicht der erste, der die Lippenvernähung als pathetische Metonymie für das Verstummungsdiktat verwendete – sowohl in der Kunst[2] als auch außerhalb wurde sie als Protestgeste funktionalisiert.[3] Die Verschließung des Mundes imitiert nicht nur die Sprach- und Sprechunterdrückung, als expressiver Akt der Verwundung erhält sie den Charakter einer Anklage. Durch das Mund-Motiv wird die Dichte von Subjekt und Symbol, von inhaltlicher und körpermedialer Aussage erfahrbar gemacht.

Diesen existentiellen Zusammenhang haben ebenfalls einige brasilianische Künstlerinnen und Künstler[4] während der Zeit der Militärdiktatur in oralen Selbstinszenierungen zum Ausdruck gebracht. Anders als die harte Theatralität Pawlenskis sind diese Performances eher spielerisch. Ein Beispiel liefert die Fotografie-Serie *Poema* (1979) von Lenora Barros, die in Nahaufnahmen die Typenhebel einer Schreibmaschine zeigt; die Künstlerin leckt an den metallenen Buchstaben, die wiederum in einer Einstellung die Zunge umzingelnd festhalten. Was wie eine skurrile erotische Perversion anmutet, symbolisiert die Wirkung der Zensur, die das Freilassen der Sprache vom Sprechwerkzeug unterbindet. Erst die Loslösung der Wörter vom Körper ließe Sprache als Kommunikation und Sinn entstehen. Ähnlich karnevalesk wirkt Letícia Parentes dreieinhalbminütiges Video *Preparação 1* (1975).[5] Eine Frau macht sich vor einem Badezimmerspiegel für das Ausgehen fertig. Sie nimmt dazu nicht zuerst Schminke, sondern Klebestreifen, mit denen sie Mund und Augen verschließt. Darauf malt sie mit Lippenstift und Eyeliner krude Mund- und Augensymbole und verlässt schließlich den Raum. Diese Videoperformance verdeutlicht die prozessuale Mechanik der Zensur, in der Macht, Gegenwunsch und entstellender Kompromiss zusammenspielen: Die Maskerade, ein groteskes Traumbild[6], repräsentiert sowohl den Anpassungsdruck, wie sie in ihrer karikaturhaften Unauthentizität gleichzeitig das darunter versteckte Subjekt mit seinem anderen Ausdrucksbegehren anzeigt. Parentes Video ist aber nicht nur das Traumbild, es ist ebenso die Deutung des Traums, durch die der Vorgang der Wunschmissbildung offenbart wird. Die Verkleidung und Verstellung als Strategien, die Zensur anzuklagen, wurden nicht nur von Aktionskünstlern verwendet, sie findet sich ebenfalls in sprachbasierten Interventionen. In Gesellschaften, wo das offene

Aussprechen verboten ist, stellt das Spiel mit Bedeutungen, Allusionen und Leerstellen eine Notwendigkeit dar, um Öffentlichkeit zu erreichen wie auch Schutz vor Machtzugriffen zu gewährleisten.

2006 gelang es dem dänischen Künstlerduo Surrend in der *Tehran Times*, Staatszeitung des Iran und Propagandainstrument für die islamische Revolution, eine Anzeige zu platzieren. Der kurze Text enthielt eine Ehrerbietungsadresse an Präsident Ahmadineschad, der als religiöser Fundamentalist und Antisemit für Schlagzeilen in der Weltöffentlichkeit sorgte. Was der Redaktion der *Tehran Times* entgangen war: Die fünf Textzeilen enthielten das Akrostichon „Swine" (‚Drecksau'), wodurch die selbsternannte Erlösergestalt der Würdelosigkeit bezichtigt wurde.[7] Mit einer ähnlich einfachen semiotischen Aktion attackierten die chilenischen Aktivisten der Künstlergruppe C.A.D.A. die Militärjunta und ihr repressives Regime: Im öffentlichen Raum wurde 1983, anlässlich der zehnjährigen Herrschaft Augusto Pinochets, das Logo *NO+* verbreitet.[8] Ohne Kontext bedeutet der Signifikant *NO+* entweder nichts oder bietet sich für allerlei spekulative Interpretationen an. Verstanden werden musste das Signet im Sinne von ‚nicht mehr', ‚Schluss mit'. Die Menschen, die das Zeichen als Graffito auf Wänden und Postern fanden, konnten es vervollständigen, indem sie Begriffe wie Folter, Angst, Gewalt oder Diktatur hinzufügten. Die Kurztexte wurden auf diese Weise zu anonymen, kollektiven Äußerungen, denen man nur schwer Urheber zuweisen konnte.

Unter den Bedingungen des Internets haben sich nicht nur neue Öffentlichkeitsformen herausgebildet, die Mächtigen reagieren darauf mit umfassenden digitalen Überwachungs- und Zensurmaßnahmen. Vor allem China verfügt über hochentwickelte Zensurtechnologien, die sowohl defensiv als auch cyberkriegerisch arbeiten. Die Installation *Gfwlist* (2010) des chinesischen Medienkünstlers Aaajiao offenbart die Unsichtbarkeit der neuen Informationsunterdrückung. Aus einer schwarzen Stele läuft in scheinbarer Endlosigkeit ein Papierstreifen, der sich aus einem Druckerkopf befreit. Darauf zu lesen sind die Adressen der im chinesischen Internet verbotenen Webseiten. Der Titel der Arbeit ist die Abkürzung für *Great Firewall List*. Mit *Great Firewall* werden – in Anspielung auf die *Große Mauer* – alle in China verwendeten Internet-Zensurmechanismen umschrieben. Nicht so sehr die Bekanntmachung des Verbotenen steht bei *Gfwlist* im Zentrum, sondern die schiere Menge an Unterdrücktem, die den systemischen Charakter der Zensur enthüllt. Was in *Gfwlist* als technischer *Ausdruck* erscheint, ist nicht von den betroffenen Subjekten, die in der Diktatur leben, abzulösen. In dem Video *From No 4 Pingyuanli to No 4 Tianqiaobeili* präsentiert sich die chinesische Künstlerin Ma Qiusha wie auf einem erkennungsdienstlichen Polizeifoto und erzählt von ihrer Kindheit in einem von Überwachung und Lebenskontrolle bestimmten Milieu.[9] Ihr Sprechen wirkt schwer und verschwommen, was am Ende eine Erklärung erhält: Qiusha nimmt eine Rasierklinge aus dem Mund, die sie während ihrer Rede auf der Zunge balanciert hat. Blut zeigt sich an Zähnen und Zunge. Der sprachliche *Ausdruck* wird von der profanen Hostie nicht nur behindert, sie macht spürbar, dass die Instituierung einer Sprechnorm mit schmerzhaften Verboten einhergehen kann.

…

1 Weber, Max: *Gesammelte Aufsätze zur Religionssoziologie*, Bd. 1, Tübingen 1988, S. 555.
2 http://www.eai.org/title.htm?id=15005, Aufruf am 16. März 2016.
3 https://en.wikipedia.org/wiki/Lip_sewing, Aufruf am 16. März 2016.
4 Sonia Andrade, Anna Maria Maiolino, Gastão de Magalhães, Abbildungen in: Munder, Heike (Hg.): *Resistance Performed. An Anthology on Aesthetic Strategies under Repressive Regimes in Latin America*, Zürich 2015.
5 Video: https://www.youtube.com/watch?v=KLX9mfuFh8k, Aufruf am 16. März 2016.
6 Freud, Sigmund: *Die Traumdeutung*, Studienausgabe Bd. II, Frankfurt/Main 1972, S. 160.
7 http://www.heise.de/tp/artikel/24/24278/1.html, Aufruf am 16. März 2016.
8 Video: http://hidvl.nyu.edu/video/003090556.html, Aufruf am 16. März 2016.
9 Video: https://vimeo.com/126577240, Aufruf am 16. März 2016.

1 Homo loquens. Zur Sprache kommen

In Camera, SMITH/STEWART, 1999, Video,
SMITH/STEWART, Glasgow
Kurt Schwitters beim Vortrag der Ursonate,
Ernst Schwitters, 1944, Fotografie,
Sprengel Museum Hannover; Audio,
mOcean OTonVerlag OhG, München
Six Heads, Bill Viola, 2000, Video,
Bill Viola Studio LLC, Signal Hill, CA/USA
Hand Movie, Yvonne Rainer, 1966, Video,
Video Data Bank, The School of the
Art Institute of Chicago, Chicago, IL/USA

1.1 Sprachmythen
*Mythen zum Ursprung der Sprache aus
verschiedenen Kulturen*, Hörinstallation, 2016,
Deutsches Hygiene-Museum, Dresden

1.2 Sprache – Sehen & Gebärden
Muskelkopf, Deutsches Hygiene-Musem/
Gipsbildhauerwerkstatt, 1920–1930,
Gipsausguss, Stiftung Deutsches
Hygiene-Museum, Dresden
Anatomischer Unterarm,
Carl Friedrich H. Heinemann, o.J., Gipsmodell,
Anatomische Sammlung der Hochschule
für Bildende Künste Dresden
Chirologia or the natural language of the hand...,
John Bulwer, 1644, Buch, Sächsische Landes-
bibliothek – Staats- und Universitätsbibliothek,
Dresden; 2. Staffel, Sächsische
Landesschule für Hörgeschädigte,
Förderzentrum Samuel Heinicke, Leipzig
*La mimica degli antichi investigata nel gestire
napoletano*, Andrea de Jorio, 1832, Buch,
Sächsische Landesbibliothek – Staats- und
Universitätsbibliothek, Dresden;
Versinnlichte Denk- und Sprachlehre, Wien 1836,
Franz Hermann Czech, 1836, Buch, Papier,
Bayerische Staatsbibliothek, München
The Signs of Language, Edward S. Klima,
Ursula Bellugi, 1979, Buch,
Stiftung Deutsches Hygiene-Museum, Dresden
Cochlea-Implantat "Nucleus® 24 Contour™",
Cochlear GmbH, 2004, Stiftung Deutsches
Hygiene-Museum, Dresden
Sprache sehen und gebärden, Mixed Media
Installation, 2016, Stiftung Deutsches
Hygiene-Museum, Dresden

1.3 Sprache – Hören & Sprechen
Nasen-, Mund und Rachenhöhle mit Kehlkopf,
Marcus Sommer – SOMSO Modelle GmbH, Modell,
Stiftung Deutsches Hygiene-Museum, Dresden
Sprechmaschine, Wolfgang von Kempelen,
Ende 18. Jh., Gerät, Reproduktion,
Technische Universität Dresden
*Seite aus den Tagebüchern von Clara und
William Stern*, Clara und William Stern,
1900–1912, Faksimile, Jewish National and
University Library, Jerusalem
*Aufzeichnungen der ersten Worte seines Sohnes
Stefan*, Walter Benjamin, 1917, Handschrift,
Faksimile, Walter Benjamin-Archiv,
Akademie der Künste, Berlin

Wörterbuch der bilinguisme, 1991, Handschrift,
Norbert Haase und Odile Vassas, Dresden
Serinette, um 1820, Museum für
Musikinstrumente der Universität Leipzig
Der Klang der Serinette (Vogelorgel),
2016, Audio, Museum für Musikinstrumente
der Universität Leipzig
Das sprechende Bilderbuch, 1870er-Jahre,
Technische Universität Dresden
Sprache sprechen und hören, Colleen M. Schmitz,
2016, Mixed Media Installation,
Stiftung Deutsches Hygiene-Museum, Dresden

1.4 Sprache – Gene, Gehirn & Körper
*Schädelrekonstruktionen von Homo ergaster
(KNM-ER 3733)*, Richard Bersch, 2005,
Stiftung Deutsches Hygiene-Museum, Dresden
Schädelrekonstruktionen von Homo heidelbergensis,
Marcus Sommer – SOMSO Modelle GmbH, 2016,
Stiftung Deutsches Hygiene-Museum, Dresden
Homo neanderthalensis (La Ferassie 1),
Bone Clones, 2005, Stiftung Deutsches
Hygiene-Museum, Dresden
Menschlicher Schädel, 2016, Modell,
Stiftung Deutsches Hygiene-Museum, Dresden
Handskelett, Marcus Sommer – SOMSO Modelle
GmbH, 2016, Modell, Stiftung Deutsches
Hygiene-Museum, Dresden
Faustkeil aus Feuerstein, Friedrich Palmer, 2016,
Stiftung Deutsches Hygiene-Museum, Dresden
Rekonstruktion einer Schwanenknochenflöte,
n.n., 2016 (Original ca. 40.000 J.),
Stiftung Deutsches Hygiene-Museum, Dresden
*Tastatur von Bonobo Kanzi mit Lexigramme in
Yerkish*, aus der Forschung Sue Savage-Rumbaugh,
2002, Stiftung Deutsches Hygiene-Museum, Dresden
Sprache – Gene, Gehirn & Körper,
Kirsten Weining, 2016, Mixed Media Installation,
Stiftung Deutsches Hygiene-Museum, Dresden

Forschungsexperiment
Lerne die künstliche Sprache Ferro,
Christine Cuskley und Sean Roberts, 2016,
Online-Experiment, University of Edinburgh

2 Denkbewegungen

*Buchenstäbe? Nein: Darstellung einer Vokal-
Konsonant-Verbindung vor dem Atemstrom*,
Carlfriedrich Claus, 1961, Farbstifte auf
Schreibpapier, Stiftung Carlfriedrich Claus-Archiv,
Kunstsammlungen Chemnitz
*Sensorium der Nacht. Bewusstseinstätigkeit im
Schlaf. Blatt b*, 1981; *Postverbales Objekt*, 1971;
Entstehung einer Denklandschaft, 1972,
Carlfriedrich Claus, Feder und Tusche,
zweiseitig auf Transparentpapier, Reproduktionen,
Stiftung Carlfriedrich Claus-Archiv,
Kunstsammlungen Chemnitz
Syntax der Risse, Franz Mon, 1986,
Reißcollage, Franz Mon
Maximiliana ou l'exercice illégal de l'Astronomie,
Max Ernst, 1964, Feder und Tusche auf Papier,
Museum für Kunst und Gewerbe, Hamburg
Sechs Collagengedichte, Herta Müller,
2007–2016, Herta Müller
Jęzzers język; The Alphabet, Slavs and Tatars, 2015,
Malerei, Acryl auf Plastik, Slavs and Tatars Studio,

Berlin bzw. Privatsammlung, Berlin
Exclamation Point (Chartreuse), Richard
Artschwager, 2008, Skulptur, Mixed Material,
Courtesy Gagosian Gallery, NY/USA und Sprüth
Magers, Berlin/London

Auswahl Leselandschaft
*Frühe Gedichte / Lautgedichte (ausgewählt von
Klaus Werner)*, Carlfriedrich Claus, 1959/1990,
Audio, Stiftung Carlfriedrich Claus-Archiv,
Kunstsammlungen Chemnitz
Asbuki, Alexandrowitsch Prigov, Video, o.J.,
Galerie Sandmann, Berlin
*Intro Mix; The wheels of locomotives turn round;
Quiz Aroma Nox Paradiso*, Petr Váša, o.J.,
Videos, Petr Váša, Brno
Zeitenwandel, Dawei Ni, 2013, Video, „BÄÄM!
Der Deaf-Slam" Aktion Mensch e.V., Bonn
Zeit ist ein spitzer Kreis, Michael Lentz und
Herta Müller, 2014, Audio, Bayerischer Rundfunk
Vater telefoniert mit den Fliegen, Herta Müller,
2012, Buch, Carl Hanser Verlag, München
wehbuch (undichte prosage), Dagmara Kraus,
2016, Buch, Roughbook, Berlin und Schupfart
konkrete poesie, Eugen Gomringer, 1986,
Buch, Reclam Verlag, Ditzingen
achduje. Sprechtexte, Nora Gomringer, 2015,
Der gesunde Menschenversand, Luzern
Codex Seraphinianus, Luigi Serafini, 4. Auflage,
2013, Künstlerbuch, Rizzoli, NY/USA
Zettels Traum, Arno Schmidt, Faksimile, 2002,
S. Fischer Verlag, Berlin
Tree of Codes, Jonathan Safran Foer, 2010, Buch,
Visual Editions, London

**2.1 „Den Nagel auf den Kopf treffen":
Metaphern und Denken**
Die niederländischen Sprichwörter, Interaktive
Station auf der Basis des Ölgemäldes von
Pieter Bruegel dem Älteren, 1559 (Original),
Gemäldegalerie, Staatliche Museen zu Berlin,
Stiftung Preußischer Kulturbesitz, Berlin
Kant für die Hand, Hanno Depner, 2011,
Modell und Buch, Hanno Depner
*Bedeutung (be)greifen. Metaphern in Sprache und
Geste*, Cornelia Müller, Silvia Ladewig et.al, 2016,
Video, Lehrstuhl für Sprachgebrauch und multi-
modale Kommunikation, Europa-Universität
Viadrina, Frankfurt (Oder)

2.2 Raum und Zeit: Im Hier und Jetzt der Sprache
Metronom 11. 49., o.J.; *Kugel-Resonatoren für
die Vokalreihe*, Max Kohl AG, Chemnitz, o.J.;
Stimmaufzeichnungen (Kymograph), 1911,
Technische Universität Dresden
Elle (Längenmaßstab), 1702, Holz,
Museum für Sächsische Volkskunst,
Staatliche Kunstsammlungen Dresden
Fuß (Längenmaßstab), um 1580, Eisen und Gold;
Tischuhr mit waagerechtem Ziffernblatt,
um 1595, Eisen, Mathematisch-Physikalischer
Salon, Staatliche Kunstsammlungen Dresden
Wegeskizzen aus der Sammlung von Hanns Zischler,
o.J., Papier, Berlin, Hanns Zischler
Deutsche Gebärdensprache, 2016, Video, Akademie-
projekt DGS-Korpus, Institut für Deutsche Gebärden-
sprache und Kommunikation Gehörloser,
Universität Hamburg

*Lightwriting. Das sichtbare Unsichtbare.
01-1 und 01-5*, Dieter Fricke, 2010, Fotografie,
Acryl-Glas, Dieter Fricke, Flörsheim a.M.
Orientierung in Zeit und Raum,
Interaktive Station nach Stephen C. Levinson
und Alice Gaby, 2016, Stiftung Deutsches
Hygiene-Museum, Dresden

**2.3 Punkt, Komma, Strich:
Der Baukasten Grammatik**
*Beati Petri Apostoli Epistulae ex Papyro Bodmeriana
VIII*, 3. Jh.n.Chr. (Original), 1978 (Faksimile),
Handschrift, Universitätsbibliothek Leipzig
Das Buch vom erfüllten Leben, Jean Bruyant,
um 1342 (Original), 2005 (Faksimile),
Herzog August Bibliothek Wolfenbüttel
De Aetna, Pietro Bembo,
Druck von Aldus Manutius, Venedig, um 1495,
Buch, Bayerische Staatsbibliothek, München
*wand an die wand schreiben; ou non...; man muß
was tun; ausweg*, Franz Mon, 1970er-Jahre,
Typoskripte, Franz Mon
*einfache grammatische Meditationen c; Übungssätze;
ausweg*, Helmut Heißenbüttel, Typoskripte, o.J.,
Akademie der Künste, Berlin
*Pravaja storona – levaja storona; Utomlennoje
solnze; Vnezapno sredi polnogo zdorovja*,
Alexandrowitsch Prigov, 1974–79, Stichogramme,
Galerie Sandmann Berlin
*Seeing for Speaking. Denken und Sprechen in
unterschiedlichen Sprachen*, Christiane von Stutter-
heim et.al, 2016, Video, Institut für Deutsch als
Fremdsprachenphilologie, Universität Heidelberg
Grammatik zum Anfassen, Interaktive Station,
2016, Stiftung Deutsches Hygiene-Museum, Dresden

2.4 Schrifttypen: Zeichen und Zeichenträger
Fragment von einem Sarkophag, um 380–340 v. Chr.,
Kalksteinrelief, Roemer- und Pelizaeus-Museum
Hildesheim
Hammer für die Anfertigung ägyptischer Reliefs,
1351 v. Chr.–1334 v. Chr., Kalzit-Alabaster;
Meißel für die Anfertigung ägyptischer Reliefs,
1550 v. Chr.–1292 v. Chr., Metall/Bronze,
Ägyptisches Museum und Papyrussammlung,
Staatliche Museen zu Berlin, Stiftung Preußischer
Kulturbesitz, Berlin
Griffel für die Anfertigung von Keilschrift,
um 2500 v. Chr. (Original), Reproduktion (1950er-
Jahre), Holz; *Orientalisches Tintenfäßchen*, o.J.,
Eisen und Stein; *Qalam*, o.J., Schilfrohr;
Chinesisches Bambusbuch, um 280 v. Chr. (Original),
Reproduktion (1950er-Jahre), Bambusstäbe,
Deutsches Buch- und Schriftmuseum
Sumerische Keilschrifttafel, 1. Jahrtausend v. Chr.,
ungebranntes Tonrelief, Vorderasiatisches Museum,
Staatliche Museen zu Berlin,
Stiftung Preußischer Kulturbesitz, Berlin
*Unterer Teil einer Inschriftenplatte mit lateinischen
Buchstaben*, 3. Jh. n. Chr., *Marmorrelief;
Griechische Inschrift auf Rechteckiger
Marmorplatte*, hellenistisch-kaiserzeitlich,
Marmorrelief, Skulpturensammlung,
Staatliche Kunstsammlungen Dresden
Berühmte Ansichten von Edo, Hasegawa Settan,
Saitó Choshū und Saito Gesshin, um 1835,
Buch, 6 Staffeln; *Japanischer Schreibkasten*,
vor 1875, lackiertes Holz; um 1835;

2. Staffel, *Japanischer Schreibkasten*, o.J.,
lackiertes Holz, Museum für Völkerkunde Dresden
bzw. GRASSI Museum für Völkerkunde zu Leipzig,
Staatliche Ethnographische Sammlungen Sachsen
Chineasy Lesson 1, ShaoLan, 2013,
Video, ShaoLan, London
Orientalische Handschrift – Mscr.Dresd.Eb.84,
1629–1630; 2. Staffel, *Orientalische Handschrift –
Mscr.Dresd.Eb.172*, Anfang 17. Jh., Sächsische
Landesbibliothek – Staats- und Universitäts-
bibliothek, Dresden; 3. Staffel, *Orientalische
Gedichtsammlung*, 16. Jh., Handschrift;
4. Staffel, *Orientalische, Mystische Gedicht-
sammlung*, 18. Jh., Handschrift, Staatsbibliothek
zu Berlin, Stiftung Preußischer Kulturbesitz
Grammatikalisches Lesebuch für Blinde, 1822,
Buch in Stachelschrift, Zürich; *Eléments de
Géometrie*, 1866, Buch in Braille-Schrift mit einer
Legende in Reliefschrift, Paris; *Tastmodelle für
Blinde, Reliefschrift, Stachelschrift, Braille-Schrift;
Braille-Schreibtafel mit Griffel zum Ausprobieren*,
Deutsches Blinden-Museum, Berlin
Sinnliche Erfahrung des Schreibens, Interaktive
Station mit Wachstafel, Bleistift, Füller, Kuli,
Stempel, Braille-Schreibtafel, Schreibmaschine,
Tablet mit Stift, 2016, Stiftung Deutsches
Hygiene-Museum, Dresden
Tastmodelle für Blinde, ägyptische Hieroglyphen,
Keilschrift, 2016, Stiftung Deutsches
Hygiene-Museum, Dresden

2.5 Techniken des Aufschreibens
Tanznotation, Lavinia Berta Schulz, 1921,
Bleistift auf Papier, Museum für Kunst und
Gewerbe, Hamburg
*Manuscrits d'Evariste Galois: section III,
brouillons*, Evariste Galois, 1832, Faksimile,
La Bibliothèque de l'Institut de France, Paris
Jeu des définitons. Manuscrit autographe,
André Breton, Yves Tanguy, Benjamin Péret
und Paul Éluard, 1933, Faksimile,
Association Atelier, André Breton, Paris
Bowie talking about his cut up technique,
David Bowie, 1970er-Jahre, Video,
British Broadcasting Corporation, London
*Korrigierte Notenpassagen „Erwartung.
Monodram in einem Akt"*, Arnold Schönberg,
1914, handschriftlich bearbeiteter Korrekturabzug,
Arnold Schönberg Center, Wien
Fahnenmanuskript „Ungeduld des Herzens",
Stefan Zweig, 1938, handschriftlich
bearbeitete Druckfahnen, Faksimile,
Deutsches Literaturarchiv Marbach
Zettelkasten, Niklas Luhmann, 1954–1998,
Universität Bielefeld
Beobachter im Krähennest, Thomas Strauch, 1989,
Video, Westdeutscher Rundfunk, Köln
Traumgedanken, Maria Fischer, 2010, Kunstbuch,
bedruckt und bestickt, Maria Fischer, München
Verkraftet; Das Küchlein, Dagmara Kraus, 2013,
Collagengedichte, Dagmara Kraus-Cavaillès,
Berlin/Paris
Techniken des Aufschreibens zum Ausprobieren,
Interaktive Station Visuelle Poesie,
Cut-up technik, Collagengedichte, 2016,
Stiftung Deutsches Hygiene-Museum, Dresden

3 Redehandwerk
*Truism T-Shirt "Raise boys and girls the same
way"*, 1977–79; *Basecap "Words tend to be
inadequate"*, 2012, Jenny Holzer, Kleidung, Textil,
Jenny Holzer Studio, LLC, Hoosick Falls, NY/USA
Eleven Untitled Conversations, Joseph Grigely,
2012, Installation, Tinte und Bleistift auf Papier,
Stecknadeln, Galerie Francesca Pia, Zürich
Approach, Eva Koch, 2005, Großleinwand-
projektion, Eva Koch, Kopenhagen

3.1 Die Kunst der Rede
*Großleinwandprojektion zur Kunst der Rede u.a.
mit Reden von Barack Obama, Margaret Thatcher,
Winston Churchill, Karl Valentin, Navid Kermani,
Richard von Weizsäcker und Semiya Şimşek*,
Theo Thiesmeier, 2016, Stiftung Deutsches
Hygiene-Museum, Dresden

3.2 Die Macht und Ohnmacht der Worte
Sprache des Nationalsozialismus
Kartei der vertraulichen Information, Sammlung
Oberheitmann, 1941–1944, Dokument;
Eure Sprache sei deutsch und nur deutsch,
1940, Plakat, Bundesarchiv, Berlin
Streuzettel NSDAP, Kampfbund zur Erhaltung des
Mittelstandes, um 1930, Dokument, Cassiodor
Antiquariat, Gauting
*Ganz Deutschland hört den Führer mit dem Volks-
empfänger*, 1936, Plakat; *Werbetafel für Fahrten-
messer der Hitler-Jugend*, um 1936, bpk, Berlin
Sportpalastrede von Goebbels, 1934, Audio, Deut-
sches Historisches Tonarchiv, Lutherstadt Eisleben
Das Lied der Getreuen – Adolf Hitler, Baldur von
Schirach, 1938, Buch, Sächsische Landesbibliothek –
Staats- und Universitätsbibliothek, Dresden
Boykott jüdischer Geschäfte, Joseph Schorer,
1933, Fotografie; *Propagandaplakat aus der Reihe
„Parole der Woche"*, 1942, Plakat; *Todesanzeige
für Herbert Bendzus*, 1944, Dokument; *Unser
Gruß ist Heil Hitler!*, Schild, 1933/45; *Das ABC
des Nationalsozialismus*, Curt Rosten, 1933,
Buch, Deutsches Historisches Museum, Berlin
Das ABC des Nationalsozialismus, Curt Rosten,
1933, Buch, Deutsches Historisches Museum,
Berlin; 2. Staffel, Zentralbibliothek Zürich
Kennkarte Walter ,Israel' Braunold, 1939, Doku-
ment; *Kennkarte Edith ,Sara' Dahlerbruch*, 1939,
Dokument, Zentralarchiv zur Erforschung der
Geschichte der Juden in Deutschland, Heidelberg

Sprachentwicklung in DDR und BRD
*Losungen des Zentralkomitees der SED zum 1. Mai
1989*, 1989, Zeitschrift; *Industrieproduktion der
sozialistischen Staaten größer als die aller kapitali-
stischen Länder*, 1966, Zeitschrift, Neues
Deutschland Druckerei und Verlag GmbH, Berlin
Zehn Gebote für den sozialistischen Menschen,
1958, Dokument, PUNCTUM/Bertram Kober, Leipzig
*Je voller der Mund, desto leerer die Sprüche –
Leben mit der Aktuellen Kamera*, Stern,
Stephan Heym, 10. Februar 1977, Zeitschrift,
Gruner+Jahr AG Co KG, Hamburg
Rede von Erich Honecker, Aktuelle Kamera,
1988, Video, Stiftung Deutsches Rundfunkarchiv,
Potsdam-Babelsberg

Sozialistische Einheitspartei Deutschlands, o.J.,
Schild; *Für Frieden und Sozialismus „Seid bereit",*
1976, Wimpel; *Bester Lehrling des Lernaktivs,*
1954, *Mach mit – Schöner unsere Städte und
Gemeinden,* 1960/1970-er Jahre, Schild,
DDR-Museum, Pirna
*Mein Arbeitsplatz – Kampfplatz für den Frieden;
Je stärker der Sozialismus, desto sicherer der Frieden,*
1986–1996, Fotografie,
Hans-Jörg Schönherr, Dresden
Gelöbnis zur Jugendweihe, 1967, Dokument,
Robert-Havemann-Gesellschaft e.V., Berlin
*Werbeprospekt: „Der Sozialismus gewinnt
im Wettlauf um ein schöneres Leben",*
1960, Dokument,
Wirtschaftswundermuseum.de, Rheinberg
Twen, 1981, Zeitschrift,
Stiftung Deutsches Hygiene-Museum, Dresden
Neues Leben, 1981, Zeitschrift,
Stiftung Deutsches Hygiene-Museum, Dresden
*Währungsreform für Ostzone und Berlin
in Kraft, Berliner Zeitung,* 1948, Zeitung,
DuMont Service GmbH, Köln

Aktuelle Kampfbegriffe
Zeitstrahl zu „Wir sind das Volk", 1848–2016,
Dokumente und Fotografien, u.a. bpk, Berlin;
Sächsische Landesbibliothek – Staats- und
Universitätsbibliothek, Dresden
Zeitstrahl zu „Lügenpresse", 1848–2016, Doku-
mente und Fotografien, u.a. Neues Deutschland
Druckerei und Verlag GmbH, Berlin
Zeitstrahl zu „Flüchtlingswelle", 1973–2016,
Dokumente und Fotografien, u.a. Deutscher
Bundestag, Parlamentsarchiv, Berlin;
Institut für Kommunikationswissenschaft,
Technische Universität Dresden

Werbesprache
Wendesatzkampagne, 2014, Plakat, Papier,
SWISS Life Deutschland Holding GmbH, Hannover
*Stadtpolizei Zürich/Zentrale Beratungsstelle
für Verbrechensverhütung,* 1967, Plakat,
Zürcher Hochschule der Künste/Museum für
Gestaltung Zürich, Plakatsammlung, Zürich
Ich bin doch nicht blöd, 1996, Audio,
Media-Saturn-Holding GmbH, Ingolstadt
Da werden Sie geholfen, 2003, Audio,
11 88 0 Solutions AG, Martinsried
Slogometer, 2003–2016, Website,
Alexander Hahn, Inga Hahn-Wermuth, Hamburg

Sprache und Geschlecht
Prinzessin Pfiffigunde, Babette Cole, 1987–2005,
Buch, Stiftung Deutsches Hygiene-Museum, Dresden
Grillen für echte Kerle und richtige Mädchen,
Stefan Wiertz, Anja Sommerfeld, 2013, Buch
Draufsicht – „Geschlechtergerechtigkeit",
Interview mit Lann Hornscheidt, 2013, Video,
Solidaritätsdienst International e.V., Berlin
*Tariks Genderkrise, Leser_innen, Studierende,
Professor*in – alles Quatsch?,* Tarik Tesfu, 2015,
Video, SPIEGEL ONLINE GmbH, Hamburg
*Grundordnung der Universität Leipzig mit
femininem Generikum,* 2013, Dokument,
Gleichstellungsbüro, Universität Leipzig
Dritte Option – Kampagne zur Intersexualität,
2016, Dokument, Kampagne Dritte Option, Münster

Begriffe als emanzipatorische Waffe
Jedem Krüppel seinen Knüppel, 1981, Plakat, Weiber-
netz e.V., Kassel; Archiv der emanzipatorischen
Behindertenbewegung; MOBILE-Selbstbestimmtes
Leben Behinderter e.V., Dortmund
Krüppelzeitung, 1981, Zeitschrift,
Archiv Behindertenbewegung, Marburg
Aus Aktion Sorgenkind wird Aktion Mensch,
2000, Plakat, Aktion Mensch e.V., Bonn
Behinderte Menschen – Wie nennt man sie richtig?,
YouTube.com/So Behindert, Jan Karres,
2014–2015, Video, Jan Karres, München
,Behindert' regt mich auf, Ninia LaGrande, 2016,
Video, SPIEGEL ONLINE GmbH, Hamburg
T-Shirt I Love Sign Language, 2015,
Norbert Richter, Dresden
Mitgliedskarte Taubstummen-Schwimmverein,
1920er-Jahre, Dokument; *Mitgliedskarte
Gehörlosen-Sportverein,* Dokument 1934,
Dresdner GSV 1920 e.V., Dresden
*Wann haben Sie zuletzt das Wort „schwul"
benutzt?,* queerblick.tv, 2013, Video,
queerblick e.V., Dortmund
Diverse Buttons, u.a. „andersherum", „Busen-
freundin", „Gay denken", o.J., Schmuck; *absolut
queer,* 1998, Plakat; *Lesbenstich,* 1980er-Jahre,
Zeitschrift; *Schwuchtel,* 1976–77, Zeitschrift,
Schwules Museum*, Berlin
*A Good Riddance: „The King has done a popular
act in abolishing the German titles held by members
of His Majesty's family",* Punch, Leonard Raven-
Hill, 1917, Zeitschrift, Universitätsbibliothek
Heidelberg
Meet the Hitlers, Matt Ogens, 2014,
Video, Matt Ogens, Los Angeles, CA/USA
Malcolm X: our history was destroyed by slavery,
1963, Video, https://www.youtube.com/c/
MalcolmXNetwork
Niggers Niggas & Niggaz, Julian Curry, 2007,
Video, Julian Curry
Toilette mit Toiletten-Graffiti, Interaktive Installa-
tion, 2016, Stiftung Deutsches Hygiene-Museum,
Dresden

3.3 Wie wir mit Sprache die Welt ordnen und verändern
*Bewegte Schatteninstallation mit Amtseid,
Trauung, Taufe, Ritterschlag und Zaubertrick,*
Mixed Media Installation, 2016,
Stiftung Deutsches Hygiene-Museum, Dresden

3.4 Sprachkanäle.
Kommunikation und Technologie
Tintenfass, um 1900, Gerät; *Schreibfeder,* 19.–20. Jh.,
Reproduktion; *Morsetelegraph,* um 1890;
Hand-Tiegeldruckpresse Boston, um 1920;
Steckschriftkasten, frühes 20. Jh., Holz,
Metall, Deutsches Buch- und Schriftmuseum
Braille-Schreibtafel mit Stichel, um 1860,
Holz, Deutsches Blinden-Museum, Berlin
Fernsprechapparat nach Graham Bell (Nachbau),
Ende 19. Jh., Holz, Kupfer, Eisen; *Fernsprech-
apparat OB 05 (rekonstruiert),* um 1905, Holz,
Kupfer, Eisenblech; *Fernmeldekabel PMzbc, Typ
98a,* Kabelwerk Siemens, um 1925; *Mobiltelefon
C2 portabel,* Siemens, 1989; *Akustikkoppler –
dataphon und Fernsprechapparat,* Woerltronic

Cadolzberg, 1980er-Jahre; *Glasfaserkabel*, Firma
Kabelmetal electro, 2016, Interessengemeinschaft,
Historische Fernmeldetechnik e.V.,
Telekom-Historik e.V., Bochum
Abziehmaschine Greif-Record 4, Greif-Werke AG
Goslar, 1. Hälfte 20. Jh.; *Compaq SLT/286*,
Commodore Electronics, 1988, Militär-historisches
Museum der Bundeswehr, Dresden
*Eninger Krätze mit historischen Schriften und
Kalender aus Eningen*, 18./19. Jh., Holz,
Dokumente, Papier, Heimat- und Geschichtsverein
Eningen, Eningen unter Achalm
Notruftelefon Feuerwehr, 1982, Gerät; *Handy
„Star TAC"*, Motorola, 1997; *Handy Nokia*,
NOKIA Mobile Phones GmbH, Düsseldorf, 2004,
Institut für Geschichte der Medizin,
Medizinische Fakultät Carl Gustav Carus,
Technische Universität Dresden
Rundfunkempfänger: 148 W, 1930er-Jahre;
HP 9845 B, 1980er-Jahre; *Modem zum Klein-
computer KC 85/4*, 1986; *Faxgerät infotec 6510
Kalle*, 1980, Technische Sammlungen Dresden,
Museen der Stadt Dresden
iPhone 3, 2009; *T-Com Speedport W 500V*, o.J.;
W-LAN USB Stick Vodafone, o.J.; *iPad 1*, 2010,
Paolo Coppo, Dresden
Mobile Lorm Glove, Tom Bieling, 2015,
Universität der Künste Berlin,
Fakultät Gestaltung/IPP, Berlin
Fernsehempfänger Cranach, 1958,
Holz, Kunststoff, Bildröhre;
Radioempfänger Ilmenau 480, 1950er-Jahre,
Technische Universität Dresden
Palm m500, 2008; *Vodafone VPA Compact*, 2005;
Nokia E71, 2008; *Skyper*, o.J.,
Matthias Wächter, Dresden
Apple II Computer, 1980er-Jahre
Dot Smart Watch, 2016, Dot Inc., Seoul, Südkorea

4 Sprachheimaten

4.1. Was verraten unsere Stimme und unsere Handschrift über uns?
Barrabackslarrabang, Imogen Stidworthy,
2010, Installation, HD-Farbvideo in Stereo,
Imogen Stidworthy

Stimme und Handschrift
Stimmvisualisierung, 2016, Installation,
digital und analog, Stiftung Deutsches
Hygiene-Museum, Dresden
*Graphologisches Gutachten Privat
und Personalwesen*, 2006–2011,
Helmut Ploog, Baldham bei München
*Système de graphologie: l'art de connaître les hom-
mes d'après leur écriture*, Jean-Hippolyte Michon,
1878, Buch, Staatsbibliothek zu Berlin, Stiftung
Preußischer Kulturbesitz, Berlin; 2. Staffel: Herzog
August Bibliothek Wolfenbüttel; 3. u. 4. Staffel:
Zentralbibliothek Zürich
Siegelring, römisch, 2. Jh., Silber, Skulpturen-
sammlung, Staatliche Kunstsammlungen Dresden
Urkunde – 02.10.1348 / deutsch, 1348, Handschrift,
Pergament, Wachs; *Urkunde – 22.02.1352*,
1352, Bautzen, Pergament, Wachs; *Urkunde –
24.04.1390 / deutsch*, 1390, Pergament, Wachs;
Urkunde – 21.10.1348 / deutsch, 1348, Pergament,

Wachs; *Urkunde – 08.06.1339 / lateinisch*, 1339,
Pergament, Wachs; *Urkunde – 23.02.1355 /
lateinisch*, 1355, 6. Staffel, Pergament, Wachs;
Urkunde – 14.05.1394, 1394, Pergament, Wachs;
Urkunde – 12.05.1377 / deutsch, 1377, Pergament,
Wachs, 1.–8. Staffel: Archivverbund Stadtarchiv /
Staatsfilialarchiv Bautzen
*Lehrbrief von Friedrich Wilhelm Jentsch
aus dem Nachlaß der Familie Petzold*, 1800,
handbeschrieben, mit Papiersiegel,
Museum für Sächsische Volkskunst,
Staatliche Kunstsammlungen Dresden
*Autograph aus der Sammlung Goethes – Brief(e)
von Frankreich, Napoleon 1. Kaiser von an Rapp,
Jean Graf*, Johann Wolfgang von Goethe, 1807;
*Autograph aus der Sammlung Goethes – Brief(e) von
Haydn an Breitkopf*, Johann Wolfgang von Goethe,
1789; *Autograph aus der Sammlung Goethes –
Brief(e) von Lessing, Gotthold Ephraim an Gleim,
Johann Wilhelm Ludwig*, Johann Wolfgang von
Goethe, 1770; *Autograph aus der Sammlung Goethes
– Brief(e) von Gauss, Karl Friedrich an Lindenau,
Bernhard August von*, Johann Wolfgang von Goethe,
1812; *Autograph aus der Sammlung Goethes –
Brief(e) von Kopernikus, Nikolaus an Brandenburg,
Albrecht Markgraf von*, Johann Wolfgang von
Goethe, 1541; *Autograph aus der Sammlung
Goethes – Brief(e) von Lafayette, Marie Joseph
Paul Marquis de an Reinhard, Karl Friedrich von*,
Johann Wolfgang von Goethe, 1787–1796,
Autograph, Papier, Goethe- und Schiller-Archiv,
Klassik Stiftung Weimar
*Sammlung von Autogrammen u.a. von Steven
Spielberg, Cristiano Ronaldo, Depeche Mode,
Katy Perry, Michail Gorbatschow*, 1992–2011,
Uwe Blümel (www.berlin-autogramme.de), Berlin
*Kreuzworträtsel und Schriftprobe aus dem Kreuz-
worträtselfall*, 1981; *Die Verbrecher-Handschrift –
Einbrecher/Betrüger*, 19. Jh., Lehrtafel,
Polizeidirektion Dresden
*Aushang der Londoner Polizei: Jack the Ripper
soll anhand seiner Handschrift identifiziert werden*,
1888, Plakat, Metropolitan Police,
Crime Museum, London
Schriftprobe, Arnold Schönberg, 1923, Manuskript,
Arnold Schönberg Center, Wien

Forschungsexperimente
*Perzeptions-Experiment zur Erkennung regionaler
Variation*, 2016, Online-Experiment, Institut für
Phonetik und Sprachverarbeitung LMU, München
Phonagnosie/Stimmerkennungstest, 2016,
Online-Experiment, Max-Planck-Institut für
Kognitions- und Neurowissenschaften, Leipzig
„Hör mal, wo der spricht", 2016, Online-Experi-
ment, Institut für Deutsche Sprache, Mannheim

4.3 Ich
Selbstgespräch eines Kleinkindes, 2013,
Video, Dieter Lerch, Schleswig
Tagebücher eines Kindes aus mehreren Jahren,
Helena Mühlenberend,
Helena Mühlenberend, Weimar
Schneemann, 1941; *Transport der polnischen Kinder*,
1943, Helga Hošková-Weissová, Zeichnungen aus
Theresienstadt und Arbeitslager Freiberg/Sachsen,
Reproduktionen, Niedersächsischer Verein zur

Förderung von Theresienstadt/Terezín e.V., Küsten
Zeitzeugenbericht von Helga Hosková-Weissová,
2013, Video, Penguin Books, London
Brief an seine Familie, Walter Janka, 1960,
Handschrift, Yvonne Blackert, Kleinmachnow
Studien über Hysterie, Josef Breuer und Sigmund
Freud, 1895, Buch, Staatsbibliothek zu Berlin,
Stiftung Preußischer Kulturbesitz, Berlin
A Year of Change: Transgender Video Blog,
Cetine Dale, 2014, Vlog, Cetine Dale,
West Hollywood, CA/USA
*Traumprotokolle, Notizbuch mit Eintrag vom
28.11.1955*, Theodor W. Adorno, 1934–1969,
Handschrift, Hamburger Stiftung zur Förderung
von Wissenschaft und Kultur, Hamburg
Weltenzyklopädie, Paule Hammer, 2007–2011,
Handschrift, Paule Hammer, Leipzig
Not I, Samuel Beckett; Billie Whitelaw, 1977,
Video, British Broadcasting Corporation, London
*Das lebenslängliche Kind, 1934; Briefe an mich
selber, 1936–59; Der Doppelgänger, 1936–59;
Vier Club-Ausweise*, o.J., Erich Kästner, Hand-
schriften, Deutsches Literaturarchiv Marbach

4.4 Was, wenn die Sprache stockt?
Word Search, Katharine Dowson,
um 2002, GV art, London
Sprechhemmung – Vokale ausgebremst,
Friederike Altmann, 2015, Malerei, Acryl,
Collage, genäht, Friederike Altmann, Dresden
Stammer Lecture, Shady El Noshokaty,
2007–2010, Großleinwandprojektion,
courtesy of the artist
*13 Kunsttherapeutische Zeichnungen von Kindern
und Jugendlichen aus der Stottertherapie* mit
Adriana DiGrande, 2016, Stuttering Therapy,
Lexington, MA/USA
*5 Kunsttherapeutische Zeichnungen aus der
Stottertherapie* mit Friederike Altmann, 2016,
KunstRaum Dresden
Berichte von Menschen über ihre Sprechstörungen,
Heather De Lisle , Christine Hyung-Oak Lee,
DerNordie, zw. 2007–2016, Videoblogs, courtesy
of the authors

4.5 Können Sprachen gefährlich sein?
Koloniale Sprachpolitik
*Verordnung des Gouverneurs von Togo,
betreffend den Sprachunterricht in den Schulen
des Schutzgebiets*, 1905, Bundesarchiv, Berlin
*Auszug aus Illustrierter Deutscher Kolonial-
kalender, Jg.2*, Wilhelm Köhler, 1910, Zeitschrift,
Reproduktion, Sächsische Landesbibliothek –
Staats- und Universitätsbibliothek, Dresden
Kolonie und Heimat, Jg.1 No.23, 1907, Zeitschrift;
Kolonie und Heimat, Jg.4 No.2, 1910, Zeitschrift,
Landesamt für Archäologie, Bibliothek, Dresden
*Übungsbuch der deutschen Sprache für deutsche
Schulen in Togo, Band 1 – Band 111*, 1903, Buch,
Universitätsbibliothek der Humboldt-Universität
zu Berlin

Sorben und ihre Sprache
*Heidelberger Sachsenspiegel (um 1350),
Vollständige Faksimile-Ausgabe im Originalformat*,
Eike von Repkow, Buch, 1. Staffel: 2010,
Universitätsbibliothek Heidelberg;

2. Staffel: Sächsische Landesbibliothek –
Staats- und Universitätsbibliothek, Dresden
Sorbische Bibel, Biblia, Martin Luther,
1728, Buch, Sorbische Zentralbibliothek
am Sorbischen Institut Bautzen
Serbske Nowiny, 1933, Zeitung, Reproduktion;
*Vom Landratsamt Bautzen 1938 beschlagnahmtes
Buch aus der Bücherei des „Christlichen Vereins
junger Männer" in Bautzen (Buch: M. Urban,
Křiž a króna)*, 1907, Buch; *Glückwunschbrief
des Ministerpräsidenten der DDR, Grothewohl,
an die zentrale sorbische Sprachschule Milkel*,
Otto Grotewohl, 1953, Sorbisches Kulturarchiv
am Sorbischen Institut Bautzen
*Propagandaplakat der NSDAP zur Reichstagswahl
am 12. November 1933*, 1933, Reproduktion;
Zettel mit Beschimpfung, 1991; *Schmähkarikatur
Sorben*, 1991, Dokument; *Protestplakat
„Erhaltet unsere sorbischen Schulen"*, 2001;
Umleitungsschild mit Aufkleber, 2014,
Sorbisches Museum/Serbski muzej, Bautzen
Beschmiertes Ortsschild deutsch-sorbisch,
Matthias Bulang, 2014–2016, zwei Fotografien,
Matthias Bulang, Bautzen

Deutsch-Amerikaner
Beat back the hun with liberty bonds, Frederick
Strothmann, 1918, Plakat, Library of Congress,
Washington, D.C., USA
The Germ-Hun, 1915, Ansichtskarte,
Stiftung Deutsches Hygiene-Museum, Dresden
Help your Uncle Sam to do this, Bernhardt Wall,
1917, Ansichtskarte, The Wolfsonian – FIU
*Brief von Theodore Roosevelt an Richard M.
Hurd*, 1919, Reproduktion, Theodore
Roosevelt Center, Dickinson State University,
Dickinson, ND/USA
Burning German Materials in Galesville, 1918,
Fotografie; *Burning of German Textbooks*,
Ephraim Burt Trimpey, 1918, Fotografie,
Wisconsin Historical Society, Madison, WI/USA
*"Nobody Would Eat Kraut" – Lola Gamble Clyde
zur anti-deutschen Bewegung in Idaho während
des Ersten Weltkrieges, 1915–1917*, 1976,
Audio; *"We Had to Be So Careful" – Erinnerungen
eines deutschen Bauerns zu anti-deutschen Strö-
mungen während des Weltkrieges, 1915–1917*,
1975–76, Audio, Latah County Historical Society,
Moscow, ID/USA
"The German peril", James Watson Gerard,
1917, Audio, public domain
Removing the hyphen, 1915, Zeichnung in
Zeitschrift, New York Times, New York
The outlaw, Karikatur aus Life Magazine,
1917, Zeitschrift, Life Magazine, New York
Landkarte Minster, Auglaize County 1880, Ohio,
Robert Sutton, 1880
Bloomington Journal, 1918, Zeitung, McLean
County Museum of History, Bloomington, IL/USA

Gehörlosigkeit
*Ueber die Denkart der Taubstummen, und die
Mißhandlungen, welchen sie durch unsinnige
Kuren und Lehrarten ausgesetzt sind: ein Fragment*,
Samuel Heinicke, 1780, Buch; *Selbstbewusst werden,
Heft 17*, 1990, Zeitschrift; *Illustrierte Gehörlosen-*

Welt, Jg.3, Nr.3, 1932, Zeitschrift; *Diverse Fotografien zur oralistischen Spracherziehung,* 19./20. Jh, Sächsische Landesschule für Hörgeschädigte Leipzig, Förderzentrum Samuel Heinicke, Leipzig
Anleitung zum Unterrichte der Taubstummen nach der Lehre des Herrn Abbe de l'Epée, Johann Friedrich Stork, 1786, Buch; *Erster deutscher Taubstummenkongress Hannover,* 1892, Fotografie; *Audiophone Invisible Bernard Cased,* Bernard & Cie, 1890–1910, Frankfurter Stiftung für Gehörlose und Schwerhörige, Frankfurt a. M.
Gesetz zur Verhütung erbkranken Nachwuchses, 1933, Bundesarchiv, Berlin
Trommelfell-Massageapparat, Dr. Guy Clifford Powell, um 1910, Gerät; *Diverse Fotografien zur oralistischen Spracherziehung,* 19./20. Jh, Lothar Scharf, Mühlhausen
Schlauch-Hörrohr, mit Trichter und Ansatz, ca.1890, Institut für Geschichte der Medizin, Medizinische Fakultät Carl Gustav Carus, Technische Universität, Dresden
Katja Fischer: Gehörlose in der Zeit der DDR, 2010, Video; *Zeitzeugeninterview Fridolin Wasserkampf,* 2010–2012, Video; *Zeitzeugeninterview Heiko Zienert: Erinnerungen an den Kampf um die DGS,* 2010–2012, Video; Goldschmidt, Stefan & Rathmann, Christian, Institut für Deutsche Gebärdensprache und Kommunikation Gehörloser, Universität Hamburg

4.6 Wie tradieren wir unsere kulturelle Identität mit und durch Sprache?
Dengbejs, Halil Altindere, 2007, Großleinwandprojektion, Pilot, İstanbul, Türkei
Easy to learn Cantonese "I love you", Luke Ching, 2000–2006, Video, Hong Kong, China
öööps!, Slavs and Tatars, 2013, Malerei, Acryl auf Plastik, Kraupa-Tuskany Zeidler bzw. Slavs and Tatars Studio, Berlin

Vom Hören-Sagen.
Lieder, Geschichten und Redeweisen
Hörstation – mündliche Überlieferung: Gregorianische Gesänge, Audio, Abtei St. Hildegard, Rüdersheim am Rhein; *Äsops Fabeln,* Audio, 2016, Stiftung Deutsches Hygiene-Museum, Dresden; *Volksballade, Brauchtumslied, Heimatlied,* Audio, Zentrum für populäre Kultur und Musik, Universität Freiburg; *Märchen in Mundart,* o.J., Stiftung Deutsches Hygiene-Museum, Dresden; *Völkerhymne von Friedrich Kratky in vier Sprachen (deutsch, ungarisch, tschechisch, polnisch) gleichzeitig gesungen,* 1915, Audio, Österreichische Akademie der Wissenschaften, Phonogrammarchiv, Wien; *Türkische Version der Deutschen Nationalhymne,* o.J., Audio, Türkische Redaktion WDR
Wandteller mit Spruch, 1742, bemalter Ton; *Teller mit Spruch und Wappen,* 1667, bemalter Ton; *Vier Vorsatzbänder,* um 1900, Textil, Museum für Sächsische Volkskunst, Staatliche Kunstsammlung Dresden

Bildung. Zugänglichkeit und Normsetzungen
Biblia Latina, Paris, 1277, Handschrift, Pergament, 2. Staffel: Faksimile, 2008,

Stadtbibliothek Chemnitz
Biblia. Das ist die ganze Heilige Schrifft Deudsch, Martin Luther, Hans Lufft, Wittemberg, 1534, Buch, 2.–4. Staffeln Ausgaben der Jahre 1541– 1545, Sächsische Landesbibliothek – Staats- und Universitätsbibliothek, Dresden
De civilitate morum puerilium, Erasmus von Rotterdam, 1544, Buch, Bayerische Staatsbibliothek München
Philocopus or the Deaf and Dumb Man's Friend, John Bulwer, 1648, Buch, Sächsische Landesschule für Hörgeschädigte Leipzig , Förderzentrum Samuel Heinicke, Leipzig
Essai Sur L'Éducation Des Aveugles, Valentin Haüy, 1786, Buch, Universitäts- und Forschungsbibliothek Erfurt/Gotha 2. Staffel: Niedersächsische Staats- und Universitätsbibliothek, Göttingen, 3. Staffel: Universitätsbibliothek Tübingen
L'Art de bien parler François, 4. Edition, Pierre de la Touche, 1730, Buch, 2.–4. Staffel: Ausgaben von 1730 und 1737, Sächsische Landesbibliothek – Staats- und Universitätsbibliothek, Dresden
Fibel für den ersten Unterricht im Lesen, Riegel Verlag, 1833, Buch, Bibliothek für Bildungsgeschichtliche Forschung des Deutschen Instituts für Internationale Pädagogische Forschung
Schulwandbild „Deutsche Schrift", Verlag Robert Zeise und Co., Regensburg; *Schulwandbild „Lateinische Ausgangsschrift",* Turm-Verlag Steufgen & Sohn, Düsseldorf, Forschungsstelle Historische Bildmedien, Universität Würzburg
Aux élèves des écoles, Anfang 20. Jh., Plakat, Reproduktion; *Holztäfelchen ‚Breton',* 1930er-Jahre, Schild, Holz, Musée de l'école de Bothoa, Saint-Nicolas-du-Pélem
Schule und Mehrsprachigkeit, 2016, Video, Stiftung Deutsches Hygiene-Museum, Dresden
Raus mit der Sprache. Rein ins Leben, Deutschlandstiftung Integration, 2009–2011, Plakat, Deutschlandstiftung Integration, Berlin
Europäischer Tag der Sprachen am 26. September, Europarat, 2015, Plakat, Europarat, Straßburg, Bundesministerium für Bildung und Forschung, Bonn

Sammeln, Bewahren, Dokumentieren
Manuskripte Goethes zum Werk „West-östlicher Divan", Johann Wolfgang von Goethe, 1814, 6 Staffelexemplare, Goethe- und Schiller-Archiv, Klassik Stiftung Weimar
Westlich-östlicher Divan, Johann Wolfgang von Goethe, 1819, Buch, 1.–3. Staffel: Staatsbibliothek zu Berlin, Stiftung Preußischer Kulturbesitz, Berlin, 4. Staffel: Sächsische Landesbibliothek – Staats- und Universitätsbibliothek, Dresden
Wenker Sprachatlas, Kartenset „sprechen", 1909; *Wenker Sprachatlas, Kartenset „schreien",* 1893– 1895, Georg Wenker, Karten, 1. und 4. Staffel: Staatsbibliothek zu Berlin, Stiftung Preußischer Kulturbesitz, 2.–3. Staffel: Forschungzentrum Deutscher Sprachatlas, Phillips-Universität Marburg
Historische Hörbeispiele zum Wenkersatz Nr. 31 aus den Dialektverbänden Nordniederdeutsch, Obersächsisch, Mittelfränkischen, Nordbairischen und dem Hochalemannischen, 20. Jh., Audios, Phillipps-Universität Marburg, Marburg,

Forschungszentrum Deutscher Sprachatlas, Marburg
*Manuskripte Jakob Grimms zum Wörterbuch
der Deutschen Sprache*, Jacob Grimm, 1854,
6 Staffeln, Niedersächsische Staats-
und Universitätsbibliothek, Göttingen
Versinnlichte Denk- und Sprachlehre,
Franz Hermann Czech, 1836, Buch, Papier, Sächsi-
sche Landesschule für Hörgeschädigte Leipzig,
Förderzentrum Samuel Heinicke, Leipzig
Parlograph, Fa. Lindström-AG Berlin, 1910,
Technische Universität Dresden
Wachswalzenaufnahme, Audio, Anfang 20. Jh.,
Seminar für Sprechwissenschaft & Phonetik,
Martin-Luther-Universität Halle-Wittenberg

Webseiten
Goethes Werke bei Projekt Gutenberg-DE,
Webseite, Projekt Gutenberg-DE ®,
Hille & Partner, Hamburg
„Moin, Grüezi, Servus. Wie wir wo sprechen",
Webseite, Adrian Leemann, Online-Spiegel
Sprachatlas Projekt
*Digitales Wörterbuch der deutschen Sprache
(DWDS)*, Webseite, Berlin-Brandenburgische
Akademie der Wissenschaften, Berlin
Spread the Sign, Webseite, European Sign
Language Center, Örebro
The Language Archive, Webseite, Max-Planck-
Institut für Psycholinguistik, Njimegen

**4.7 Was heißt es, in mehreren Sprachen
zu Hause zu sein?**
Accent Elimination, Nina Katchadourian, 2005,
mehrkanalige Videoinstallation,
Catharine Clark Gallery, San Fransisco, CA/USA
Autoportrait, Danica Dakić, 1999, Großlein-
wandprojektion, Danica Dakić, Düsseldorf
Installation Mehrsprachigkeit, Michael Lissek,
2016, Audioinstallation mit persönlichen Objekten,
Stiftung Deutsches Hygiene-Museum, Dresden
Ronja Räubertochter, Astrid Lindgren, 2009,
Buch, Julia Neubauer, Berlin
*Muschel; Spiegel; Kette; Armband in Farben
der Syrienflagge; div. Post-it Zettel*, 2016,
Fatema Altammo, Dresden
Countdown I, II, III, Yvonne Livay, 2014,
Grafik, Radierungen, Yvonne Livay, Jerusalem
Der Schatz im Silbersee, Buch, Karl May, 1952,
Ingo Schulze, Berlin
My Cyborg Identity, Tzveta Sofronieva, 2012,
Grafik, Tzveta Sofronieva, Berlin
Speaking in Tongues, Zadie Smith, 2008, Audio,
ROGERS, COLERIDGE & WHITE, London
Can you read my lips?, Rachel Kolb;
David Terry Fine; Jeremy Summer, 2015, Video,
Little Moving Pictures, San Francisco, CA/USA
Gebrauchte Kopfhörer, Fälschung von Beats-
Kopfhörern, 2015, Ali-Eren Gürkan

4.8 Was sprechen wir?
What the World Will Speak in 2115,
John H. McWhorter, 2015, Mixed Media,
Stiftung Deutsches Hygiene-Museum, Dresden
Ein- und Ausgewanderte Wörter, schnellebuntebilder
mit Judith Elisabeth Weiss, Installation, 2016,
schnellebuntebilder, Berlin

Abtei St. Hildegard, Rüdesheim am Rhein
Ägyptisches Museum und Papyrussammlung,
Staatliche Museen zu Berlin, Stiftung Preußischer
Kulturbesitz, Berlin
Akademie der Künste, Berlin
Aktion Mensch e.V., Bonn
Allgemeine Linguistik, Computational Linguistics &
Phonetics, Universität des Saarlandes, Saarbrücken
Altammo, Fatema, Dresden
Altmann, Friederike, Dresden
Altmann, Susanne, Dresden
Anatomische Sammlung der Hochschule
für Bildende Künste Dresden
Archiv Behindertenbewegung, Marburg
Archiv der emanzipatorischen Behindertenbewegung,
Dortmund; MOBILE-Selbstbestimmtes Leben
Behinderter e.V. Dortmund
Archivverbund Stadtarchiv/Staatsfilialarchiv Bautzen
Arnold Schönberg Center, Wien
Association Atelier, André Breton, Paris
Bayerische Staatsbibliothek München
Bayerischer Rundfunk, Anstalt des öffentlichen
Rechts, München
Berlin-Brandenburgische Akademie der
Wissenschaften, Berlin
Bibliothek für Bildungsgeschichtliche Forschung
des Deutschen Instituts für Internationale
Pädagogische Forschung
Bieling, Tom, Fakultät Gestaltung / IPP,
Universität der Künste Berlin
Bildagentur für Kunst, Kultur und Geschichte,
Stiftung Preußischer Kulturbesitz, Berlin
Bill Viola Studio LLC, Signal Hill CA/USA
Blackert, Yvonne, Kleinmachnow
Blümel, Uwe (www.berlin-autogramme.de), Berlin
British Broadcasting Corporation (BBC), London
Bulang, Matthias, Bautzen
Bundesarchiv, Berlin
Bundesministerium für Bildung und Forschung, Bonn
Burghardt, Anja, Linz
Cassiodor Antiquariat, Gauting
Catharine Clark Gallery, San Fransisco, CA/USA
Ching, Luke, Hong Kong, China
Coppo, Paolo, Dresden
Dakić, Danica, Düsseldorf
Dale, Cetine, West Hollywood, CA/USA
DDR-Museum, Pirna
Department of Psychology, University of Chicago,
Chicago, IL/USA
Depner, Hanno, Institut für Philosophie,
Universität Rostock
Deutsche Nationalbibliothek, Frankfurt am Main
Deutscher Bundestag, Parlamentsarchiv, Berlin
Deutsches Blinden-Museum, Berlin
Deutsches Buch- und Schriftmuseum, Leipzig
Deutsches Historisches Museum, Berlin
Deutsches Historisches Tonarchiv,
Lutherstadt Eisleben
Deutsches Literaturarchiv Marbach
Deutschlandstiftung Integration, Berlin
Dot Inc., Seoul, Südkorea
Dresdner GSV 1920 e.V., Dresden
Durham University, Durham
Europarat, Straßburg
European Film Gateway,
Europeana Foundation, Den Haag

European Sign Language Center, Örebro
Fischer, Maria, München
Forschungsstelle Historische Bildmedien,
Universität Würzburg
Forschungszentrum Deutscher Sprachatlas,
Phillipps-Universität Marburg
Frankfurter Stiftung für Gehörlose und
Schwerhörige, Frankfurt am Main
Fricke, Dieter, Flörsheim am Main (Wicker)
Gagosian Gallery, NY/USA
Galerie Francesca Pia, Zürich
Galerie Sandmann, Berlin
Gemäldegalerie, Staatliche Museen zu Berlin,
Stiftung Preußischer Kulturbesitz, Berlin
Gleichstellungsbüro, Universität Leipzig
Goethe- und Schiller-Archiv,
Klassik Stiftung Weimar
GRASSI Museum für Völkerkunde zu Leipzig, Staat-
liche ethnografische Sammlungen Sachsen, Leipzig
Gruner+Jahr AG Co KG, Hamburg
Gürkan, Ali-Eren, Berlin
GV art, London
Hahn, Alexander; Hahn-Wermuth, Inga, Hamburg
Hamburger Stiftung zur Förderung
von Wissenschaft und Kultur, Hamburg
Hammer, Paule, Leipzig
Haspel, Raoul, Wien
Haus der Geschichte, Bonn
Heimat- und Geschichtsverein Eningen,
Eningen unter Achalm
Herzog August Bibliothek Wolfenbüttel
Institut für Deutsch als Fremdsprachenphilologie,
Universität Heidelberg
Institut für Deutsche Gebärdensprache
und Kommunikation Gehörloser,
Universität Hamburg
Institut für Deutsche Sprache, Mannheim
Institut für Geschichte der Medizin, Medizinische
Fakultät Carl Gustav Carus,
Technische Universität Dresden
Institut für Kommunikationswissenschaft,
Technische Universität Dresden
Institut für Phonetik und Sprachverarbeitung,
Ludwig-Maximilians-Universität München,
Christoph Draxler
Interessengemeinschaft, Historische Fernmelde-
technik e.V., Dresden, Telekom-Historik e.V.,
Bochum
Jenny Holzer Studio, LLC, Hoosick Falls, NY/USA
Jewish National and University Library, Jerusalem
Kagawa University, Takamatsu City,
Kagawa Prefecture, Japan
Kampagne Dritte Option, Münster
Karres, Jan, München
Koch, Eva, Kopenhagen
Kolb, Rachel, Atlanta, GA/USA
Kraus-Cavaillès, Dagmara, Berlin/Paris
La Bibliothèque de l'Institut de France, Paris
Lan, Shao, London
Landesamt für Archäologie, Bibliothek, Dresden
Latha County Historical Society, Moscow, ID/USA
Leemann, Adrian, Cambridge
Lehrstuhl für Sprachgebrauch und multimodale
Kommunikation, Europa-Universität Viadrina,
Frankfurt (Oder)
Lerch, Dieter, Schleswig
Library of Congress, Washington D.C., USA
Little Moving Pictures, San Francisco, CA/USA
Livay, Yvonne, Jerusalem

Mathematisch-Physikalischer Salon,
Staatliche Kunstsammlungen Dresden
Max-Planck-Institut für biophysikalische
Chemie, Göttingen
Max-Planck-Institut für evolutionäre
Anthropologie, Leipzig
Max-Planck-Institut für Kognitions- und
Neurowissenschaften, Leipzig
Max-Planck-Institut für Ornithologie, Seewiesen
Max-Planck-Institut für Psycholinguistik, Njimegen
McLean County Museum of History,
Bloomington, IL/USA
Media-Saturn-Holding GmbH, Ingolstadt
MediClin Robert Janker Klinik, Bonn
Metropolitan Police, Crime Museum, London
Militärhistorisches Museum der Bundeswehr, Dresden
mOcean OTonVerlag OhG, München
Mon, Franz, Frankfurt am Main
Mühlenberend, Helena, Weimar
Müller, Herta, Berlin
Musée de l'école de Bothoa, Saint-Nicolas-du-Pélem
Museu d'Art Contemporani de Barcelona, Barcelona
Museum für Kunst und Gewerbe, Hamburg
Museum für Musikinstrumente
der Universität Leipzig
Museum für Naturkunde,
Humboldt-Universität zu Berlin
Museum für Sächsische Volkskunst,
Staatliche Kunstsammlungen Dresden
Museum für Sepulkralkultur, Arbeitsgemeinschaft
Friedhof und Denkmal e.V., Kassel
Museum für Völkerkunde Dresden,
Staatliche Ethnographische Sammlungen, Dresden
Muzeum Sztuki Nowoczesnej w Warszawie
Neubauer, Julia, Berlin
Neues Deutschland Druckerei
und Verlag GmbH, Berlin
Neurologisches Institut (Edinger-Institut) Johann
Wolfgang Goethe-Universität, Frankfurt am Main
Ni, Dawei, Winterthur
Niedersächsische Staats- und
Universitätsbibliothek Göttingen
Niedersächsischer Verein zur Förderung von
Theresienstadt / Terezín e.V., Küsten
Noshokaty, Shady El, Kairo, Ägypten
Ogens, Matt, Los Angeles, CA/USA
Österreichische Akademie der Wissenschaften,
Phonogrammarchiv, Wien
Pilot, Istanbul, Türkei
Ploog, Helmut, Baldham bei München
Polizeidirektion Dresden
Privatsammlung, Berlin
Projekt Gutenberg-DE, Hamburg
queerblick e.V., Dortmund
Richter, Norbert, Dresden
Robert-Havemann-Gesellschaft e.V., Berlin
ROGERS, COLERIDGE & WHITE, London
Roemer- und Pelizaeus-Museum, Hildesheim
Sächsische Landesbibliothek –
Staats- und Universitätsbibliothek, Dresden
Sächsische Landesschule für Hörgeschädigte
Leipzig, Förderzentrum Samuel Heinicke, Leipzig
Scharf, Lothar, Mühlhausen
Schönherr, Hans-Jörg, Dresden
Schwules Museum*, Berlin
Seminar für Sprechwissenschaften und Phonetik,
Martin-Luther-Universität Halle-Wittenberg

Skulpturensammlung,
    Staatliche Kunstsammlungen Dresden
Slavs and Tatars Studio, Berlin
Smith, Zadie, London
SMITH/STEWART, Glasgow
Sofronieva, Tzveta, Berlin
Solidaritätsdienst International e.V., Berlin
Sorbisches Kulturarchiv am
    Sorbischen Institut Bautzen
Sorbische Zentralbibliothek am
    Sorbischen Institut Bautzen
Sorbisches Museum/Serbski muzej, Bautzen
SPIEGEL ONLINE GmbH, Hamburg
Sprengel Museum Hannover
Sprüth Magers, Berlin/London
Staatsbibliothek zu Berlin,
    Preußischer Kulturbesitz, Berlin
Stadtbibliothek Chemnitz
Stidworthy, Imogen
Stiftung Carlfriedrich Claus-Archiv,
    Kunstsammlungen Chemnitz
Stiftung Deutsches Hygiene-Museum, Dresden
Stiftung Deutsches Rundfunkarchiv,
    Potsdam-Babelsberg
Stuttering Therapy, Lexington, MA/USA
Swiss Life Deutschland Holding GmbH, Hannover
Tammo, Fatema, Dresden
Technische Sammlungen Dresden,
    Museen der Stadt Dresden
Technische Unversität Dresden
Tesfu, Tarik, Berlin
The School of the Art Institute of Chicago, IL/USA
Theodore Roosevelt Center,
    Dickinson State University, Dickinson, ND/USA
Universität Bielefeld
Universität Stuttgart
Universität- und Forschungsbibliothek Erfurt/Gotha
Universität Wien
Universitätsbibliothek der
    Humboldt-Universität zu Berlin
Universitätsbibliothek Heidelberg
Universitätsbibliothek Leipzig
Universitätsbibliothek Tübingen
Universitätsklinikum Carl Gustav Carus, Dresden
University of British Columbia, Vancouver, Kanada
University of Edinburgh
Váša, Petr, Brno
Vassas, Odile und Haase, Norbert, Dresden
Vorderasiatisches Museum, Staatliche Museen zu
    Berlin, Stiftung Preußischer Kulturbesitz, Berlin
Wächter, Matthias, Dresden
Walter Benjamin-Archiv,
    Akademie der Künste, Berlin
Weibernetz e.V., Kassel
Weidner, Annalena, Dresden
Westdeutscher Rundfunk (WDR), Köln
Wiendl, Christian, Dresden
Wirtschaftswundermuseum.de, Rheinberg
Wisconsin Historical Society, Madison, WI/USA
Wolfsonian-FIU, Miami Beach, FL/USA
Zeidler, Kraupa-Tuskany, Berlin
Zentralarchiv zur Erforschung der Geschichte
    der Juden in Deutschland, Heidelberg
Zentralbibliothek Zürich
Zentrum für populäre Kultur und Musik,
    Universität Freiburg
Zischler, Hanns, Berlin
Zürcher Hochschule der Künste / Museum für
    Gestaltung Zürich, Plakatsammlung, Zürich
Zweites Deutsches Fernsehen (ZDF), Mainz

BILDNACHWEIS

S. 4–6, S. 9, 67, 68, 109, 122, 245: © iStock;
S. 7: © @Malou Sinding; S. 8, 46, 72: © Mark Diaper;
S. 16: Quelle: Brigitte Felderer (Hg.): *Phonorama.
Eine Kulturgeschichte der Stimme als Medium*,
Ausst. Kat. ZKM Karlsruhe, Berlin 2004, S. 110;
S. 17: © Friederike Altmann 2015; S. 23, 234:
© Stiftung Deutsches Hygiene-Museum, Dresden,
2016; S. 27, 84: © VG Bild-Kunst, Bonn 2016; S. 32:
© Tzveta Sofronieva, Boston 2012; S. 37: © Slavs
and Tatars 2012, Muzeum Sztuki Nowoczesnej w
Warszawie; S. 42, 240: © Wellcome Library, London;
S. 43: © Historische Bildmedien, Universität Würz-
burg, Foto: Wiebke Degler; S. 44: © Slavs and
Tatars; S. 54: © Deutschlandstiftung Integration,
Berlin; S. 55: © Europarat Straßburg; S. 56: © Wis-
consin Historical Society, Madison; S. 61: Courtesy
Galerie Nikolaus Ruzicska, Salzburg; S. 62: © SKD/
Museum für Sächsische Volkskunst, Dresden;
S. 63: © Staatsbibliothek zu Berlin, Stiftung Preu-
ßischer Kulturbesitz; S. 64: © Musée de l'école de
Bothoa, Saint-Nicolas-du-Pélem; S. 82: © Staatliche
Museen zu Berlin, Vorderasiatisches Museum, Foto:
Olaf M. Teßmer; S. 83: © Universitätsbibliothek
Heidelberg; S. 104: © Little Moving Pictures, Inc.
2015; S. 108: © Smith/Stewart 2016; S. 143:
© bpk/Hermann Buresch; S. 148: © Yvonne Livay;
S. 149: Herta Müller, *Vater telefoniert mit den Fliegen*,
© 2012 Carl Hanser Verlag München; S. 154:
© Sorbisches Museum, Bautzen; S. 160: © bpk;
S. 178: © bpk/Manfred Uhlenhut, Berlin; S. 179:
© Weibernetz e.V., Politische Interessenvertretung
behinderter Frauen, Kassel, Archiv der emanzipato-
rischen Behindertenbewegung; MOBILE-Selbstbes-
timmtes Leben Behinderter e.V. Dortmund; S. 184:
© the artist/Artists Rights Society (ARS), New York,
2016, Courtesy Gagosian Gallery and Sprüth Magers;
S. 201: © Bayerische Staatsbibliothek, München;
S. 202: Foto: Jerry Miller, © Ursula Bellugi; S. 203:
© Adriana DiGrande; S. 204: © Katharine Dowson;
S. 217: © Walter Benjamin-Archiv, Akademie der
Künste, Berlin; S. 218: Biomedizinische NMR For-
schungs GmbH am MPI für biophysikalische Chemie,
Göttingen, © Jens Frahm; S. 219: Laboratory for
Social Machines/MIT Media Lab, Cambridge, MA/
USA, © Deb Roy; S. 228: © Museum für Musik-
instrumente der Universität Leipzig; S. 229: Foto:
Ernst Schwitters, Reproduktion: Aline Gwose/
Michael Herling, Sprengel Museum Hannover,
© VG Bild-Kunst, Bonn 2016; S. 235: © Universität
Bielefeld; S. 247: © Paule Hammer 2007–2011;
S. 257: © Deutsches Literaturarchiv Marbach, Foto:
Jens Tremmel; S. 261: © Estate Prigov/Galerie Marina
Sandmann; S. 262: © Thomson Reuters Berlin;
S. 263: © Pjotr Pawlensky, Courtesy Kampnagel Inter-
nationale Kulturfabrik GmbH; S. 268: © Photocase

TEXTNACHWEIS

S. 33–36: http://www.wolfgang-herrndorf.de/
2013/07/einundvierzig/, © 2013 Rowohlt Berlin
Verlag GmbH, Berlin; S. 45: © Nora Gomringer;
S. 47–48: © Miriam Hauck/SZ.de;
S. 65–66: aus: Klaus Reichert (Hg.), *Je näher man
ein Wort ansieht, desto ferner sieht es zurück.
Sprachglossen deutscher Autoren, Valerio 6|2007,*

Heftreihe der Deutschen Akademie für Sprache und Dichtung, S. 43–44, © Wallstein Verlag; **S. 67**: aus: Marcel Beyer, *Graphit. Gedichte*, S. 125, © Suhrkamp Verlag Berlin 2014; **S. 68–71**: aus: Joachim Kalka (Hg.), *Dialekt, Dialekte, Valerio 13|2011*, Heftreihe der Deutschen Akademie für Sprache und Dichtung, S. 24–27, © Wallstein Verlag; **S. 77–80**: aus: *DIE ZEIT* Nr.19/2015, © DIE ZEIT; **S. 81**: © Fred Benenson 2010, © http://creativecommons.org/licenses/by-sa/3.0/; **S. 89–90**: aus: Zé do Rock, *jede sekunde stirbt ein nichtraucher. a lexikon üba vorurteile un andre teile*, S. 85–86, © Al Verlag 2009; **S. 97–99**: gekürzte Fassung aus: Gernot Grube, Werner Kogge, Sybille Krämer (Hg.), *Schrift: Kulturtechnik zwischen Auge, Hand und Maschine*, S. 413–422, © Thomas Macho 2005; **S. 109–112**: aus Zadie Smith, *Sinneswechsel. Gelegenheitsessays*, S. 209–214, © Verlag Kiepenheuer & Witsch 2015; **S. 117–120**: gekürzte Fassung aus: *The International Encyclopedia of Communication*, 2008, © John Wiley and Sons, Übersetzung: Christina Oberstebrink; **S. 121**: © Bas Böttcher; **S. 122–126**: Auszug aus: Mark Twain, *Gesammelte Werke in zehn Bänden*, Band 4: S. 527–545, © Suhrkamp Verlag Frankfurt am Main 1985; **S. 127–130**: Gekürzte Fassung aus: Tobias Bonhoeffer, Peter Gruss (Hg.), *Zukunft Gehirn*, 2011, S. 106–120, © C. H. Beck Verlag; **S. 135–138**: aus Roland Barthes: *Das Rauschen der Sprache*, S. 29–32, © Suhrkamp Verlag Frankfurt am Main 2005; **S. 155-156**: aus: Feridun Zaimoglu, *Kanak Sprak. 24 Mißtöne vom Rande der Gesellschaft*, S. 9, 13, 97–99, © Rotbuch Verlag, 1995; **S. 157–159**: aus: *DIE ZEIT* Nr. 36/2015, © DIE ZEIT; **S. 169–172**: Veränderte Fassung aus dem Blog: http://www.sehnsuchtsort.de vom 6.10.2015; **S. 173–176**: aus: Victor Klemperer, *LIT. Notizbuch eines Philologen*, 1975, S. 260–266, © Philipp Reclam jun. Verlag; **S. 180–183**: © Deborah Cameron, © www.debuk.wordpress.com; Übersetzung: Christina Oberstebrink; **S. 193**: © Eugen Gomringer; **S. 196**: Auszug aus: Hannah Arendt, *Vita Activa oder Vom tätigen Leben*, S. 10–11, 1960, © Kohlhammer Verlag Stuttgart; **S. 205–211**: aus: Dagmara Kraus, *kummerang. Gedichte*, S. 39–45, © kookbooks 2012; **S. 212**: aus: Ernst Jandl, *die bearbeitung der mütze, gedichte*, 1978, S. 147, © Luchterhand/Verlagsgruppe Random House GmbH; **S. 236–239**: aus: *Schweizer Monat* Nr. 1035, April 2016, Übersetzung: Jan Meyer-Veden, mit freundlicher Genehmigung von WSJ, Copyright ® 2015, Dow Jones & Company, Inc. All Rights Reserved Worldwide; **S. 245–255**: aus: Yōko Tawada, *Überseezungen*, S. 32–35, © Konkursbuch Verlag Claudia Gehrke 2013; **S. 254**: aus: *Sprachglossen deutscher Autoren, Valerio 6|2007*, Heftreihe der Deutschen Akademie für Sprache und Dichtung, S. 81, © Wallstein Verlag; **S. 256**: Quelle: Wikimedia Commons

Alle anderen Texte: © Autoren, Stiftung Deutsches Hygiene-Museum, Dresden 2016

Wir haben uns bemüht, sämtliche Text- und Bildrechte und ihre Inhaber zu ermitteln. Sollte dies nicht in allen Fällen gelungen sein, so bitten wir um Mitteilung. Berechtigte Ansprüche werden im Rahmen der üblichen Vereinbarungen selbstverständlich abgegolten.

BEGLEITBUCH

Herausgeber: Colleen M. Schmitz, Judith Elisabeth Weiss für das Deutsche Hygiene-Museum, Dresden und die Deutsche Akademie für Sprache und Dichtung
Redaktion und Bildredaktion:
Judith Elisabeth Weiss, Colleen M. Schmitz
Bildtexte: Lisa Albrecht (S. 104), Susanne Altmann (S. 17, 36, 44, 84, 247, 261), Isabel Dzierson (S.42, 54, 154, 166, 177, 178, 179), Colleen M. Schmitz (S. 23, 202, 203, 216, 219, 228, 234, 239), Helene Weidner (S. 43, 52, 53, 62, 63, 64, 82, 83, 149, 200, 235, 257), Judith Elisabeth Weiss (S. 3–10, 16, 27, 32, 61, 80, 108, 143, 147, 184, 204, 229, 262, 263)
Lektorat: Judith Elisabeth Weiss
Gestaltung/Satz: Eggers + Diaper (Mark Diaper)
Druck und Bindung: Westermann Druck, Zwickau

© 2016 Stiftung Deutsches Hygiene-Museum, Dresden
© Wallstein Verlag
© Autoren, Fotografen, Künstler und andere Urheber

Erschienen bei Wallstein Verlag, Göttingen
Geiststraße 11
37073 Göttingen
www.wallstein-verlag.de
ISBN 978-3-8353-1964-6

Diese Publikation erscheint anlässlich der Ausstellung

S p r a c h e
Welt der Worte, Zeichen, Gesten

des Deutschen Hygiene-Museums
vom 24. September 2016 bis zum 20. August 2017

Direktor: Klaus Vogel
Museums- und Ausstellungsleiterin, stv. Direktorin: Gisela Staupe
Kaufmännischer Direktor: Hans-Werner Stumpf

In Kooperation mit

DEUTSCHE
AKADEMIE FÜR
SPRACHE UND
DICHTUNG

Gefördert durch

Kolophon

...
280

AUSSTELLUNG

Kuratorin und Projektleiterin: Colleen M. Schmitz
Wissenschaftlich-kuratorische Mitarbeit:
Isabel Dzierson, Helene Weidner, Lisa Albrecht
Ko-Kuratorin Zeitgenössische Kunst:
Susanne Altmann
Schwerpunktrecherchen/Vertiefungsstationen:
Christoph Willmitzer, Kirsten Weining,
Viktoria Krason, Kathrin Meyer, Roland Meyer
Koordination Inklusion: Anna Diegmann
Praktika: Rojin Bindal, Maria Brannys,
Sandra Erber, Paulina Hösl, Johanna Mechler,
Luise Wachenschwanz, Rahel Währer

Beratung: Deutsche Akademie für Sprache und
Dichtung: Bernd Busch, Peter Eisenberg, Michael
Hagner, Wolfgang Klein; Josh Berson, Bas Böttcher,
Brigitte Felderer; Lebenshilfe Sachsen e.V.,
Chemnitz: Anja Dworski; SCOUTS – Gebärden-
sprache für Alle, Dresden: Sindy Christoph,
Norbert Richter; Ursula Weber, Dieter Wunderlich

Ausstellungsgestaltung, -planung:
büroberlin: Julia Neubauer
Produktionsleitung, Projektmanagement:
büroberlin: Julia Neubauer
Ausstellungsgrafik: Little Adén, Berlin

Ausstellungsbüro: Colleen M. Schmitz (Leitung),
Silke Naumann, Nicole Wonneberger
Konservatorische Betreuung:
Sybille Kreft, Carsten Wintermann
Objekteinrichtung:
Fißler & Kollegen GmbH, Halsbrücke
Lektorat: Judith Elisabeth Weiss
Übersetzungen: Stephen B. Gynwasser,
Christina Oberstebrink
Übersetzung und Untertitelung von Videos:
Untertitelwerkstatt Münster GmbH & Co. KG.

Ausstellungsbau: Büchner Möbel GmbH,
Reichenbach; Werkstätten des DHMD:
Michal Tomaszewski (Leitung), Alexander Fröhlich,
Uwe Kellmann, Johannes Mertens, Gudrun Röthig,
Marianne Tille, Kalman Toth
Raumausstattung: Glück Raumausstattung GmbH
& Co. KG Dresden
Lichtgestaltung: Pontonero-Light, Dresden
Licht- und Medientechnik des DHMD:
Kay Jansen, Robert Queck, Matthias Wächter
Video- und Audiobearbeitung:
Michael Sommermeyer
Grafikproduktion: Grafikwerkstatt des DHMD:
Veit Pätzug, Gabriele Radde
Malerarbeiten:
Malerbetrieb Canaletto Dresden GmbH
Elektro- und Haustechnik des DHMD:
Steffen Scholz (Leitung), Jens Gründel,
Wolfgang Henschel
Versicherung: Kühn & Bülow, Berlin
Transporte: DB Schenker, Dresden, Hasenkamp
Internationale Transporte GmbH, Dresden,
DHMD: Maik Wagner
Projektcontrolling: Heike Schwarz
Bildung und Vermittlung:
Carola Rupprecht (Leitung), Susanne Weckwerth
Begleitprogramm: Susanne Illmer (Leitung),
Jeanne Bindernagel, Odile Vassas
Kooperationen: Anja Sommer
Presse- und Öffentlichkeitsarbeit:
Christoph Wingender (Leitung),
Dimitrios Ambatielos, Ramona Buhler,
Odile Vassas, Marian Zabel
Gestaltung Plakat und Flyer: Büro Quer, Dresden,
unter Verwendung eines Motivs von BOROS –
Agentur für Kommunikation, Berlin/Wuppertal